LIBRO DE ESTILO
EL PAÍS

1.ª edición: noviembre de 1977

2.ª edición: marzo de 1980

3.ª edición: abril de 1990

4.ª edición: mayo de 1990

5.ª edición: junio de 1990

6.ª edición: septiembre de 1990

7.ª edición: octubre de 1990

8.ª edición: diciembre de 1991

9.ª edición: octubre de 1993

10.ª edición: marzo de 1994

11.ª edición: abril de 1996

12.ª edición: mayo de 1996

13.ª edición: noviembre de 1996

14.ª edición: febrero de 1998

15.ª edición: enero de 1999

Diseño gráfico: Ediciones Siruela

© 1996, EDICIONES EL PAÍS, S. A.

Miguel Yuste, 40, 28037 Madrid

ISBN: 84-86459-73-7

Depósito Legal: M-1.560-1999

Impreso en Palgraphic

Printed in Spain

LIBRO DE ESTILO
EL PAÍS

EDICIONES
EL PAÍS

ÍNDICE

PRÓLOGO
A LA UNDÉCIMA EDICIÓN

La historia del *Libro de estilo* de EL PAÍS a través de sus distintas ediciones es la historia de un modelo de periodismo y de comunicación con el público. Han pasado casi veinte años desde que las peticiones de los lectores convirtieron una herramienta de la Redacción en un medio para que los lectores pudieran contrastar el trabajo interno del periódico (durante este tiempo, como es bien sabido, otros medios han seguido el ejemplo de EL PAÍS y han publicado sus libros de estilo). Pero al tiempo se proporcionaba también al público una pieza imprescindible en el bagaje de obras de consulta del ciudadano de a pie.

Que este libro cumplió sus objetivos, y sigue cumpliéndolos, es algo evidente. La apelación al *Libro de estilo* se ha convertido en un ritual en numerosas reclamaciones al Defensor del Lector. Por otra parte, su presencia constante al lado de numerosos profesionales —y no sólo de periodistas— da fe de que la labor diaria de acumulación, depuración y comunicación de elementos informativos llevada a cabo por el diario tiene una indudable utilidad para quienes manejan nuestra lengua.

La función primordial de este libro no ha variado desde su concepción inicial, aunque desde entonces tanto el periódico como la sociedad han experimentado los lógicos cambios. En el seno de EL PAÍS, nuevos suplementos y secciones reforzadas han ampliado el abanico de medios informativos utilizados. Sin embargo, es un orgullo señalar que las líneas generales y el espíritu de las primeras ediciones del *Libro de estilo* siguen siendo válidos en estos momentos.

Esta nueva edición se ha limitado a poner al día distintos elementos que se habían modificado, tanto en nuestro país como en el escenario internacional, desde la última edición (octubre de 1993). No se trata de una edición de nueva planta, que ya está en preparación y que verá la luz en algún momento del año que viene, sino de una simple actualización. Para ella hemos contado con la atención vigilante de Alex Grijelmo —auténtico guardián del *Libro de estilo*— y de Jesús de la Serna.

El compromiso de información de un periódico se sustenta en el respeto a sus lectores. Sólo haciendo explícitos los principios que animan la labor de redacción, el público tendrá elementos para juzgar una tarea cotidiana, compleja y siempre delicada. Once ediciones del *Libro de estilo* de EL PAÍS sostienen este compromiso.

JESÚS CEBERIO
Director de EL PAÍS
Abril de 1996

PRÓLOGO
A LA TERCERA EDICIÓN

Presentamos por fin la tercera edición del *Libro de estilo* de EL PAÍS, mucho tiempo después de haberse agotado las dos primeras ediciones, correspondientes a los años 1977 y 1980. Siempre es más fácil efectuar otra versión de algo que ya existe, por muy corregida y aumentada que esté, que partir de cero y elaborar algo completamente nuevo, como hicieron los pioneros de este periódico hace casi trece años, entre ellos, en especial, Juan Luis Cebrián (hoy consejero delegado del mismo) y Julio Alonso. En cualquier caso, este *Libro de estilo* supone un gran esfuerzo sobre el anterior.

Desde noviembre de 1977 —fecha en la que se publicó la primera edición— muchos lectores se han interesado por poseer este instrumento de trabajo de la Redacción de EL PAÍS, sin que hayamos podido satisfacer su demanda; en el archivo del redactor jefe de Edición y Formación del periódico, Alex Grijelmo (sin cuyo tesón y conocimientos habríamos tardado mucho más en publicar el texto), hay una verdadera montaña de peticiones del *Libro de estilo,* y lo curioso es que una buena parte de ellas no tiene nada que ver, *a priori,* con ciudadanos relacionados con el mundo de la comunicación y sus aledaños. Son lectores curiosos con los modos de hacer de un diario de las características de EL PAÍS. Por ello es por lo que hemos decidido comercializar el libro por vez primera y ponerlo al alcance de quien quiera adquirirlo.

Además, la enorme movilidad del periodismo en España, la incorporación masiva de nuevas generaciones de profesionales a los medios de comunicación y el propio crecimiento de la Redacción de EL PAÍS hacían imprescindible una nueva edición del *Libro de estilo,* ya que las dos anteriores eran inencontrables. Entre otras cosas —y es preciso recordarlo—, porque las normas que en él figuran son *de obligado cumplimiento para todos los redactores* de EL PAÍS, con la recomendación estricta a los colaboradores de que procuren atenerse a las mismas. El acatamiento de estas normas no acabará con los errores que todos los días se cometen en las páginas de nuestro periódico, pero ayudará a mitigarlos y, desde luego, a concretarlos, lo que evitará su multiplicación.

Desde que se fundó, en EL PAÍS se ha considerado que son los lectores los propietarios últimos de la información, y los periodistas tan sólo los mediadores entre aquéllos y ésta. Por ello entendemos que han de existir unas directrices que comprometan al periódico con sus lectores, una especie de control de calidad que defina quiénes somos y cómo trabajamos. Aunque no hemos elaborado todavía un código deontológico en sentido estricto, tenemos las reglas de conducta muy precisas, unas internas y otras que nos enlazan con el exterior. Las primeras están contenidas en el Estatuto de la Redacción —incluido por primera vez en este libro—, un instrumento de trabajo inédito en España, aprobado por la Junta General de Accionistas del diario; este estatuto ordena las relaciones profesionales de la Redacción de EL PAÍS con la dirección y la propiedad del mismo, con independencia de los vínculos sindicales y laborales. El estatuto, en vigor desde el año 1980, regula aspectos tales como la cláusula de conciencia y el secreto profesional, y ofrece al colectivo de periodistas una serie de garantías ante un posible cambio en la línea editorial del diario. Por ejemplo, en su artículo séptimo se indica que, "cuando dos tercios de la Redacción consideren que una posición editorial de EL PAÍS vulnera su dignidad o su imagen profesional, podrán exponer a través del periódico, en el plazo más breve posible, su opinión discrepante". El estatuto sirve asimismo para que la Redacción vote los nombres de sus cargos rectores, incluido el del director del periódico, como sucedió en mi propio caso.

Las dos normas externas son el *Libro de estilo* del periódico y el Ombudsman o Defensor del Lector. El *Libro de estilo,* además de los condicionamientos metodológicos que uniforman lo que aparece escrito desde el punto de vista formal, incluye al menos tres cláusulas que pueden considerarse como de conducta: la primera, que los rumores no son noticia; la segunda, que en caso de conflicto hay que escuchar o acudir a las dos partes, y, por último, que los titulares de las informaciones deben responder fielmente al contenido de la noticia. Estas tres reglas, además del uso honesto de las fuentes de información y la separación tajante entre información, opinión y publicidad, forman parte del equipaje básico que nos esforzamos en aplicar a diario.

El Ombudsman también tiene recogido su estatuto de actuación, en el que se estipula que garantiza los derechos de los lectores, y atiende sus dudas, quejas y sugerencias sobre los contenidos del periódico. También vigila que el tratamiento de las informaciones sea acorde con las reglas éticas y profesionales del periodismo. El Ombudsman, que es nombrado por el director del periódico entre periodistas de reconocido prestigio, credibilidad y solvencia profesionales, interviene a instancias de cualquier lector o por iniciativa propia. El puesto de Ombudsman de EL PAÍS tiene cuatro años de experiencia y por él han pasado tres extraordinarios profesionales (José Miguel Larraya, Jesús de la Serna y el pionero, el inolvidable Ismael López Muñoz).

La libertad de expresión y el derecho a la información son dos principios esenciales para la existencia de la prensa libre, que es una de las instituciones básicas del Estado de derecho. Tanto es así que no se puede hablar de democracia en ausencia de una prensa que no tenga las garantías suficientes para desarrollar su labor. Los periodistas ejercemos estos dos derechos esenciales en nombre de la opinión pública, de nuestros lectores. Ello nos obliga ante la sociedad en una medida más amplia que el estricto respeto a las leyes, que debemos acatar como el resto de los ciudadanos. Cuando los periodistas exigimos información en nombre de la opinión pública o criticamos a personas o instituciones de la Administración o de la sociedad civil, contraemos una responsabilidad moral y política, además de jurídica. Es decir, que se puede abusar del derecho a la libertad de expresión o del derecho a la información sin infringir la ley. De vez en cuando, la prensa española ofrece ejemplos que demuestran cómo el periodismo puede ser puesto al servicio de intereses ajenos a los lectores; cómo se desarrollan a la luz pública campañas de opinión que responden a oscuras pugnas financieras o mercantiles; cómo a veces la caza y captura de ciudadanos se disfraza de periodismo de investigación. Convertir los medios de comunicación en armas del tráfico de influencias al servicio de intereses que no se declaran es una práctica de abuso que crece a la sombra de la libertad. Por eso hemos procurado que las opiniones de EL PAÍS —equivocadas o no— hayan sido siempre nítidas; sus dueños, conocidos; sus cuentas, auditadas desde el comienzo, y sus motivaciones, públicas.

La defensa de la libertad de expresión pasa por el establecimiento de mecanismos de transparencia en el ejercicio de esta profesión, a fin de no arruinar el único patrimonio de nuestro oficio: la credibilidad. Entre esos mecanismos figura por propios méritos este *Libro de estilo,* que servirá —si somos capaces de utilizarlo bien— para defender a los lectores del sensacionalismo, el amarillismo y el corporativismo de los profesionales. Porque a veces ocurre que en la mención abusiva de la libertad de información y de expresión se escudan sus enemigos para negar las críticas legítimas y la labor de control del poder, incluido el de los propios periodistas.

JOAQUÍN ESTEFANÍA
Director de EL PAÍS
Abril de 1990

PRÓLOGO
A LA SEGUNDA EDICIÓN

Un libro de estilo no es una gramática ni un diccionario al uso. Es simplemente el código interno de una Redacción de cualquier medio informativo, que trata de unificar sistemas y formas expresivas con el fin de dar personalidad al propio medio y facilitar la tarea del lector en el caso de los periódicos. Por eso nadie debe ver en esta segunda edición del *Libro de estilo* de EL PAÍS un intento de aportaciones novedosas al campo de la lingüística o de la gramática, ni se debe asombrar de las lagunas evidentes que para un lector de la calle el libro ofrece.

La redacción del *Libro de estilo* de EL PAÍS es el fruto de la experiencia de casi cuatro años de periódico y ha sido elaborada por un amplio equipo de periodistas responsables de las áreas informativas del diario. No sería de justicia, sin embargo, no mencionar aquí la tarea ímproba de Julio Alonso, redactor jefe de EL PAÍS, que ha coordinado los trabajos, ordenado y sintetizado el diccionario y aportado numerosas sugerencias.

Este manual ofrece aún, sin duda, numerosos defectos —aunque se han corregido muchos de los que se apreciaban en su primera edición de 1977— y de ninguna manera creemos por eso que pueda considerarse un texto definitivo. A la postre, la propia dinámica del periódico seguirá indicándonos fallos y proponiendo nuevas soluciones a los problemas con que nos encontremos. Pero, en tanto la edición no sea revisada, el libro es *de obligado cumplimiento para todos los redactores* de EL PAÍS, y se recomienda a los colaboradores que no desprecien las normas en él establecidas. Por lo demás, creemos también que este trabajo, destinado exclusivamente a facilitar la tarea de los periodistas de nuestro diario, puede ser de alguna utilidad en las facultades de

Ciencias de la Información y en los centros de preparación de profesionales y de investigación sobre la prensa.

El libro se compone de dos partes claramente diferenciadas. Una primera donde se exponen las normas de redacción, tanto en lo que se refiere a sistemas de trabajo como a la preparación y presentación de originales. Nuevamente es preciso señalar que no pensamos que las convenciones o soluciones a las que se ha llegado para resolver problemas concretos —formas de titular, puntuar, etcétera— sean las mejores, en abstracto, ni sienten tipo alguno de doctrina. Son, en cambio, las que nos han parecido más adecuadas a las características de nuestro periódico y más útiles para nuestros lectores.

La segunda parte está compuesta básicamente por un diccionario de siglas, palabras de significado dudoso o ambiguo y un gran número de expresiones en idiomas distintos al castellano, con las que no pocas veces tienen que lidiar los periodistas, sin más ayuda que los diccionarios de uso común, poco familiarizados con las técnicas y la jerga del periodismo y llenos de lagunas en lo que se refiere a nombres de organismos extranjeros o internacionales. Se incluyen también, en un apéndice, tablas de equivalencias de medidas, los signos de corrección más usuales y otros datos de utilidad.

Por último, debemos aceptar que, aun siendo el libro de obligado cumplimiento para la Redacción de EL PAÍS, el error humano y nuestros propios defectos de organización ocasionarán, sin duda, dificultades y fallos en ese mismo cumplimiento. Pensamos, no obstante, que una aplicación rigurosa del libro eliminará un altísimo porcentaje de los errores cometidos por EL PAÍS, y no sólo no rechazamos, sino que anhelamos vivamente la colaboración de cuantos en este terreno quieran ayudarnos.

JUAN LUIS CEBRIÁN

Director de EL PAÍS

Marzo de 1980

ADVERTENCIA INICIAL

El *Libro de estilo* **EL PAÍS** contiene normas de obligado cumplimiento para todos los cargos del periódico, los redactores y los colaboradores. Nadie estará exento de esta normativa. Para las tribunas de opinión, véase el apartado **2.77**.

MANUAL

1
PRINCIPIOS

Política editorial

1.1. EL PAÍS se define estatutariamente como un periódico independiente, nacional, de información general, con una clara vocación de europeo, defensor de la democracia pluralista según los principios liberales y sociales, y que se compromete a guardar el orden democrático y legal establecido en la Constitución.

En este marco, acoge todas las tendencias, excepto las que propugnan la violencia para el cumplimiento de sus fines.

1.2. EL PAÍS se esfuerza por presentar diariamente una información veraz, lo más completa posible, interesante, actual y de alta calidad, de manera que ayude al lector a entender la realidad y a formarse su propio criterio.

1.3. EL PAÍS rechazará cualquier presión de personas, partidos políticos, grupos económi-

cos, religiosos o ideológicos que traten de poner la información al servicio de sus intereses. Esta independencia y la no manipulación de las noticias son una garantía para los derechos de los lectores, cuya salvaguardia constituye la razón última del trabajo profesional. La información y la opinión estarán claramente diferenciadas entre sí.

1.4. El periódico no publica informaciones sobre la competición boxística, salvo las que den cuenta de accidentes sufridos por los púgiles o reflejen el sórdido mundo de esta actividad. La línea editorial del periódico es contraria al fomento del boxeo, y por ello renuncia a recoger noticias que puedan contribuir a su difusión.

1.5. Las falsas amenazas de bomba no deberán ser recogidas como noticia, salvo que acarreen graves consecuencias de interés general. Estas informaciones no hacen sino favorecer al delincuente y extender ese tipo de conductas.

1.6. El periodista deberá ser especialmente prudente con las informaciones relativas a suicidios. En primer lugar, porque no siempre la apariencia coincide con la realidad; y también porque la psicología ha comprobado que estas noticias incitan a quitarse la vida a personas que ya eran propensas al suicidio y que sienten en ese momento un estímulo de imitación. Los suicidios deberán publicarse solamente cuando se trate de personas de relevancia o supongan un hecho social de interés general.

1.7. En los casos de violación, el nombre de la víctima se omitirá, y solamente podrán utilizarse las iniciales o datos genéricos (edad, profesión, nacionalidad), siempre que no la identifiquen. También se emplearán iniciales cuando los detenidos por la policía o los acusados formalmente de un delito sean menores de edad (18 años).

1.8. El hecho de que una información haya sido facilitada por una fuente con la petición de que no sea difundida (en la jerga, una información *off the record)* no impide su publicación si se obtiene honestamente por otros medios. De otra manera, esa confidencialidad supondría una censura externa para una información que está al alcance del periodista.

Responsabilidad profesional

1.9. Los redactores del periódico no deben hacer el vacío a un personaje o a una institución sólo porque hayan tenido problemas para cubrir determinada noticia. El derecho a la información es sobre todo del lector, no del periodista. Si se encuentran trabas, se superan; si éstas añaden información, se cuentan; si no es así, se aguantan. Las columnas del periódico no están para que el redactor desahogue sus humores, por justificados que sean.

1.10. El periódico ha de ser el primero en subsanar los errores cometidos en sus páginas, y hacerlo lo más rápidamente posible y sin tapujos. Esta tarea recae de manera muy especial en los responsables de cada área informativa.

1.11. Todo redactor tiene la obligación de releer y corregir sus propios originales cuando los escribe en la Redacción o los transmite por télex, videoterminal o un instrumento similar. La primera responsabilidad de las erratas y equivocaciones es de quien las introduce en el texto; y sólo en segundo lugar, del editor encargado de revisarlo.

Tratamiento de la información

1.12. El periodista transmite a los lectores noticias comprobadas, y se abstiene de incluir en ellas sus opiniones personales. Cuando un hecho no haya sido verificado suficientemente, el redactor evitará en las noticias expresiones como 'al parecer', 'podría', 'no se descar-ta' o similares. Estas fórmulas sólo sirven para añadir hechos no contrastados o rumores. En ese caso deberá aportar los datos ciertos que le inducen a creer que algo 'podría' ocurrir o que ha sucedido 'al parecer'.

1.13. Los rumores no son noticia. Cuando el rumor sea utilizado por alguna persona o grupo como arma arrojadiza contra otro, se podrá denunciar este hecho, pero sin citar las acusaciones difundidas mediante esa argucia.

1.14. Las fuentes. Las informaciones de que dispone un periodista sólo pueden ser obtenidas por dos vías: su presencia en el lugar de los hechos o la narración por una tercera persona. El lector tiene derecho a conocer cuál de las dos posibilidades se corresponde con la noticia que está leyendo. Para ello, se citará siempre una fuente cuando el periodista no haya estado presente en la acción que transmite. Si la información procede de una sola persona, se hablará de 'fuente' en singular.

1.15. La atribución de la noticia a una fuente o fuentes no exime al periodista de la responsabilidad de haberla escrito.

1.16. Cuando no se pueda citar el nombre del informante, conviene huir de expresiones genéricas como 'fuentes fidedignas', 'fuentes competentes' o 'dignas de crédito' (se sobreentiende que lo son; en caso contrario, no deben utilizarse). Pueden emplearse, no obstante, fórmulas que, sin revelar la identidad de la fuente, se aproximen lo máximo a ella. Por ejemplo, 'fuente gubernamental', 'parlamentaria', 'judicial', 'eclesiástica', 'sindical', 'empresarial' o 'diplomática'. Lo ideal es que la propia fuente elija el término adecuado mediante el cual considere que no va a ser identificada, siempre y cuando ese término no resulte falso.

1.17. La palabra 'fuente' ha de emplearse en el texto cuando se aporta una información personal. Por tanto, no se puede utilizar, por ejemplo, la expresión 'según fuentes municipales' cuando se trate de una noticia facilitada por el Ayuntamiento a todos los medios de comunicación. En este caso habrá de escribirse 'según informó el Ayuntamiento'.

1.18. Hay que evitar el recurso de disimular como fuentes informativas ('según los observadores...', 'a juicio de analistas políticos...') aquellas que sólo aportan opiniones. En este supuesto, deberá identificarse a la persona consultada. En otro caso, no resulta interesante conocer una opinión si no se sabe quién la avala.

1.19. La aparición en otro periódico, antes que en el propio, de informaciones de importancia no es motivo para dejar de publicarlas o para negarles la valoración que merecen. Este criterio sirve igualmente para las fotografías.

1.20. Es inmoral apropiarse de noticias de paternidad ajena. Por tanto, los despachos de agencia se firmarán siempre, a no ser que la noticia se confirme o amplíe con medios propios o que el texto del teletipo haya sufrido retoques que afecten al fondo de la información. En este caso, porque así se asume la responsabilidad de tales cambios.

1.21. Está terminantemente prohibido reproducir ilustraciones de enciclopedias, revistas, etcétera, sin autorización previa de sus propietarios o agentes. En todo caso, siempre deberá aparecer al pie el nombre de la fuente.

1.22. Los comunicados transmitidos telefónicamente habrán de ser avalados por una voz conocida para el redactor, en el supuesto de que resulte imposible disponer del texto en un soporte como el télex o el fax.

1.23. En los casos conflictivos hay que escuchar o acudir siempre a las dos partes en litigio. Aquellos dudosos, de cierta trascendencia o especialmente delicados han de ser contrastados por al menos dos fuentes, independientes entre sí, a las que se aludirá siquiera sea vagamente. Siempre se hará constar, en su caso, que determinada persona supuestamente perjudicada por una información no ha sido localizada. Pero se explicará con esta fórmula o similar: 'este periódico intentó ayer, sin éxito, conversar con Fulano de Tal para que ofreciera su versión'.

No se puede dar a alguien por 'ilocalizable' por el mero hecho de que un redactor no le haya encontrado.

1.24. Si una información recoge hechos radicalmente distintos según los narre una fuente o los explique otra enfrentada con la anterior, y el periódico no se define en el texto por ninguna de ellas, el titular no podrá ser adjudicado a una de las dos versiones en detrimento de la otra.

1.25. Está terminantemente prohibido firmar una noticia en un lugar en el que no se encuentra el autor, ni siquiera en el caso de los enviados especiales que elaboren una información recién llegados de un viaje. En este supuesto, será en la entradilla donde se haga constar que tal información fue recogida por el firmante en el sitio, y la firma puede ser reproducida sin acompañamiento de la ciudad o país visitado.

1.26. Cuando en un relato resulte imprescindible omitir el nombre de alguna persona y cambiarlo por otro, esta circunstancia se advertirá al lector al comienzo del texto.

Tratamiento de la publicidad

1.27. Los espacios publicitarios no podrán ser utilizados para contradecir o matizar informaciones publicadas en el diario. Para estos casos existen los espacios *Fe de errores, Cartas al director* y el Ombudsman o Defensor del Lector.

1.28. La veracidad de los anuncios que entren en la esfera estrictamente individual de las personas o las familias (esquelas, desapariciones, avisos) deberá ser comprobada.

1.29. Nunca los intereses publicitarios motivarán la publicación de un artículo o un suplemento. Los textos del diario deberán atraer al lector, y este mecanismo a su vez arrastrará a la publicidad. En ningún caso esa relación ha de excluir el sujeto intermedio de modo que los textos se conci-

ban directamente para conseguir publicidad.

1.30. La publicidad siempre estará diferenciada tipográficamente de los textos elaborados en la Redacción.

Los tipos de letra reservados para las informaciones no pueden ser utilizados en la publicidad.

Los anuncios cuyo diseño se asemeje a las columnas de un periódico deberán incluir en la cabecera la palabra 'Publicidad'.

1.31. Durante las campañas electorales, la publicidad política no podrá emplazarse en las páginas dedicadas a esta información.

Fotografías

1.32. Queda prohibida toda manipulación de las fotografías que no sea estrictamente técnica (edición periodística, eliminación de deterioros o corrección de defectos de revelado o transmisión). Por tanto, no se puede invertir una fotografía, ya se trate de paisajes, edificios o personas. Ni siquiera con el propósito de que el personaje fotografiado dirija su vista a la información a la que acompaña.

1.33. Las fotografías con imágenes desagradables sólo se publicarán cuando añadan información.

1.34. Debe extremarse el cuidado con la publicación de fotos de archivo utilizadas como simple ilustración de contenidos de actualidad. Los redactores han de velar por que tal inserción de ilustraciones, al ser extraídas del entorno en que fueron tomadas, no dañe la imagen de las personas que aparezcan en ellas. En cualquier caso, deberá expresarse en el pie a qué fecha y situación corresponde la fotografía.

Entrevistas

1.35. Los defectos de dicción o de construcción idiomática de un entrevistado —por tartamudez, por ser extranjero o causa similar— no deben ser reproducidos. Sólo cabe hacerlo en circunstancias muy excepcionales, más que nada como nota de color, pero siempre que no se ponga en ridículo a esa persona. En todo caso, se preferirá hacer mención de este defecto en la entradilla que ha de preceder a toda entrevista, de la manera más breve y respetuosa posible, a la reiterada insistencia en esa falta.

1.36. Las conversaciones serán grabadas en cinta magnetofónica. El personaje preguntado confía, al conceder la entrevista, en la profesionalidad del periodista que debe transcribir y resumir sus ideas. El periodista podrá —si así lo desea el entrevistado y para su mayor tranquilidad— facilitarle una copia de la transcripción antes de que sea publicada, de modo que éste tenga la oportunidad de corregir expresiones que hubieren sido mal transcritas. Pero no podrá alterar el diálogo que el periodista consiga extraer durante la conversación, ni incluir matizaciones que no figuren en la cinta magnetofónica. Cualquier conflicto sobre la correcta transcripción se resolverá con la grabación. De no existir ésta, se concederá el beneficio de la duda a la persona entrevistada.

1.37. Salvo en situaciones muy excepcionales, no deben realizarse entrevistas mediante cuestionarios previos. Y, en ese caso, ha de advertirse al lector.

Encuestas

1.38. Al hacerse eco de encuestas o sondeos de opinión, la información debe responder a las siguientes preguntas:
− ¿Quién pagó la encuesta?
− ¿Cuándo fue realizada? La mayoría de los encuestadores admite que pueden producirse cambios imprevistos, de última hora, en la opinión de los votantes.
− ¿Cómo se obtuvieron las entrevistas? Los ciudadanos son menos tímidos por teléfono que en persona.
− ¿Cómo fueron formuladas las preguntas? Pueden ser densas para obtener el resultado deseado. Incluso ha de tenerse en cuenta el orden de las preguntas.
− ¿Quiénes han sido encuestados? ¿Cómo fueron elegidos, partiendo de un censo, de una lista electoral, de una guía telefónica? ¿Cómo se realizó la selección desde esta base, al azar o con otro procedimiento?
− ¿Cuántas personas había en el grupo con que se quería conectar? ¿Cuántas respondieron? ¿Cuál es el margen de error al proyectar los resultados a un grupo mayor? A mayor número de respuestas, menor margen de error.
− Si hemos resaltado las respuestas de un grupo más reducido que el total de los encuestados, ¿de cuántas personas se componía ese grupo y cuál es el margen de error al proyectar los resultados?

Expresiones malsonantes

1.39. Las expresiones vulgares, obscenas o blasfemas están prohibidas. Como única excepción a esta norma, cabe incluirlas cuando se trate de citas textuales, y aun así siempre que procedan de una persona relevante, que hayan sido dichas en público o estén impresas y que no sean gratuitas. Es decir, sólo y exclusivamente cuando añadan información.

Una palabrota pronunciada durante una entrevista no justifica su inclusión en el texto, cualquiera que sea la persona que la emitió.

1.40. Si, de acuerdo con el párrafo anterior, hay que escribir una palabra o frase malsonante, ésta se escribirá con todas sus letras, pero nunca de forma abreviada: 'le llamó hijo de puta', no 'le llamó hijo de p...'.

1.41. Nunca deben utilizarse palabras o frases que resulten ofensivas para una comunidad. Por ejemplo, 'le hizo una judiada', 'le engañó como a un chino', 'eso es una gitanería'.

2
GÉNEROS PERIODÍSTICOS

Normas generales

2.1. Uso del idioma. El propósito al redactar cualquier noticia es comunicar hechos e ideas a un público heterogéneo. Por tanto, el estilo de redacción debe ser claro, conciso, preciso, fluido y fácilmente comprensible, a fin de captar el interés del lector.

2.2. Los periodistas han de escribir con el estilo de los periodistas, no con el de los políticos, los economistas o los abogados. Los periodistas tienen la obligación de comunicar y hacer accesible al público en general la información técnica o especializada. La presencia de palabras eruditas no explicadas refleja la incapacidad del redactor para comprender y transmitir una realidad compleja. El uso de tecnicismos no muestra necesariamente unos vastos conocimientos sino, en muchos casos, una tremenda ignorancia.

2.3. Los periodistas deben cuidar de llamar a las cosas por su nombre, sin caer en los eufemismos impuestos por determinados colectivos. Así, por ejemplo, el 'impuesto revolucionario' debe ser denominado extorsión económica, al 'reajuste de precios' deberá llamársele subida, y nunca una policía 'tuvo que' utilizar medios antidisturbios, sino que, simplemente, los utilizó.

2.4. El periódico se escribe en castellano, y la regla general es que no deben usarse palabras de otras lenguas, incluidos el catalán, el gallego o el vascuence, mientras existan sinónimas en castellano. Esta norma no tiene más excepciones que las expresamente recogidas en este libro.

El criterio seguido en tales casos ha sido aceptar las palabras no castellanas impuestas por su uso generalizado, de las cuales gran parte incluso se escriben en redonda (por ejemplo, 'whisky'); las que no tienen una traducción exacta (por ejemplo, *'strip-tease'*, el *'green'* del golf) y las que, de ser traducidas, perderían parte de sus connotaciones (por ejemplo, *'ikastola'*, *'geisha'*, *'calçots'*).

2.5. Las palabras no castellanas se escriben en cursiva, salvo las excepciones recogidas en el *Libro de estilo,* y desde luego con la acentuación, el género o los plurales que les corresponden en su idioma original.

2.6. Los términos empleados deben ser comunes, pero no vulgares. Cuando haya que incluir vocablos poco frecuentes —por estar en desuso o por ser excesivamente técnicos— es preciso explicar al lector su significado.

2.7. Las frases deben ser cortas, con una extensión máxima aconsejable de 20 palabras. Sujeto, verbo y predicado es regla de oro. No obstante, conviene variar la longitud y estructura de las frases y los párrafos: es una forma de mantener el interés. Cambiar la forma, el orden y los elementos de las frases resulta más importante incluso que cambiar su longitud. Repetir la misma estructura es el camino más seguro para aburrir al lector.

El empleo de las normas básicas de este *Libro de estilo* no implica el uso de una escritura uniforme en todo el diario, puesto que son compatibles con la riqueza, la variedad y el estilo personal.

2.8. Es preferible utilizar los verbos en activa y en tiempo presente. Esto acerca la acción al lector. No sería aconsejable esta frase: 'Felipe González dijo ayer que él *seguía* siendo el presidente del Gobierno y que *fue investido* con mayoría absoluta', si se puede sustituir por esta otra: 'Felipe González dijo ayer que *sigue* siendo el presidente del Gobierno y que *obtuvo* la mayoría absoluta en su investidura'.

2.9. En las informaciones siempre han de quedar bien claras las circunstancias de tiempo en que se produce la noticia. Estas circunstancias deben estar referidas a la fecha de publicación del periódico. El corresponsal escribirá siempre su texto en el supuesto de que aparecerá al día siguiente (por tanto, el *mañana* del cronista ha de transformarse en su información en el *hoy* del lector); corresponde a los editores modificar estas circunstancias de tiempo cuando la publicación de la noticia haya de ser pospuesta.

2.10. Si en una información se hace referencia a un día anterior, siempre que se trate de la misma semana se preferirá la mención concreta de ese día ('el martes pasado') al uso de un adverbio ('anteayer').

2.11. Rigor. La información debe ser exacta. Hay que evitar expresiones como 'varios', 'un grupo', 'algunos', 'numerosos'..., para sustituirlas por datos concretos.

2.12. En los casos conflictivos hay que escuchar o acudir siempre a las dos partes en litigio.

2.13. No hay que abusar de frases como 'declararon a EL PAÍS', 'según ha podido saber EL PAÍS' y otras análogas. Expresiones como éstas deben reservarse para las informaciones de carácter exclusivo o excepcional.

2.14. Las muletillas como '...en declaraciones hechas en exclusiva a EL PAÍS', u otras análogas, están prohibidas. Tener una información en primicia o exclusiva es algo que ha de enorgullecer íntimamente al periodista, pero que no debe traspasarse al lector. Ya se encargará él, si así lo considera, de valorar este esfuerzo informativo.

2.15. Las dificultades que haya tenido el redactor para obtener los datos de su información tampoco interesan, salvo cuando tales trabas son noticia en sí; es decir, cuando añaden información.

2.16. El autor de un texto informativo debe permanecer totalmente al margen de lo que cuenta, por lo que no podrá utilizar la primera persona del singular —salvo casos excepcionales autorizados por el redactor jefe de Edición o quien le sustituya— ni del plural (ni siquiera expresiones como 'en nuestro país', puesto que el periódico se lee también fuera de España; o en España por personas extranjeras).

El adjetivo posesivo 'nuestro' incluye en ese caso al lector y al informador, las dos personas que se comunican, y el lector no tiene por qué ser español (y en algunos casos tampoco el periodista).

2.17. Edad. Los años que tenga el protagonista de una noticia, entrevista o reportaje constituyen un dato informativo de primer orden. Por tanto, debe incluirse siempre, a no ser que se trate de una noticia sobre un personaje sobradamente conocido. En ocasiones, además de la edad, son datos relevantes el estado físico o mental del personaje.

2.18. Hay que evitar expresiones tan desafortunadas (y frecuentes) como 'una joven de 33 años'. La norma es la siguiente: bebé, menos de un año; niña o niño, de 1 a 12 años; joven y adolescente, de 13 a 18 años; hombre o mujer, más de 18 años; anciana o anciano, más de 65 años. Este último término, sin embargo, sólo debe emplearse muy excepcionalmente, y más como exponente de decrepitud física que como un estadio de edad. En tales casos, sosláyese con expresiones como 'un hombre de 65 años'.

2.19. Vayan entre comas o entre paréntesis, no debe suprimirse la preposición *de* delante del número con los años de la persona. Ejemplos: 'Juan López, de 25 años', o 'Juan López (de 25 años)', pero no 'Juan López, 25 años' ni 'Juan López (25 años)'.

2.20. Citas. Jamás ha de escribirse que un personaje ha insinuado algo si no se reproduce a continuación la expresión textual, de modo que el lector pueda corroborar la interpretación del periodista o discrepar de ella.

2.21. Las citas o reproducciones literales de un texto irán entrecomilladas, no en cursiva. Hay que distinguir entre lo que es una cita textual y lo que es parafrasear un dicho.

2.22. La cita de una frase escrita o pronunciada en un idioma distinto al castellano no obliga a escribirla en cursiva; la cursiva se emplea para los neologismos o palabras sueltas no castellanas, pero no para frases enteras.

Se recomienda no abusar de citas en lengua no castellana. Se supone que la persona que escribió o pronunció una frase, si no habla español, lo hizo en su idioma (lo noticiable sería exactamente lo contrario). Este cultismo impediría al lector la comprensión del texto. La norma es igualmente válida, o especialmente válida, en los gritos o lemas, en casos como el de una manifestación. Si aun así se hace una cita en una lengua distinta al castellano —por ejemplo, para aclarar o matizar lo dicho—, entonces se añadirá la traducción entre paréntesis.

2.23. Cuando una cita encierra otra, la primera llevará comillas dobles, y la segunda, simples. En el caso de que el principio o el final de las dos citas sea el mismo, sólo se usarán las comillas dobles.

2.24. Es una incorrección sintáctica emplear el *que* cuando se hace una cita en estilo directo. Ejemplo: "Pinochet dijo que 'yo voy a garantizar el orden". Para expresar las palabras tal como fueron dichas no debe utilizarse el *que*, y sí los dos puntos y las comillas. Ejemplo: "Pinochet dijo: 'Yo voy a garantizar el orden".

En cambio, en estilo indirecto sobran estos dos signos ortográficos, y ha de ponerse el *que*. Ejemplo: 'Pinochet dijo que él va a garantizar el orden' (véase el apartado **12.41** del Manual).

2.25. Moneda. Las cantidades en moneda extranjera se traducirán siempre a su equivalente en pesetas. Primero, la cantidad en moneda extranjera, y después, entre paréntesis, su equivalencia. Cuando en una información se incluyan varias cantidades en una misma moneda, y siempre que se trate de cifras redondeadas, bastará con poner la equivalencia en el primer caso. Las reconversiones monetarias no realizadas en Redacción, recogidas en otras fuentes, deben comprobarse por sistema.

El *milliard* del francés, el *miliardo* del italiano y el *billion* de

Estados Unidos y el Reino Unido equivalen en castellano a un **millardo** (un millar de millones). El *conto* del portugués es igual a 1.000 escudos.

Salvo en crónicas de color o en las respuestas de una entrevista, nunca se emplearán unidades monetarias populares (el duro) o en desuso (el real, el céntimo).

2.26. Medidas. Las cantidades de peso, longitud, superficie o volumen jamás deben expresarse en cifras inferiores a la unidad, sea cual fuere ésta. Se prefiere escribir 'nueve milímetros' a '0,9 centímetros'. Otra cosa es que la cantidad contenga una fracción; por ejemplo, '11,200 kilogramos'. Tampoco deben emplearse las **abreviaturas.** Lo correcto es escribir '90 centímetros' y no '90 cm'. Las abreviaturas sólo pueden usarse en tablas o cuadros estadísticos.

2.27. La presentación. Las páginas cuyos textos se vinculen a un solo tema podrán tener una presentación, por encima del titular principal. Este párrafo no sustituye a la entrada o *lead*. Debe centrar el asunto del que se trate y englobar el contenido de todos los artículos de la página o páginas que abarque.

2.28. La entrada. La entrada puede tener un tratamiento tipográfico distinto al del cuerpo de la información. Principalmente, en estos dos casos:

1. En negra cuando se trate de destacar la noticia más importante de cada página (que no tiene que ser necesariamente la que va titulada a un mayor número de columnas).

2. En redonda para un reportaje o una entrevista.

Las entradas que se diferencian tipográficamente deberán escribirse en un solo párrafo, sin puntos y aparte.

En el caso de los reportajes y entrevistas, deben redactarse de forma que la entrada y el cuerpo de la información puedan entenderse independientemente. Así, una confección más ágil no interrumpirá o dificultará la lectura normal del texto.

2.29. Las fichas. Las fichas que preceden a una crítica de libros, obras de teatro, películas, exposiciones, conciertos, grabaciones musicales, corridas de toros o encuentros deportivos constituyen datos informativos de suma importancia y normalmente prestan un gran servicio al lector. Deberán contar siempre con los mismos datos o elementos, y siempre escritos por el mismo orden, según se detalla más adelante. En todos los casos, los datos más importantes irán escritos en negrita.

Las fichas deben preceder a la firma del autor de la crítica o crónica.

El orden que deben guardar las fichas, según los casos, es el siguiente:

1. Libros: título de la obra, nombre del autor, del traductor si lo hay, de la editorial, de la colección, si fuera el caso, ciudad y año de publicación, número de páginas y precio.

2. Obras de teatro: título, nombre del autor, del adaptador, si fuera el caso, del director, de los principales actores, del autor de los decorados, del local y ciudad donde se representa y fecha de estreno. Finalmente, el precio de las entradas (la más cara y la más barata).

3. Exposiciones: en este caso, el primer elemento ha de ser el que le dé unidad. Si se trata de las obras de un solo autor, la ficha comenzará con el nombre. Le seguirá el número de obras presentadas, las características técnicas de éstas (óleos, esculturas, etcétera), el nombre y dirección de la galería, así como el de la ciudad. Cuando se trate de una exposición colectiva, se citará en primer lugar el título o motivo de ésta y, a continuación, los nombres de los artistas o su número, si fueran muchos, la cantidad de obras presentadas, sus características técnicas, el nombre y dirección del local, la ciudad y las fechas en que permanecerá abierta. Igualmente, se incluirá el precio medio de las obras.

4. Conciertos y recitales: también en este caso depende de lo que prime. Si lo importante es el autor, el director o el solista, su nombre figurará en primer lugar;

y a continuación, los títulos de las obras interpretadas (en el caso de la música clásica), nombre de la orquesta o coral, del autor musical y del autor de los arreglos, del director, de los solistas, del local, la ciudad y la fecha. En el caso de primacía de la orquesta o coral, éste será el primer elemento de la ficha, seguido de los títulos de las obras interpretadas (si se trata de música clásica), nombres de sus respectivos autores, del autor de los arreglos musicales, del director, de los solistas, del local, la ciudad y la fecha. Asimismo, se incluirán el número de asistentes y el precio de las localidades (la más cara y la más barata).

5. Grabaciones musicales: deben iniciarse con el título del disco o casete, que puede ser el nombre de una orquesta, de un conjunto, de un vocalista o de un músico. A continuación se escribirán los títulos de las obras incluidas, los nombres de sus autores si fueran relevantes, las características técnicas de la grabación (estereofónico, larga duración, sencillo, compacto, etcétera), así como el nombre de la casa registradora, la ciudad y la fecha de edición del disco o casete, así como su precio.

6. Encuentros deportivos: dada la gran variedad de especialidades deportivas, se empleará una fórmula general cuyo uso concreto variará según el deporte y la importancia del partido: la ficha, si se incluye, debe contener al menos el resultado del encuentro, las alineaciones de los contendientes, el nombre del árbitro o juez, el número de espectadores y, siempre que el dato sea accesible, la recaudación en taquilla. En el caso de que el espectáculo sea televisado, se añadirá el dinero recibido por este concepto.

7. La lidia: la ficha debe iniciarse con el primer apellido del ganadero o nombre simplificado de la ganadería (Miura, Jaral), en negrita. A continuación, y separados de aquél con una barra, se escribirán los primeros apellidos de los espadas o rejoneadores, también en negrita. Cuando la corrida se anuncie con toros de seis ganaderías —caso de las corridas-concurso— o con seis espadas, se consignará así: 'Seis ganaderías / Seis matadores' o 'Concurso / Seis matadores'. En bloque distinto, se describirán las características de los toros; y el resumen técnico de la actuación de cada torero (reseña detallada de pinchazos, estocadas, descabellos, avisos y, entre paréntesis, el resultado artístico —orejas, pitos, silencio, etcétera—, sin juicio crítico alguno). Hasta aquí, todos los nombres artísticos se escribirán completos tal como se anuncian en los carteles (Eduardo Miura, El Jaral de la Mira, Luis Francisco Esplá), en negrita. Finalmente, se indicarán la plaza donde se celebró la corrida y la fecha, así como el número de asistentes y, en su caso, el tipo de festejo de que se trata (2ª corrida de feria; corrida de la Prensa). Siempre que sea posible, se añadirá la recaudación en taquilla.

Las fichas que no precedan a una crítica, sino que formen parte de un noticiario ('libros recibidos', 'novedades discográficas', etcétera) se atenderán igualmente a las normas anteriores en cada caso.

2.30. Transmisión. En caso de dictar una información por teléfono, el autor cuidará de deletrear las cifras siempre. Igual hará con los nombres de grafía dudosa, por conocida que sea la persona citada; hasta el extremo, por ejemplo, de indicar si ésta escribe con *g* o con *j* un apellido tan común como 'Jiménez'.

Cuando se manden las informaciones por teletipo o télex, las cifras se escribirán de acuerdo con las normas sobre el empleo de los números, pero se repetirán a continuación, siempre, con todas sus letras y entre paréntesis, a fin de evitar los errores que pudiera provocar una deficiente transmisión.

Los textos transmitidos al periódico deben ir encabezados también por un titular, independientemente de que éste pueda ser modificado después en la Redacción.

Si se utiliza un teclado que carece de algún signo que haya de escribirse, el autor está obligado a indicar claramente, al principio de la transmisión, cuáles otros empleará como sustitutivos. Así puede ocurrir con la eñe, en castellano; con la ele palatal (l·l), en catalán, o con la cedilla (ç), en francés.

Al pie de toda información o mensaje interno remitido por estos medios deben constar la hora y fecha del envío. En el caso del extranjero, tales datos se expresarán siempre en el horario peninsular español. Al final del texto, hará figurar la palabra FIN, con mayúsculas. Ello evitará que una transmisión interrumpida sea dada por completa en la Redacción central.

Normas específicas

Los textos que se publican en EL PAÍS son, a rasgos generales, de seis tipos:
- Noticias.
- Reportajes.
- Crónicas.
- Entrevistas.
- Artículos de opinión y análisis.
- Documentación.

Noticias

2.31. Pirámide. En un texto informativo, el uso de la técnica de la pirámide invertida (de mayor a menor interés) es conveniente, pero no obligatorio. Siempre se ha de comenzar por el hecho más importante, que estará recogido a su vez en el título. No obstante, el párrafo siguiente puede constituirlo una frase que explique la entradilla o contenga los antecedentes necesarios para comprender el resto del artículo, rompiendo así la relación de hechos. Lo mismo puede ocurrir con párrafos sucesivos.

2.32. Entradilla. La entrada es el primer párrafo de la noticia. Esté diferenciada tipográficamente o no, contendrá lo principal del cuerpo informativo, pero no deberá constituir un resumen o un sumario de todo el artículo. Ha de ser lo suficientemente completa y autónoma como para que el lector conozca lo fundamental de la noticia sólo con leer el primer párrafo. De él se desprenderá necesariamente el título de la información. Su extensión ideal, unas 60 palabras.

2.33. El primer párrafo no debe contener necesariamente (aunque sí es conveniente) las clásicas respuestas a las preguntas qué, quién, cómo, dónde, cuándo y por qué. Estas seis respuestas pueden estar desgranadas a lo largo de la información —lo cual requerirá dos o, quizá, tres párrafos—, pero siempre según la mayor o menor importancia que cada una de ellas tenga en cada caso.

2.34. Hay algunas formas de entradilla totalmente nefastas:

— Una larga cita entrecomillada, que obliga al lector a esperar varias líneas para saber quién es el autor de la frase. Ello desvirtúa el entrecomillado, puesto que no recibe el valor que implica saber quién lo está diciendo. Sólo es válido este recurso —y aun así, poco recomendable— cuando recoge una frase breve y contundente: "Es espantoso, está muerto', sollozó Carmen Serna al acariciar el cuerpo de su marido".

— La entradilla de estilo notarial de narración (descripción puramente de hechos). Un ejemplo es el siguiente: "El Consejo de Ministros decidió ayer, 30 de diciembre, conceder una ayuda de 1.000 millones de pesetas para los damnificados por las últimas inundaciones...". Esta fórmula ha de ser sustituida por algo más imaginativo, donde se destaquen las consecuencias de los hechos; así: "Los damnificados por las últimas inundaciones podrán reparar sus casas sin recurrir a créditos bancarios, merced a la ayuda aprobada ayer por el Consejo de Ministros, que consiste en subvenciones de 1.000 millones de pesetas". Otro ejemplo: "El nuevo primer ministro japonés, Toshiki Kaifu, llegó ayer a Bonn, primera escala de su viaje de nueve días por Europa". En su lugar puede escribirse: "El primer ministro japonés, Toshiki Kaifu, se estrenó ayer en Europa con un viaje a Bonn, el primero de una gira por el continente dedicada a explicar su política sobre el Este".

2.35. Una información no debe comenzar con un adverbio o locución adverbial —excepto el adverbio 'sólo' si su cambio de orden modificase el sentido— ni con un complemento circunstancial. No porque sea algo incorrecto gramaticalmente, sino porque dificulta la lectura precisamente en el momento en que ha de producirse el *enganche* del lector. Posteriormente, en otros párrafos, puede emplearse cuidadosamente este recurso para variar la estructura de las frases y no hacerlas repetitivas.

2.36. En una noticia (no así en un reportaje) es conveniente escribir primero el titular, porque ello facilita la redacción de una entradilla directa y concisa. Redactores y corresponsales deben entregar sus textos encabezados por un título, independientemente de que éste pueda ser modificado después en el proceso de edición.

2.37. Cuerpo informativo. El cuerpo de la noticia desarrolla la información con todo tipo de elementos complementarios; incluye los datos que no figuran en la entrada, explica los antecedentes y apunta las posibles consecuencias. Esto no significa que se puedan incluir opiniones partidistas o juicios de valor sobre lo que se narra.

2.38. Entrada y cuerpo de una información no deben superar, salvo casos excepcionales, las 900 palabras. La narración de los hechos y de los datos ha de hacerse sin pretender contarlo todo a la vez. Hay que buscar una cadencia que no dé la sensación de barullo.

2.39. Siempre ha de escribirse cada párrafo de una noticia como si fuera el último. Al término de cada párrafo, la noticia debe tener unidad en sí misma; no puede quedar coja o falta de alguna explicación. Esto permitirá cortar y reajustar el texto sin problemas y con rapidez en el caso de que sea necesario. La entradilla de una información de tres folios debe servir también para una cuña de 12 líneas justificadas.

2.40. El principal objetivo al escribir una información es mantener el interés del lector hasta el final. Para ello, hay que unir con suavidad, mediante las partículas apropiadas, las ideas afines.

Cada parte de un artículo, reportaje o crónica ha de ser consecuencia lógica de la parte anterior.

2.41. Ningún párrafo debe constar de más de 100 palabras.

2.42. Edición. EL PAÍS no es sólo un diario de información general, sino una agencia de informaciones (el Servicio de Noticias), un semanario (la Edición Internacional, que se vende en países de los cinco continentes), una base de datos, utilizada también por otros medios informativos, y un servicio de documentación con una colección de microfichas. Por tanto, una misma información puede ser leída en Salamanca, en Madrid, en Barcelo-

na o en Buenos Aires, ser vendida a un periódico de Nueva York o quedar archivada para consultas que se realizarán dentro de tres, cinco o 15 años. Así pues, hay que escribir con la mentalidad de explicar lo que ocurre sin olvidar describir detalles importantes para la correcta comprensión de quienes no conocen directamente el asunto.

2.43. Un texto informativo debe explicarse en sí mismo. Ha de estar concebido de manera que el lector no necesite recordar los antecedentes para comprender la información que se le ofrece. No todos los lectores han comprado el periódico el día anterior, y si lo hicieron es probable que no leyeran todos los artículos. Cada noticia debe ser escrita como unidad informativa, sin sobreentenderla ligada a otros textos, ni siquiera cuando figuren en la misma página (despieces o documentaciones).

2.44. Hay que ofrecer al lector todos los datos necesarios para que comprenda el entorno de los hechos que se narran. El número de habitantes de una localidad es un dato fundamental en cualquier información que se refiera a ella. No basta con informar de un cierre de comercios en una localidad en protesta por un atentado, por ejemplo. Habrá que detallar cuántos comercios tiene esa población y cuántas personas están empadronadas en ella.

2.45. El rigor del dato es fundamental en las informaciones. No basta con escribir que un grupo de agricultores ha tomado el Ayuntamiento; habrá que precisar de cuántos se trataba. Si se informa de unas jornadas de estudio, se debe especificar el número de asistentes, los países o regiones de los que proceden. Si se escribe 'los alumnos de tres facultades han protestado por...', debe precisarse cuántos son en total los estudiantes afectados y cuántos de ellos han suscrito la protesta. Si se indica que 'las asociaciones de vecinos de la localidad han difundido un comunicado', habrá de señalarse si son todas las asociaciones, o cuántas de ellas, y a cuántos vecinos representan del total de habitantes. En lugar de describir a un personaje como "un hombre alto", será mejor precisar que mide 1,90.

Los mismos criterios han de aplicarse para asambleas, concentraciones y reuniones masivas.

2.46. A la hora de informar sobre hechos de matiz político acaecidos en un municipio es primordial ofrecer la composición del Ayuntamiento y citar el partido al que pertenece el alcalde. No es lo mismo una actitud vecinal de protesta ante una medida del Gobierno central o del Gobierno vasco, como ejemplos, si los habitantes son mayoritariamente electores del PSOE (en el caso de que ése sea el partido en el Ejecutivo central) o si dieron sus votos al PNV.

2.47. Las informaciones deben *personalizarse;* la profesión o cargo que desempeña el protagonista de la noticia, su edad, estado civil y demás circunstancias personales son elementos noticiosos de primer orden.

2.48. La fría relación de personas asistentes a un acto raramente interesa, salvo que sea significativa en un caso muy concreto (véase el apartado 7.14 del Manual).

2.49. Cuando en una noticia se mencione una sociedad u organización cuyos fines sean asistenciales, de protección o ayuda, o se anuncie un acto público de iguales características, la dirección de la sede o del local donde vaya a celebrarse tal acto deberá incluirse en la noticia, escrita entre paréntesis, como un dato informativo más. Nunca cuando pueda suponer una convocatoria por parte del periódico o parezca publicidad encubierta.

2.50. Los ejemplos de distancia entre dos puntos se pondrán con ciudades españolas, expresados en kilómetros por carretera; y en kilómetros en línea recta, a partir de una ciudad española, cuando el caso sobrepase los puntos extremos peninsulares. Esta norma es válida incluso en temas extranjeros o escritos por un extranjero; al lector medio español no le dice nada la distancia que hay entre Nueva York y Baltimore, o entre Moscú y Samarcanda.

2.51. Manifestaciones. En las manifestaciones de asistencia fácil de calcular (centenares, algunos millares) hay que incluir directamente el número de participantes, al margen de dar también las cifras facilitadas por la policía o los organizadores.

En las grandes manifestaciones, el periódico ofrecerá un cálculo propio, pero siempre explicando el mecanismo utilizado (preferentemente, el espacio ocupado por los manifestantes, multiplicado por una media de personas por metro cuadrado). Esto no impide aportar también los cálculos de los organizadores y la policía, a ser posible con la fórmula que han empleado a su vez.

2.52. Los breves. La mayor o menor extensión de una noticia no puede afectar a las normas generales recogidas en este *Libro de estilo*. Sólo en el caso de las columnas o bloques de *breves,* y sólo también cuando se trata de *breves* con título engatillado, caben las siguientes excepciones:

1. Estas noticias no se datan. Ahora bien, el nombre, las iniciales o la sigla de la fuente han de figurar al pie, todo en versalitas y sin punto final en la firma.

2. Texto y firma van separados por un punto, una raya (¡no un guión!) y un espacio en blanco.

3. Nunca se escribirá el nombre completo del autor de un *breve,* sino sus iniciales (con punto y cuarto de cuadratín entre cada letra).

4. Los títulos han de ser lo más escuetos posible —lo ideal es que no sobrepasen una línea de composición—, pero nunca se sacrificarán la sintaxis castellana o su comprensión informativa. No pueden suprimirse, por tanto, artículos o preposiciones.

Si el título está engatillado en negra, las palabras que, en aplicación del *Libro de estilo,* hayan de ir en cursiva se escribirán en negra cursiva, no con comillas simples.

2.53. Cuñas. Este tipo de noticias breves se concibe como un recurso para el ajuste de las páginas y sirve para facilitar noticias de importancia muy secundaria o incluso anecdótica. Para su redacción y composición han de tenerse en cuenta las siguientes reglas:

1. Las *cuñas* no deben exceder de 12 líneas de composición, constan de un solo párrafo y carecen de titular.

2. Al redactar una *cuña* conviene tener en cuenta que las dos o tres primeras palabras del párrafo hacen las veces de titular y que hay que escribirlas con esa intención. Ese título se escribirá en negra o negra cursiva, de acuerdo con las normas para el empleo de los tipos en cursiva.

3. Las *cuñas* no se datan. Ahora bien, el nombre, las iniciales o la sigla de la fuente han de figurar al pie, todo en versalitas y sin punto final en la firma.

4. Texto y firma van separados por un punto, una raya (¡no un guión!) y un espacio en blanco.

5. Nunca se escribirá el nombre completo del autor de una *cuña,* sino sus iniciales (con punto y cuarto de cuadratín entre cada letra).

6. Nunca se sacrificará la sintaxis castellana a la brevedad. Es decir, no se pueden suprimir artículos o preposiciones de manera que el texto parezca redactado en estilo telegráfico.

Reportajes

2.54. La apertura. El reportaje —género que combina la información con las descripciones e interpretaciones de estilo literario— debe abrirse con un párrafo muy atractivo, que apasione al lector. Por tratarse de un género desligado de la estricta actualidad diaria, no puede ofrecer como arranque, generalmente, un hecho noticioso. Ha de sustituirse tal arma, por tanto, con imaginación y originalidad. A la vez, el arranque debe centrar el tema para que el lector sepa desde un primer momento de qué se le va a informar.

Éste es un ejemplo, publicado el 22 de febrero de 1987 en EL PAÍS:

Un antiguo trabalenguas jurídico señalaba que la causa de la causa es causa del mal causado. En el sumario de la colza, el mal causado se conoce: 650 personas muertas (386 censadas oficialmente) y unas 25.000 intoxicadas en diversos grado. Igualmente, la causa del mal parece clara: el consumo de aceite de colza desnaturalizado. Pero la causa de la causa permanece oculta: nadie ha descubierto qué agentes químicos concretos son los que produjeron el síndrome tóxico. Y desconocido el causante, se desconoce el culpable. La defensa de los principales procesados partirá de esta sutileza legal para intentar que el sumario más voluminoso de la historia judicial española no acarree también las penas más elevadas.

2.55. Las anécdotas irrelevantes son un pobre recurso que debe evitarse. No así las que tengan un claro valor simbólico.

Como esta entrada (EL PAÍS, 6 de septiembre de 1987):

Txomin Iturbe, el *número uno* de ETA, miró aquel día de enero de 1987 a Julián Sancristóbal, emisario del Gobierno, con un gesto distendido. Incluso mostró un ademán afable con su brazo, tomando el codo de su interlocutor. "Fíjate", le dijo, "hace días no me habría importado dar luz verde para que te matasen. Y, sin embargo, ahora que te conozco sería incapaz". Era su tercera entrevista consecutiva y había comenzado un diálogo esperanzador.

2.56. Si un personaje domina la historia, es obligado comenzar por él. Éste es un ejemplo de entrada para un reportaje amplio sobre un personaje (EL PAÍS, 9 de agosto de 1987):

Gregorio Jesús Gil y Gil lleva 37 años acomodado sobre el filo de una navaja. Tenía 17 cuando ganó sus primeras 160.000 pesetas del año 1954, y disfrutó tanto con el resultado del negocio que no resistió la tentación de esparcir los billetes sobre la cama de la pensión madrileña donde malcomía, para dormir esa noche encima del dinero. Desde entonces vive del riesgo.

2.57. El relato. Tras la entradilla, el relato ha de encadenarse con estructura y lógica internas. El periodista debe emplear citas, anécdotas, ejemplos y datos de interés humano para dar vivacidad a su trabajo.

2.58. En los reportajes muy extensos, lo preferible es concebir grupos de varios párrafos conectados entre sí, como pequeños capítulos internos.

Esto facilita esparcir por la historia diversas *entradillas* falsas que permiten mantener la tensión de lectura. Al mismo tiempo, esos grupos de párrafos conexos desde el punto de vista del relato estarán relacionados entre sí como unidades más grandes, aunque con menor intensidad en la conexión.

Algunos hechos hay que *esconderlos* hasta el momento adecuado en que pueden revelarse como factor sorpresa. Pero todo reportaje debe tener un hilo conductor que le dé cohesión. Finalmente, el último párrafo servirá como resumen y colofón de todo lo relatado.

2.59. El final. El último párrafo de un reportaje debe ser escrito muy cuidadosamente. Tiene que servir como remate, pero sin establecer conclusiones aventuradas o absurdamente chistosas.

El último párrafo tiene que dejar cierto regusto al lector, y conectar con la idea principal. Jamás debe ser cortado el último párrafo de un reportaje por razones de espacio.

He aquí las líneas finales de uno de los ejemplos anteriores, en que se conecta con la idea principal:

Pero Jesús Gil se siente cómodo en el filo de la navaja. Su osadía no tiene límites. Tanto, que desea ser asesor del presidente del Gobierno. Y cita incluso el nombre del cargo: asesor del presidente en los Temas de Arreglar España. Siempre fue muy atrevido.

2.60. Fuentes. La atribución de fuentes en un reportaje no sigue los mismos criterios que en una información, puesto que no es preciso reiterarla. Esto haría perder viveza al relato.

Sólo se atribuirá la información a una fuente cuando el párrafo lo requiera por su especial delicadeza.

Crónicas

2.61. La crónica es un estilo situado a medio camino entre la noticia, la opinión y el reportaje. Puede emplearse el estilo de crónica cuando se trate de informaciones amplias escritas por especialistas del periódico en la materia de que se trate, corresponsales en el extranjero, enviados especiales a un acontecimiento o comentaristas deportivos, taurinos o artísticos. La crónica debe contener elementos noticiosos —será titulada por regla general como una información— y puede incluir análisis (y, por tanto, cierta opinión o interpretación). El autor debe, no obstante, explicar y razonar las interpretaciones que exprese, y construir su texto de modo que la información prime sobre la interpretación. No es tolerable, en cambio, la coletilla que refleja opiniones personales o hipótesis aventuradas. Las exigencias informativas de rigor y edición en una crónica son asimilables a las indicadas en el apartado de **Noticias.**

La crónica debe mostrar un estilo ameno, a ser posible con anécdotas y curiosidades. En un estilo estrictamente noticioso (válido para informaciones no extensas), una sesión parlamentaria en la Unión Soviética sería reflejada con párrafos textuales de quienes hayan intervenido. Una crónica, en cambio, explica las expresiones, las enmarca en un contexto, las evalúa, refleja las sorpresas y describe el ambiente.

2.62. La crónica de acontecimientos deportivos o taurinos no debe olvidar los datos funda-mentales para los lectores que no los han presenciado, aunque fueran transmitidos por radio o televisión.

Entrevistas

2.63. Las declaraciones obtenidas mediante el diálogo con un personaje no siempre han de adquirir la forma de entrevista. La presentación con preguntas y respuestas debe reservarse para las entrevistas extensas y a fondo. En los demás supuestos, su presentación será la de un reportaje o, si tiene interés como información de actualidad, la de una noticia, en ambos casos con sus correspondientes entrecomillados.

De cualquier forma, a efectos de construcción y presentación caben tres tipos de entrevista: la entrevista de declaraciones, la entrevista-perfil y una mezcla de ambas.

2.64. Entrevista de declaraciones. La entrevista de declaraciones —una entrevista que se reproduce por el sistema de pregunta-respuesta— debe contar con una presentación del entrevistado en la que se refleje su personalidad, así como cuantos datos reveladores sean precisos para situarle y explicar los motivos por los cuales se le interroga. Esta presentación ha de redactarse como pieza separada, que puede ir al principio o donde convenga a la confección, pero siempre de tal manera que no haya ruptura brusca entre la presentación y el cuerpo de la entrevista.

En este tipo de entrevistas, la pregunta irá precedida de una *P* (salvo en la primera, en que se escribirá 'Pregunta'), y las respuestas, de una *R* (salvo la contestación inicial, en que se escribirá 'Respuesta'). Estas marcas iniciales se compondrán en negrita, seguidas de un punto (no de punto y raya), y se sangrarán.

2.65. En las entrevistas de declaraciones no se deben intercalar comentarios al transcribir la conversación. Este tipo de información (reacciones del entrevistado al recibir o contestar una pregunta, oposición a responder o abordar determinadas cuestiones, etcétera) ha de incluirse en la presentación.

2.66. La finalidad de la entrevista es dar a conocer las opiniones e ideas del personaje entrevistado, nunca las del entrevistador.

2.67. Al entrevistado hay que dejarle hablar. No obstante, las respuestas extensas deben ser condensadas, siempre que no se mutile la idea, y convenientemente aclaradas las que resulten farragosas.

2.68. Las preguntas deben ser breves y directas. Es mucho más sencillo de leer un diálogo con frases cortas, tanto del entrevistado como del entrevistador.

2.69. Se tratará siempre de usted al interlocutor.

2.70. Los defectos de dicción o de construcción idiomática de un entrevistado —por tartamudez, por ser extranjero o causa similar— no deben ser reproducidos. Sólo cabe hacerlo en circunstancias muy excepcionales, más que nada como nota de color, pero siempre que no se ponga en ridículo a esa persona. En todo caso, se preferirá hacer mención de este defecto en la entradilla que ha de preceder a toda entrevista, de la manera más breve y respetuosa posible.

2.71. Cuando, por razones de diseño, sean precisos uno o más despieces, éstos tendrán unidad en sí mismos, de modo que puedan ser leídos independientemente del grueso de la entrevista. Estarán referidos a un aspecto concreto, y comenzarán con una entrada de texto tras la cual se pueden escribir preguntas y respuestas.

2.72. Salvo en situaciones muy excepcionales, el periódico no realiza entrevistas mediante cuestionarios previos. Y, en ese caso, ha de advertirse al lector.

2.73. Cuando se trate de una entrevista efectuada por un grupo reducido de periodistas (no más de cuatro) y no exclusivamente por un redactor del diario, se hará constar en la entradilla, pues no todas las preguntas corresponden al periódico. Si el grupo es más amplio, se considerará conferencia de prensa y, por tanto, una información noticiosa.

2.74. Nunca se situará un ladillo entre pregunta y respuesta.

2.75. Entrevista-perfil. Este tipo de entrevista admite una mayor libertad formal, al no ser necesaria la fórmula pregunta-respuesta. En este caso, se pueden incluir comentarios y descripciones, así como intercalar datos biográficos del personaje.

Las preguntas y las respuestas, si se reproducen textualmente ambas, se marcarán en este caso con una raya.

En las entrevistas-perfil hay que tener cuidado con el uso incorrecto de los estilos indirecto y directo (véase el apartado **12.41** del Manual).

2.76. Entrevista en suplementos. La entrevista en los suplementos (dominicales o diarios) podrá consistir en una mezcla de los dos tipos reseñados más arriba. El autor tiene la oportunidad, en este caso, de escribir una extensa introducción en la que figuren algunas expresiones del entrevistado que resulten significativas y que, incluso, aparezcan posteriormente durante la conversación estricta. Asimismo, podrá intercalar comentarios o descripciones, documentación o datos biográficos. En este caso es viable la coletilla final, siempre que responda al contenido de la entrevista y no establezca conclusiones aventuradas o editoriales.

Opinión

2.77. Tribunas. Los artículos estrictamente de opinión (tribunas) responden al estilo propio del autor, y no serán retocados salvo por razones de ajuste o errores flagrantes (incluidos los ortográficos).

Hay que respetar en general la grafía, puntuación, acentuación y sintaxis de los artículos de colaboración. Las únicas normas del *Libro de estilo* que cabe aplicar son las que se refieren a evitar las abreviaturas, a la utilización de mayúsculas o de la letra cursi-

va y a la conversión de pesos y medidas.

El criterio es que en tales originales debe respetarse al máximo la voluntad de su autor.

2.78. Todos los artículos de opinión llevarán, tras la última línea, un **pie de autor** —por conocido que éste sea— donde se indique el cargo, título, militancia política (en su caso) u ocupación principal, o la que esté o estuvo relacionada con el tema abordado (véase capítulo 4, *Tipografía*). Esta norma es extensible a las colaboraciones de las páginas de Opinión tanto como a las tribunas que se publiquen en las demás secciones.

2.79. Editoriales. Los editoriales, que son responsabilidad del director, se ajustarán como principio general a la terminología de este *Libro de estilo.*

2.80. Despieces. Los artículos de opinión interpretativos o de análisis que acompañen a un texto informativo (despieces) se ajustarán a las normas generales establecidas anteriormente para los textos elaborados por la Redacción. Habrán de ser concebidos siempre con unidad en sí mismos, de modo que puedan ser leídos sin necesidad de conocer antes el contenido del texto más amplio al que acompañan. Serán titulados con letra cursiva (véase el apartado **3.42, e)**; pero no si se trata de pura información.

2.81. Seriales. Los artículos de opinión, reportajes o comentarios serializados no deben exceder de tres entregas. El serial llevará un sobretítulo igual para todos los capítulos, que se numerarán (con números árabes, no romanos), y un titular distinto para cada entrega. El número del último capítulo irá precedido por una *y*. Texto y número irán separados por una barra, con un espacio a cada lado de ella.

Nunca se pondrá a pie de página 'mañana, tal capítulo' o 'continuará'. Como norma general, jamás se harán al lector promesas que, por las razones que sean, luego no puedan cumplirse. Por lo mismo, deben evitarse en el texto frases como 'tema que abordaremos mañana', 'en un próximo capítulo nos proponemos abordar...' u otras de este tenor.

Cartas al director

2.82. Se consideran como tales, válidas para publicar en la sección correspondiente, sólo aquellas cartas firmadas y avaladas (número del carné de identidad, domicilio, teléfono, etcétera) de modo que puedan ser autentificadas.

Todas deben ser comprobadas antes de publicarse. Igualmente, se verificarán los datos de las cartas que contradigan otros publicados en el periódico (no así las opiniones). Si resultan falsos los datos aportados por el lector, la carta no será publicada.

2.83. Cualquiera que sea su redacción original, se sobreentiende que están dirigidas personalmente al director del periódico. Por tanto, se corregirán expresiones como 'la noticia que publicaron ustedes' o, en el caso de polémica con un redactor, colaborador o protagonista de una noticia, las referencias directas a esa persona. Ejemplo: 'Si usted, señor Fernández, hubiera...', que debe corregirse: 'si el señor Fernández hubiera...'.

2.84. Por regla general, las *cartas al director* deben ser breves (no más de 300 palabras) y, en consecuencia, condensadas en Redacción. Por sistema hay que eliminar frases estereotipadas como 'el periódico que usted tan bien dirige' o 'de su digna dirección', y todas aquellas que supongan elogios o juicios fuera de lugar.

Se suprimirán igualmente los encabezamientos como 'señor director', 'muy señor mío' y otros análogos.

2.85. Se respetarán los tratamientos empleados por los firmantes, al margen de las normas de estilo, pero no las abreviaturas.

2.86. En el caso de referirse a una noticia o un artículo difundidos días antes, se incluirá, si no viene ya, la fecha de su publicación de acuerdo con las normas de estilo. Ejemplos: 'el pasado día 15', 'el 15 de junio' o 'el pasado viernes'. En este caso, siempre que ese *pasado viernes* sea el de la fecha del periódico en que se publica.

2.87. Nunca se apostillarán las cartas.

2.88. Cuando una carta conste de varios puntos, por corresponder a una exposición articulada, éstos se separarán en párrafos distintos y se numerarán. Los números se compondrán en negra.

2.89. Los títulos de las cartas, que deben atenerse a lo previsto para las cabezas en las normas de estilo, se compondrán en negra cursiva.

2.90. Todas las cartas deben estar firmadas con el nombre y apellido o apellidos del remitente, o, si ése es su deseo expreso y la razón resulta suficiente, con iniciales separadas por puntos. La firma irá a renglón seguido, separada del final del texto por un punto y una raya, y un espacio en blanco.

La firma o firmas se compondrán en negra. En cambio, el cargo o condición del remitente, la ciudad y, en su caso, la provincia o país, así como el número de firmas que acompañan a la primera, se compondrán a punto y seguido y en redonda, en la misma línea de la firma. En los siguientes ejemplos la negra no remite a ninguna otra palabra: '**José Fernández.** Valencia'; '**José Fernández. San Fernando, Cádiz'; 'José Fernández.** Marsella, Francia'; '**José Fernández.** Baton Rouge, Luisiana (Estados Unidos)'; '**José Fernández.** Consejero delegado de Minas y Pozos, Sociedad Anónima. Madrid'; '**José Fernández** y 20 firmas más. Barcelona'.

2.91. Las *cartas al director,* a la hora de componerse, incluirán al pie de cada una de ellas los datos que se exigen para su publicación; esto es, número del carné de identidad del remitente, domicilio, teléfono, etcétera. Tales datos se introducirán en el sistema computadorizado en párrafo aparte y escritos en el modo de representación en pantalla *(notas),* que impide su fotocomposición.

Documentación

2.92. La redacción de los textos de documentación deberá ser fluida, y no una mera concatenación de cifras o fechas (salvo en los cuadros o fichas). Como los demás artículos informativos, deberá contar con una entrada donde figure el dato más importante o el que resuma los que se faciliten a continuación.

2.93. Los artículos de documentación deberán citar la fuente de la que se extraen los datos. El hecho de que una cifra, nombre o fecha figure en letra impresa en un periódico no avala su veracidad. A ser posible, el documentalista comprobará la fiabilidad del dato. Si no lo consigue, hará constar la procedencia en el caso de que sea extraído de una publicación ajena al periódico.

Fe de errores

2.94. El periódico ha de ser el primero en subsanar los errores cometidos en sus páginas, y hacerlo lo más rápidamente posible y sin tapujos. Esta tarea recae de manera muy especial en los responsables de cada área informativa. No obstante, todo redactor tiene obligación de corregir sus propios originales.

2.95. Los duendes de imprenta no existen. Tampoco los hay en la Redacción. Cuando se comete un error, se reconoce llanamente, sin recursos retóricos.

2.96. La *Fe de errores* —se hayan cometido en el diario o en alguno de sus suplementos— se publicará siempre en las páginas de Opinión, al final de las *Cartas al director.*

3
ELEMENTOS DE TITULACIÓN

Los titulares

3.1. Los titulares constituyen el principal elemento de una información. Sirven para centrar la atención del lector e imponerle de su contenido.

3.2. Los titulares han de ser inequívocos, concretos, asequibles para todo tipo de lectores y ajenos a cualquier clase de sensacionalismo. Asimismo, serán escuetos, aunque nunca se sacrificará la claridad expositiva a su brevedad, ni se eludirán las normas elementales de la sintaxis castellana.

3.3. No se pueden suprimir los artículos o adjetivos que imponga la lógica del lenguaje, ni escribir títulos como éste: "Científicos preparan una vacuna contra el sida". Estas normas son igualmente válidas para las cuñas y los breves.

3.4 Los titulares responden fielmente a la información. En los casos de noticias, se desprenden normalmente de la entrada y jamás establecen conclusiones que no figuren en el texto. Los titulares y la entrada deben satisfacer la curiosidad primera del lector, que ha de quedar enterado de lo que ocurre sin necesidad de acudir al resto de la información.

3.5. Elementos del titular. Un titular puede componerse de cintillo, antetítulo, título, subtítulo y sumario (uno o más), o solamente de uno o dos de estos elementos (entre los que figurará siempre el título). Cada uno de ellos constará preferentemente de una sola oración, y no podrán tener entre sí una relación sintáctica.

3.6. El título. La parte principal de un titular es el título o cabeza, que, como norma general, no debe exceder de 13 palabras.

Debe contener lo más importante de la noticia, en el caso de un texto informativo, o lo más llamativo del artículo (para el resto de los supuestos).

3.7. Antetítulo y sumario. El antetítulo y el subtítulo o sumario (o los sumarios, a los que también se llama 'destacados') son elementos que complementan el título y tienen casi siempre más palabras que la cabeza (o título).

3.8. Solamente se puede emplear más de dos sumarios o destacados en los artículos muy amplios que ocupan más de una página y en los reportajes de un suplemento.

3.9. La cabeza cuenta la noticia; el antetítulo o el subtítulo la explican o desarrollan; los sumarios o destacados resaltan partes del texto. Estos elementos complementarios de un titular guardan estrecha relación con la cabeza, pero han de redactarse de tal manera que puedan leerse por separado unos de otros, de modo que la supresión de alguno de ellos no impida la comprensión del conjunto.

3.10. El antetítulo puede consistir en ocasiones en un epígrafe; esto es, titulares no noticiosos, sino de encuadre temático o geográfico. El epígrafe tendrá un tratamiento tipográfico específico, escrito siempre en mayúsculas y sin sobrepasar una línea de composición.

El epígrafe centra la materia de la que se trata, cuando una misma página las ofrezca muy diferenciadas (BALONMANO, TENIS, GOLF..., en el caso de Deportes; o MEDICINA, TRIBUNALES, ECOLOGÍA..., en Sociedad).

El encabezamiento de los artículos de opinión que se insertan en las páginas informativas, y los nombres de las colaboraciones o columnas fijas serán tratados tipográficamente como epígrafes.

3.11. El cintillo. Recibe el nombre de 'cintillo' el elemento del titular utilizado para abarcar dos o más informaciones relacionadas entre sí. El cintillo constará de no más de cuatro palabras, tiene un tratamiento tipográfico distinto al del antetítulo propiamente dicho y se sitúa por encima de aquél. Se utilizará cuando abarque al menos todos los textos de una página. Ello no implica que hayan de suprimirse otros antetítulos de informaciones insertadas en ellas.

3.12. Salvo en entrevistas y reportajes, sección de Cultura y Espectáculos y en los suplementos, las informaciones no llevarán más que cabeza y antetítulo, y aun éste únicamente cuando sea necesario, con tendencia a suprimirlo. Sólo excepcionalmente podrán utilizarse todos los elementos de un titular (cintillo, antetítulo, título y subtítulo o sumario).

3.13. A modo de resumen, puede decirse que el antetítulo enmarca las noticias, el epígrafe las clasifica y el cintillo las agrupa.

3.14. Estilo del título. Los verbos de los titulares se deben escribir preferentemente en el tiempo presente.

3.15. Se prefiere la afirmación a la negación. Los titulares incluirán sólo excepcionalmente la palabra 'no'. Normalmente, es noticia lo que ocurre; y con menos frecuencia lo que no ocurre. En estos supuestos, y en el caso de que la información tenga interés, hay que buscar fórmulas para utilizar una expresión afirmativa o positiva. Ejemplos: en lugar de 'Borís Yeltsin no abandona la presidencia' es preferible 'Borís Yeltsin se mantiene en la presidencia'; en lugar de 'Jordi Pujol no irá a Valencia' se prefiere 'Pujol suspende su viaje a Valencia'.

3.16. Se prohíbe terminantemente el uso de expresiones en el titular —también restringidas en los textos— como 'podría', 'no se descarta', 'al parecer', 'posible', 'probable' y otras similares. El título debe tener un contenido claro y cierto, que transmita credibilidad a toda la información.

3.17. La calidad del titular da la medida de la calidad de la noticia. Una buena información es la que se resuelve con un título corto. La noticia que precisa un título largo o muy matizado no ofrece muchas garantías de resultar atractiva.

3.18. Salvo en casos muy excepcionales, en un titular no debe hacerse mención al carácter exclusivo de una noticia.

Por lo mismo, tampoco se utilizarán expresiones como 'declaraciones a EL PAÍS' u otras similares.

3.19. En los reportajes, un buen título no supera las seis palabras. Debe mostrar ingenio y a la vez transmitir información. Con estas dos características, atraerá al lector hacia el texto. Cuando el contenido lo permita, el título contendrá alguna dosis de humor. Los reportajes aligeran las páginas del periódico y dan un contrapunto a la trágica actualidad diaria.

3.20. Todos los reportajes tendrán en su titular un título y un subtítulo, si bien no siempre será necesaria una entrada diferenciada tipográficamente. El subtítulo debe conectar con la idea del título, para explicarla o enmarcarla.

He aquí un ejemplo de todo lo antedicho a este respecto, publicado en EL PAÍS:

Una evasión por la cara
Un preso de Carabanchel se fugó de la cárcel cambiándose por su hermano gemelo durante una visita

3.21. Un recurso fácil y reprobable es titular con otros títulos; es decir, aplicar a un reportaje un título de película, de obra literaria o de una canción. Esta práctica demuestra escasa imaginación y abundante pereza mental. Tampoco sirve retocar el título original modificando algunas palabras. Ejemplos: 'Crónica de una dimisión anunciada', 'La alargada sombra del golpe de Estado', 'Futbolistas al borde de un ataque de nervios'. Es muy difícil ver excepciones ingeniosas y divertidas en esta práctica rechazable, pero pueden darse: 'Pedro Ruiz, el prisionero de Hacienda'. No obstante, conviene huir de los titulares formados con otros títulos ya conocidos.

3.22. Cuñas. En las cuñas, conviene tener en cuenta que las dos o tres primeras palabras, que se compondrán en negra, hacen las veces de titular. Por tanto, hay que escribirlas con esa intención.

3.23. Fotonoticias. Los títulos de las **fotonoticias** (véase capítulo 5) no deben tener necesariamente carácter informativo. Por tratarse de una foto como elemento noticioso en sí mismo, el título puede acompañar simplemente a la imagen. En este caso, por tanto, el redactor dispone de una mayor libertad para escoger el título.

3.24. Signos. El mejor titular es aquel que no necesita signos de puntuación como la coma o el punto y coma.

3.25. Jamás se emplearán admiraciones (salvo citas textuales). Y debe limitarse el uso de los interrogantes a los artículos de opinión o análisis encabezados así por colaboradores ajenos a la Redacción. Los dos puntos se utilizarán sólo cuando después de un nombre propio siga una frase entrecomillada, una frase pronunciada por esa persona.

3.26. Nunca se utilizarán paréntesis en un titular, salvo en estos dos casos:

a. Para dar el resultado de una competición deportiva. Ejemplo: 'El Barcelona ganó al Madrid (95-92)'.

b. Para localizar una población, pero sólo cuando se trate de un lugar completamente desconocido. Ejemplo; '500 muertos por inundaciones en Anqing (China)'.

Las palabras de un titular que han de escribirse en cursiva irán entre comillas simples; las comillas se reservan, en este caso, para las citas textuales. En cambio, en los títulos engatillados —como los de las **cuñas,** los **breves** o las **fotonoticias**— se emplearán, según corresponda, la negra o la negra cursiva, pero no las comillas simples.

3.27. Nunca se parten las palabras en un titular. Y, por lo que respecta a la división en líneas, se procurará que ésta entorpezca lo menos posible la comprensión de la frase.

3.28. Siglas. No deben emplearse siglas en los titulares, salvo que las conozca sobradamente la generalidad de los lectores (y no sólo quienes se interesan habitualmente por la sección de que se trate).

3.29. Hay que procurar que no figure más de una sigla en un mismo título, antetítulo o subtítulo. Cuando así ocurra, el confeccionador debe cuidar, conjuntamente con el redactor o editor del texto, de que las siglas no coincidan en el mismo espacio de líneas inmediatamente superior e inferior.

3.30. Números. En los titulares está permitido comenzar con números, así como expresar cantidades en moneda extranjera. Los porcentajes han de escribirse con su correspondiente signo (%) unido a la cifra.

3.31. Repeticiones. Hay que procurar que en los titulares de una misma página no se repitan palabras o la misma raíz de palabras distintas (por ejemplo, 'dirigir' y 'dirigente').

3.32. Jamás un titular puede sustituir a la primera frase de un texto, a modo de premisa de la que se sigue un largo discurso. Tampoco un titular, aun siendo una oración completa, puede prolongarse en los ladillos, con los que llega a expresar una idea más amplia, enlazada por puntos suspensivos entre cada uno de estos elementos. Esta práctica sólo será válida para un extenso artículo editorial.

3.33. Un dato recogido en un titular no exime al redactor o al editor de incluirlo también en el texto. En cambio, la idea recogida en alguno de los elementos del titular no debe repetirse en un ladillo, ni siquiera con distintas palabras.

3.34. Los artículos de opinión, reportajes o comentarios serializados llevarán un antetítulo igual para todos los capítulos, que se numerarán (con guarismos árabes, no en romanos), y una cabeza distinta para cada entrega. Los números irán separados del texto por una barra, precedida por un cuarto de cuadratín. El número del último capítulo llevará delante una *y*.

3.35. Dimensiones. Las informaciones generales emplearán normalmente titulación a una, dos, tres y cuatro columnas, según su importancia. En casos excepcionales se titulará a cinco columnas. Los reportajes, entrevistas e informaciones deportivas no se someten necesariamente a esta norma.

3.36. El ancho en columnas de los titulares vendrá dado por la importancia de la información y, en cierta medida, por la longitud del texto. La información más importante será normalmente la de mayor número de columnas.

3.37. El ancho condiciona igualmente el número de líneas posibles en cada titular. Los máximos permitidos son los siguientes: a cinco columnas, no más de una línea; a cuatro, dos; a tres, dos; a dos, tres; y a una, cuatro. En la primera página pueden emplearse cinco líneas para un título a una columna.

3.38. En cada titular, el cuerpo mayor utilizado corresponderá a la cabeza, y otro menor al elemento complementario. Salvo en suplementos y páginas especia-les, el máximo permitido para un título es el cuerpo de 46 puntos de pica.

Los cuerpos superiores al 40 sólo se podrán utilizar para grandes acontecimientos informativos, y solamente en la primera página a cinco columnas.

3.39. En los titulares de una misma página, el de la cabecera siempre será mayor que los de las informaciones que van a su pie o a sus costados.

3.40. Los titulares de los textos informativos se componen en caja baja y alineados en bandera de salida. Para ello debe evitarse que las varias líneas de un mismo elemento tengan idéntica extensión —y, todavía peor, que llenen por completo el ancho requerido—, así como el efecto de escalera, tanto ascendente como descendente.

3.41. Familias de letras. Los títulos de reportajes se componen siempre centrados, al igual que el sumario. Asimismo irán centrados —y en cursiva— los títulos de artículos de opinión, análisis o documentación. Igualmente, se centrarán y serán escritos en cursiva en las crónicas taurinas.

3.42. Para los titulares se empleará la Times negra. Sin embargo, este tipo de letra se cambiará en los siguientes casos:

a. En las páginas de Cultura y Espectáculos, por la Times redonda.

b. En Deportes, por la Helvética negra, para las cabezas; y por la Helvética redonda, para los cintillos, antetítulos, epígrafes y sumarios.

c. En los editoriales y en *Cartas al director,* por la Times negra cursiva.

d. En comentarios, críticas de libros, discos o espectáculos, tribunas libres, análisis de noticias —es decir, textos de opinión—, así como en los textos de documentación, se cambiará por el tipo negra cursiva que le corresponda en cada sección, centrado.

e. Igualmente, los suplementos tendrán un tipo de letra diferenciado, que podrá variar según los casos.

Los ladillos

3.43. En la jerga periodística se llama ladillos a los titulillos que se colocan dentro de una columna de texto, bien justificados a un lado —y de ahí el nombre— o al centro. En EL PAÍS se emplean con una doble finalidad: para encabezar una noticia complementaria dentro de un bloque informativo, con función de titular propiamente dicho, o para dividir una información extensa, con valor meramente tipográfico o de diseño. Los primeros se componen en el cuerpo 12 y en dos líneas, como máximo; los segundos, en el cuerpo 10 y en no más de una línea. Salvo en entrevistas y reportajes, supuestos en los que caben otras combinaciones, en ambos casos van en caja baja y justificados en bandera de entrada; los de Deportes, en Newton negra, y los restantes, en Times negra.

3.44. Las normas generales para su uso son las siguientes:

1. Nunca se puede situar un ladillo entre la pregunta y la respuesta de una entrevista.

2. Un ladillo no puede repetir el mismo concepto del titular, aunque sea con distintas palabras.

3. Un titular, aun siendo una oración completa, no puede prolongarse en los ladillos, hasta llegar a expresar una idea más amplia, enlazada por puntos suspensivos entre cada uno de estos elementos.

4. La información y los ladillos deben redactarse de manera que estos últimos puedan ser eliminados sin afectar a la lectura del texto.

5. Las palabras que han de escribirse en **cursiva,** en los ladillos irán entre **comillas** simples; las comillas se reservan, en este caso, para las citas textuales.

6. En los ladillos no se parten palabras ni se emplean signos ortográficos como los de interrogación o exclamación, los paréntesis o los puntos suspensivos. Tampoco llevan punto final.

7. Las informaciones con menos de 600 palabras o 60 líneas de máquina no deben llevar ladillos, a no ser que encabecen una información complementaria. Puesto que en el resto de los casos su única finalidad es tipográfica o de diseño, su inclusión obligatoria la determina la altura de la columna en la que figure un ladillo (como mínimo, 40 líneas de composición) y no la extensión total del texto.

8. Los ladillos no pueden ir a principio ni a final de columna. Tres líneas es lo mínimo que debe haber, tanto en la cabeza como en el pie, para que se incluya un ladillo.

9. El párrafo que sigue a un ladillo no se sangra.

Elementos tipográficos

3.45. Pie de autor. Los artículos de opinión y los reportajes y comentarios escritos por alguien ajeno a la Redacción del periódico deben llevar siempre pie de autor, por conocido que éste sea, incluso en los artículos de las páginas de Opinión. Éste irá encabezado por el nombre y el apellido del firmante, compuestos en negra. El cargo o profesión y demás circunstancias identificadoras irán a renglón seguido, en redonda.

3.46. El pie de autor se compondrá en el cuerpo ocho, en un solo párrafo; sin sangrar, irá separado del texto por una pleca y una línea en blanco, y se situará al final de la última columna.

En el caso de coincidir al final de una composición varias llamadas, éstas guardarán el siguiente orden: notas del autor, pie de autor, nombre del traductor (si lo hay) y *copyright*. En tal caso, la pleca será una sola aunque deba añadirse una línea de blanco entre cada uno de estos elementos.

3.47. Notas al pie. Las anotaciones hechas por el autor de un trabajo al margen del texto se compondrán siempre en un cuerpo menor e irán al final de la última columna, separadas por una pleca y una línea de blanco. En el texto, la llamada se indicará con números entre paréntesis. Sin embargo, los números del pie no llevarán paréntesis y se compondrán en negra.

3.48. Sólo en circunstancias muy excepcionales puede un texto noticioso llevar notas al pie.

En el caso de coincidir al final de una composición varias llamadas, éstas guardarán el siguiente orden: notas del autor, pie de autor, nombre del traductor (si lo hay) y *copyright*. En tal caso, la pleca será una sola aunque deba añadirse una línea de blanco entre cada uno de estos elementos.

3.49. 'Copyright'. Los derechos reservados de un texto, fotografía o dibujo se indicarán de una sola forma, que es la establecida en acuerdos internacionales: signo de *copyright,* nombre de su propietario, población y año, todo ello separado por comas. Ejemplos: '© EL PAÍS, Madrid, 1989', o '© *The New York Times*-EL PAÍS, Madrid, 1989'. El *copyright* (plural, *copyrights)* de los textos se compondrá en Times redonda, del cuerpo ocho, e irá al pie de la última columna, separado del texto por un filete, como nota al pie de página. El de las ilustraciones, en la misma línea y de acuerdo con las normas tipográficas previstas para las firmas de fotografías o dibujos.

3.50. En el caso de coincidir al final de una composición varias llamadas, éstas guardarán el siguiente orden: notas del autor, pie de autor, nombre del traductor (si lo hay) y *copyright*. En tal caso, la pleca será una sola aunque deba añadirse una línea de blanco entre cada uno de estos elementos.

3.51. En separatas, suplementos especiales o libros podrá añadirse el texto aprobado internacionalmente, que es el siguiente:

'Todos los derechos reservados. Esta publicación no puede ser reproducida, ni en todo ni en parte, ni registrada en, o transmitida por, un sistema de recuperación de información, en ninguna forma ni por ningún medio, sea mecánico, fotoquímico, electrónico, magnético, electroóptico, por fotocopia, o cualquier otro, sin el permiso previo por escrito de la editorial'.

3.52. Pases de página. Como norma general, las informaciones han de concluir en las páginas donde comienzan, salvo estas tres excepciones: cuando se inicien en la primera página (del periódico o de un suplemento), cuando comiencen en las páginas de Opinión y cuando se trate de páginas enfrentadas.

3.53. Las llamadas de pases de página se compondrán en Times del cuerpo ocho, sin paréntesis y en una sola línea. Esta línea se justificará de salida en los pases y de entrada en las vueltas. La palabra 'página' (nunca en abreviaturas) y el número de ésta (siempre en guarismos) se compondrán en negrita; el resto, en redonda. En el caso de referirse a la 'primera' o a la 'última', se indicará así, también en negrita, y no con su número.

3.54. En los suplementos en blanco y negro, la remisión de página se hará de forma diferenciada respecto al resto del periódico, mediante números romanos: 'Pasa a la página VI', 'Viene de la página I'.

4
TIPOGRAFÍA

Normas comunes

4.1. Con independencia de las reglas previstas en el presente *Libro de estilo* para los casos concretos, las cuales figuran en sus correspondientes apartados (véanse, por ejemplo, **cursiva, entrevista, fichas, negra, titulares,** etcétera), hay una serie de normas tipográficas, de común aplicación, que se explican seguidamente.

4.2. Los tipos de letra reservados para las informaciones no pueden ser utilizados en la publicidad.

4.3. Los anuncios que empleen cualquiera de estos tipos, o aquellos cuyo diseño se asemeje a las columnas de un periódico, deberán incluir en la cabecera la palabra 'Publicidad'.

4.4. Nunca un texto, una ilustración o un filete pueden sobresalir de la caja o mancha de la página, salvo que se trate de publicidad o de un suplemento.

4.5. Una línea de composición no debe tener, por razones de legibilidad, más de 60 a 70 caracteres, incluidos los espacios. Excepcionalmente, esta norma puede saltarse en los sumarios, los pies de fotos o fotonoticias; es decir, en los textos muy breves.

4.6. El ancho de columnas de los **titulares** condiciona el número de líneas posibles. La norma es que a cinco columnas no pase de una línea; a cuatro, de dos; a dos y a tres, de tres, y a una, de cuatro.

4.7. Los signos ortográficos unidos a una palabra escrita en un tipo o cuerpo de letra distinto al resto del texto han de escribirse en ese cuerpo o tipo. Así, si la última palabra de una cita entrecomillada va en cursiva, las comillas de cierre deben ir igualmente en cursiva, y si una palabra va en el cuerpo 10, el signo que le siga ha de ir en el mismo cuerpo.

(Se sobreentiende que después de cualquier signo —coma, punto y coma, dos puntos, punto, puntos suspensivos, interrogación, admiración, paréntesis, raya, etcétera—, si no se señalara punto y aparte, hay que poner un espacio).

4.8. La palabra que preceda o vaya a continuación de una cifra debe ir unida a ésta —para lo cual existe en el teclado Atex el signo de cuarto de cuadratín—. De esa forma se evita que, al justificar el texto, nombres como el de 'Felipe II' o el de 'Boeing 747' puedan quedar separados en distinta línea de composición. Lo mismo ha de hacerse en las siglas que, por ser su enunciado plural, duplican las iniciales: EE UU, FF AA. En tales casos, entre cada pareja de letras se incluirá un cuarto de cuadratín.

4.9. Los números que preceden a un articulado o enumeración en varios párrafos irán en negrita seguida de punto —no de punto y raya— y unidos al texto por el signo de medio cuadratín. Estos párrafos se sangrarán si así va el resto de la composición.

4.10. El cambio de tipos o cuerpos en líneas que se componen aparte, o el mismo hecho de que un determinado texto vaya en línea distinta, hacen innecesario el empleo de signos ortográficos, como el paréntesis o el punto, siempre que quede clara esta distinción. Así se hace con los ladillos o las firmas, que no llevan punto final, y así con los pases de página o las fechas de la *Revista de la prensa,* en los que sobrarían unos paréntesis.

4.11. La primera línea de un texto nunca se sangra. Lo mismo habrá de hacerse, salvo las excepciones recogidas en este *Libro de estilo,* cuando entre los párrafos medie un blanco de separación. Por ejemplo, en el párrafo que sigue a un ladillo.

4.12. Salvo la primera columna, cuando vaya encabezada por la firma, ninguna de las restantes columnas de una composición puede comenzar con una línea incompleta.

4.13. Los ladillos no pueden ir a principio ni a final de columna. Tres líneas es lo mínimo que debe haber, tanto en la cabeza como en el pie, para que se incluya un ladillo.

4.14. Cuando una composición lleva **capitulares** es permisible que esta letra no vaya precedida de signos como las comillas o la interrogación.

4.15. Los textos compuestos en bandera no pueden partir palabra a final de línea.

4.16. Nunca se parten palabras en un titular o en un ladillo. Por lo que respecta a la división en líneas, se procurará que ésta entorpezca lo menos posible la comprensión de la frase, así como que las líneas resultantes no tengan igual ancho. En este sentido, lo ideal, en el caso de dos líneas, es que la más larga sea la primera; en el caso de tres o más líneas, las más largas pueden ser, indistintamente, las centrales o las extremas, siempre que se evite el efecto de escalera.

4.17. La división silábica a final de línea es automática. No obstante, conviene saber que las palabras no castellanas pueden dividirse según las reglas de la Academia Española, cualesquiera que sean las suyas propias. Sin embargo, en el caso de otra lengua oficial en una comunidad autónoma —catalán, vascuence, gallego—, se aplicarán las normas de ese idioma. Véase **silabeo.**

4.18. La última línea de un párrafo nunca puede tener menos de cuatro caracteres (aquí se cuentan también los signos ortográficos). Ejemplo: 'desampa-ro'.

Véanse **titulares** y **ladillos.**

Cursiva

4.19. Este tipo de letra, del que conviene no abusar, se empleará en los casos que se detallan a continuación.

4.20. Neologismos. Para neologismos de uso no extendido. Ejemplo: 'una huelga de *pene-*

nes', pero 'un dirigente peneuvista', 'detenidos nueve grapos'.

4.21. Segundo sentido. Cuando se quiera dar cierto énfasis o un segundo sentido a determinado vocablo. Ejemplo: 'el *brazo derecho* del presidente'. Ahora bien, no debe abusarse de este empleo: un texto inundado de palabras en cursiva, o conscdera tonto al lector o está escrito sólo para iniciados.

4.22. Nombres. Se empleará cursiva en los alias vulgares y en los apodos. En este caso, únicamente cuando acompañen al nombre, pero no así si van solos. Ejemplos: 'José Gutiérrez, *El Manitas*'; 'Santiago Martín, *El Viti*'; pero 'ha sido detenido El Manitas', 'el arte de El Viti'. El artículo deberá escribirse con mayúscula, como parte del nombre.

4.23. Los apodos que agrupen a dos o más personas, o a un colectivo, se escribirán siempre en cursiva: '*los Albertos*', '*los Lópeces*'. En este caso, el artículo irá en minúscula y también en cursiva.

4.24. No ha de emplearse la cursiva cuando se trate de apelativos o denominaciones familiares, siempre que formen parte del nombre aceptado públicamente por el personaje que se cite. Por tanto, debe escribirse 'Sito Pons', y no '*Sito* Pons'. Y 'Txiki Benegas', pero no '*Txiki* Benegas'. En estos casos, el diario debe optar por una denominación habitual, de modo que siempre se hable, por ejemplo, de 'Antxon Etxebeste' y no de 'Eugenio Etxebeste', evitando fórmulas como 'Alfonso, *Sito,* Pons' o 'Domingo Iturbe Abasolo, *Txomin*', puesto que Sito y Txomin son simplemente diminutivos o equivalentes de Alfonso y Domingo. Ello no impide que en reportajes, entrevistas y otro tipo de informaciones amplias se explique el nombre oficial que recoge el documento de identidad.

4.25. No se emplearán en cursiva las palabras con que se designe a los seguidores de un político o de una doctrina. Ejemplo, 'los suaristas', 'los marxistas', 'los franquistas', 'los carrillistas', 'los mitterrandistas'. No obstante, deberá quedar claro en la información a quién se refiere la palabra cuando el nombre no figure como antecedente claro. Ejemplo: 'los sabinianos (que se consideran herederos políticos de Sabino Arana, el fundador del PNV) han elaborado un nuevo documento'.

4.26. Tampoco se escribirán en cursiva las palabras referidas a los seguidores de un partido político, siempre y cuando sean asumidas por la organización: socialistas, convergentes, populares, comunistas. En el caso de que esta palabra se forme a partir de sílabas, se escribirá en redonda si se trata de un vocablo con unas raíces históricas que lo hayan convertido en palabra común: 'cenetistas', 'ugetistas', 'peneuvistas'. Pero no se podría escribir en redonda, por ejemplo, *'pesoístas'*.

4.27 Títulos. Se escribirán en cursiva los títulos de periódicos, libros, películas, canciones, obras de teatro o musicales, o alguna de sus partes (capítulo de un libro, artículo de un diario),

siempre que los dos títulos no se citen juntos. En este caso, el título general irá en cursiva, y el de la parte, con comillas simples. Ejemplos: "*Todo modo,* obra de Leonardo Sciascia"; "el artículo *Preludio de una victoria* le valió a Reston su vertiginoso ascenso en la empresa de los Sulzberger"; "el comentario de Enrico Berlinguer titulado 'Unidad y rigor' apareció en *L'Unità*".

4.28 Animales y marcas. Se empleará cursiva en los **nombres de animales,** barcos, **aviones** o naves espaciales, pero no en los de marcas, modelos industriales o programas científicos. Ejemplos: *'Rocinante'; '*Lindbergh y su *Spirit of St. Louis',* pero 'un Boeing 727'; 'el programa Apollo', pero 'la nave *Apollo 12'*.

4.29. Los nombres de toros derivados del correspondiente a su ganadería o propietario podrán emplearse en plural, pero en cursiva y con minúscula: 'los *victorinos',* y no 'los Victorinos' ni 'los Victorino'; 'los *pablorromeros',* pero no 'los Pablo Romero'.

4.30. Titulares. Los títulos de los

editoriales, críticas o artículos y comentarios de opinión o análisis publicados en el periódico se escribirán en cursiva, para diferenciarlos de la información y los reportajes. En tales casos, las palabras que deberían escribirse en cursiva irán entre comillas simples .

4.31. Otros idiomas. Se escribirán en cursiva los términos no castellanos que se utilicen excepcionalmente. Ejemplos: 'un plato de *calçots'*, 'un espectáculo de *strip-tease'*.

4.32. También irán en cursiva las palabras extranjeras desaconsejadas en este *Libro de estilo* y que sean usadas en un texto en boca de otra persona. Ejemplo: 'Mediavilla opinó que "el *software* es una necesidad".

4.33. Los nombres comunes y no castellanos de accidentes geográficos, vías urbanas o edificios, que según la norma general deberían ir en cursiva, se escriben, sin embargo, en redonda y con mayúscula inicial cuando preceden a un nombre propio. Ejemplos: 'Rue de Rivoli', 'Palazzo Chigi', 'plaza del Comte d'Urgell'. La regla en tales supuestos es que un elemento tipográficamente diferenciador, como lo son las mayúsculas, anula el empleo de otro; en este caso, las cursivas.

4.34. Uso generalizado. Por su uso generalizado, no van en cursiva, aunque se trate de palabras no castellanas, los nombres de modalidades deportivas (golf, squash); los de etnias, sectas, tribus, idiomas o dialectos (suajili, aimara); los de monedas y unidades de medida (dracma, pie); los de maniobras, programas, planes y operaciones; los de pozos, yacimientos, edificios, residencias oficiales, fincas, urbanizaciones y campamentos (Casa Rosada, palacio de la Moncloa); los de entidades comerciales, firmas industriales, organismos, sindicatos y formaciones políticas, incluso las clandestinas, así como los de agencias de noticias, nacionales o extranjeras.

4.35. Siglas. Las siglas, aunque correspondan a un enunciado que se escribe en cursiva, van siempre en redonda. Ejemplos: 'el BOE', pero 'el *Boletín Oficial del Estado*'.

4.36. Citas textuales. Nunca se empleará la cursiva en las citas textuales, aunque no estén en castellano; otra cosa es poner en cursiva una o varias palabras de toda una frase entrecomillada.

4.37. Signos. La buena tipografía requiere que el signo ortográfico unido a una palabra compuesta en una familia, tipo o cuerpo distintos al que se está usando normalmente en un texto concreto corresponda a ese cambio eventual. Por tanto, a una palabra escrita en cursiva le debe seguir un signo en cursiva, y a una en el cuerpo 10, uno del 10.

4.38. Palabras unidas. Una palabra unida a otra por un guión, o que forme pareja conceptual con otra, irá en cursiva cuando en ésta sea obligatorio su uso. Ejemplos: 'anti-norteamericano', pero *'anti-apartheid'*; 'un club', pero 'un *night-club'*; 'metal', pero *'heavy metal'*, así como *'prensa del corazón'* o *'teléfono rojo'*.

4.39. Los pies de fotos o notas al pie de página no constituyen excepción a estas reglas.

Negra

4.40. Este tipo de letra se emplea para destacar la entradilla más importante de cada página, el nombre de los corresponsales o enviados especiales —cuando figuran dentro del texto— o el de los personajes citados en secciones como *Gente*. En este último caso, irán en negra sólo los nombres de personas vivas, no los de ficción ni los de entidades, y únicamente en la primera ocasión en que se les cite.

4.41. La buena tipografía requiere que el signo ortográfico que acompaña a una palabra compuesta en una familia, tipo o cuerpo distintos al que se está usando normalmente en un texto concreto corresponda a ese cambio eventual. Por tanto, a una palabra escrita en negra, por ejemplo, le debe seguir un signo en negra, y a una en el cuerpo 10, uno del 10.

5
FOTOS Y GRÁFICOS

5.1. Queda prohibida toda manipulación de las fotografías que no sea estrictamente técnica (edición periodística, eliminación de deterioros o corrección de defectos de revelado o transmisión). Por tanto, no se puede invertir una fotografía, ya se trate de paisajes, edificios o personas. Ni siquiera con el propósito de que el personaje fotografiado dirija su vista a la información a la que acompaña.

5.2. La publicación de una foto en otro periódico antes que en EL PAÍS no es motivo para dejar de publicarla o para negarle la valoración que merezca.

5.3. Los fotógrafos de EL PAÍS no deben olvidar los valores simbólicos de las fotografías, además de los puramente informativos. Por ello, deben tener la oportunidad de conocer a fondo los temas en los que vayan a trabajar, para extraer de la realidad una visión diferente que también contribuya a explicarla.

5.4. Las fotografías con imágenes desagradables sólo se publicarán cuando añadan información.

5.5. Debe extremarse el cuidado con la publicación de fotos de archivo utilizadas como simple ilustración de contenidos de actualidad. Los periodistas han de velar por que tal inserción de ilustraciones, al ser extraída del entorno en que fueron tomadas, no dañe la imagen de las personas que aparezcan en ellas.

En cualquier caso, deberá expresarse siempre en el pie de la fotografía a qué fecha y situación corresponde.

5.6. Está terminantemente prohibido reproducir ilustraciones de enciclopedias, revistas, etcétera, sin autorización previa de sus propietarios o agentes. En todo caso, deberá aparecer al pie el nombre de la fuente.

5.7. Estas normas son extensivas, en su caso, a los gráficos e ilustraciones.

Pies de foto

5.8. Las fotografías llevarán siempre pie.

5.9. Los pies deben ser puramente informativos e independientes del texto al que acompañan. No es necesario reiterar lo que resulta obvio en la imagen ('Butragueño golpea el balón'), pero sí explicar detalles relativos a la foto ('Laudrup, durante el último partido contra el Betis en el estadio Santiago Bernabéu').

5.10. El pie de una foto nunca puede estar redactado como un título o una frase relacionada con el texto, y tampoco una frase escogida del texto, salvo en estos dos casos excepcionales:

1. En las entrevistas, y aun así siempre que la foto no admita un pie noticioso.

2. En las páginas especiales —por ejemplo, en los suplementos—, cuando la fotografía sea más una ilustración que una información.

5.11. Fotonoticias. La fotonoticia consiste en una imagen que tiene validez informativa por sí misma, sin una amplia información que la acompañe. En estos casos, el pie de foto podrá ser más extenso (unas 15 líneas como máximo) y llevará un título. Éste no podrá superar una línea de composición.

5.12. Los **títulos** de las fotonoticias (véase capítulo 3) no deben tener necesariamente carácter informativo. Por tratarse de una foto como elemento noticioso en sí mismo, el título puede acompañar simplemente a la imagen. En este caso, por tanto, el redactor dispone de una mayor libertad para escoger el título.

Gráficos

5.13. Los gráficos informativos deberán ser claros, y se sacrificarán las posibilidades artísticas en aras de una mayor facilidad de comprensión. Los nombres de lugares y personas se atendrán a lo establecido en este *Libro de estilo*.

5.14. Los pies de los gráficos podrán adoptar, según convenga en cada caso, el formato normal o bien el de fotonoticia.

Ilustraciones humorísticas

5.15. Los dibujos o tiras de humor son considerados elementos de opinión, y, por tanto, responden al criterio de sus autores. No obstante, no se permitirán los chistes que ofendan la intimidad de las personas ni que ofrezcan imágenes desagradables.

6
EL USO DE LA FIRMA

6.1 Abusos. Conviene huir lo más posible del abuso o uso indebido de la firma en las informaciones, puesto que se le priva así de su verdadero valor: primar las noticias obtenidas o elaboradas por medios propios.

6.2. La firma de una información es parte de su aval, y de manera muy especial en el caso de aquellas particularmente comprometidas o presumiblemente polémicas. En estas ocasiones, los autores deben responsabilizarse plena y públicamente de su información.

6.3. Aunque no se pretende establecer un sistema restrictivo, sí conviene fijar un criterio amplio de interpretación que conceda a la firma su justo valor como elemento de la noticia. Como es lógico, se trata de esbozar un marco, cuyos límites quedarán señalados por el racional uso que los responsables de la elaboración del periódico hagan de esta flexibilidad de interpretación.

6.4. Primera página. El criterio genérico es que no deben aparecer firmas en la primera página del periódico, salvo en los siguientes casos:

1. En las crónicas o informaciones de enviados especiales o corresponsales en las que se pretenda destacar su presencia en el lugar de los hechos.

2. En las noticias o informaciones de probada exclusividad o de indiscutible relieve y repercusión.

3. En las noticias de indudable trascendencia que no tengan prolongación o ampliación en las páginas interiores del periódico.

4. En los pases de página, sos cuales, por otra parte, deben ser excepcionales.

6.5. Lo que no se firma. En el resto del diario, la norma es que no se firman las conferencias de prensa, las condensaciones de teletipos o de comunicados, los resúmenes de crónicas de corresponsales, las cronologías, los extractos de conferencias o debates, y, en general, los complementos de carácter documental o explicativo que se añadan a una información, siempre y cuando formen parte del mismo bloque. El hecho de que tales añadidos tengan un título independiente y de que se confeccionen con una tipografía diferenciadora (recuadro abierto, medida falsa, etcétera) no justifica la inclusión de la firma, ni siquiera de las iniciales, y menos aún cuando su autor sea el mismo que el de la información que complementan.

6.6. Excepciones. Sólo caben dos excepciones a esta regla:

1. Los trabajos de documentación que supongan creación literaria, descubrimiento de fuentes o aportaciones informativas relevantes.

2. Las traducciones de artículos literarios o reportajes amplios en los que el manejo del lenguaje por el traductor sea un elemento de calidad de trabajo, en cuyo caso se hará una referencia al autor de la traducción en una nota al pie del texto.

6.7. Criterios. De cualquier forma, sea en la primera o en el resto de las páginas del periódico, los criterios que se han de aplicar son los siguientes:

1. La firma ha de figurar siempre en la primera línea del texto al que pertenece, justificada de salida. La confección del primer párrafo a medida falsa o en otro cuerpo de letra, como entradilla tipográficamente diferenciada, no constituye obstáculo para la aplicación de esta regla. (Distinto es que una noticia vaya precedida de una nota introductoria o de un resumen; en ese caso tal entradilla puede y debe ir delante de la firma precisamente porque no es parte del texto firmado).

2. La firma completa no deberá aparecer más de una vez en cada sección. Las otras informaciones del mismo autor, si las hubiere, serán firmadas con iniciales. En el caso de los corresponsales cabe hacerlo, además, con la palabra CORRESPONSAL.

3. La firma conjunta de dos o más redactores para una sola información sólo puede tener carácter excepcional. La norma es que firme quien elaboró materialmente la información, con una referencia en el texto, en letra negrita, a la otra u otras personas que aportaron datos. En el caso excepcional de firma conjunta, los nombres irán separados entre sí por una **barra** con un espacio a cada lado.

4. Cuando se utilicen artículos de agencias o de otras publicaciones se incluirá en la firma el nombre del autor, siempre que se conozca, y siguiendo a éste, entre paréntesis, el nombre del medio.

5. Los artículos de análisis o de opinión aparecerán firmados con el nombre completo del autor, pero nunca con iniciales (salvo, lógicamente, los editoriales). Los textos marcadamente de opinión no podrán ser firmados con el nombre EL PAÍS.

6. Las informaciones facilitadas por corresponsales esporádi-cos o interinos, así como las escritas por personas en periodo de meritoriaje, sólo se firmarán con iniciales. En el caso de la sustitución temporal de un corresponsal, cabe otra posibilidad: hacerlo con la palabra INTERINO.

7. Las informaciones elaboradas en Redacción y no atribuibles a ninguna persona concreta incluirán el nombre del periódico delante del nombre de la ciudad, pero sólo en los casos de ciudades donde EL PAÍS tiene Redacción: Madrid, Barcelona, Sevilla, Valencia, Bilbao y México. En los demás, como queda dicho más arriba, sólo podrá emplearse el nombre del corresponsal, sus iniciales o las palabras *corresponsal* o *interino.*

8. Es inmoral apropiarse de noticias cuya paternidad es de otros. Por tanto, los despachos de agencia se firmarán siempre, a no ser que la noticia se confirme o amplíe con medios propios o que el texto del teletipo haya sufrido retoques que afecten al fondo de la información. En este caso, porque así se asume la responsabilidad de tales cambios.

9. Está terminantemente prohibido firmar una noticia en un lugar en el que no se encuentra el autor, ni siquiera en el caso de los enviados especiales que elaboren una información recién llegados de un viaje. En este supuesto, será en la entradilla en donde se haga constar que tal información fue recogida por el firmante en el sitio.

10. Las noticias reelaboradas con datos de diversa procedencia se firmarán con el nombre de la fuente y el lugar de origen de la crónica o despacho de agencia más utilizado, pero sin dejar de mencionar en el texto a las otras fuentes —sobre todo cuando se trate de datos facilitados exclusivamente por una—. Un redactor que documenta ampliamente una noticia puede firmarla. No obstante, cuidará de citar en el texto las fuentes de esa noticia elaborada.

11. Cuando sea imposible individualizar a una agencia, al haberse utilizado por igual informaciones facilitadas por dos o más de ellas, la noticia se encabe-zará con el genérico AGENCIAS y el nombre de la ciudad o ciudades —no más de dos— de donde proceda la mayoría de los datos.

12. Las crónicas de los corresponsales pueden y deben ser enriquecidas con datos de última hora facilitados por las agencias. En tales casos, los añadidos a la crónica irán entre **corchetes.** No se añadirá en cabeza el nombre de la fuente utilizada, pero éste debe figurar dentro del texto añadido.

En caso contrario —o sea, cuando es el dato de un corresponsal el que sirve para actualizar una información elaborada a partir de despachos de agencia—, se procederá de igual forma: lo añadido irá entre corchetes y se mencionará al corresponsal, pero en este supuesto escribiendo su nombre en negrita.

13. En el encabezamiento de las noticias —en la **data**— sólo se utilizarán las siglas de las fuentes informativas, sin separación de puntos. En cambio, en el texto deberá figurar el nombre completo.

14. Las informaciones, críticas y comentarios se firmarán en Times redonda, versales, del cuerpo siete, en una línea justificada de salida y encabezando la primera columna del texto. Las tribunas libres, las columnas fijas, las colaboraciones de algún personaje destacado y, excepcionalmente, los comentarios realizados en la Redacción con el carácter de análisis de la noticia se firmarán en el cuerpo nueve. Las tribunas y columnas fijas llevarán la firma bajo el titular, en una línea centrada. Sólo en los suplementos caben excepciones a estas reglas.

15. El único elemento que cabe añadir al encabezamiento de una información es la circunstancia de enviado especial del firmante. Quedan prohibidas, por tanto, muletillas como 'servicio especial', 'crónica recibida por télex', 'en exclusiva para...' u otras parecidas. Las palabras 'enviado especial' o 'enviada especial', compuestas en versales, en el mismo tipo y cuerpo de la firma, irán entre ésta y el nombre de la ciudad cuando todo ello quepa en una sola línea. Si no fuera así, pasarán a la línea siguiente, que se justificará también de salida. La condición de 'enviado especial' sólo se hará constar en desplazamientos fuera de España.

16. Las **cuñas** y los **breves** con título engatillado se atienen a las mismas normas descritas hasta aquí. La única diferencia es que no figura el lugar de procedencia de la noticia, sino sólo el nombre, las iniciales o las siglas de la fuente, y que esta mención va al pie, con un punto y una raya (¡no guión!) y un blanco de separación entre el texto y la firma.

17. Fotografías, dibujos, mapas. En el caso de las fotografías, dibujos, gráficos y mapas deben aplicarse los mismos criterios generales que para las informaciones literarias. Y específicamente, los siguientes:

− No se firmarán las fotografías de simples rostros de personajes, ni las meras reproducciones de gráficos o mapas. La firma, en tales casos, sólo se justifica cuando la obra haya requerido cierta creatividad. Tampoco se firmarán las imágenes procedentes de fotogramas de películas, ni las que faciliten las agencias de promoción de artistas, a no ser que éstas citen el nombre del autor.

- Cada ilustración debe llevar debajo el nombre de su autor. El hecho de publicar varias, agrupadas en un solo bloque y con un pie común, no constituye excepción a esta regla, salvo que todas ellas sean del mismo autor.
- En este tipo de firmas no deben figurar muletillas como 'foto de...', 'ilustración de...', 'gráfico de...' u otras similares.
- Una ilustración facilitada por una agencia de prensa o periódico se firmará con el nombre de su autor, siempre que se conozca, seguido del nombre del medio entre paréntesis. Si se trata de un diario o revista, su nombre irá en cursiva.

18. Las fotografías o ilustraciones de archivo deben firmarse con el nombre de su autor. La palabra ARCHIVO se reserva para los originales verdaderamente antiguos. Por tanto, nunca ha de emplearse como un recurso.

19. Se firmará EL PAÍS cuando no convenga identificar al autor de una fotografía, por la razón que sea, o cuando se trate de un reportaje gráfico realizado en equipo.

20. La firma de los fotógrafos, agencias o dibujantes se compondrá en Newton redonda, versales, del cuerpo seis, en una línea aparte, encabezando el pie y justificada de salida.

21. En el caso de un mismo pie para varias fotos, y no todas del mismo autor, las correspondientes firmas irán siempre en un solo bloque, justificado de salida, con los nombres de cada autor separados por una barra con su espacio correspondiente.

6.8. Data. En periodismo, el lugar de procedencia, nombre o sigla de la fuente y fecha de una noticia, datos todos ellos que, generalmente, preceden a esa información. En EL PAÍS las informaciones no se fechan, pero siempre han de quedar bien claras las circunstancias de tiempo en que se produce la noticia. Estas circunstancias deben estar referidas al día de publicación del periódico.

6.9. En EL PAÍS, la data se emplea de acuerdo con las siguientes normas:

1. En las informaciones siempre han de quedar bien claras las circunstancias de tiempo en que se produce la noticia. Estas circunstancias deben estar referidas a la fecha de publicación del periódico.

2. Todas las informaciones, cualquiera que sea su origen, llevarán en cabeza una línea de data compuesta por el nombre del autor o sigla de la agencia informativa y el nombre de la ciudad de procedencia de la noticia, el cual no es siempre aquél en donde se ha producido ésta.

3. Es inmoral apropiarse de noticias cuya paternidad es de otros. Por tanto, los despachos de agencia se firmarán siempre, a no ser que la noticia se confirme y amplíe por medios propios, o que el texto del teletipo haya sufrido retoques que afecten al fondo de la información (y ello, porque así se asume la responsabilidad de tales cambios).

4. Una noticia facilitada por más de una agencia irá encabezada por las siglas de éstas separadas entre sí por una barra —con un cuarto de cuadratín a cada lado—, si no son más de dos, y con el genérico AGENCIAS, si son más. En cualesquiera de estos casos, el nombre de la fuente debe figurar en el texto cuando se trate de datos no recogidos por las restantes agencias.

5. Las noticias reelaboradas con despachos procedentes de lugares y fuentes diversas o las que, aun siendo una la fuente, tienen su origen en distintas ciudades, sólo irán encabezadas por la firma EL PAÍS, seguida del nombre de la ciudad donde se encuentra la Redacción en que ha sido reelaborada. Ahora bien, el nombre de las fuentes y el lugar desde donde informaron ha de figurar en el texto. Y si se trata de un corresponsal, con su firma en negrita.

6. En el encabezamiento de las noticias se utilizarán las siglas de las fuentes informativas sin separación de puntos (por ejemplo, IPS). En cambio, en el texto deberá figurar el nombre completo cuando se trate de agencias poco conocidas (por ejemplo, Inter Press Service).

7. El lugar de procedencia de una noticia debe ser siempre un nombre geográfico, y no el de un organismo internacional. Las noticias producidas en la sede central de la ONU, por ejemplo, se datarán en Nueva York; las Naciones Unidas tienen también oficinas en Berna (UPU), Ginebra (GATT, OIT, OMM, OMS), La Haya (TIJ), Montreal (OACI), París (Unesco), Roma (FAO), Viena (IAEA) y Washington (AID, BIRD, FMI), entre otros organismos y ciudades.

8. La línea de data no es propiamente un elemento de la noticia, sino su aval. Por tanto, el nombre del lugar en que se ha producido el hecho noticioso debe especificarse siempre en el texto, aunque sea el mismo de la data.

En aquellos casos en que se trate de una población poco conocida, el nombre de la provincia o del país al que pertenezca se añadirá entre paréntesis. Pero en el texto, y no en la línea de data; es un elemento más de la noticia.

7
TRATAMIENTOS Y PROTOCOLO

Normas generales

7.1. En las páginas del periódico se suprimirá todo tipo de tratamientos honoríficos. Esta norma alcanza incluso a los de uso más corriente, como 'don' y 'señor', o sus equivalentes femeninos, delante de nombres y apellidos, excepto en miembros de la familia real. Esta restricción comprende también los siguientes casos:

— Los de *'mister', 'monsieur', 'herr', 'signor',* etcétera, precediendo a un apellido extranjero.

— Los de 'reverendo', 'padre', 'fray', 'sor', 'hermana' o 'madre', en el casos de los sacerdotes y religiosos.

— El de 'mosén', para sacerdotes catalanes.

— Los de 'eminentísimo', 'reverendísimo' o 'monseñor', cuando se trate de títulos eclesiásticos.

— Los de 'excelentísimo', 'ilustrísimo', 'magnífico' o 'doctor', para las dignidades civiles, militares o académicas.

Sólo puede hacerse excepción a esta regla en las citas textuales o si la información gana especial énfasis o significado.

7.2. En cambio, se respetan (y se escribirán con mayúscula inicial) los tratamientos o cargos en los nombres de personajes de ficción, de entidades, del callejero, etcétera. Ejemplos: 'Don Quijote', 'el Capitán Trueno', 'el Conde de Montecristo', 'hotel Reina Cristina', 'calle del Príncipe de Vergara', 'el colegio Infante Don Juan Manuel', 'el *Príncipe de Asturias,* buque insignia'.

7.3. En español, el 'don' va siempre delante del nombre o de éste y uno o los dos apellidos ('don Luis', 'don Luis Pérez'). En cambio, 'señor' sólo se usa delante de los apellidos ('el señor

Pérez', pero no, por vía de anglicismo, 'el señor Luis Pérez'). Así se hará cuando se aplique la excepción prevista en el párrafo anterior, a no ser que, por razones del relato, convenga utilizar vulgarismos como 'el señor Luis'.

7.4. Los títulos de realeza o de nobleza ('rey', 'príncipe', 'conde', 'lord'), no siempre es necesario anteponerlos al nombre de sus poseedores, y nunca irán acompañados de los tratamientos anejos al título. Puede escribirse 'el príncipe Felipe de Edimburgo', pero también 'Felipe de Edimburgo'; se prefiere 'la reina Isabel II de Inglaterra', por ser más sencillo y directo, a lo ampuloso de 'su graciosa majestad la reina Isabel II de Inglaterra'.

Familia real

7.5. En la **Monarquía** española, los miembros de la familia real son el Rey, la Reina, el príncipe de Asturias, las infantas y los padres y hermanas del Rey, pero no sus cuñados, primos o sobrinos.

El Rey es **monarca,** pero no la Reina.

Sólo los hijos del Rey son infantes, y ningún otro pariente. Y no hay más que un príncipe, el heredero del trono, con el título de príncipe de Asturias.

Las hermanas de don Juan Carlos, doña Pilar y doña Margarita, se consideran hijas de rey; por tanto, infantas. También son infantas las dos hermanas del fallecido don Juan de Borbón, conde de Barcelona, doña María Cristina y doña Beatriz de Borbón y Battenberg. Asimismo, es infante de España el primo del Rey don Carlos de Borbón Dos Sicilias y Borbón, duque de Calabria, por Decreto Real del 16 de diciembre de 1995.

7.6. El nombre de cualquiera de los miembros de la familia real se escribirá precedido de 'don' o 'doña' siempre que se le cite por su nombre de pila y sin tratamiento honorífico o título y sin el ordinal dinástico ('don Felipe de Borbón y Grecia', pero 'Gonzalo de Borbón y Dampierre'; 'don Juan Carlos', pero 'el rey

Juan Carlos' o 'Juan Carlos I'). **7.7.** Para el Rey y la Reina puede utilizarse igualmente, a partir de la segunda referencia, el tratamiento de majestad (su majestad); y para el príncipe de Asturias, las infantas y demás miembros de la familia real, el de alteza o alteza real (su alteza real), también a partir de la segunda referencia. En ningún caso se escribirán dos tratamientos juntos: 'El príncipe Felipe', pero no 'su alteza real el príncipe Felipe'. Véase también apartado **7.10.**

7.8. Todos estos tratamientos y dignidades se escribirán en minúsculas cuando precedan al nombre o al título ('la reina Sofía', 'el príncipe Felipe', 'la infanta Elena', 'don Juan de Borbón') o cuando formen parte de un título compuesto ('el rey de España', 'el príncipe de Asturias'). Y con mayúscula inicial cuando se empleen solos ('el Rey', 'el Monarca', 'Su Majestad', 'el Príncipe', 'la Infanta').

7.9. El plural con mayúsculas iniciales sólo se usará para 'los Reyes' o 'Sus Majestades', pero no para 'las infantas' o para 'sus altezas reales'.

7.10. De cualquier forma, debe evitarse la innecesaria acumulación de tratamientos y títulos ('su majestad el Rey', 'don Juan Carlos I de España', 'el rey don Juan Carlos I de España' y otras combinaciones posibles), salvo que se trate de una cita textual o que se pretenda precisamente dar cierto énfasis o solemnidad a la mención.

7.11. Estas excepciones cabe aplicarlas igualmente a las demás familias reinantes, pero sólo cuando se cite en un mismo texto a uno de sus miembros junto a otro de la española: 'los reyes de España e Inglaterra', 'el rey Juan Carlos y la reina Isabel', 'el Rey [por don Juan Carlos] y la Reina [por Isabel II] saludaron desde el balcón'; 'sus altezas reales los príncipes Carlos [de Inglaterra] y Felipe [de Borbón]', etcétera.

7.12. Sea como fuere, los tratamientos y títulos jamás se escribirán en forma abreviada: 'don Felipe', y no 'D. Felipe'; 'Sus Majestades', y no 'SS MM').

7.13. Como excepción, los tratamientos del príncipe y las infantas pueden ser obviados en reportajes extensos en los que sean citados repetidamente con su título. Un reportaje sobre la infanta Elena y su afición al deporte, por ejemplo, puede incluir referencias —a partir al menos de la tercera— en las que no se mencione el título, sino simplemente el nombre.

Protocolo

7.14. En los actos oficiales casi siempre son más noticia las ausencias que las asistencias, salvo las no previstas, y más la alteración que el cumplimiento del protocolo, el cual está reglamentado por el Ordenamiento General de Precedencias en el Estado.

Salvo en estos casos, debe omitirse —por obvia— la fría y prolija relación de autoridades asistentes. Pero si se citan hay que respetar el orden establecido por el Real Decreto 2099/1983 (*Boletín Oficial del Estado* de 8 de agosto). Es el siguiente:

- El Rey o la Reina.
- La Reina consorte o el consorte de la Reina.
- El príncipe o la princesa de Asturias.
- Los infantes de España.
- El presidente del Gobierno.
- El presidente del Congreso de los Diputados.
- El presidente del Senado.
- El presidente del Tribunal Constitucional.
- El presidente del Consejo General del Poder Judicial.
- Los vicepresidentes del Gobierno, según su orden.
- Los ministros del Gobierno, según su orden (en el caso de celebrarse el acto en el territorio de una comunidad autónoma, por delante de ellos va el presidente de esa comunidad).
- El decano del Cuerpo Diplomático y los embajadores extranjeros acreditados en España.
- Los ex presidentes del Gobierno.
- Los presidentes de los Consejos de Gobierno de las comunida-

des autónomas (según la antigüedad de la publicación oficial de los correspondientes estatutos de autonomía, y, en caso de coincidencia en esta fecha, por la antigüedad en el nombramiento oficial para el cargo).

7.15. El orden establecido de los ministerios, a los que precede la Presidencia del Gobierno, está en función de la antigüedad de cada departamento. El siguiente corresponde al Gabinete de 1995:

– Asuntos Exteriores.
– Justicia e Interior.
– Defensa.
– Economía y Hacienda.
– Obras Públicas, Urbanismo, Transportes y Medio Ambiente.
– Educación y Ciencia.
– Trabajo y Seguridad Social.
– Industria y Energía.
– Comercio y Turismo.
– Agricultura, Pesca y Alimentación.
– Presidencia.
– Cultura.
– Administraciones Públicas.
– Sanidad y Consumo.
– Asuntos Sociales.

7.16. En los actos celebrados en Madrid, el orden de las instituciones es el siguiente:

– Gobierno de la nación.
– Cuerpo Diplomático acreditado en España.
– Mesa del Congreso de los Diputados.
– Mesa del Senado.
– Tribunal Constitucional.
– Consejo General del Poder Judicial.
– Tribunal Supremo de Justicia.
– Consejo de Estado.
– Tribunal de Cuentas.
– Presidencia del Gobierno.
– Ministerios, según su orden.
– Instituto de España y reales academias.
– Consejo de Gobierno de la Comunidad de Madrid.
– Asamblea legislativa de Madrid.
– Tribunal Superior de Justicia de Madrid.
– Ayuntamiento.
– Claustro universitario.

7.17. En los actos celebrados en el territorio de una comunidad autónoma rige el siguiente orden de precedencia:

- Gobierno de la nación.
- Cuerpo diplomático acreditado en España.
- Consejo de Gobierno de la comunidad.
- Mesa del Congreso de los Diputados.
- Mesa del Senado.
- Tribunal Constitucional.
- Consejo General del Poder Judicial.
- Tribunal Supremo de Justicia.
- Asamblea legislativa de la comunidad.
- Consejo de Estado.
- Tribunal de Cuentas.
- Tribunal Superior de Justicia de la comunidad.
- Ayuntamiento de la localidad.
- Presidencia del Gobierno.
- Ministerios, según su orden.
- Consejerías de Gobierno de la comunidad, según su orden.
- Instituto de España y reales academias.
- Gobierno Civil de la provincia.
- Diputación provincial, mancomunidad o cabildo insular.
- Audiencia Provincial.
- Claustro universitario.
- Representaciones consulares extranjeras.

Visitas oficiales

7.18. Por lo general, en las visitas oficiales a España, el jefe de Estado extranjero y su esposa (si es que le acompaña en el viaje) son recibidos en el aeropuerto de Madrid-Barajas (situado en las afueras de la capital) por las siguientes personalidades: el embajador de su país en España y el jefe de Protocolo del Estado, que suben al avión a presentarles sus respetos; y, al pie de la escalerilla, por el jefe de la Casa del Rey, el teniente general jefe de la Primera Región Aérea y el director del aeropuerto.

Trasladados en helicóptero al palacio de El Pardo, su residencia mientras dura la visita oficial, suelen ser saludados por el Rey y la Reina en la avenida principal del palacio. Acompañan a Sus Majestades el jefe del Estado Mayor de la Defensa y el jefe del Cuarto Militar.

Las autoridades que son convocadas normalmente al acto (según las circulares de Protocolo del Estado, organismo dependiente de Presidencia del Gobierno) son las siguientes:

- El presidente del Gobierno.
- El presidente del Congreso de los Diputados.
- El presidente del Senado.
- El ministro de Asuntos Exteriores.
- El alcalde de Madrid.
- El secretario de Estado para la Cooperación Internacional y para Iberoámerica.
- El secretario de Estado para las Comunidades Europeas.
- El jefe del Estado Mayor del Ejército.
- El delegado del Gobierno en la Comunidad de Madrid.
- El director general de Política Exterior, del Ministerio de Asuntos Exteriores, a cuya zona corresponda el país del visitante.
- El gerente del Patrimonio Nacional.

7.19. Cuando los Reyes de España acuden al aeropuerto de Madrid-Barajas para recibir o despedir a un jefe de Estado, lo establecido es que les acompañen las siguientes personalidades:

- El ministro de Asuntos Exteriores (o el ministro que legalmente le sustituya).
- El alcalde de Madrid.
- El jefe del Estado Mayor de la Defensa.
- Un vicepresidente del Congreso de los Diputados.
- Un vicepresidente del Senado.
- El delegado del Gobierno en la Comunidad de Madrid.
- El teniente general jefe de la Primera Región Aérea.
- El subsecretario de Asuntos Exteriores, si es que no está presente el titular del Ministerio.

7.20. En las visitas oficiales de jefes de Gobierno extranjeros sólo acuden a recibirlos o despedirlos en Barajas el embajador de su país en España y el jefe del Protocolo del Estado.

La visita se inicia oficialmente con la rendición de honores militares en el interior del palacio de la Moncloa.

8
NOMBRES

Los nombres propios se escribirán de acuerdo con las siguientes reglas, las cuales no tienen más excepciones que las expresamente recogidas en este *Libro de estilo.*

8.1. Nombre completo. Cuando en una información se cite por vez primera a una persona, por conocida que sea ésta, se escribirá siempre el cargo u ocupación que la identifiquen y el nombre propio completo. El segundo apellido sólo es necesario cuando la persona sea conocida por los dos, o lo prefiera así, y en los casos de identificación dudosa o posible confusión. En las restantes referencias de esa misma noticia puede omitirse el nombre de pila y, si no se dan las circunstancias que aconsejan su inclusión, también el segundo apellido.

8.2. Esta norma no es necesario aplicarla en los casos de personajes universalmente famosos ya fallecidos. Ejemplos: 'Mozart', 'Cervantes', 'Shakespeare', 'Picasso', 'Lenin'.

8.3. Los apellidos compuestos o de personas conocidas por el primero y el segundo conjuntamente se escribirán íntegros en los titulares, aunque resulte dificultoso encajar las matrices en el espacio adjudicado. Así, se escribirá 'Rodríguez de la Borbolla', y no solamente 'Borbolla'; 'Gutiérrez Mellado', y no 'Mellado'; 'Martín Villa', y no 'Villa'; 'Fernández Ordóñez', y no 'Ordóñez'; 'García Damborenea', y no 'Damborenea'.

8.4. Extranjeros. Jamás debe emplearse una transcripción no castellana en los nombres de idiomas que se escriben con caracteres no latinos: el ruso, griego, árabe, hebreo, etcétera. Por ejemplo, 'Georges' (francés) o 'George' (inglés) en el caso de 'Gueorgui' (ruso). Y con más razón aún cuando se trata de nombres traducidos al francés o al inglés de un idioma escrito en caracteres latinos. Ejemplos: 'Jean' (francés) o 'John' (inglés) en el caso de 'Ian' (polaco).

8.5. Lo correcto en el caso de idiomas escritos con caracteres no latinos es transcribir los sonidos con el alfabeto del castellano o español. No ha de caerse en el error de equivocarlos con la fonética francesa o de otros idiomas. Por ejemplo, 'Saíd Auita', y no 'Said Aouita'; 'Melina Mercuri', y no 'Mercouri'; 'Papadópulos', y no 'Papadopoulos'. Los acentos, en este caso, han de situarse conforme señalan las reglas del español, al tratarse de una transcripción fonética.

Ejemplos: Grigori Yefímovich Rasputin (1872-1916), no Rasputín (favorito del zar Nicolás II y de su mujer, asesinado por los monárquicos). Alés Adamóvich, escritor y político bielorruso.

8.6. Como regla general, los nombres no castellanos escritos con caracteres latinos, y ya sean de personas o de lugares, se acentúan según las reglas de su idioma y no las del español. Para las excepciones, véanse el apartado **11.108** y siguientes.

8.7. Traducción. No se traducen los nombres de personas y animales, salvo cuando correspondan a personajes históricos, y el uso los haya castellanizado, o se trate de papas y miembros de familias reales. Ejemplos: 'Carlos Garaikoetxea', y no 'Carlos Garaicoechea'; 'Martín Lutero', y no 'Martin Luther'; 'Carlos Marx', y no 'Karl Marx'; 'Juan XXIII', pero 'Giovanni Spadolini'; 'Margarita de Inglaterra', pero 'Margaret Thatcher'. Distinto es que sus poseedores castellanicen el nombre o el apellido, en cuyo caso ha de respetarse tal deseo. Ejemplos: 'Andoni Goikoetxea' (el futbolista), pero 'Alejandro Goicoechea' (el inventor del Talgo); 'Antonio de Senillosa', pero 'Antoni Gutiérrez'.

8.8. En los casos de nombre compuesto que tenga una traducción solamente parcial se respetará la grafía autóctona. Ejemplo: 'el departamento de Midi-Pyrénées', y no 'Mediodía-Pirineos' ni 'Midi-Pirineos'.

8.9. Históricos y de ficción. En el caso de personajes históricos, el nombre que debe emplearse es aquel que se le ha venido dando tradicionalmente en castellano. Ejemplos: 'Zumalacárregui', y no 'Zumalakarregi'; 'Averroes', y no 'Ibn Rushd'; **'Chiang Kai-chek'**, y no 'Jian Jieshi'. En el caso de personajes cuyo nombre es conocido en dos lenguas, debe facilitarse la identificación: 'Wifredo el Velloso' (en catalán, 'Guifré el Pilós'); o 'Pere III el Cerimoniós' (en castellano, 'Pedro III el Ceremonioso').

8.10. Los nombres de ficción, cuando sean de personas o animales antropomorfos, se escriben en redonda. Ejemplos: 'Sancho Panza', 'Mickey Mouse'. Pero en cursiva cuando correspondan a animales en general o cuando constituyan a la vez un apodo: Ejemplos: *'Rocinante', 'El Algarrobo'*. En uno u otro caso, se escriben con mayúscula inicial los tratamientos, cargos y adjetivos que formen parte de tales nombres. Ejemplos: 'Don Quijote', 'el Capitán Trueno', 'el Lobo Feroz'.

8.11. Apodos y alias. Los apodos se escriben con mayúscula inicial y en redonda, salvo que acompañen al nombre, en cuyo caso van en cursiva. El mismo tratamiento recibirán los alias, que se escriben con mayúscula inicial en el artículo. El artículo no se contrae delante de las preposiciones *a* y *de*. Ejemplos: 'Rafael Gómez, *El Gallo',* pero 'así toreaba El Gallo' y 'la maestría de El Gallo'; 'Ángel Pérez, *El Chato',* pero 'ha sido detenido El Chato' y 'los compinches de El Chato'.

8.12. No ha de emplearse la cursiva cuando se trate de apelativos o denominaciones familiares, siempre que formen parte del nombre aceptado públicamente por el personaje que se cite. Por tanto, debe escribirse 'Sito Pons', y no *'Sito* Pons'. Y 'Txiki Benegas', pero no *'Txiki* Benegas'. En estos casos, el diario debe optar por una denominación habitual, de modo que siempre se hable, por ejemplo, de 'Antxon Etxebeste', y no de 'Eugenio Etxebeste', evitando fórmulas como 'Alfonso, *Sito,* Pons' o 'Domingo Iturbe Abasolo, *Txomin',* puesto que Sito y Txomin son simplemente diminutivos o equivalentes de Alfonso y Domingo. Ello no impide que en reportajes, entrevistas y otro tipo de informaciones amplias se explique el nombre oficial que recoge el documento de identidad.

8.13 No se emplearán en cursiva las palabras con que se designe a los seguidores de un político o de una doctrina. Ejemplo, 'los suaristas', 'los marxistas', 'los franquistas', 'los carrillistas', 'los mitterrandistas'. No obstante, deberá quedar claro en la información a quién se refiere la palabra cuando el nombre no figure como antecedente claro. Ejemplo: 'los sabinianos (que se consideran herederos políticos de Sabino Arana, el fundador del PNV) han elaborado un nuevo documento'.

8.14. Tampoco se escribirán en cursiva las palabras referidas a los seguidores de un partido político, siempre y cuando sean asumidas por la organización: socialistas, convergentes, populares, comunistas. En el caso de que esta palabra se forme a partir de sílabas, se escribirá en redonda si se trata de un vocablo con unas raíces históricas que lo hayan convertido en palabra común: 'cenetistas', 'ugetistas', 'peneuvistas'. Pero no se podría escribir en redonda, por ejemplo, *'pesoístas'.*

8.15. Lugares y productos. Los nombres de personas o de lugares aplicados a cosas se escriben con minúscula inicial cuando se refieren a todos los objetos de una misma especie. Ejemplo: 'champaña', vino espumoso que debe su nombre a una región francesa, la Champaña, aunque no proceda de ella. Sin embargo, conservan la mayúscula inicial los nombres que, como si se tratara de un apellido, se aplican a cierto número, pero no a la totalidad de los de su especie. Ejemplos: 'un Renault', 'un Rolex de oro'.

(En cambio, recuérdese que se escriben con minúscula y en cursiva cuando se trate de ganaderías y obras de arte: 'los *miuras',* 'cinco *goyas').*

8.16. El plural. Los apellidos se emplearán en forma plural y en redonda si dan nombre a una dinastía (ejemplos: 'los Austrias', 'los Borbones').

8.17. Si definen un colectivo en el que la coincidencia del apellido o del nombre va ligada a unas características comunes, irán en cursiva: *'los Garcías'* (jugadores del Real Madrid en la época del entrenador Bujadin Boskov), *'los Lópeces'* (ministros de Franco miembros del **Opus Dei),** *'los Albertos'.* Esta norma no es extensiva cuando se cite a los miembros contemporáneos de una misma familia: 'los Bengoechea' o 'los hermanos Bengoechea' (procesados en el sumario del síndrome tóxico), pero no *'los Bengoecheas';* 'los Llorente' o 'los hermanos Llorente' (deportistas de distintos equipos españoles de fútbol y baloncesto), pero no *'los Llorentes'.*

8.18. Los nombres de marcas comerciales o modelos industriales, equipos deportivos, etcétera, jamás se escribirán en forma plural. Ejemplos: 'tres Citroën', pero no 'tres Citroëns'; 'tres fusiles Kaláshnikov', pero no 'tres Kaláshnikovs'.

8.19. Los nombres de toros derivados del correspondiente a su ganadería o propietario podrán emplearse en plural, pero en cursiva y con minúscula: 'los *victorinos',* pero no 'los Victorinos' ni 'los Victorino', ni 'los victorinos'; 'los *pablorromeros',* pero no 'los Pablo Romero'.

8.20. En el caso de dos sustantivos unidos, el segundo de los cuales desempeña una función de adjetivo respecto del primero (aposición), la norma es que sólo recibe la terminación de plural el primero. Ejemplos: 'ciudades dormitorio', 'hombres rana', 'pisos piloto'.

Pueden escribirse en plural los nombres propios de naciones cuando el uso haya implantado esta posibilidad: 'hacer las Américas', 'las dos Españas', 'las dos

Coreas', 'las dos Alemanias' (como referencia histórica); pero no 'los dos Yémenes' (también como referencia histórica), sino 'los dos **Yemen'**; y no 'los dos Vietnams', sino 'los dos Vietnam'.

8.21. Organismos y reuniones. El nombre de entidades, organismos, reuniones y ponencias, españoles o extranjeros, debe escribirse completo la primera vez que se mencione en una información, salvo las excepciones previstas en este *Libro de estilo*. A este nombre le han de seguir las siglas del organismo u entidad, encerradas entre paréntesis, pero sólo cuando se vayan a emplear más adelante. En las siguientes citas de la misma información pueden usarse sólo las siglas, o abreviarse el nombre utilizando la palabra o palabras más características de su denominación completa (y siempre las mismas). Ejemplos: 'Naciones Unidas', en vez de 'Organización de las Naciones Unidas', pero no 'Organización de Naciones'; 'Poder Judicial', en lugar de 'Consejo General del Poder Judicial', pero no 'Consejo Judicial'.

8.22. En las informaciones sobre actos públicos (un congreso, una asamblea, un simposio, etcétera), el nombre oficial de la reunión debe escribirse completo la primera vez que se mencione, por extenso que sea. En las referencias siguientes puede abreviarse en una o dos palabras, o puede utilizarse un sinónimo. Si la primera vez se transcribe bien el nombre oficial de una reunión, nunca podrá ocurrir que el cambio de una palabra ('conferencia' por 'simposio') haga dudar al lector, de un día para otro, si se trata de dos reuniones diferentes.

8.23. Los nombres de organismos, reuniones y ponencias que se escriban originalmente en un idioma distinto al castellano se traducirán siempre a éste. No así sus siglas, las cuales se conservarán en el idioma original, salvo cuando el uso las haya castellanizado.

8.24. No se traducen, en cambio, los nombres de naves, cohetes, edificios, empresas, marcas comerciales o modelos industriales. Ejemplos: *'Apollo 12',* y no *'Apolo 12';* 'Empire State Building', y no 'Edificio del Estado Imperial'; 'British Broadcasting Corporation', y no 'Corporación Británica de Transmisiones'.

8.25. Los nombres de marcas comerciales se escribirán excepcionalmente en cursiva y todo en minúsculas cuando se utilicen como genéricos. Ejemplos: 'una fotografía hecha con *polaroid',* 'recorrió la finca en un *jeep'.*

8.26. Los nombres de entidades u organismos se escriben con mayúscula inicial, y los de cargos, con minúscula, salvo en el caso de dignidades de carácter único. Ejemplos: 'Ministerio de Industria', pero 'ministro de Industria'; 'el Papa', pero 'el papa Juan Pablo II'; 'el Rey', pero 'el rey Juan Carlos I'.

8.27. Países. Cuando una ciudad, país o entidad hayan cambiado de nombre recientemente, el anterior se citará siempre, entre paréntesis. Ejemplo: Burkina Faso (antes, Alto Volta); La Unión de Myanmar (antes, Birmania).

8.28. Debe evitarse en EL PAÍS el uso de artículo antes del nombre propio de una nación, excepto en los siguientes casos (si lo requiere la estructura de la frase): 'el Reino Unido', 'la India', 'los Países Bajos' (aquí, con la concordancia en plural).

8.29. Se puede mantener el artículo en ciertos casos, pero teniendo en cuenta que ello cambia el sentido. Ejemplo: 'las (islas) Filipinas'. (En ese supuesto, se referirá al ámbito geográfico, no político; y el verbo concordante ha de escribirse en plural). También se utilizará el artículo cuando forme parte del nombre propio y, por tanto, vaya con mayúscula inicial: El Salvador, La Unión de Myanmar.

8.30. Por tanto, en EL PAÍS no debe escribirse 'Los Estados Unidos', ni 'los Estados Unidos' —y mucho menos 'los Estados Unidos votó en contra'—, ni 'el Perú', ni 'la Argentina'.

8.31. Poblaciones. Los nombres de poblaciones poco conocidas deberán ir seguidos del que corresponda al Estado, provincia, departamento o cualquier otra división territorial. Para facilitar su localización puede recurrirse, además, a una referencia geográfica o a los puntos cardinales. Ejemplos: 'Capileira (Granada)'; 'Capileira, en la Alpujarra granadina; 'Capileira, al sureste de Granada capital'.

8.32. En el caso de las poblaciones catalanas, el nombre de las comarcas —división territorial inusual fuera de esta comunidad autónoma— sólo podrá utilizarse en las páginas específicas de la edición de Cataluña.

8.33. Fechas históricas. Las fechas históricas o las que figuren en el nombre de una organización se escribirán con todas las letras y con mayúsculas iniciales. Ejemplos: 'el Primero de Mayo' (no 'el Uno de Mayo'), 'el Dieciocho de Julio', 'el Onze de Setembre', 'el Movimiento Veintiséis de Octubre'.

8.34. Cargos y títulos. Los nombres de cargos y títulos no castellanos, así como los tratamientos

—cuando se empleen a título excepcional—, llevarán minúscula inicial sea cual fuere la forma con que se escriban en sus respectivos idiomas. Ejemplos: *'premier', 'attorney general', 'herr', 'sir', 'lord'.

8.35. Calles y edificios. Las palabras que designan accidentes geográficos, edificios o locales públicos, así como vías urbanas, salvo que formen parte de un nombre propio, se escribirán con minúsculas. Ejemplos: 'mar Egeo', 'palacio de Santa Cruz', 'cine Narváez', 'avenida de Valladolid', pero 'la Quinta Avenida neoyorquina', 'el barco *Cabo San Vicente', 'el Teatro Real'.

8.36. No es correcto escribir los nombres de calles, plazas y avenidas en forma yuxtapuesta. Ejemplos: 'calle de Alcalá', pero no 'calle Alcalá'; 'avenida de la Reina Victoria', pero no 'avenida Reina Victoria'.

8.38. Repetición de signos. Nunca se entrecomillarán o se compondrán en cursiva los nombres de fenómenos meteorológicos; maniobras y operaciones militares; los de programas y planes; los de yacimientos, edificios, fincas, campamentos y urbanizaciones; los de organismos, entidades comerciales, firmas industriales y formaciones políticas, incluso las clandestinas; los de agencias de noticias, nacionales o extranjeras, así como los de calles, plazas, edificios, entidades, organismos y partidos escritos en un idioma distinto al castellano. Es decir, todos aquellos nombres en los que una mayúscula inicial evita la repetición de otros signos tipográficos diferenciadores, como la cursiva o las comillas. Ejemplos: 'el tifón Juana', 'Torrespaña', 'Villa Teresita', 'urbanización Los Chopos', 'Sendero Luminoso', 'Grupo de Contadora', 'Operación Ogro', 'Comando Madrid', 'Efe', 'France Presse', 'Via Veneto', 'Quai d'Orsay', 'Trans World Airlines', 'Fianna Fáil'. Véase el apartado siguiente, **Naves.**

8.39. Naves. En cuanto a los nombres de barcos, aviones, misiles o naves espaciales, hay que distinguir entre el propio de una individualidad, que va en cursiva, y el que corresponde a un conjunto (marca, serie o modelo), que va en redonda. Pero en ambos casos, con mayúscula inicial. Ejemplos: 'el destructor *Bedford,* del tipo Liberty', 'el Boeing 747 *Virgen de los Ángeles'.*

8.40. Cuando se trate del nombre propio de un avión o nave espacial, este nombre no se traducirá. Ejemplos: 'el *Apollo 12';* 'el *Spirit of St. Louis,* de Lindbergh'; 'el *Air Force One,* avión del presidente de Estados Unidos'.

8.41. Excepcionalmente, y puesto que así lo ha impuesto el uso, en estos nombres no se empleará la numeración romana, propia de los ordinales. Se escribirá, pues, *'Apollo 12'* o *'Queen Elizabeth 2'* (en este caso, por ser el segundo barco con este nombre).

8.42. En los nombres de aviones, naves espaciales o cohetes, así como en los de acontecimientos deportivos, festivales, exposiciones, entidades, marcas o modelos, no se empleará guión cuando al nombre le siga un número, y menos el apóstrofo del genitivo sajón. Ejemplos: 'Boeing 747', 'Mundial 90', 'Radio 2', pero no 'Grec-89' o 'Liber '89'. Sí debe usarse guión, en cambio, cuando se trate simplemente de iniciales o de siglas, siempre que éstas no se hayan convertido en palabra común. Ejemplos: 'B-747', 'DC-10', 'TVE-2', pero 'Seat 600' y 'Mig 23'. En el caso de darse números y letras a la vez, éstos se escribirán juntos ('Mig 21S', 'C-5A').

8.43. Obras artísticas. Los títulos de obras artísticas —libros, películas, piezas teatrales, cuadros, esculturas, canciones o composiciones musicales— no van entrecomillados, sino en cursiva. Y, salvo en los nombres propios que formen parte del título de la obra, todo en minúsculas, cualesquiera que sean las normas del idioma en que estén escritos. Ejemplos: *'Las meninas', 'Cien años de soledad', 'Ciudadano Kane', 'Lo que el viento se llevó', 'La CIA y el culto del espio-*

naje' ('The CIA and the Cult of Intelligence').

8.44. Deportes, razas, idiomas. Los nombres no castellanos de deportes, razas, sectas, tribus, idiomas o dialectos, unidades de medida y monedas se escriben todo en minúsculas y en redonda.

8.45. Animales y plantas. Los nombres propios de animales se escriben en cursiva y con mayúscula inicial; los de raza, en redonda y todo en minúsculas. En ambos casos, sin distinción de género entre el masculino y el femenino. Ejemplo: 'Las dos son perras: *Tara,* una hembra de mastín; *Micky,* una yorkshire terrier'.

8.46. Los nombres de toros derivados del correspondiente a su ganadería o propietario podrán emplearse en plural, pero en cursiva y con minúscula: 'los *victorinos',* pero no 'los Victorinos' ni 'los Victorino', ni 'los victorinos'; 'los *pablorromeros',* pero no 'los Pablo Romero'.

8.47. Los nombres científicos (zoología, botánica, etcétera) están formados por una, dos o tres palabras, dependiendo de que se emplee sólo el nombre genérico, de que a éste se le añada el específico o, lo que es menos frecuente, de que se incluya también el nombre subespecífico. Así, por ejemplo, el nombre genérico de la ardilla es *Sciurus;* el de la especie, *Sciurus vulgaris,* y el de una subespecie, *Sciurus vulgaris infuscatus.* La norma es que estos nombres sólo lleven mayúscula inicial en el nombre genérico —a excepción de algunas plantas, dedicadas a personas—, que se escriban en cursiva y, aunque se trate de palabras latinas, que vayan sin acento, pues ésa es la práctica internacional.

Al nombre científico suele seguirle el del autor que describió la especie, en abreviatura, y el año en que se hizo tal descripción. Es más, la inclusión de tales datos entre paréntesis indica que el nombre de la especie ha sido modificado posteriormente a su descripción. Pero todos estos detalles, por ser más propios de publicaciones especializadas, se omitirán.

8.48. Gastronomía. Los nombres de especialidades culinarias de zonas no castellanohablantes deben escribirse en cursiva y en su lengua de origen: *marmitako, escudella i carn d'olla, arròs amb fesols i naps, all i oli* (y no *ajoaceite*). Excepciones: aquellos platos y alimentos cuya popularidad ha hecho que se extienda su nombre en castellano, o con grafía castellana, a veces recogida por la propia Academia Española. Ejemplos: 'cocochas', y no *kokotxas;* 'chipirones', y no *txipirones;* 'anchoas', y no *antxoas*.

8.49. Salvo cuando formen parte de platos o recetas en lenguas distintas al castellano, en cuyo caso se escribirán en cursiva, los nombres de productos naturales —muy en particular, pescados, mariscos, frutas y legumbres— se darán siempre en castellano y en redonda. Ejemplos: 'bogavante', y no *'lubrigante'* (gallego), *'misera'* (vascuence) o *'homard'* (francés).

8.50. Algunos productos tienen varios nombres castellanos según las zonas, y en el ámbito geográfico adecuado pueden usarse esos distintos nombres. Por ejemplo, la 'escorpena' o 'escorpina', un pez comestible, se llama 'cabracho' en el Cantábrico y 'gallina' en el Mediterráneo. No se debe utilizar el vocablo vascuence *'kabrarroka'*.

8.51. Ciertos nombres de productos o platos de origen extranjero están tan extendidos en España que es apropiado castellanizar del todo su grafía. Son éstos: 'entrecó' o 'entrecot' (y no *entrecôte*), 'turnedó' (y no *tournedos*), 'vermú' o 'vermut' (y no *vermouth*), 'chucrú' o 'chucrut' (y no *choucroute* o *sauerkraut*), 'coñá' o 'coñac' (y no *cognac*), 'yogur' (y no *yoghourt, yogurt* o *yaourt*), 'espaguetis' (y no *spaghetti*). Los demás productos o platos con nombre extranjero deben darse en su lengua de origen y en cursiva. Ejemplos: *châteaubriand, tafelspitz, vitello tonnato, clam chowder, nasi goreng.*

Nombres catalanes, gallegos y vascos

8.52. EL PAÍS se escribe en castellano, y la regla general es que no se deben usar palabras de otras lenguas, incluidos el catalán, el gallego o el vascuence, mientras existan sinónimas en castellano. Esta norma tiene dos tipos de excepciones:

a. En principio, todas las expresamente recogidas en este *Libro de estilo.* El criterio seguido en tales casos ha sido aceptar las palabras no castellanas impuestas por su uso generalizado, de las cuales gran parte incluso se escriben en redonda (por ejemplo, 'whisky'); las que no tienen una traducción exacta (por ejemplo, *'calçots'*) y las que, de ser traducidas, perderían parte de sus connotaciones (por ejemplo, *'strip-tease',* el *'green'* del golf). Salvo las excepciones al primero de los supuestos, que son sólo las recogidas en el *Libro de estilo,* esas palabras se escriben en cursiva, y con la acentuación, el género o los plurales que les corresponden en su idioma original, excepto en el caso del latín (véase el apartado **8.53**).

b. Los nombres de poblaciones españolas deberán escribirse según la grafía aceptada oficialmente por el correspondiente Gobierno autónomo, que no siempre es la castellana. Las excepciones a esta norma son sólo las recogidas en este *Libro de estilo;* entre ellas figuran los nombres de todas las comunidades autónomas, regiones, provincias o capitales de provincia. Por ejemplo, se escribirá 'Cataluña', y no 'Catalunya'; 'Álava', y no 'Araba'; 'Orense', y no 'Ourense'.

No contarán entre estas excepciones los nombres catalanes de Lérida y Gerona, que se escribirán según la grafía catalana (es decir, Lleida y Girona).

En caso de ser igualmente válidas las dos grafías, la castellana y la del otro idioma oficial de la comunidad, se optará por la primera.

Respecto al uso de nombres en los otros idiomas de España, se establecen las siguientes reglas:

1. Los gentilicios irán siempre en castellano.

2. Los nombres de accidentes geográficos que superen el ámbito de una comunidad —ríos, montañas, cordilleras, valles, etcétera— se escribirán siempre en castellano, cualquiera que sea su versión en otro idioma de España. Ejemplo: 'río Júcar', y no 'río Xúquer'.

Los accidentes geográficos de tipo local se escribirán con la grafía autóctona. Ejemplos: 'Montjuïc', y no 'Monyuich' ni 'Montjuich'. Cuestión distinta es que un topónimo forme parte del nombre de una entidad, en cuyo caso se respetará la versión no castellana. Ejemplo: 'restaurante Pirineus', y no 'restaurante Pirineos'.

No se consideran accidentes geográficos locales los cabos, bahías, deltas, golfos, islas, rías y estrechos. Ejemplos: 'golfo de Rosas', y no 'golfo de Roses'; 'cabo de Finisterre', no 'Fisterra'; 'delta del Ebro', y no 'delta de l'Ebre'; 'Ibiza', y no 'Eivissa'; 'ría de Bilbao', y no 'ría de Bilbo'; 'isla de Arosa', y no 'isla de Arousa'; pero sí 'Vilagarcía de Arousa'.

3. Los nombres comunes que preceden al nombre propio de accidentes geográficos (bahía, valle, golfo, cabo, estrecho, etcétera) o del callejero (plaza, calle, avenida, rambla, etcétera) irán siempre en castellano (y con minúscula inicial). Así, se escribirá 'calle Ample', y no 'carrer Ample'; 'calle del Villar', y no 'rua do Villar'; 'el valle de Aran' (sin acento), y no 'el Vall d'Aran' (pero 'la comarca de La Vall d'Aran'); 'paseo de Sabin Arana', y no 'Sabin Arana etorbidea'.

4. Las palabras escritas en un idioma distinto serán precedidas por el artículo que les correspondería en castellano, salvo que forme parte del nombre propio. En vascuence, el artículo es *a* y se incorpora al final de palabra. En consecuencia, se respetará. Así, habrá de escribirse 'Osasuna', y no 'el Osasuna'. Igualmente, y pese a la norma usada en catalán, en los nombres de las localidades y comarcas precedidas de artículo —que forma parte del nombre propio— éste se escribirá en mayúscula: 'L'Hospitalet', 'La Bisbal', 'Les Garrigues'.

5. Los nombres y apellidos en cualquiera de los idiomas peninsulares se acentuarán según las normas ortográficas de la lengua correspondiente, y no las castellanas. Ejemplo: Juan Echevarría, pero Jon Etxebarria. Ahora bien, si en el nombre se utiliza la grafía castellana, y la otra en el apellido, cada uno de ellos se acentuará con las normas que le corresponden. Ejemplos: 'Josep Maria Fernández', pero 'José María Marquès'.

Distinto es cuando un determinado nombre tiene la misma grafía en castellano y en el otro idioma. En tales supuestos, se respetará la versión que utilice su titular, si es que se conoce (por ejemplo, 'Maria Aurèlia Capmany'); cuando no sea así, se empleará la castellana.

6. No se usarán los topónimos catalanes o vascos de lugares franceses, sino los castellanos. Ejemplo: 'Perpiñán', pero no 'Perpinyá' ni 'Perpignan'.

En los casos de nombre compuesto que tenga una traducción solamente parcial, se respetará la grafía autóctona. Ejemplo: 'el departamento de Midi-Pyrénées', y no 'Mediodía-Pirineos' ni 'Midi-Pirineos'.

7. Los nombres de instituciones se continuarán escribiendo en su versión castellana, salvo las excepciones previstas en este *Libro de estilo*. Ejemplos: 'Consejo Ejecutivo de Vizcaya', y no 'Bizkai Buru Batzar'; pero 'Xunta', y no 'Junta'; 'Generalitat', y no 'Generalidad'.

8. Los nombres de santos, los **tratamientos** honoríficos y los títulos nobiliarios sólo se usarán en su forma no castellana cuando formen parte de un nombre propio. Ejemplos: 'mercado de Santa Caterina', 'calle del Comte Borrell', 'plaza de Mossèn Cinto Verdaguer'.

9. En correspondencia con los criterios enunciados en los puntos anteriores para los casos de publicación de suplementos o artículos en alguna de las lenguas oficiales de alguna de las comunidades autónomas españolas, se respetará la toponimia oficial castellana y no se utilizará la de la lengua en cuestión cuando se citen topónimos del ámbito de habla castellana. Ejemplo: Zaragoza y no Saragossa (catalán), Mallorca y no Majorka (vascuence), Teruel y no Terol (catalán), Madrid y no Madril (vascuence).

10. Los artículos de opinión y las colaboraciones literarias no se adaptan obligatoriamente a estas reglas sobre topónimos españoles no castellanos y quedarán a criterio de su autor. Tampoco se adaptarán a estas reglas toponímicas las citas textuales entrecomilladas.

Nombres en latín

8.53 Debe evitarse el empleo de palabras o locuciones latinas, sobre todo en textos noticiosos. Constituyen un modo de hablar erudito, hoy poco conocido, si no en franco desuso, sólo permisible en artículos de colaboración. En todo caso, las palabras latinas se acentuarán de acuerdo a las leyes fonéticas para las voces castellanas —salvo que formen parte de nombres científicos— y se escribirán en cursiva —salvo que se trate de vocablos ya castellanizados—. Ejemplos: *'córpore insepulto'*, y no *'corpore insepulto'*; *'Papaver somniferum'*, y no *'Papáver somníferum'*; *'tránseat'*, *'ítem'*, *'exequátur'*, pero 'accésit', 'memorándum', 'tándem' o 'quórum'.

Nombres alemanes

8.54. El empleo de palabras alemanas plantea problemas respecto a dos signos: la letra *eszet* y el acento *umlaut.*

La *eszet,* letra muy parecida en su dibujo a la beta griega, debe sustituirse por una doble

ese. Ejemplo: 'Franz Josef Strauss'.

En cuanto al *umlaut,* este acento germano es de apariencia idéntica (dos puntos en horizontal sobre una vocal) a la diéresis, pero de efecto marcadamente distinto, ya que transforma la pronunciación de esa vocal (ä, ö, ü). En alemán es correcto colocar una *e* detrás de la vocal para sustituir al acento: se puede escribir, indistintamente, 'Düsseldorf' o 'Duesseldorf'. Pero es preferible colocar el *umlaut,* y así se hará en EL PAÍS.

Atención, sin embargo, a los abusos del *umlaut:* es *'Frankfurter Allgemeine Zeitung'*, y no *'Frankfürter Allgemeine Zeitung'*; es Helmut Kohl, y no Helmut Köhl.

Nombres árabes

8.55. En árabe, el nombre completo de una persona consta de tres palabras: el nombre propio, el nombre del padre —en la posición de nuestro primer apelli-

114

do— y el nombre del abuelo —en la posición de nuestro segundo apellido—. Este último equivale normalmente al apellido o nombre de familia. Así pues, en las segundas referencias basta con escribir el tercer nombre, pues es el que hace las funciones de apellido. De hecho, muchos árabes prescinden del segundo nombre o lo reducen a una inicial (Naser M. Alí) para adecuarlos a los usos anglosajones.

Sin embargo, los reyes, emires, jeques e imames son conocidos por un solo nombre, pero éste puede ser, indistintamente, el primero o el último ('el rey Jaled', y no 'Jaled Ben Abdelasís Ben Abderramán al Saúd'; 'el jeque Yamani', y no 'Ahmed Saki Yamani'). Por tanto, hay que atenerse a como ellos prefieran ser conocidos.

Los artículos *el* o *al* de algunos nombres propios irán en minúscula cuando éstos se escriban completos ('Ahmed Hasan el Bakr', 'Yaafar Mohamed el Numeiri', 'Ras al Jaima'), y con ma-yúscula inicial en las demás referencias ('El Bakr', 'El Numeiri'). Ahora bien, no todos aquellos cuyo apellido lleva artículo cuando se escribe el nombre completo lo usan después con éste ('Anuar el Sadat' o 'Sadat', pero no 'El Sadat'). Así pues, también en este caso hay que atenerse a los gustos personales.

Las palabras *ibn, bin* o *ben* —que significan 'hijo de'—, o *abu* —cuyo significado es 'padre de'—, forman parte del apellido al que preceden y se escriben siempre con mayúscula inicial ('Ben Saúd', 'Abdul Yaafar Bin Baba', 'Ahmed Ben Bella', 'Neguib Abu Haidar'). Con una diferencia: mientras que *ibn* y *bin* hay quien lo omite cuando escribe su apellido solo (tan correcto es 'Saúd' como 'Bin Saúd'), en cambio no sucede así en los casos de *ben* y *abu* ('Ben Bella', 'Abu Haidar').

De cualquier forma, *el, al, ibn, bin, ben* y *abu* nunca se escribirán unidos por un guión al nombre que les sigue.

El grupo *ibn* no debe transcribirse nunca así, pues en español es impronunciable. Empléese en estos casos la palabra *ben.*

Para la transcripción al español de nombres árabes tomados del inglés o del francés se seguirán las siguientes normas:

1. Suprimir la *e* y la *h* a final de palabra. Ejemplos: 'Bumedián', y no 'Boumedienne'; 'Alá', y no 'Allah'.

2. No transcribir el apóstrofo, el cual forma parte o corresponde en árabe a dos letras: la *ayn* y la *hamza.* Ejemplo: 'Al Mumin', y no 'Al'Mu'min'.

3. No hay una equivalencia exacta entre las cinco vocales del castellano y las tres del árabe (a-e, e-i, oi-u), y esto suele producir cierta vacilación vocálica, máxime cuando no en todas las regiones se pronuncian igual de abiertas o de cerradas. Ésa es la razón de que un mismo artículo se escriba de dos formas *(el* o *al)* y de que exista una doble grafía para nombres muy comunes (Hussein o Hussain, Mohamed o Muhamad). La cuestión se complica no sólo por la presencia de voca-

les largas y breves, sino, sobre todo, por el uso. Así pues, salvo en los casos impuestos por la costumbre, se tenderá a la supresión de la *e* y la *o.*

4. Los diptongos *ay* y *ey,* aunque se adecuan mejor al árabe, se escribirán con *i,* puesto que en castellano se pronuncian igual y responden perfectamente a la pronunciación en árabe. Ejemplo: 'Hussein', y no 'Husseyn'.

5. El diptongo *ie* se sustituye por una *i.*

6. La *kh* pasa a ser una *j.* Ejemplo: 'Jartum', y no 'Khartum'.

7. La *dj* se cambia por una *y.* Ejemplo: 'Yamena', y no 'Djamena'.

8. El diptongo *ou* se reduce a una *u.* Ejemplo: 'Abu Simbel', y no 'Abou Simbel'; 'Saíd Auita' y no 'Said Aoutia'.

9. La *j* se transforma en *y.* Ejemplo: 'Yaafar', y no 'Jaafar'.

10. La *g* y la *gh* equivalen a *gu.* Ejemplo: 'Naguib', y no 'Nagib'.

11. Las consonantes duplicadas *ll, nn, ss* se deben simplificar en una sola. En ocasiones, sin embargo, la doble *s* ha de mantenerse, y por dos razones: porque se trata de nombres propios ya conocidos con determinada grafía (Hassan II de Marruecos o Hussein de Jordania) y porque en determinados casos responden a una palabra original árabe con dos *s* en su pronunciación original (Nasser).

12. Los adjetivos franceses terminados en *ite* o *ide* tienen perfecta expresión en español mediante la terminación *í, no ita.* Ejemplos: 'saudí', 'hachemí', 'suní' o 'shií', y no 'saudita', 'hachemita', 'sunita' o 'shiita'. Véanse **israelita** y **maronita.**

Nombres chinos

8.56. Desde el 1 de enero de 1979 está en vigor un nuevo sistema de escritura fonética del chino, según se pronuncia en lengua mandarín. Este sistema, llamado pinyin (literalmente, unificación de sonidos), tiene al menos esa ventaja: unificar la transcripción.

Así, una conocida ciudad, cuyo nombre se escribía al menos de tres maneras diferentes (Suchou, en español; Soochow, en inglés, o Soutcheou, en francés), tiene desde entonces una sola transcripción: Suzhou. La ventaja del pinyin queda todavía más patente si, siguiendo con el ejemplo, ya no se corre el riesgo de confundir a Suzhou con Xuzhou, población para la que existían otros tantos modos de escribir su nombre: Siutcheou, en francés; Hsuchou, en inglés, y Suchou (¡este último, el mismo en castellano que para Suzhou!).

El sistema pinyin no tiene acentos —sólo algunas diéresis o apóstrofos, y en contados casos— y se basa en una regla de oro: no se puede eliminar ningún signo, por superfluo que parezca (suprimir una *a* en el nombre de la provincia de Shaanxi llevaría a confundirla con su vecina Shanxi), ni se pueden unir o separar palabras a capricho (Heilongjian es el nombre de una provincia, y Heilong Jian, el de un río, conocido en Occidente como Amur).

El pinyin, por lo demás, establece dos importantes excepciones:

1. Los nombres de personas y lugares históricos o geográficos que tengan ya una ortografía habitual en otros idiomas pueden conservarla. Así, en EL PAÍS se seguirá escribiendo 'China', 'Tíbet', 'Mongolia Interior', 'Pekín', 'Hong Kong', 'Cantón', 'Formosa' (en sus acepciones geográficas, no en la política), 'archipiélago de Pescadores', 'isla de Macao', o 'Confucio' y 'Mencio', y no sus equivalentes en pinyin. Las excepciones son sólo las recogidas en este *Libro de estilo*.

2. Los nombres de los chinos de ultramar (es decir, de Taiwan, Hong Kong, Singapur y demás comunidades chinas del mundo) se escribirán de acuerdo con la ortografía que ellos mismos acostumbren a usar. En este caso, hay que tener en cuenta que, cuando se trate de nombres de tres palabras, las dos últimas se escribirán unidas por un guión y con mayúscula inicial sólo en la primera. Ejemplos: 'Kuomintang' (grafía clásica del Partido Nacionalista de Taiwan); 'Taipei', y no 'Taibei'; 'Chiang Kaichek', y no 'Jiang Jieshi'.

Como norma general conviene recordar que en los nombres chinos la primera palabra corresponde al apellido. Por tanto, después de haber escrito completo el nombre de la persona la primera vez que se le cite en una información, esa palabra inicial es la que debe usarse en las segundas referencias.

Nombres rusos

8.57. La transcripción de los nombres rusos al alfabeto castellano es fonética, puesto que en su idioma original se escriben con caracteres cirílicos. Esta transcripción fonética origina que en inglés, francés y castellano un mismo nombre ruso se represente gráficamente de distinta manera.

Para transcribir al español nombres rusos escritos en inglés o francés —grafías utilizadas principalmente en los teletipos de agencias extranjeras—, han de seguirse las siguientes normas:

1. Toda *y* que no vaya a comienzo de palabra o que esté situada entre vocales debe ser sustituida por una *i*. ('Biriukova', en lugar de 'Biryukova'; 'Soloviov', en lugar de 'Solovyov').

2. El grupo *kh* del inglés y el francés debe transcribirse como una *j*. ('Sájarov', en lugar de 'Sakharov').

3. La letra cirílica *ë* tiene un sonido muy similar a la *o* del castellano, pese a ser transcrita como *e* en el inglés y el francés por su parecido gráfico. Deberá trasladarse como *o*. ('Gorbachov', y no 'Gorbachev').

4. La *e* cirílica —no confundir con la *ë*— tiene un sonido *ie*, pese a coincidir gráficamente con la *e* latina. Deberá transcribirse *Ye*. ('Yeltsin', y no 'Eltsin'; 'Yevtushenko', y no 'Evtushenko').

5. El grupo *gh* debe transcribirse como *gu*.

6. El grupo *dj* —del francés— debe trasladarse como *y*.

7. La grafía *oo* (inglés) y *ou* (francés), como *u*.

8. El grupo *zh* representa un sonido que no existe en español, parecido a la *j* francesa o catalana, y debe conservarse como *zh,* sin simplificarlo ('Rizhkov', 'Olzhás').

9. Las letras *sh* se pronuncian como el correspondiente sonido inglés, que no existe en español. Se transcribirán, por tanto, *sh*. ('Shostakóvich').

10. El grupo *shch* produce un sonido *sh* más suave, y también debe transcribirse igual. ('Shcherbitski').

11. La terminación *eev* en los apellidos es siempre *éiev*. ('Alexéiev', y no 'Alexeev').

12. Los apellidos armenios terminados en *ián* son siempre palabras agudas y llevan tilde ('Jachaturián', 'Arutiunián').

13. La transcripción incluye los acentos según las reglas del español.

Los nombres estonios, lituanos y letones no se transcriben, ya que los idiomas de las repúblicas bálticas emplean el alfabeto romano, y no el cirílico.

Nombres italianos

8.58. Los nombres de equipos deportivos tienen género femenino (salvo excepciones) en el idioma italiano (por la palabra *squadra*, equipo). Así, en Italia se habla de 'la Juventus', 'la Sampdoria', 'la Scavolini'. En castellano, se escribirá el artículo en masculino: 'el Roma', 'el Juventus'. Únicamente, y por su uso generalizado en la jerga futbolística, puede escribirse *'la Juve',* apocopado, como segunda referencia del equipo turinés.

Cabeceras de periódicos

8.59. Las cabeceras o nombres de las publicaciones —diarios y revistas— se escribirán de acuerdo con las siguientes normas:

1. En cursiva y, salvo las preposiciones o artículos intercalados en la cabecera, con mayúscula inicial en todas las palabras.

2. Cuando una cabecera comience con un artículo, éste nunca debe omitirse. Tampoco se contraerá ante las preposiciones *a* o *de.* Ejemplos: 'ha declarado a EL PAÍS', pero no 'ha declarado al PAÍS'. La misma regla vale en el caso de publicaciones extranjeras, con la salvedad de que el artículo no debe sustituirse por su equivalente castellano. Ejemplos: *'The New York Times',* y no 'el *New York Times';* 'el diario romano *La Repubblica',* y no 'el diario romano *Repubblica'.*

3. Siempre se indicará el nombre de la ciudad en la que se edita el periódico, salvo que en la propia cabecera figure ese nombre; en ocasiones, incluso, habrá que mencionar el país y la orientación política del diario cuando éstos no sean sobradamente conocidos. Ejemplos: 'el diario *El País,* de Montevideo'; *'Paese Sera,* diario romano próximo al Partido Comunista Italiano'.

4. No se respetarán las licencias gráficas que puedan darse en algunas cabeceras: supresión de acentos, letra inicial en minúsculas, mayúscula intercalada en un título que va todo él en minúsculas, etcétera. Así pues, se escribirá *'Interviú'*, y no *'interviu';* *'Abc'*, y no *'ABC'*, como lo hace el diario madrileño, o *'abc color'*, como prefiere su homónimo de Asunción (Paraguay).

5. Nunca se traducirá la cabecera de un periódico, salvo cuando éste tenga una edición en español y castellanice su cabecera. Ejemplos: *'Beijing Ribao'*, y no *'Diario de Pekín';* 'la revista soviética *Tiempos Nuevos'*, y no 'la revista soviética *Novoye Vremya'*.

6. La cabecera de EL PAÍS irá siempre en versales y sin entrecomillar. En cambio, los nombres de sus suplementos o los de otros medios relacionados empresarialmente con él se escribirán en minúsculas —salvo las letras iniciales— y, cuando corresponda según la norma general, en **cursi-**va. Ejemplos: 'EL PAÍS', *'El País Semanal'*, *'Artes'*, *'Quadern'*, pero *'Cinco Días'* o 'Ediciones El País'. *'El País Semanal'* se escribirá así incluso en las páginas de *'El País Semanal'*.

7. Como licencia gráfica, la cabecera de EL PAÍS y las de sus suplementos no llevarán acento ortográfico cuando vayan compuestas en el tipo de letra utilizado para la marca registrada —la Claredon Medium—, pero sí en los demás casos.

8. No hay que abusar de frases como 'declararon a EL PAÍS', 'según ha podido saber EL PAÍS' o, en un titular, 'Declaraciones a EL PAÍS de...'. Expresiones como éstas deben reservarse para las informaciones de carácter exclusivo o excepcional.

9
ABREVIACIONES

Abreviamientos

9.1. El periódico mantiene el principio general de no escribir palabras o nombres de manera abreviada. Esta norma, sin embargo, tiene múltiples excepciones, dependiendo de la clase de abreviación utilizada (iniciales, siglas, acrónimos, diminutivos, apócopes, abreviaturas), de la circunstancia o forma en que se emplee y, también, de lo extendido que esté su uso.

Los criterios para cada uno de estos casos se explican a continuación.

9.2. Se admiten las formas apocopadas o abreviamientos que han adquirido carta de naturaleza en el idioma, como 'cine', 'foto', 'metro', 'moto', etcétera, los cuales se escribirán en redonda. En cambio, aquellos más propios del lenguaje coloquial, como *'cole', 'depre', 'seño'* o *'pro-*

fe', entre otros, sólo podrán usarse puestos en boca de los protagonistas de una noticia, como notas de color. Y en todo caso, escritos en cursiva.

9.3. El mismo tratamiento ha de aplicarse a un nombre propio apocopado ('Sole', por 'Soledad'; 'Juanra' por 'Juan Ramón'). Se admite cuando, aun siendo una fórmula familiar, su poseedor lo utilice públicamente (por ejemplo, como nombre artístico: 'Nati Mistral') o cuando forme parte de una cita textual. En ambos casos, que son distintos a los de un **apodo** o alias, estos nombres se escribirán en redonda.

9.4. Se admite también el abreviamiento de los años, siempre que no se preste a equívocos. Especialmente, al citar textos legales o en los nombres de competiciones, exposiciones, ferias, etcétera. Ejemplos: 'Decreto 24/87',

'Grec 83', 'generación del 98', 'cosecha del 82'.

Abreviaturas

9.5. La abreviación de palabras sueltas, de frases hechas o, en contados casos, de determinados nombres —esto es, la abreviatura en sentido estricto— no se permite. Por ejemplo, escribir 'Admón.', en lugar de 'Administración'; 'S. R. C.', por 'se ruega contestación'; 'Sev.' o 'C. Real', y no 'Sevilla' o 'Ciudad Real'.

9.6. Por tratarse de abreviaturas muy frecuentes en la escritura epistolar, burocrática o mercantil, conviene precisar que ni siquiera se permiten en los siguientes casos:

– Los tratamientos personales u honoríficos, si es que se utilizan —y hay normas restrictivas para tales supuestos—, se escribirán con todas sus letras. Ejemplos: 'usted', y no 'Vd.'; 'don', y no 'D.'; 'su majestad', y no 'S. M.'.

– Las fechas no se abrevian, en ninguna de las formas posibles. Así pues, se escribirá, por ejemplo, '25 de junio de 1957', pero no '25-6-57', '25-Jun.-57', '25 de Jun. de 1957' o '25 Jun. 1957'.

9.7. La reproducción de un texto entre comillas, como cita textual, no implica que se hayan de respetar las abreviaturas utilizadas en él. En tales casos, las abreviaturas no dejan de ser un grafismo más, como el uso de capitular a comienzo de párrafo o la composición en negritas, entre otros recursos tipográficos posibles, ninguno de los cuales se respeta al reproducir un texto.

9.8. Aun así, cabe emplear la correspondiente abreviatura en estos tres casos:

– Para la denominación común a ciertas entidades, como en los casos de 'club de fútbol' ('CF'), 'fútbol club' ('FC') o 'sociedad anónima' ('SA'). De todos modos, siempre que no sea imprescindible, lo mejor es no incluir estas abreviaturas.

– Para las abreviaturas inglesas **KO** y **OK**, aunque con el uso restringido que se explica en sus correspondientes apartados.

- En los mapas, tablas o cuadros estadísticos, y sólo cuando, por razones de espacio, no quede otro remedio.

9.9. En los mapas, tablas o cuadros estadísticos, el empleo de abreviaturas deberá atenerse a las siguientes normas:

- La abreviación no exime del acento cuando se incluye una vocal que ha de llevarlo ('Admón.').
- Carece de forma plural (Pta.).
- Conserva el género que corresponda a la palabra abreviada.
- Por razones de normalización, se escribe con mayúscula inicial, aunque no sea ésa la práctica habitual ('Izq.', 'Dcha.').
- Finalmente, va seguida de punto y, si se trata de letras separadas —por corresponder a varias palabras—, con un blanco de un cuarto de **cuadratín** entre ellas ('Admón. Ctral.')

Iniciales

9.10. Las letras iniciales de nombres y apellidos se admiten en las firmas del periódico y, ya dentro de los textos, sólo cuando sea fórmula habitual. Así, se escribirá 'John F. Kennedy' o 'José Luis L. Aranguren', pero nunca 'F. González' en lugar de 'Felipe González'. Tales iniciales irán seguidas de punto y separadas de la palabra siguiente por un cuarto de cuadratín.

9.11. Se usarán igualmente iniciales en los casos de violación o cuando los detenidos por la policía o los acusados formalmente de un delito sean menores de edad (18 años).

9.12. Las iniciales deben acentuarse o unirse con guiones cuando así corresponda, escritos con todas sus letras, a los nombres y apellidos que abrevian. Por ejemplo, en firmas como 'S. G.-D.', de 'Sol Gallego-Díaz', o 'M. Á. B.', de 'Miguel Ángel Bastenier'.

9.13. En las iniciales nunca se empleará la letra voladita: 'J. M.', pero no 'J. Mª'.

Símbolos

9.14. Los símbolos, palabra con la que se designa a las abreviaciones internacionalmente aceptadas de nombres científicos o técnicos (unidades de peso y medida, monedas, elementos químicos, etcétera), sólo deben emplearse en cuadros estadísticos, tablas y nombres de especialidades deportivas, cilindradas, relaciones de frecuencias radiofónicas o casos similares.

9.15. Los símbolos se escriben sin punto ('km'), no llevan acentos y carecen de plural ('kg', no 'kgs').

9.16. En los nombres de cilindradas o de especialidades deportivas los símbolos se escriben unidos a la cifra que les precede ('125cc', '100m vallas').

Siglas

9.17. Tres son las diferencias entre la sigla y los otros tipos de abreviación.

– La sigla se usa con los nombres propios colectivos, lo que la distingue de las iniciales (nombres de personas), de los símbolos (nombres científicos o técnicos) y de las abreviaturas (palabras sueltas o frases hechas).

– La sigla constituye un vocablo nuevo, que se lee independientemente —unas veces deletreando; otras silabeando—, cosa que no sucede con los otros tipos de abreviación. Al ver la abreviatura 'a. de J. C.', por ejemplo, nadie pronuncia *'a de jota ce'*, sino 'antes de Jesucristo', mientras que la sigla 'INI' se pronuncia tal cual, y no 'Instituto Nacional de Industria'.

– Asimismo, la sigla (formada por la letra inicial de cada palabra) es diferente del acrónimo, que se obtiene con las primeras sílabas o con alguna de ellas (ejemplos: Renfe, Icona). El criterio general —con las excepciones que ahora se explican— es que se escriben con mayúsculas las siglas; y los acrónimos, con mayúscula inicial y el resto en minúsculas.

9.18. Excepciones. Las siglas (no acrónimos) sólo podrán escribirse con caja baja (minúsculas) en estos dos casos:

1. Cuando se trate de nombres comerciales (Seat, Fecsa, Agfa) en los que no resulte necesario explicar el desarrollo de las iniciales (sino solamente que quede clara la actividad de la empresa), y siempre que se pueda leer todo de corrido.

2. Cuando un determinado organismo denominado por siglas tenga todas estas características:

a) Una palabra excesivamente larga —de al menos tres sílabas— que haría antiestética su reproducción con mayúsculas en un titular.

b) Que se pueda leer de corrido (no deletreando).

c) Que sea tan conocido por las siglas que normalmente se ignore el significado de éstas.

Ejemplos: Adelpha, Unesco, Unicef.

Las excepciones son sólo las recogidas en el diccionario del presente *Libro de estilo.*

Así pues, INI y ONU, por ejemplo, deben escribirse con mayúsculas, aunque se puedan leer como una palabra.

Hechas estas aclaraciones, las siglas se utilizan en EL PAÍS de acuerdo con las siguientes reglas:

9.19. Por muy conocida que sea una sigla, nunca se empleará sin que la primera vez vaya precedida de su enunciado completo. Ejemplo: 'la Organización para la Cooperación y el Desarrollo Económico (OCDE)'.

No caben más excepciones a esta norma que las recogidas en este *Libro de estilo.* Entre ellas, los casos en que la sigla es más conocida, aunque realmente no se sepa muy bien qué significa, que su propio enunciado. Así ocurre, por ejemplo, con el sindicato norteamericano AFL-CIO (American Federation of Labor and Congress of Industrial Organizations), el insecticida DDT (diclorodifeniltricloroetano), la droga LSD (dietilamida del ácido lisérgico), el explosivo TNT (trinitrotolueno), también llamado trilita, o los anchos de banda de transmisión VHF *(very high frequency)* y UHF *(ultra high frequency)*. En tales supuestos no es necesario incluir el enunciado de la sigla, puesto que nada aclara, sino una explicación como la que acompaña a estos ejemplos.

9.20. En las siglas de enunciado muy largo, éste podrá suprimirse siempre que se explique su significado. Un ejemplo: 'el MPAIAC, movimiento independentista canario'.

9.21. Las siglas se escriben en mayúsculas y sin puntos ni blancos de separación. Pero si forman parte de una frase toda ella escrita en mayúsculas, se separarán por puntos y, cuando se trate de parejas de letras, por un cuarto de cuadratín.

9.22. Cuando se trate de siglas que duplican sus letras por ser su enunciado plural, se dejará un blanco de separación —un cuarto de cuadratín— entre cada pareja. Ejemplos: 'EE UU', 'CC OO', 'FF AA'. Esta duplica-

ción se produce con nombres de dos palabras, pero no con los de tres o más. Ejemplo: 'Emiratos Árabes Unidos (EAU)'.

9.23. El enunciado plural se refleja en una sigla duplicando las letras. Ahora bien, una sigla de enunciado singular no admite el plural. Así ocurre tanto cuando alguna de las palabras que forman la sigla va en plural como cuando se pretende pluralizar el enunciado completo. Ejemplo: 'ONG', siglas de las organizaciones no gubernamentales, pero no 'ONGs'.

9.24. Las siglas, cualquiera que sea su forma, conservan el género que tenga en castellano su enunciado completo. Ejemplo: 'el KGB, o Comité de Seguridad del Estado, de la extinta Unión Soviética.

9.25. Las iniciales que se añadan a una sigla conocida (por ejemplo, en el caso de escisión en un partido) se escribirán en minúscula, sin blanco de separación y sin paréntesis. Ejemplos: 'PCEml', por Partido Comunista de España Marxista-leninista;

'PCEr', por Partido Comunista de España Reconstituido. Obsérvese que la palabra o palabras añadidas van, sin embargo, con mayúscula inicial cuando se escribe el nombre completo, salvo que se trate de una compuesta unida por guión.

9.26. Salvo los casos expresamente recogidos en este *Libro de estilo,* las siglas no serán traducidas; es decir, se conservarán como en su idioma original, pero no así su enunciado completo. Ejemplos: 'el FBI' (de Federal Bureau of Investigation), pero 'el Buró Federal de Investigación norteamericano'.

9.27. Algunas siglas han dejado de serlo por su uso, como 'sida', 'ovni', 'láser' o 'radar'. En estos casos, que son sólo los expresamente recogidos en este *Libro de estilo,* se escriben en redonda —siempre que ése sea el tipo empleado en el resto de la composición— y admiten la forma plural. Ejemplos: 'cinco polisarios', 'detenidos siete grapos', 'intervinieron siete geos'.

9.28. Ciertas siglas han dado lugar a neologismos formados con su deletreo. En estos casos, recogidos también en este *Libro de estilo,* se escriben en cursiva si no están muy extendidos, y en redonda si forman parte del lenguaje general. Ejemplo: 'elepé', de LP o disco de larga duración, '*penene',* de 'profesor no numerario'.

9.29. Las siglas van siempre en redonda, aunque correspondan a un enunciado que se escribe en cursiva. Ejemplo: 'BOE' pero '*Boletín Oficial del Estado'.*

9.30. Las siglas seguidas de un número irán unidas a éste por un guión, salvo cuando, por su uso, se hayan convertido en palabra común. Ejemplos: 'Seat 600', pero 'SAM-3'.

9.31. En los titulares se evitará el empleo de siglas que no sean sobradamente conocidas. Se deberá procurar que no figure más de una sigla en un título.

9.32. No todos los organismos usan siglas para su denominación, ni la aparición de una nueva entidad ha de suponer, casi de manera automática, la creación de su correspondiente sigla. Esto es, no se deben formar siglas arbitrariamente. En caso de duda, se establece como libro de segunda referencia el *Diccionario internacional de siglas y acrónimos,* de José Martínez de Sousa (Pirámide, 1984).

9.33. La *ch* es una letra más del alfabeto castellano. Por tanto, deberá considerarse como letra en las siglas correspondientes a palabras en español. Ejemplo: 'Partido Comunista Chino (PCCh)'. La *h* se escribirá en este caso con minúscula, incluso aunque no figure al final de la sigla.

Acrónimos

9.34. Se llama acrónimo a la palabra formada con una o varias sílabas, sean éstas iniciales o finales, de las diversas partes que integran un término compuesto. Ejemplos: 'Benelux', de '*Be*lgique, *Ne*derlands y *Lu*xembourg'; 'Interpol', de '*In*ternational Criminal *Pol*ice Organization'; **'koljós',** de '*ko*llektívnoye *joz*iaistvo'.

9.35. Cuando una abreviación no recogida en este *Libro de estilo* plantee la duda de si es sigla o acrónimo, se le dará el tratamiento previsto para las siglas.

9.36. Como en el caso de las siglas, la primera vez que se cite un acrónimo hay que incluir, entre paréntesis, su significado completo. No caben más excepciones a esta regla que las que se indican expresamente en el *Libro de estilo.*

10
NÚMEROS

Normas generales

10.1. Se escriben con todas sus letras sólo las cifras del cero al nueve, ambos inclusive. Las cantidades que puedan expresarse con dos números irán siempre en guarismos.

Para los millones no se emplearán los seis ceros correspondientes, sino la palabra 'millón'. Así, las unidades de millón se escribirán con todas sus letras ('un millón', 'dos millones'), y las decenas, centenas o millares parte con números y parte con letras ('50 millones', '500 millones', '500.000 millones'). Salvo cuando la cantidad no sea un múltiplo exacto, en cuyo caso o se escribe con todas sus cifras ('8.590.642 pesetas') o se redondea —siempre que no sea necesaria la precisión— con décimas o centésimas ('8,5 millones de pesetas', '8,59 millones de pesetas').

10.2. Esta regla tiene tres excepciones de carácter general:

- En aquellas relaciones de cifras en las que unas deban escribirse con letras y otras con guarismos se optará por ponerlas todas con números. Ejemplo: '3 ministros, 45 senadores y 100 diputados'.

- Las cantidades aproximadas, así como las frases ya hechas o literarias, se escriben, sin embargo, con todas sus letras. Ejemplos: 'se lo dijo mil veces', 'ciento y la madre', 'seguir en sus trece', 'las mil y una noches', 'dar ciento por uno', 'con cien cañones por banda', 'cantar las cuarenta', 'casi mil personas'.

- Los números quebrados se escriben siempre con todas sus letras, salvo en las tablas o cuadros estadísticos. Ejemplos: 'dos tercios', 'tres quintos', 'un octavo'.

10.3. Por el contrario, siempre se emplearán guarismos en los siguientes casos:

- Los días del mes ('4 de mayo'), salvo que se trate de una fecha histórica o un nombre propio ('Dos de Mayo', 'Movimiento Veintiséis de Octubre', 'Dieciocho de Julio').
- La numeración del callejero ('San Antón, 7 y 9').
- La numeración de los pisos, apartamentos o habitaciones de un hotel ('2º izquierda', 'apartamento 1').
- Los años, no las décadas ('1982', pero 'los años ochenta'). Conviene recordar que en los años los números no llevan el punto del millar ('el año 1957', pero '1.957 pesetas').
- Los números que identifiquen un texto legal ('Real Decreto 9/82') o los que correspondan a una de sus partes ('capítulo 5º', 'artículo 9º', 'párrafo 3º'). Así se procederá también con las páginas, pero no con las partes de un libro y de una obra teatral o musical ('página 521', pero 'segundo tomo', 'volumen tercero').
- Las cifras con decimales ('3,50 centímetros').
- Los porcentajes; en este caso, con su correspondiente signo matemático unido al último número ('el 9,5% de los votantes').
- Los nombres de productos industriales ('una fotocomponedora 'APS-5', 'un Seat 600', pero 'un *seiscientos*').
- Los números de unidades militares ('Regimiento de Infantería de Córdoba número 10').
- Los de puntos kilométricos, pero no las distancias en kilómetros. Ejemplos: 'kilómetro 6 de la autopista Bilbao-Behobia', 'a seis kilómetros de Altea'.
- La numeración de las carreteras —salvo las nacionales radiales, que se escriben en romanos— y la de autovías y autopistas. Ejemplos: 'E-32', 'N-342', 'C-601', 'M-30', 'A-3', pero 'N-IV'.

– Las fracciones de hora; en este caso, con separación de punto, no de coma ('a las 3.45', 'eran las 18.15'). En cambio, se ha de emplear coma cuando se expresen décimas, centésimas o milésimas de segundo.

– Los calibres de las armas ('del 9 largo').

– Los números en los nombres de barcos, aviones, misiles o naves espaciales (*'Queen Elizabeth 2'*, 'Boeing 747', 'F-1', 'SAM-3', *'Apollo 9'*, *'Challenger'*). Excepcionalmente, y puesto que así lo ha impuesto el uso, en estos nombres no se empleará la numeración romana, propia de los ordinales.

– Los grados y minutos de latitud o de longitud. No se escribirán comas o comillas, sino '10 grados de latitud norte'.

– Los grados de temperatura; en este caso, con el signo volado pero sin punto entre éste y el número ('5°', pero no '5.°').

– Los grados de intensidad en los terremotos (véase **Richter).**

– Los tantos, tiempos o cilindradas de las competiciones deportivas.

– Cuando se expongan problemas matemáticos o de pasatiempos.

10.4. La numeración romana debe utilizarse con carácter restrictivo, como algo que se irá extinguiendo. Principalmente, se empleará para los nombres de reyes o papas, los siglos, las carreteras nacionales radiales y las regiones militares.

10.5. Los números ordinales inferiores a vigésimo primero podrán escribirse indistintamente con letras ('primero', 'undécimo', 'decimonoveno'), con números romanos ('II República', 'III Reich') o con guarismos seguidos de letra voladita (ª u º, según los géneros). Pero a partir del vigésimo, siempre con número y letra voladita ('21º congreso', '87ª promoción', '120º aniversario').

10.6. Los números seguidos de letra en voladita se escriben sin punto en medio ('10º', no '10.º').

10.7. Los caracteres que van volados, sean números o letras, así como los compuestos a pie de renglón, se escriben pegados a la palabra que acompañan y delante del signo ortográfico —coma, punto o paréntesis— que siga a esa palabra ('H_2O_2', fórmula del peróxido de hidrógeno').

10.8. Conviene recordar que los ordinales correspondientes a 11 y 12 son 'undécimo' y 'duodécimo' (no 'decimoprimero' ni 'decimosegundo'), y que la partícula *avo* no indica orden de secuencia, sino las partes en que se divide una unidad ('piso decimosexto', y no 'dieciseisavo').

10.9. Es igualmente incorrecto escribir frases como 'de 40 a 45.000 pesetas' cuando lo que quiera decirse sea 'de 40.000 a 50.000 pesetas', que no es lo mismo.

10.10. Nunca se debe iniciar una frase con un número. Sin embargo, está permitido hacerlo —por la brevedad— en titulares y ladillos. Para el inicio de una frase en la cual el sujeto sea una cifra puede utilizarse la expresión 'un total de'.

Horas

10.11. Las referencias horarias se escribirán con todas sus letras, no con números, salvo en estos tres casos:

– Cuando contengan fracciones, incluyendo en tales casos los cuartos y las medias.

– Cuando se trate de relaciones horarias (programas de actos y de radio o televisión).

– En los cronometrajes de competiciones deportivas.

10.12. En el caso de escribirse con letras, por tratarse de horas completas, se añadirá, según corresponda, 'de la mañana' (a partir de las seis), 'de la tarde' (a partir de la una), 'de la noche' (a partir de las nueve) o 'de la madrugada' (a partir de la una).

10.13. 'Mediodía' o 'medianoche' son periodos de imprecisa extensión en torno a las doce de la mañana o de la noche, respectivamente. Por tanto, sólo deben emplearse cuando se escriba de una hora con cierta vaguedad.

10.14. Cuando se empleen números, de acuerdo con las tres excepciones establecidas más arriba, se adoptará el sistema de 24 horas, en cuyo caso huelga añadir si se trata de la mañana o de la tarde.

Es decir, debe escribirse 'las 0.50 de hoy', pero no 'las 0.50 de la madrugada' (es una redundancia), ni 'las doce y cuarto de la noche' (puesto que a las 0.01 ha comenzado ya la madrugada). Por lo mismo, hay que escribir 'las 20.45', pero no 'las nueve menos cuarto de la noche' ni 'las 8.45 de la tarde'. Al emplear el sistema de 24 horas no es necesario añadir, detrás de los números, la palabra 'horas'.

10.15. Las fracciones de hora se separan con punto (sistema sexagesimal), y no con coma (sistema decimal). Lo correcto es escribir 'a las 17.30', y no 'a las 17,30'.

10.16. En los tiempos deportivos, las horas, minutos y segundos se expresarán añadiendo a la cifra, sin blanco de separación, la inicial de la correspondiente unidad o fracción. Ejemplo: 'La marca ha quedado establecida en 2h 30m 27s'. En cambio, para las décimas, centésimas o milésimas de segundo se empleará la coma. Ejemplo: 'Batió la plusmarca con un tiempo de 2h 30m 27,5s'.

10.17. En los acontecimientos ocurridos en lugares con horario distinto al de la Península es preciso especificar si se trata de la hora local. En ese caso, se añadirá entre paréntesis su equivalencia.

10.18. Nunca se escribirá 'hora española' u 'hora de Madrid', sino 'hora peninsular española' (Portugal mantiene una hora de diferencia). Pero sí 'hora canaria', y no 'hora insular'.

10.19. En las conversiones horarias hay que tener presente que no se trata sólo de adelantar o retrasar un determinado número de horas, y que, en bastantes casos, ese adelanto o atraso modificará el *hoy* o el *ayer* de la noticia.

Porcentajes

10.20. Las cifras porcentuales se escribirán en guarismos, seguidos, sin separación, del correspondiente signo matemático (%), lo mismo en el texto que en los titulares.

10.21. Es una redundancia escribir: '... con los siguientes porcentajes: hombres, 5%; mujeres, 2,5%; niños, 1%'. En casos como éste se omitirá el signo matemático, pero las cifras seguirán escribiéndose en guarismos.

Medidas

10.22. Debe evitarse expresar cantidades de peso, longitud, superficie o volumen en cifras inferiores a la unidad, sea cual fuere ésta. Se prefiere escribir 'nueve milímetros' a '0,9 centímetros'. Otra cosa es que la cantidad contenga una fracción. Por ejemplo, '11,200 kilogramos'.

10.23. Tampoco deben emplearse sus correspondientes símbolos. Lo correcto es escribir '90 centímetros' y no '90cm', excepto cuando se trate de tablas o cuadros estadísticos, o de pruebas deportivas, en cuyo caso el símbolo se escribe junto a la cifra y sin punto. Ejemplos: '100m vallas' o 'la carrera de 125cc'.

Números de teléfono

10.24. Cuando se trate de cifras pares, los números se escribirán de dos en dos, separados por un cuarto de cuadratín. Ejemplos: '44 63', '65 55 36'. Si la cifra es impar, el número de non irá con el primer grupo. Ejemplos: '583 22', '754 92 81'.

10.25. Los prefijos provinciales se escribirán delante del número; y detrás de él, las cifras correspondientes a una extensión. En ambos casos, entre paréntesis: (947) 22 23 78 (41).

10.26. Para evitar confusiones, no se omitirán guarismos en el caso de números de teléfono correlativos o en los que solamente varíe la última pareja de cifras.

10.27. El símbolo de teléfono (☎) no podrá utilizarse como abreviación en textos noticiosos.

Símbolos y fórmulas

10.28. Salvo en tablas o cuadros, o en artículos especializados, nunca deben emplearse símbolos químicos o fórmulas matemáticas.

10.29. Asimismo, se prefiere el empleo de un nombre común, cuando exista, al científico. Entre 'agua oxigenada' y 'peróxido de hidrógeno' se prefiere la primera a la segunda denominación, y se rechaza su fórmula: 'H_2O_2'.

Moneda

10.30. Las cantidades en moneda extranjera se traducirán siempre a su equivalente en pesetas. Primero, la cantidad en moneda extranjera, y después, entre paréntesis, su equivalencia.

Cuando en una información se incluyan varias cantidades en una misma moneda, y siempre que se trate de cifras redondeadas, bastará con poner la equivalencia en el primer caso.

10.31. Las reconversiones monetarias no realizadas en la Redacción, recogidas en otras fuentes, deben comprobarse por sistema.

10.32. El *milliard* del francés, el *miliardo* del italiano y el *billion* de Estados Unidos y el Reino Unido equivalen a un **millardo** (un millar de millones).

10.33. El *conto* del portugués es igual a 1.000 escudos.

10.34. Salvo en crónicas de color o en las respuestas de una entrevista, nunca se emplearán unidades monetarias populares (el duro) o en desuso (el real, el céntimo).

11
SIGNOS ORTOGRÁFICOS

Coma

11.1. La coma (,) indica las pausas más o menos cortas dentro de una oración, permite en la lectura conocer el sentido de las frases y puede señalar entonación ascendente o descendente. Nunca se debe colocar una coma entre sujeto y verbo. Las reglas para su uso, que se recogen a continuación, están tomadas fundamentalmente de la *Gramática de la lengua española* editada por la Academia, con algunas explicaciones adicionales.

11.2. Dos o más partes de una oración, cuando se escriban seguidas y sean de la misma clase, se separarán con una coma. Ejemplo: 'Juan, Pedro y Antonio'. Pero no cuando medien estas tres conjunciones: *y, ni, o*. Ejemplos: 'Juan, Pedro y Antonio'; 'ni el joven ni el viejo'; 'bueno, malo o mediano'.

[A veces es necesaria la coma para separar oraciones unidas por una conjunción copulativa, de modo que se facilite la lectura: 'Juan viajó la pasada noche a Barcelona, y a Madrid no irá hasta mañana'].

11.3. En una cláusula con varios miembros independientes entre sí, éstos se separan con una coma, vayan precedidos o no de una conjunción. Ejemplos: 'todos mataban, todos se compadecían, ninguno sabía detenerse'; 'al apuntar el alba cantan las aves, y el campo se alegra, y el ambiente cobra movimiento y frescura'.

11.4. Las oraciones que suspendan momentáneamente el relato principal se encierran entre comas. Ejemplos: 'la verdad, escribe un político, se ha de sustentar con razones y autoridades'; 'los vientos del Sur, que en aquellas abrasadas regiones son muy frecuentes, ponen en grave peligro a los viajeros'.

11.5. El nombre en vocativo va seguido de una coma, si está al principio; precedido de una coma, si está al final, y entre comas, si se encuentra en medio de la oración. Ejemplos: 'Juan, óyeme'; 'óyeme, Juan'; 'repito, Juan, que oigas lo que te digo'.

11.6. Cuando se invierte el orden regular de las oraciones de la cláusula, adelantando lo que había de ir después, debe ponerse una coma al final de la parte que se anticipa. Ejemplo: 'cuando el cuadrillero tal oyó, túvole por hombre falto de seso'. Sin embargo, la coma no es necesaria en las transposiciones cortas y muy perceptibles. Ejemplo: 'donde las dan las toman'.

[Respecto a esta regla general, se recuerda que en los textos noticiosos no se debe invertir, en beneficio de la claridad de exposición, el orden regular de las oraciones].

11.7. La elipsis del verbo se indicará con una coma. Ejemplo: 'usar de venganza con el superior es locura; con el igual, peligro; con el inferior, vileza'.

11.8. La coma se utiliza, además, para marcar las décimas o centésimas en una cantidad escrita con números. Ejemplos: '10,5', '10,50'.

11.9. Hay tres tipos de errores que se repiten con harta frecuencia en el uso de la coma. Son éstos:

— Antes del adverbio 'como', este signo ortográfico cambia el significado en muchas oraciones. No es igual 'no lo hice como me dijiste' (lo hizo de distinta forma) que 'no lo hice, como me dijiste' (no lo hizo, luego cumplió el encargo).

— Aplicada a ciegas, la norma de encerrar entre comas un nombre propio, cuando lo que le precede en la oración es el cargo o condición de la persona nombrada, lleva al error. No es lo mismo escribir 'el capitán José Fernández ha sido condecorado' que 'el capitán, José Fernández, ha sido condecorado'. Tal como está redactado el segundo de los ejemplos, José Fernández es el único capitán que existe.

— Cuando se omite antes de un complemento circunstancial y altera la concordancia. Ejemplos: 'el general pidió orden durante su toma de posesión' y 'el general pidió orden, durante su toma de posesión'. En el primer caso, solamente reclamaba orden para el acto en el que tomaba posesión. En el segundo, pide orden en términos generales, y la petición se produce durante el citado acto.

11.10. Siempre que se pueda, es preferible eliminar la coma, sobre todo en frases cortas. 'Yo soy de Cuenca, y tú de Madrid', pero no 'yo soy de Cuenca, y tú, de Madrid'.

11.11. Hay que evitar el error de convertir en una oración con verbo elidido aquellos títulos simplemente enunciativos que enmarcan un escrito. 'El general en su laberinto' no puede ser 'el general, en su laberinto'. 'El fútbol antes de la guerra' no podría convertirse en 'el fútbol, antes de la guerra'.

Punto

11.12. Se emplea punto (.) para indicar el final de una oración, para marcar los millares en las cantidades numéricas escritas con cifras, en las fracciones de hora ('14.30', pero no '14,30') y para las iniciales de nombres o apellidos ('J. Ortega y Gasset', 'John F. Kennedy').

11.13. No se debe emplear punto en las siglas —salvo cuando formen parte de un texto todo él escrito en mayúsculas, por ejemplo un **cintillo**—, en los números de años o en los de teléfonos.

11.14. El punto va detrás del paréntesis, de la raya o de las comillas de cierre también cuando cualquiera de estos signos se haya abierto inmediatamente después de un punto. Nunca se suprimirán el paréntesis, el corchete o las comillas de cierre por el hecho de coincidir con el punto al final de una oración.

11.15. Después de los puntos suspensivos (que son tres, y nada más que tres) no se pone punto final. Tampoco después de los signos de interrogación o de admiración.

11.16. En el caso de enumeraciones escritas en distintos párrafos, cada uno de éstos llevará punto final.

11.17. No se pondrá punto final a los textos —normalmente constituidos por una sola oración— que se componen en línea aparte y, por lo general, en otro tipo de letra. Por ejemplo, los titulares, las firmas y los ladillos no engatillados (los engatillados sí, puesto que forman parte del párrafo que encabezan). Ahora bien, esta norma es de orden general; se aplicará a todos los textos de una misma especie, con independencia de que, en un caso concreto, no se cumplan algunos de los requisitos exigidos. Un pie de foto, aunque conste de una sola oración, llevará punto final.

Punto y coma

11.18. El signo de punto y coma (;) señala pausa y descenso en la entonación; no como el punto, que cierra una oración completa, sino como mero reposo entre dos o más miembros de ésta. Se trata del signo más subjetivo, que depende en gran medida de la voluntad del autor.

No obstante, debe emplearse punto y coma en los siguientes casos:

11.19. Para distinguir entre sí las partes de un periodo en las que hay ya alguna coma. Ejemplo: 'Los periodistas se desparraman por los suelos con estrépito de cámaras, *crash, crash;* los hombres de turbante y grandes mantos se desploman con sordo golpe amortiguado por las ropas, *plof, plof;* los seguidores resbalan en su aturullamiento por conseguir una buena posición para ver al imam, *cataplum*'.

11.20. Entre oraciones coordinadas adversativas. Ejemplo: 'El camino no ofrecía grandes peligros; sin embargo, no me atreví'.

Ahora bien, si se trata de oraciones cortas basta una simple coma. Ejemplo: 'Lo hizo, aunque de mala gana'.

11.21. Cuando a una oración sigue otra precedida de conjunción, que no tiene perfecto enlace con la anterior. Ejemplo: 'Pero nada bastó para desalojar al enemigo, hasta que se abrevió el asalto por el camino que abrió la artillería; y se observó que uno solo, de tantos como fueron deshechos en este adoratorio, se rindió a la merced de los españoles'.

11.22. Cuando después de varios incisos separados por comas la frase final se refiera a ellos o los abarque y comprenda todos. Ejemplo: 'El incesante tráfico de coches, la notable afluencia de gentes, el ruido y griterío en las calles; todo hace creer que se da hoy la primera corrida de toros'.

11.23. En las relaciones de nombres cuando a éstos les sigue el cargo u ocupación de la persona. Ejemplo: 'Jack Bell, de The Associated Press; Baskin, del *News* de Dallas, y Bob Clark, de la American Broadcasting Compa-

ny, iban en el asiento posterior'. Obsérvese que en el último nombre la conjunción *y* que le precede elimina el punto y coma, sustituyéndolo por una coma. No obstante, en algunos casos queda a gusto del autor escribir también aquí un punto y coma, si con ello gana en claridad. Ejemplo: "A cinco columnas, no más de una línea; a cuatro, dos; a tres, dos; a dos, tres; y a una, cuatro".

Dos puntos

11.24. El signo de dos puntos (:) señala pausa precedida de un descenso en el tono; pero, a diferencia del punto, denota que no se termina con ello la enumeración del pensamiento completo. Se usa en los siguientes casos:

11.25. Ante una enumeración explicativa. Ejemplo: 'Había tres personas: dos mujeres y un niño'.

11.26. Ante una cita textual. Ejemplo: "Luego, escribió en su diario: '12.35. El presidente Kennedy llega al Trade Mart'".

11.27. Ante la oración en la que

se demuestra lo establecido en la que le precede ('Pero no son los mismos, no pueden serlo: el 35º presidente de Estados Unidos ha sido asesinado').

11.28. En los titulares, después del nombre de una persona, para indicar una frase, aunque no sea textual ('Stevenson: Creo en el perdón de los pecados y en la redención de la ignorancia'). Pero no después del nombre de una ciudad ('Dallas: Kennedy ha sido asesinado').

11.29. Después de dos puntos se escribe en minúscula, salvo que lo que siga sea una cita (entrecomillada o no) o una enumeración en varios párrafos, cada uno de ellos precedido por un número o una letra en negra.

Comillas

11.30. Las comillas deben emplearse sólo para encerrar frases reproducidas textualmente. Tienen también otros usos (enmarcar un sobrenombre, subrayar una palabra, destacar un neologismo o un término no castellano), pero para estos casos en el periódico se emplea la letra cursiva.

11.31. Se usan comillas inglesas o dobles (""), así como las simples (''), pero nunca las francesas o angulares («»).

11.32. Cuando dentro de un entrecomillado vaya otro, el segundo se marcará con comillas simples. En caso de tener que escribir estos dos tipos de comillas juntos, por coincidir al principio o al final de la cita, se suprimirán las comillas simples.

11.33. Si el texto reproducido es tan extenso que comprende varios párrafos, se abrirán y cerrarán comillas en cada uno de ellos.

11.34. En el caso de que en medio de una cita textual se haga una apostilla o aclaración, las comillas han de cerrarse antes del inciso, que irá entre comas, y abrirse después de él.

11.35. La supresión de palabras o frases en un texto entrecomillado se marcará con puntos suspensivos. Si es al principio de la cita, los puntos suspensivos irán inmediatamente después de las comillas, pero separados de la palabra que sigue por un blanco; si es en medio, los puntos suspensivos irán entre paréntesis.

11.36. Las comillas —como sucede con los paréntesis y las rayas— van siempre antes del punto final, tanto si se abrieron una vez iniciada la frase como si se abrieron inmediatamente después del punto anterior.

11.37. En los titulares y en los ladillos compuestos en línea aparte se escribirán entre comillas simples aquellas palabras que, en aplicación del *Libro de estilo,* hubieran de ir en cursiva. En cambio, los ladillos engatillados, puesto que forman parte del texto (constituyen el inicio del párrafo), se compondrán en el tipo de cursiva que les corresponda. La regla es ésta: las comillas simples sustituyen a la cursiva en los textos que han de escribirse sin punto final.

11.38. Los términos no castellanos, los neologismos, así como los títulos de libros, películas, canciones, obras de teatro o musicales, o de algunas de sus partes (capítulo de un libro, artículo de un diario), no se entrecomillarán. Como excepción, cuando se citen a la vez el título general de una obra y el de una de sus partes, este último llevará comillas simples.

11.39. Tampoco se entrecomillarán los nombres de animales, barcos, aviones y vehículos espaciales; los de programas, planes y operaciones; los de yacimientos, edificios, fincas y urbanizaciones; los de organismos, entidades comerciales y formaciones políticas, incluso las clandestinas, así como los nombres de agencias de noticias, calles, plazas, edificios, entidades, organismos y partidos escritos en un idioma distinto al castellano. Es decir, aquellos nombres en los que la mayúscula inicial evita la repetición de otros signos tipográficamente diferenciadores, como la cursiva o las comillas.

11.40. Es una incorrección sintáctica emplear el *que* cuando se hace una cita en estilo directo. Para expresar las palabras tal como fueron dichas no se debe utilizar el *que,* y sí los dos puntos y las comillas. Ejemplo: "Felipe González dijo: 'Ya está bien de obsesiones golpistas'". En cambio, en estilo indirecto sobran estos dos signos ortográficos, ha de ponerse el *que,* y en ocasiones cambia la relación temporal de los verbos. Ejemplo: 'Felipe González dijo que ya está bien de obsesiones golpistas'; 'Felipe González dijo que estaba cansado'.

Paréntesis

11.41. Se emplea paréntesis [()] para aislar una observación al margen del objeto principal del discurso, así como para incluir una llamada o un dato relacionados con ese discurso. Ejemplos: 'la Gestapo (contracción de las palabras alemanas Geheime Staatspolizei)'; 'la misma editorial ha publicado otra importante obra (*), cuya lectura se recomienda'; 'soy pesimista con la inteligencia, pero optimista por voluntad (Antonio Gramsci, *Lettera dal carcere,* página 115)'.

11.42. Paréntesis y rayas cumplen cometidos similares. Sin embargo, los primeros deben reservarse para los incisos acusadamente al margen del relato, y las segundas, para aquellos otros que podrían ir entre comas, pero que las rayas refuerzan y diferencian con toda claridad. Ejemplos: 'cuando Edgar Snow llegó por primera vez a China (a los 22 años, con algún dinero ganado en Wall Street jugando a la bolsa), su propósito era quedarse seis meses, que se convirtieron en 13 años'; 'aquel que visita una tierra extranjera sin conocer el idioma —lo dice Francis Bacon— va como estudiante, y no como viajero'.

11.43. Cuando en un inciso se abra otro, el primero irá entre paréntesis, y el segundo, entre rayas. Ejemplos: 'todos estos países isleños (las Filipinas, Indonesia, Sri Lanka —anteriormente Ceilán— y Mauricio) no forman propiamente un bloque'.

11.44. Los paréntesis —como

sucede con las comillas y las rayas— van antes del punto final si es que se abrieron una vez iniciada la frase, y también cuando se abrieron inmediatamente después del punto anterior.

11.45. Nunca se utilizarán paréntesis en un titular, salvo en estos dos casos:

- Para dar el resultado de una competición deportiva. Ejemplo: 'El Barcelona ganó al Madrid (95-92)'.
- Para localizar una población, pero sólo cuando se trate de un lugar completamente desconocido. Ejemplo: '500 muertos por inundaciones en Anqing (China)'.

11.46. En la firma no caben aclaraciones de este tipo, puesto que han de hacerse en el texto. Como excepción, se añadirá entre paréntesis una denominación geográfica o política más conocida cuando se trate de nombres de ciudades repetidos, y aun así sólo en el menos próximo. Ejemplos: 'Efe, Granada', en el caso español, pero 'Efe, Granada (Antillas)'; 'Efe, Venecia', en el caso italiano, pero 'Efe, Venecia (Colombia)'.

11.47. El cambio de tamaño o tipo de las letras hace innecesario el uso de paréntesis en frases que deberían llevarlos. Así ocurre con los pases de página o con las notas al pie, entre otros casos.

Raya

11.48. La raya es un signo ortográfico (—) cuya largura de trazo impide confundirlo tipográficamente con el guión (-) o con el signo de 'menos' (−).

11.49. La raya sirve para aislar una observación al margen del objeto principal del discurso, como los paréntesis (ya se ha explicado, al hablar de éstos, cuándo deben emplearse rayas y cuándo paréntesis).

11.50. El hecho de que coincidan al final de una frase la raya y el punto no es motivo para que se suprima ésta; en igualdad de circunstancias, tampoco desaparecen, por ejemplo, el paréntesis o las comillas.

11.51. En la transcripción de un diálogo, la raya marca el comienzo de las frases pronunciadas por cada uno de los interlocutores. En este caso, la raya ha de ir pegada a la letra inicial, sin blanco de separación alguno. No se volverá a situar raya antes del punto y aparte cuando la raya inicial haya abierto una frase de diálogo.

11.52. La raya puede utilizarse igualmente, como elemento tipográfico, para diferenciar los apartados de una relación dividida en varios párrafos. En tal caso, la raya irá separada de la primera letra por un cuarto de **cuadratín.**

Corchetes

11.53. En el periódico, los corchetes ([ ]) se emplearán en los siguientes casos:

— Para encerrar datos no recogidos por un corresponsal o enviado especial y que se añaden a una crónica.

— Para añadir a un texto una o varias palabras que no figuran en el original, pero que facilitan su comprensión.

11.54. El punto y aparte va siempre detrás del corchete de cierre, y no dentro.

Guión

11.55. El guión (-), signo ortográfico de trazo más corto que la raya (—) y que el de 'menos' (−), se usa como elemento de unión.

11.56. En primer lugar, para unir dos adjetivos cuando éstos, cada uno por separado, siguen conservando su identidad. Ejemplo: 'acuerdo greco-chipriota'; esto es, entre los Gobiernos de Grecia y Chipre. En cambio, no se empleará guión, y los adjetivos se escribirán sin blanco de separación, cuando, juntos, supongan una nueva identidad. Ejemplo: 'comunidad grecochipriota'; o sea, la compuesta por los chipriotas de origen griego.

11.57. En los nombres de aviones, naves espaciales o cohetes, así como en los de acontecimientos deportivos, festivales, exposiciones, entidades, marcas o modelos, no se empleará guión cuando al nombre le siga un número. Ejemplos: 'Boeing 747', 'Mundial 82', 'Radio 2'. Sí debe usarse, en cambio, cuando se trate simplemente de iniciales o de siglas, siempre que éstas no se hayan convertido en palabra común. Ejemplos: 'DC-10', 'SAM-3', 'Seat 600'.

11.58. No se deben unir con guión los nombres de personas (salvo los **chinos** a los que no se aplique la transcripción pinyin) o de ciudades compuestos por dos o más palabras. Ejemplos: 'Ibn Saud', y no 'Ibn-Saud'; 'Tel Aviv', y no 'Tel-Aviv'.

11.59. En las palabras unidas por un guión, la letra inicial de la segunda irá en minúscula. Ejemplo: 'ETA Político-militar'. Pero no en el caso de nombres propios o nombres de entidades o marcas comerciales. Ejemplos: 'Metro-Goldwyn-Mayer', 'Rolls-Royce', 'Land-Rover'.

11.60. No se empleará guión entre la partícula *ex* y otra palabra cuando aquélla se utiliza para decir que una persona ya no tiene el cargo o la condición que indica el nombre o adjetivo de persona al que se antepone. Ejemplos: 'ex ministro', 'ex discípulo' o 'ex suarista', y no 'ex-suarista' o 'exsuarista'.

Barra

11.61. Debe evitarse el empleo de la barra (/), sobre todo por lo que tiene de contradictoria su doble utilización: unas veces para unir, como sustitutivo del guión, y otras para separar, como en los quebrados ($3/5$).

Salvo en artículos de colaboradores, en el periódico la barra sólo se usará en estos cuatro casos:

- Para expresar el número y, en abreviatura, el año de textos legales. Ejemplo: 'decreto 30/87'.
- Para las cifras que acompañan a los nombres de algunos modelos industriales. Ejemplo: 'ordenador PDP 11/34'.

– Como elemento separador en la numeración de los seriales publicados en el periódico.

– Para distinguir los distintos versos en poesías o letras de canciones.

– Para separar la firma de dos redactores de un mismo texto (circunstancia que se permite sólo excepcionalmente).

11.62. En los dos primeros supuestos, la barra se escribirá sin espaciamientos adicionales; en los restantes, con blancos de separación a ambos lados. (De estos dos blancos, el situado a la izquierda de la barra ha de ser el signo de cuarto de cuadratín; así, en caso de partición a final de línea, la barra no pasará sola al renglón siguiente).

Interrogación y exclamación

11.63. Los signos de interrogación, uno para abrirla y otro para cerrarla (¿?), engloban el objeto de la pregunta, el cual puede ser toda una oración o sólo una parte de ella. Los de exclamación (¡!), con los que se expresa fuerza o vehemencia, se utilizan en las mismas condiciones y con las mismas reglas que los de interrogación.

11.64. La inclusión de los signos de apertura no implica que la palabra que le sigue, escrita junto al signo, haya de llevar mayúscula inicial por este hecho. La llevará o no la llevará de acuerdo con las normas generales sobre el empleo de mayúsculas. ('¿Vendrás hoy?'; 'mi pregunta es esta: ¿vendrás hoy?; 'si te lo digo, ¿vendrás hoy?').

11.65. Detrás de los signos de cierre nunca se pone punto, pero sí coma o punto y coma. Ahora bien, si al signo de interrogación o de exclamación le sigue un paréntesis, una raya o unas comillas, la frase ha de concluir con punto.

11.66. Un signo de interrogación encerrado entre paréntesis, en este caso siempre el de cierre, indica duda; el de exclamación, asombro. Sin embargo, ninguna de estas dos formas debe usarse en textos informativos.

11.67. Cuando una frase sea exclamativa e interrogativa al mismo tiempo no se duplicarán los correspondientes signos, sino que se abrirá con el exclamativo y se cerrará con el interrogativo.

Apóstrofo

11.68. El apóstrofo es un signo ortográfico (') con el que se indica en otras lenguas, entre otros supuestos, la elisión de una vocal a final de palabra cuando la siguiente comienza con una letra de igual clase. Ejemplos: 'Sant Sadurní d'Anoia', *'l'invasione'*, *'l'obscurité'*.

Y, en el caso concreto del inglés, también para el llamado genitivo sajón. Ejemplo: 'America's Cup'.

11.69. Se emplea mal en castellano cuando se utiliza, como si se tratara de un genitivo sajón, en las fechas. Así, en el periódico se escribirá 'Mundial 82', y no 'Mundial '82'; 'Arte 83', y no 'Arte '83', aun cuando ésta sea la forma en que lo hagan sus organizadores.

11.70. No debe confundirse el apóstrofo, signo ortográfico, con el apóstrofe, figura retórica.

11.71. El apóstrofo que forma parte de dos letras árabes —la *ayn* y la *hamza*— no se transcribe.

Puntos suspensivos

11.72. Los puntos suspensivos constituyen un solo signo ortográfico, formado por tres puntos, y no más (...). Sirven para denotar que queda incompleto el sentido de una oracion o cláusula de sentido cabal, para indicar temor o duda, o lo inesperado y extraño de lo que se cuenta a continuación; usos todos ellos que desaconsejan su empleo en textos noticiosos y, desde luego, como remate de una información.

11.73. Si se utilizan, hay que tener en cuenta que no pueden emplearse después de la palabra etcétera (que tampoco debe usarse en textos informativos) y que, al final de una frase, hacen innecesaria la inclusión del punto final.

11.74. Los puntos suspensivos se emplean también para indicar la supresión de palabras o frases dentro de una cita entrecomillada. En tales supuestos, cuando el corte se haya hecho al principio, los puntos suspensivos han de ir inmediatamente después de las comillas de apertura y separados de la primera palabra de la cita. Pero entre paréntesis y con blancos de separación a ambos lados, cuando el corte se haya producido en medio.

Asterisco

11.75. El asterisco (*) se emplea en el periódico para remitir al lector a una nota al final del texto. Se escribe entre paréntesis tras la palabra a la que se refiere, pero no sin blanco de separación. Ejemplo: 'según dicho autor (*)', y no 'según dicho autor*'.

11.76. Cuando las citas sean más de una no se emplearán asteriscos, sino números, también entre paréntesis. Ejemplos: 'en la citada obra (2)', pero no 'en la citada obra**'.

11.77. En el caso de que la palabra haya de ir seguida de un signo de puntuación, el asterisco o los números se escribirán delante del signo de puntuación. Ejemplo: 'Otros autores, como Fulano (3), Mengano (4) y Zutano (5), no opinan así'.

Acentos

11.78. Las palabras cuyo acento prosódico carga en la última sílaba —las agudas— se acentúan ortográficamente cuando tengan más de una sílaba y sólo cuando ésta termine en vocal. Ejemplos: 'Alá', 'café', 'alhelí', 'huyó', 'Perú'. La *y* final, aunque suena como semivocal, se considera como consonante para los efectos de la acentuación.

11.79. Llevan igualmente acento ortográfico las palabras agudas que acaban en las consonantes *n* o *s* solas; es decir, no agrupadas con otra consonante. Ejemplos: 'alacrán', 'también', 'Albaicín', 'semidiós', 'patatús'; pero 'Orleans', 'Isern'.

11.80. Las voces llanas —esto es, aquellas con acento prosódico en la penúltima sílaba— se acentúan únicamente cuando terminan en consonante que no sea *n* o *s,* salvo que la *n* o la *s* vayan agrupadas con otra consonante. Ejemplos: 'alcázar', 'alférez', 'Ísbor', 'Ordóñez', 'Túnez'; pero 'fórceps', 'bíceps'.

11.81. Se acentúan todas las palabras esdrújulas —aquellas con acento prosódico en la antepenúltima sílaba—. Ejemplos: 'máquina', 'apéndice', 'eminentísimo', 'tórtola', 'música', 'héroe'.

11.82. A estas reglas generales caben cuatro clases de excepciones: las que se derivan del encuentro de las vocales intermedias y extremas (diptongos y triptongos); las que permiten distinguir en una frase vocablos de igual forma, pero de distinta función gramatical; las provocadas por la formación de voces compuestas, y las que se aplican en el caso de nombres no castellanos o no castellanizados.

11.83. A los efectos ortográficos, no hay diptongo sino cuando las vocales extremas, o débiles *(i, u),* se juntan entre sí o con cualquiera de las de articulación intermedia, o fuertes *(a, e, o).* Ejemplos: 'viuda', 'ruido', 'jaula', 'Juana', 'cielo', 'fuego', 'odio'.

11.84. Para que haya triptongo se han de unir dos vocales extremas a una intermedia. Ejemplos: 'buey', 'amortiguáis', 'despreciéis'.

11.85. La *h* muda colocada entre dos vocales no impide que éstas formen diptongo. En consecuencia, cuando alguna de dichas vocales, por virtud de la regla general, haya de ir acentuada, se pondrá el acento ortográfico como si no existiese la *h*. Ejemplos: 'vahído', 'búho', 'rehúso', 'prohíben', 'ahíto'.

11.86. Cuando una vocal débil tónica va delante o detrás de una vocal fuerte átona no hay diptongo, sino hiato, y la vocal tónica llevará acento ortográfico.

Ejemplos: en voces agudas, 'país', 'raíz', 'Saúl'; en palabras llanas, 'desvarío', 'falúa', 'sitúa', 'continúa', 'dúo', 'día', 'mía', 'pía', 'pío', 'píe', 'acentúo', 'considerarías', 'desvaríos', 'insinúan', 'tenían'.

11.87. Los vocablos agudos terminados en *ay, ey, oy, uy* se escribirán sin tilde. Ejemplos: 'Uruguay', 'virrey', 'convoy'.

11.88. Las palabras que terminan en una vocal débil tónica seguida de un diptongo y *s* final, lo cual ocurre en ciertas personas verbales, llevarán acento ortográfico en dicha vocal débil. Ejemplos: 'comprendíais', 'decíais'.

11.89. Siguen la regla general de no acentuarse los vocablos llanos que finalizan en diptongo o en dos vocales fuertes, vayan o no seguidas de *n* o *s* final. Ejemplos: 'seria', 'delirio', 'agua', 'fatuo', 'bacalao', 'deseo', 'canoa', 'Feijoo', 'Campoo', 'provee', 'albricias', 'leyereis', 'corroen'.

11.90. Cuando una vocal fuerte tónica va delante o detrás de vocal débil átona forman siempre diptongo, y la acentuación gráfica de éste, cuando sea necesaria, irá sobre la vocal intermedia, o sobre la segunda si las dos son extremas. Ejemplos: 'buscapié', 'averiguó', 'parabién', 'veréis', 'después', 'Sebastián', 'Güéjar', 'huésped', 'murciélago', 'muérdago', 'Cáucaso'.

11.91. La combinación *ui* se considera, para la práctica de la escritura, como diptongo en todos los casos. Sólo llevará acento cuando lo pida el apartado anterior; y el acento se marcará en la segunda vocal; es decir, en la *i*. Ejemplos: 'casuístico', 'cuídese', 'construí', 'atribuí'. Sin embargo, 'casuista', 'construido', 'destruido', voces llanas, se escribirán sin tilde.

11.92. Los infinitivos en *uir* se escribirán sin acento. Ejemplos: 'construir', 'contribuir', 'derruir', 'huir'.

11.93. Las formas verbales 'fue', 'fui', 'dio', 'vio' se escribirán sin tilde, según la regla general de los monosílabos.

11.94. La partícula *aun* llevará tilde *(aún)* y se pronunciará como bisílaba cuando, sin alterar el sentido de la frase, pueda sustituirse por *todavía*. Ejemplos: 'aún está enfermo', 'está enfermo aún'. En los demás casos, es decir, con el significado de *hasta, también, inclusive* (o *siquiera,* con negación), se escribirá sin tilde. Ejemplos: 'aun los sordos han de oírme', 'no hizo nada por él ni aun lo intentó'.

11.95. El triptongo se acentúa en la vocal fuerte. Ejemplos: 'despreciáis', 'apreciéis', 'amortiguáis', 'averigüéis'.

11.96. Los monosílabos nunca llevarán acento, pues no pueden acentuarse sino en la única sílaba que tienen. No obstante, se escribe el acento cuando existen dos monosílabos iguales en su forma, pero con distinta función gramatical, en una de las cuales lleva acento fonético y en otra es átono. Ejemplos: 'el', artículo, y 'él', pronombre; 'mi', 'tu', pronombres posesivos, y 'mí', 'tú', pronombres personales; 'mas', conjunción adversativa, y 'más', adverbio de comparación; 'si', conjunción condicional, y 'sí', pronombre y adverbio de afirmación; 'de', preposición, y 'dé', tiempo del verbo dar; 'se', pronombre átono, y 'sé', persona de los verbos ser y saber.

11.97. La conjunción disyuntiva *o* no llevará acento, puesto que, al existir dos signos claramente diferentes, no se dan las circunstancias por las cuales la Academia Española hace preceptiva su acentuación: que esta letra pueda confundirse con el cero. Ejemplos: '3 o 4 personas', '304 personas'.

11.98. La palabra *sólo,* en función adverbial, llevará acento ortográfico siempre, y no solamente cuando se trate de evitar una anfibología. Ejemplos: 'le encontrarás solo en casa' (en soledad, sin compañía), 'le encontrarás sólo en casa' (solamente, únicamente).

11.99. Los pronombres 'éste', 'ése', 'aquél', con sus femeninos y plurales, llevarán siempre tilde, aunque la Academia Española considere lícito prescindir de ella cuando no exista riesgo de anfibología.

11.100. Los relativos 'que', 'cual', 'quien', 'cuyo', y los adverbios 'cuando', 'cuan', 'cuanto', 'como' y 'donde' llevarán tilde en las oraciones interrogativas y exclamativas. Ejemplos: '¿qué quieres?', '¿quiénes son estos señores?', 'pregúntale cuánto vale', 'dime cuándo volverás', '¡qué bien lo mereces!', '¡cuán apacibles se deslizan las horas!', '¡cuánto le ama!', '¡cómo se alegraron todos!', '¿dónde vive usted?'. Pero '¿que estás dispuesto a hacerlo?', '¿cuando llegue, dices?'.

11.101. Los tiempos de verbo que llevan acento ortográfico lo conservan aun cuando acrecienten su terminación tomando un enclítico. Ejemplos: 'pidióme', 'conmovíla', 'rogóles', 'convenciólos', 'andaráse', 'déle'.

También se acentúan cuando del conjunto resultan vocablos esdrújulos y sobresdrújulos. Ejemplos: 'ríase', 'búscalo', 'diciéndome', 'antojósele', 'habiéndosenos', 'mírala'.

11.102. Cuando un vocablo simple entre a formar parte de un compuesto como primer elemento del mismo, se escribirá sin el acento ortográfico que como simple le habría correspondido. Ejemplos: 'decimoséptimo', 'asimismo', 'rioplatense', 'piamadre'.

Se exceptúan de esta regla los adverbios en *mente,* porque en ellos se dan en realidad dos acentos fonéticos: uno en el adjetivo y otro en el nombre *mente.* Así pues, el adverbio se escribirá marcando en el adjetivo el acento que debiera llevar como simple. Ejemplos: 'ágilmente', 'cortésmente', 'lícitamente'.

11.103. Los compuestos de verbo con enclítico más complemento se escribirán sin el acento que solía ponerse en el verbo. Ejemplos: 'sabelotodo', 'curalotodo', 'metomentodo', igual que 'correveidile'.

11.104. En los compuestos de dos o más adjetivos unidos con guión, cada elemento conservará su acentuación ortográfica, si le correspondiere. Ejemplos: 'hispano-belga', 'anglo-soviético', 'cántabro-astur', 'histórico-crítico-bibliográfico'.

11.105. Aunque no se trate propiamente de un acento, sí conviene recordar que cuando la *g* forma sílaba con los diptongos *ue* y *ui,* la sonoridad de la *u* se indica con el signo de diéresis. Ejemplos: 'vergüenza', 'antigüedad', 'argüir', 'pingüino'.

11.106. Los términos latinos se acentuarán de acuerdo con las leyes fonéticas para las voces castellanas, excepto cuando formen parte de un nombre científico. Ejemplos: *'tránseat', 'exequátur'.*

11.107. Si se emplea una palabra no castellana, ésta habrá de acentuarse de acuerdo con las normas del idioma a que corresponda. Ejemplos: *'orfeò', 'unità', 'prêt-à-porter',* 'Düsseldorf'. Se sobreentiende que utilizando para ello el tipo de acento apropiado: agudo (á), grave (à), circunflejo (â), la tilde del portugués (ã) o la crema utilizada en español en casos de diéresis (ä).

11.108. Los nombres propios extranjeros se escribirán, en general, sin ponerles ningún acento que no tengan en el idioma a que pertenecen. Ejemplos: 'Wagner', y no 'Wágner'; 'Schubert', y no 'Schúbert'; 'Windsor', y no 'Wíndsor'. Así se hará incluso cuando se trate de nombres de pila con idéntica grafía a la castellana. Ejemplos: 'Dario Fo', 'Oscar Wilde', 'Simon Wiesenthal', 'Victor Mature', 'Johann Sebastian Bach', 'Martin Luther King', 'Benjamin Franklin'. Sí se acentuarán los nombres transcritos de los alfabetos ruso, hebreo, árabe y griego, por tratarse de una transcripción fonética. Ejemplo: Simón Peres. Véase el apartado **8.7.**

11.109. Las anteriores reglas no son aplicables, por tanto, a los nombres que, por proceder de idiomas escritos en caracteres distintos a los romanos, han sido transcritos fonéticamente al castellano. En este caso, se acentuarán con arreglo a su pronunciación en la lengua original. Ejemplos: 'Antón Chéjov'; 'León Trotski'; 'Pésaj, fiesta judía'; 'el ayatolá', 'los *fedayin'.*

11.110. Los nombres geográficos ya incorporados al castellano o adaptados a su fonética no se han de considerar extranjeros y habrán de acentuarse gráficamente de conformidad con las leyes generales. Ejemplos: 'Berlín', 'Múnich', 'Zúrich', 'París', 'Núremberg', 'Seúl', 'Turín'.

11.111. Los nombres vascos terminados en *ain,* sean de personas o lugares, se pronuncian cargando el acento prosódico en la *a;* por tanto, la transcripción castellana de tales nombres llevará acento ortográfico en la *a,* no en la *i.* Ejemplos: 'Andoáin', y no 'Andoaín'.

11.112. Los nombres y apellidos en las otras lenguas habladas en España se acentuarán según las normas ortográficas de ese idioma, y no las castellanas. Ahora bien, si en el nombre se utiliza la grafía castellana y la otra en el apellido, cada uno de ellos se acentuará con las normas que le corresponden. Ejemplos: 'Josep Maria Pujada', pero 'José María Climent'.

Distinto es cuando un determinado nombre tiene la misma grafía en castellano y en el otro idioma. En tales supuestos, se respetará la versión que utilice su titular, si es que se conoce (por ejemplo, 'Maria Aurèlia Campmany'); cuando no sea así, se empleará la castellana.

11.113. Como licencia gráfica, la cabecera del periódico y las de sus suplementos no llevarán acento ortográfico cuando vayan compuestas en el tipo de letra utilizado para la marca registrada —la Claredon Medium—, pero sí en los demás casos.

Mayúsculas y minúsculas

11.114. Hay que evitar la proliferación o utilización innecesaria de las letras mayúsculas. Como norma general, se emplea mayúscula inicial en los nombres completos de entidades u organismos, salvo cuando éstos se mencionen con un genérico. Ejemplos: 'Ministerio de Hacienda', pero 'el citado ministerio'; 'Partido Comunista de España', pero 'el partido comunista'; 'la Organización de las Naciones Unidas', pero 'la organización mundial creada en la Conferencia de San Francisco'; 'la dirección general ha señalado' pero 'la Dirección General de Tributos ha señalado'.

En cambio, se emplea minúscula en los nombres de cargos, salvo que se trate de dignidades de carácter único, y aun en este caso siempre que no precedan al nombre de su titular. Ejemplos: 'la Dirección General del Tesoro', pero 'el director general del Tesoro'; 'el Papa', pero 'el papa Juan Pablo II'; 'el Rey', pero 'el rey Juan Carlos I'.

11.115. En todo caso, se escriben con mayúscula inicial los nombres propios de:
- Personas.
- Animales *('Babieca')*.
- Instituciones ('el Ejército', pero 'un ejército mal pertrechado').
- Establecimientos y entidades comerciales, industriales o culturales ('El Corte Inglés', 'Progreso Gráfico', la 'Fundación March', 'Ateneo de Madrid', 'Real Cinema', pero 'el cine Palafox').
- Organismos públicos, ramas o brazos de la estructura política de un país y armas, cuerpos o unidades militares ('Instituto Nacional de Industria'; 'Dirección General de lo Contencioso'; 'la Administración de justicia'; 'el arma de Artillería', pero 'una pieza de artillería'; 'la Flota' —toda ella— o 'la VI Flota de Estados Unidos', pero 'una flota interaliada').
- Partidos políticos ('Unión Cívica Radical', pero 'el partido radical argentino').
- Fiestas religiosas, patrióticas o populares ('Pascua', 'el Dos de Mayo', 'la Feria de Abril', 'el Rocío', 'San Fermín', pero 'los *sanfermines*').
- Regiones geográficas específicas o zonas con significación ideológica propia ('Oriente Próximo', 'Mare Nostrum', 'Tercer Mundo' o 'los países del Golfo Pérsico', pero 'navega por el golfo Pérsico').
- Acontecimientos históricos, pero no las eras, épocas, estilos y nombres de una genera-

ción ('la Revolución Francesa', 'la II Guerra Mundial', 'el Mayo del 68', 'la Primavera de Praga', pero 'era atómica', 'el isabelino', 'el romanticismo' o 'la generación del 98').

— Las fechas que, por constituir un nombre propio, se escriben con todas sus letras ('el Movimiento Veintiséis de Octubre').

— Premios y condecoraciones ('Premio Nobel de Literatura', pero 'Camilo José Cela, premio Nobel de Literatura'). En cambio, los genéricos 'medalla de oro', 'medalla de honor' irán siempre en minúsculas.

— Atributos divinos y, en general, toda referencia a Dios ('el Redentor', 'el Mesías').

— Edificios, residencias oficiales, fincas, campamentos y urbanizaciones ('Torrespaña', 'la Zarzuela', 'Villa Teresita', 'vive en El Gasco').

— Reuniones y documentos políticos, diplomáticos o religiosos ('Tratado de Utrecht', 'Conferencia de Desarme',

pero 'una conferencia sobre desarme').

— Acontecimientos deportivos importantes ('Juegos Olímpicos de Invierno').

— Textos legales cuando se escriban completos ('Real Decreto 125/1983', pero 'el citado real decreto'; 'Ley Orgánica del Derecho a la Educación', pero 'se prepara una ley de bases').

— Apodos; en este caso, sin que el artículo se contraiga delante de las preposiciones *a* y *de* ('Rafael Gómez, *El Gallo',* pero 'así toreaba El Gallo' y 'la maestría de El Gallo'; 'Ángel Pérez, *El Chato',* pero 'ha sido detenido 'El Chato' y 'los compinches de El Chato').

— Los nombres y tratamientos o dignidades de personajes de ficción, así como los nombres de animales antropomorfos ('Don Quijote', 'el Capitán Trueno', 'el Gato con Botas', 'Mickey Mouse').

— Las disciplinas académicas y los establecimientos docentes, pero no las ciencias o la universidad como nombres genéricos ('Derecho Penal I', 'la Facultad de Derecho', 'la Escuela de Enfermeras', 'la Universidad de Granada', pero 'grandes progresos de la medicina', 'su hijo va a la universidad').

- Los puntos cardinales ('el Norte', 'Levante'). Pero todo en minúsculas, salvo que figuren en un nombre propio, como parte de una zona, cuando indican dirección o empleados en forma adjetiva ('Yemen del Sur', 'el norte de España', 'al norte de España', 'España norte').

- Los artículos que formen parte de un apellido, siempre que no vayan precedidos del nombre, en cuyo caso se escribirán en minúsculas ('Del Valle', pero 'José del Valle'; 'De Gaulle', pero 'Charles de Gaulle'; 'Von Papen', pero 'Franz von Papen'; 'El Barzani', pero 'Mustafá el Barzani'; 'Dos Santos', pero 'Joaquim dos Santos').

- Los nombres de lugares aplicados a cosas cuando se refieran a un número determinado de ellas, como si se tratase de un apellido o marca, y no a todas las de su especie, en cuyo caso constituyen un genérico ('un vino de Jerez', pero 'un jerez seco'; 'la producción de la Champaña', pero 'una copa de champaña').

11.116. En los títulos de libros, películas, obras de teatro y canciones sólo se escribirá con mayúscula la letra inicial —salvo que en ellos figure algún nombre propio—, cualesquiera que sean las normas al respecto del idioma en que estén escritos. Con una excepción: las cabeceras de publicaciones periódicas, que llevan siempre mayúscula inicial, salvo artículos y preposiciones. (*'Newspapers: the power and the money',* y no *'Newspapers: The Power and the Money',* pero *'Corriere della Sera'*).

11.117. En las palabras unidas por un guión, la letra inicial de la segunda irá en minúscula ('ETA Político-militar', 'la ciudad castellonense de Vila-real'). Pero no en el caso de nombres propios o nombres de entidades o marcas comerciales ('Metro-Goldwyn-Mayer', 'Rolls-Royce', 'Land-Rover').

11.118. Igualmente se empleará mayúscula inicial cuando, después de dos puntos, se abra una cita o una enumeración con varios párrafos, cada uno de ellos precedido por una raya o un número; en este caso, compuesto en negrita.

Ello no significa que deba emplearse mayúscula en todas las citas. Por ejemplo, no ha de escribirse: Los manifestantes gritaban "Abajo el Gobierno" y "Presidente, dimisión".

11.119. Las firmas de informaciones, artículos, fotografías, gráficos o ilustraciones se escriben todo en mayúsculas.

11.120. Las palabras con mayúscula inicial o todo en mayúsculas llevarán el acento ortográfico que les corresponda.

11.121. Por el contrario, en los siguientes casos se escribirá todo en minúsculas:

— En las denominaciones de cargos, los tratamientos y las expresiones de un idioma distinto al castellano, cualesquiera que sean las normas al respecto de esa lengua (*'premier'*, pero no *'Herr'*; *'ancien régime'*, pero no *'Ostpolitik'*).

— En las palabras que designan accidentes geográficos, edificios, locales públicos y vías urbanas, pues no forman parte del nombre propio. Ejemplos: 'mar Egeo', 'palacio de Santa Cruz', 'cine Narváez', 'avenida de Valladolid'. En cambio, se emplea mayúscula con los equivalentes no castellanos de estas mismas palabras —pero nada más que cuando preceden a un nombre propio—, a fin de evitar el uso de la cursiva en parte de la denominación. Ejemplos: 'Rue de Rivoli', pero no *'rue* de Rivoli'; 'Palazzo Chigi', pero no *'palazzo* Chigi'; 'Buckingham Palace', pero no 'Buckingham *palace'*.

— En las siglas y acrónimos convertidos por el uso en palabra común, pero no en nombre propio. Ejemplos: 'ovni' y 'koljós', pero 'Talgo' y 'Komintern'.

— En los nombres de personas que derivan en nombres genéricos, escritos en cursiva ('Ruiz Miguel toreará seis *victorinos'*, 'la colección consta de 30 *picassos* y dos *tàpies'*).

Partición de palabras

11.122. Las normas para la división de palabras a final de línea, que seirecogen a continuación, son igualmente aplicables a los términos no castellanos, cualesquiera que sean las reglas del respectivo idioma. Como excepción, en el caso de las otras lenguas peninsulares —catalán, vascuence y gallego— deberán aplicarse las suyas propias.

11.123. Una sola consonante entre dos vocales se agrupa con la segunda. Ejemplo: 'sa-no'.

11.124. En un grupo de dos consonantes —iguales o diferentes— entre dos vocales, la primera consonante se une con la vocal anterior, y la segunda, con la siguiente. Ejemplos: 'in-no-var', 'des-na-tar', 'ten-sión'.

Excepción importante es la de los grupos consonánticos *pr, pl, br, bl, fr, fl, tr, dr, cr, cl, gr* y *gl*, que se unen con la vocal siguiente. Ejemplo: 'de-trás', 'glo-sa', 'do-ble', 'so-plar'.

11.125. En un grupo de tres consonantes, las dos primeras se unen a la vocal precedente, y la tercera, a la vocal siguiente. Ejemplos: 'cons-ta', 'obs-ta', 'trans-por-te'.

Como excepción, si la segunda y tercera consonantes forman uno de los grupos citados en el párrafo anterior, la primera consonante pasa a unirse a la vocal que precede, y el grupo de la segunda y tercera consonantes se une a la vocal que sigue. Ejemplos: 'des-tru-yo', 'des-pre-cia', 'en-tre'.

Igual ocurre cuando, siendo cuatro consonantes, las dos últimas constituyen uno de los consabidos grupos. Ejemplo: 'cons-tre-ñir'.

11.126. Los grupos consonánticos *ch* y *ll* son considerados, a efectos de silabeo, como una sola consonante; por tanto, no se dividen. Ejemplos: 'ca-chi-ru-lo', 'ca-lle'.

11.127. Cuando, al dividir una palabra por sus sílabas, haya de quedar en principio de línea una *h* precedida de consonante, se dejará ésta al final del renglón anterior y se comenzará el siguiente con la *h*. Ejemplos: 'Al-ham-bra', 'in-hu-ma-ción', 'clor-hi-dra-to', 'des-hi-dra-tar'.

11.128. La *h* muda colocada entre dos vocales no impide que éstas formen diptongo; por tanto, no puede dividirlas. Ejemplo: 'des-ahu-cio' o 'de-sahu-cio', y no 'desa-hu-cio o 'de-sa-hu-cio'.

11.129. Nunca se dividirá la palabra de manera que queden separadas dos vocales, aunque éstas formen sílabas diferentes. Ejemplos: 'pro-veer', 'pe-rio-do'.

11.130. No pueden separarse las sílabas de manera que quede sola una vocal. Ejemplos: 'atraer', 'to-reo', 'de-cía'.

11.131. Las normas anteriores son aplicables a los compuestos formados por dos palabras que por sí solas tienen uso en la lengua, o por una de estas palabras y un prefijo. Así, se dividirá 'no-so-tros', y no 'nos-otros'; 'de-sam-pa-ro', y no 'des-am-pa-ro'.

Con una sola excepción: los compuestos de reciente formación (aquellos que casi podrían escribirse con guión de separación), los cuales se dividirán por sus componentes. Ejemplos: 'nor-te-ame-ri-ca-no', y no 'nor-tea-me-ri-ca-no'; 'afro-asiá-ti-co', y no 'afroa-siá-ti-co'.

11.132. Se evitará la partición de palabras con resultado malsonante. Ejemplos: 'Chica-go', y no 'Chi-cago'; 'sacer-do-te', y no 'sa-cerdote'; 'dispu-ta', y no 'dis-puta'; 'torpe-do', y no 'tor-pedo'.

11.133. La última línea de un párrafo nunca puede tener menos de cuatro caracteres (aquí se cuentan también los signos ortográficos). Ejemplo: '... es-tá".', pero no '... es-tá.'.

12
NORMAS GRAMATICALES

Las normas que se recogen en este capítulo no son, ni pretenden ser, un tratado de gramática, ni siquiera un resumen articulado. Su propósito es otro: refrescar las reglas gramaticales que con más frecuencia se quebrantan y limitar o precisar el uso de algunas de ellas en beneficio de la redacción periodística.

Adverbios

12.1. Los adverbios modifican a los verbos, los adjetivos o a otros adverbios, y sólo así deben utilizarse. Es correcto escribir 'va deprisa', puesto que *deprisa* es adverbio y modifica al verbo. Pero no 'trabaja duro', porque *duro* es adjetivo y, junto al verbo, ocupa el lugar del adverbio. Lo correcto sería 'trabaja duramente'.

12.2. Los adverbios de tiempo deben ir siempre junto al verbo.

Debe escribirse 'el Rey ha inaugurado hoy...', pero no 'hoy, el Rey ha inaugurado...'. En general, los adverbios se deben situar tras el grupo verbal, mejor que delante o en el medio. Ejemplos: 'El presidente está claramente dispuesto a dimitir' debe sustituirse por 'el presidente está dispuesto claramente a dimitir'. A veces, se incurre en galicismo: 'El Gobierno ha ya terminado el proyecto' (en lugar de escribir correctamente 'el Gobierno ha terminado ya el proyecto').

12.3. La palabra inicial de una información jamás puede ser un adverbio (salvo 'sólo' o 'solamente' si su lugar altera el significado de la frase), como tampoco una locución adverbial o un complemento circunstancial. Los adverbios tienen como función gramatical modificar el significado de otras palabras. Por tanto, es una mala construcción periodística iniciar una noticia con una palabra que amplía, matiza o precisa algo que aún no se conoce. Y ello precisamente en el párrafo que debe atraer al lector y facilitarle la lectura.

12.4. Cuando en una información se haga referencia a un día anterior, siempre que se trate de la misma semana se preferirá la mención concreta de ese día ('el martes pasado') al uso de un adverbio ('anteayer'). Si se precisa el día en que ocurrió un hecho, no se puede utilizar el pretérito perfecto ('ha aprobado ayer'), sino el indefinido ('aprobó ayer').

Adjetivos

12.5. Los adjetivos creados a partir de un nombre o apellido y aceptados por el uso no se deben escribir en cursiva, máxime cuando se trata de una práctica no generalizada. No hay explicación para que 'alfonsino', 'felipista', 'marxista' o 'franquista' vayan en redonda y, sin embargo, 'suarista' o 'mitterrandista' figuren en cursiva. Menos todavía si, por este empleo, la cursiva puede interpretarse como que se albergan dudas sobre el significado de la palabra. Por ejemplo, en el caso de 'populares' aplicado a los miembros del Partido Popular.

12.6. El uso de los adjetivos calificativos debe restringirse en los géneros más puramente informativos, en los que prima la objetividad. En estos casos, sólo se admiten los adjetivos que añadan información, y, en cualquier caso, es preferible sustituirlos por datos concretos. (Ejemplo: 'El nuevo director general es un hombre muy joven' debe sustituirse por 'el nuevo director general es un hombre de 29 años'). En otros géneros, como reportajes y entrevistas, los calificativos pueden ser un elemento enriquecedor.

Preposiciones

12.7. El cometido de las preposiciones, en sí términos invariables, es establecer cierto tipo de relación entre otras dos palabras;

de movimiento, modo, tiempo, materia, oposición, procedencia, etcétera. Depende no sólo de la preposición, sino de las posibilidades combinatorias que ofrezcan las palabras relacionadas entre sí. El uso más frecuente de cada una de las preposiciones, así como los errores que más a menudo se cometen en algunos casos, se recoge en los apartados que siguen.

12.8. A. Tiene un uso muy variado. Generalmente expresa una idea de dirección o de movimiento, real o figurado ('voy a Londres', 'amo a mis padres').

12.9. Constituye un galicismo usar la preposición *a* en estos dos casos:

— Delante de un sustantivo que complementa a otro. Ejemplos: 'avión a reacción', 'olla a presión', 'cocina a gas'. Debe usarse la preposición *de*. Ejemplos: 'avión de reacción', 'olla de presión', 'cocina de gas'.

— Antes de un infinitivo, en expresiones como 'ejemplo a seguir', 'acuerdo a tomar', 'modelo a desarrollar', etcétera.

En la mayoría de estos casos puede suprimirse perfectamente el verbo, pues normalmente el sentido de la frase lo hace innecesario.

12.10. En referencias a velocidad es preferible usar la preposición *por,* sin artículo interpuesto, y no *a.* Ejemplos: '100 kilómetros por hora', y no 'a la hora'.

12.11. La combinación *a por,* aunque censurada por la Real Academia, puede emplearse. En primer lugar, por lo que Manuel Seco *(Diccionario de dudas y dificultades de la lengua española)* llama su 'ventaja expresiva'. No es lo mismo —explica— 'fui por ella', construcción ambigua en cuanto puede significar tanto 'fui a causa de ella' como 'fui a buscarla', que 'fui a por ella', en cuyo caso sólo equivale a 'fui a buscarla'. En segundo lugar, por lo que él y María Moliner *(Diccionario de uso del español)* subrayan: que no es el único supuesto en el que se combinan dos preposiciones. Ejemplos: 'por de pronto', 'en contra de lo dicho', 'por entre las nubes', 'desde por la mañana'.

12.12. Se debe suprimir la preposición *a* cuando el complemento directo necesite distinguirse de otro que lleve esa misma partícula. Ejemplos: 'Argel expulsa 11 etarras a Venezuela', y no 'Argel expulsa a 11 etarras a Venezuela'.

12.13. Ante. Significa *delante de* ('se presentó ante él').

12.14. Bajo. Indica una situación inferior ('bajo su autoridad').

12.15. Cabe. Equivale a *junto a* ('cabe la puerta'). Actualmente se usa poco en los medios de comunicación, aunque permanece en el lenguaje rural.

12.16. Con. Indica idea de compañía ('voy con ellos'), de instrumento ('lo cogió con las manos') o de modo ('se mueve con gracia').

12.17. Contra. Expresa oposición ('viene contra nosotros'). Es un galicismo su construcción con *por (por contra)*. En su lugar debe escribirse 'en cambio' o 'por el contrario'. Y es un vulgarismo su uso como adverbio, con el significado de 'cuanto'. 'Contra más les das, más piden' debe sustituirse por 'cuanto más les das, más piden'.

12.18. De. Indica idea de posesión y pertenencia ('el sombrero de mi tía'), de materia ('copa de cristal') o de origen ('viene de Alemania').

Esta preposición no debe omitirse en estos tres casos:

− En las denominaciones de vías públicas, salvo que el nombre lo constituya un adjetivo. Ejemplos: 'calle de Alcalá', no 'calle Alcalá', pero 'calle Mayor'.

− Cuando el verbo exija esta preposición, o cuando el complemento lo constituya una proposición. Ejemplos: 'estaba seguro de que fallaría', y no 'estaba seguro que fallaría'; 'le informó de que vendría', y no 'le informó que vendría'.

− Delante de la cifra con los años de una persona, tanto si este dato figura entre comas como entre paréntesis. Ejemplos: 'Juan López, de 25 años' o 'Juan López (de 25 años)', pero no 'Juan López, 25 años' ni 'Juan López (25 años)'.

12.19. Desde. Indica el principio del tiempo o de una distancia ('desde el año pasado', 'desde San Sebastián a Madrid').

12.20. En. Expresa una idea general de reposo en el tiempo y en el espacio ('estamos en verano', 'estamos en Torrelodones'). Debe utilizarse esta preposición, y no el adverbio 'dentro', en los verbos en que su uso derive en redundancia. No debe escribirse 'se enmarca dentro de esa situación', sino 'se enmarca en esa situación'.

12.21. Entre. Expresa situación en medio de personas o cosas ('está entre esta calle y la otra', 'estamos entre amigos').

12.22. Hacia. Señala la dirección ('iba hacia el colegio'). No equivale a la preposición *a* ('iba al colegio').

12.23. Hasta. Indica el término de un espacio o de un tiempo ('esperaré hasta junio', 'llegaré hasta la plaza').

12.24. Para. Indica destino o fin de la acción ('estudia para triunfar', 'trabajaré para ellos').

12.25. Por. Tiene un uso muy variado. Expresa una vaga idea de tiempo y lugar ('por aquel entonces', 'pasear por allí'). Indica también la causa ('por ti me veo así').

12.26. Según. Expresa relación de conformidad de unas cosas con otras ('obro según me dijeron'). Nunca una información debe comenzar con esta partícula.

12.27. Sin. Expresa privación ('sin una peseta').

12.28. So. Equivale a *bajo* ('so la encina'). Hoy apenas se emplea, salvo en locuciones formadas con sustantivos como *pena* o *pretexto* ('so pena de perderla', 'dijo que no venía, so pretexto de estar ocupado').

12.29. Sobre. Significa *encima de* ('sobre la mesa'). Sirve también para indicar el asunto de que se trata ('una conferencia sobre poesía').

12.30. Tras. Expresa el orden con que unas cosas siguen a otras ('tras la soga va el caldero'). Se sustituye normalmente por 'detrás de' o 'después de'.

Concordancia

12.31. Sujeto y verbo han de mantener preferiblemente concordancia de número. Debe escribirse 'un grupo de personas se reunió ayer' o 'el 60% de los encuestados opina...', pero no 'un grupo de personas se reunieron ayer' o 'el 60% de los encuestados opinan...'. No obstante, no hay que aplicar esta norma a rajatabla y escribir 'el 5% de las mujeres está embarazado'. Para casos determinados, se puede modificar la concordancia de género y número.

Las cifras deben concordar en plural: 'Un millón de personas ocupan la calle'.

12.32. En una relación expositiva en forma ordinal, el número llevará el género que corresponda al antecedente. Ejemplos: 'las conclusiones siguientes: 1ª..., 2ª..., 3ª...'; 'los temas siguientes: 1º..., 2º..., 3º...'.

12.33. Cargos y títulos observarán rigurosa concordancia de género con sus poseedores. Así, se escribirá 'la doctora', 'la ingeniera', 'la diputada', 'la jefa' o 'la primera ministra' cuando tales condiciones se refieran a una mujer.

Sin embargo, debe escribirse 'el modista', y no 'el modisto' (igual que 'periodista' y no 'periodisto'); 'la poetisa', y no 'la poeta'.

El hecho de que se escriban en femenino profesiones que en otro tiempo estuvieron reservadas a los hombres no debe inducir a un uso equivocado del idioma. Así, por ejemplo, no debe escribirse 'jueza' cuando no se usa 'juezo', sino 'juez'. No ocurre igual con 'médica', femenino de 'médico'.

12.34. Los nombres propios escritos en plural pero concebidos como singular deben concordar en singular. Ejemplos: 'Estados Unidos veta el envío de tropas', 'Canarias pide un trato específico en la UE', pero 'las Canarias están más cerca de África que de Europa'.

Condicional

12.35. En castellano, el condicional se puede emplear como

170

futuro imperfecto del pasado ('dijo que vendría') o como futuro perfecto del pasado ('dijo que a la hora de cenar habría terminado'). Es decir, como formas relativas que dependen de verbos de lengua o sentido utilizados en pasado: 'anunció', 'avisó', 'dijo', etcétera.

12.36. Sin esa relación con otros verbos, sólo se puede utilizar la forma condicional en estos tres casos:

– Para atenuar cortésmente un deseo, reproche o petición. Ejemplos: 'podrías llegar antes', '¿querrías atenderme?', '¿podría decirme la hora?'.

– En relación con un subjuntivo. Ejemplos: 'si yo fuera millonario, me compraría un Rolls'; 'si hubieras venido, yo no estaría así'. En estos casos de relación con subjuntivo, es preferible siempre la forma potencial en los tiempos compuestos. No se debe escribir 'si hubieras pedido que lo hiciera, yo lo hubiese hecho'. Es más correcto: 'si hubieras pedido que lo hiciera, yo lo habría hecho'. Para comprender mejor esta relación sintáctica, conviértase la oración al potencial simple: siempre diremos 'si pidieras que lo hiciese, yo lo haría'; y nunca 'si pidieras que lo hiciese, yo lo hiciera'. Es incorrecto utilizar el potencial en concordancia con indicativo: 'si vinieras, yo iré también'. Ha de escribirse: 'si vinieras, yo iría también'. O bien: 'Si vienes, yo iré también'.

– Para expresar la posibilidad en el pasado. Ejemplos: 'tendría entonces 10 años', 'por aquella época ya habría terminado el bachillerato'.

12.37. La posibilidad en el pasado no es, sin embargo, un hecho dudoso, no garantizado, ni un rumor. Este uso del condicional de indicativo es francés. Se incurre, pues, en galicismo cuando se escriben frases como éstas: 'el ministro de Agricultura *podría* estar dispuesto...'; 'el obispo *habría* establecido...'; 'según diversas fuentes, *habrían* sido detenidos siete grapos…'. Los giros adecuados para sustituir el condicional francés pueden ser éstos u otros parecidos (que tienen un uso restrictivo, conforme se indica en este *Libro de estilo):* 'el ministro *parece* estar dispuesto…'; '*según indicios,* el obispo ha establecido…'; '*parece ser* (o *tal vez)* que han sido detenidos siete grapos…'.

El uso del condicional en ese tipo de frases queda terminantemente prohibido en el periódico. Además de incorrecto gramaticalmente, resta credibilidad a la información.

Errores gramaticales

12.38. Gerundio. Este tiempo verbal expresa una acción en desarrollo, anterior o simultánea a la principal. Es incorrecto su uso (galicismo) como participio de presente; esto es, como adjetivo en función de atributo ('un barril conteniendo 100 litros de cerveza'). Sólo hay dos excepciones admitidas por la Academia:

'agua hirviendo' y 'palo ardiendo'.

12.39. Igualmente es incorrecto su uso (fallo que se comete con harta frecuencia) cuando se utiliza para indicar una acción posterior a la principal. Ejemplo: 'Viajó a Mallorca en avión, asistiendo a un congreso de ginecología'. Tal como está escrito, el congreso se celebró en el avión, que no parece el sitio más adecuado para reuniones de este tipo.

12.40. Dequeísmo. Es incorrecto el uso de la fórmula *de que* cuando se trata de una oración completiva con un verbo que no rige la preposición *de*. Ejemplos: 'creo que no está bien', y no 'creo de que no está bien'.

Esta norma no debe inducir a la equivocación de suprimir el *de* en verbos o construcciones en las que rige esta preposición. Es correcto escribir 'estoy seguro de que vendrá' o 'le informó de que vendría', pero no 'estoy seguro que vendrá' o 'le informó que vendría'.

12.41. Estilos directo e indirecto. Cada vez es más frecuente en los periódicos un vicio de lenguaje que denota escaso esmero literario: utilizar el estilo directo y el indirecto con una conexión sintáctica incorrecta: Ejemplo: "Su esposa comentó anoche que 'mi marido no está". Para exponer esa idea correctamente, hay dos posibilidades: 'su esposa comentó anoche que su marido no estaba' o 'su esposa comentó anoche: "Mi marido no está". Pero nunca la mezcla de ambas.

Otro ejemplo: "la doncella aseguró que no podía contestar 'porque estoy sola con las niñas. Llame una hora más tarde". Aquí se produce un claro error de concordancia en los verbos: 'la doncella (...) *no podía* (...) *porque estoy sola.* ¿A quién corresponde *estoy,* al periodista, a la doncella? El hecho de que se escriban comillas no indica que a partir de ese signo comience una frase que no ha de estar relacionada sintácticamente con la que le da la concordancia.

12.42. Laísmo. Se llama así a la utilización incorrecta del *la* por el *le.* Es una falta corriente en algunas regiones, especialmente en el norte de Castilla.

Se produce laísmo cuando se utiliza *la* como pronombre representativo de un complemento indirecto femenino. Ejemplos: 'la llevé un paquete' (a ella). Lo correcto en este caso es 'le llevé un paquete' (a ella). Se usa *la* correctamente cuando este pronombre representa a un complemento directo femenino. Ejemplo: 'la llevé a Cádiz'. En este caso, *la* representa a ella.

12.43. Leísmo. Para indicar el complemento indirecto se deben emplear siempre *le* o *les.* Estos dos pronombres pueden usarse también como complemento directo si sustituyen a un masculino de persona. Leísmo es, por tanto, el uso indebido de *le* y *les* como complemento directo; es decir, en los casos en que sustituye como pronombre a un femenino, a un neutro, o a un masculino, de animal o cosa, en la función de complemento directo.

Ejemplos de uso correcto como complemento indirecto: '*le* di un abrazo' (a él o a ella), '*le* pedí que llegara pronto' (a él o a ella), 'les envié los libros' (a ellos o a ellas).

Ejemplos de uso correcto como complemento directo (masculino de persona): 'vi a mi hermano y le llamé' (puede decirse también 'lo llamé').

Ejemplos de leísmo: 'vi a mi perro y le llamé' (debe decirse 'lo llamé'), 'vi a mi hermana y le llamé' (debe decirse 'la llamé').

La utilización del le por el lo en función de complemento directo masculino no es incorrecta, ya que se trata de la fórmula más extendida en la mitad norte de España.

El leísmo aceptado se produce cuando se usa le como pronombre representativo del complemento directo. En la mitad sur de España se utiliza lo. Ejemplo: 'Le llevé a Cádiz' (a Juan). En este caso, lo correcto en el sur es 'lo llevé a Cádiz'. La confusión viene de que sí es correcto decir 'le llevé a Cádiz un paquete', porque en este caso le representa al complemento indirecto.

Es decir, se utiliza le correcta-mente cuando el pronombre representa al complemento indirecto de la frase. En el ejemplo anterior, la persona a la que se llevó el paquete es complemento indirecto. El directo es el paquete.

También se debe usar le para el complemento indirecto femenino. Ejemplo: 'Le llevé un paquete a Luisa'. El leísmo incorrecto se produce cuando le es utilizado como complemento directo que representa a animales o cosas: "Le entregué el gato y ordené que le llevara en el coche" (lo correcto es 'lo llevara').

12.44. Loísmo. Este vicio de lenguaje se produce al utilizar lo en lugar de le como pronombre representativo del complemento indirecto. Ejemplo: 'lo llevé un paquete' (a él), cuando lo correcto es 'le llevé un paquete'. Se usa lo correctamente cuando representa al complemento directo masculino. Ejemplo: 'Lo llevé a Cádiz' (a él). También es correcto emplear le en este caso, si se trata de una persona: 'Le llevé a Cádiz' (a Juan).

13
ERRORES MÁS FRECUENTES

A continuación se reproducen y explican algunas de las equivocaciones más frecuentes en los medios de comunicación, tanto gramaticales como de léxico.

Adecua, no adecúa. El verbo adecuar se conjuga en cuanto al acento como averiguar, y no se dice 'averigúa'.

Adonde. Este adverbio de lugar se escribe en una sola palabra cuando el antecedente está expreso o en frases interrogativas, y separado cuando no hay antecedente. Ejemplos: 'aquélla es la casa adonde vamos', '¿adónde me lleváis?', 'venían a donde yo estaba'. Como adverbio relativo no lleva acento, pero sí en frases interrogativas, admirativas o dubitativas.

Agredir y transgredir. Verbos defectivos que sólo se conjugan en los tiempos y personas que tienen la vocal *i* en sus desinencias. La utilización de 'agrede' y 'transgrede' está considerada de mal gusto lingüístico.

Agresivo. Esta palabra significa 'propenso a faltar al respeto, a ofender o a provocar a los demás'. Pero no, por vía de anglicismo, 'activo, audaz, dinámico, emprendedor o de empuje'.

A nivel de. Expresión que suele ser mal empleada, puesto que implica un concepto de altura ('a nivel del mar', 'no ha llegado al nivel de otras veces'). Es incorrecta cuando se usa para extensiones o similares: 'está prohibido a nivel estatal', 'hay que hacerlo a nivel de prueba'. En estos casos, y para una edición rápida —la expresión aún es mejorable—, se puede corregir por 'a escala', o 'en el ámbito' o simplemente 'como': 'Hay que hacerlo como prueba'.

Cesar. Este verbo es intransitivo, y por tanto no se puede usar con complemento directo. Caer o entrar son también verbos intransitivos; y uno cae, pero no es caído por otro; uno entra en un sitio, pero no es entrado en él. Por lo mismo, no se puede escribir que Fulano 'ha sido cesado', ni que Mengano 'cesó' a Zutano; se cesa, pero no se es cesado. Fulano cesa, a Mengano se le destituye, a Zutano se le pide el cese o se le obliga a cesar, y Perengano cesó.

Climatológico. Se emplea incorrectamente como sinónimo de meteorológico. El clima, y por ende sus palabras derivadas, hace referencia a las condiciones meteorológicas habituales en un lugar dado. Así, cabe hablar de un clima atlántico o mediterráneo, definido por unas circunstancias meteorológicas diarias —sol, lluvia o viento—, cuya repetición configura aquél. Pero no cabe decir que ese día hubo determinadas circunstancias climatológicas. Un lugar, salvo glaciaciones o grandes cambios similares, siempre tiene el mismo clima: lluvioso o seco; temperaturas cálidas o frías, extremas o templadas, mediterráneo o atlántico.

Coaligarse. Lo correcto es 'coligarse'; no 'coaligado', pero sí 'coalición' o 'liga', palabra esta última lamentablemente relegada en su acepción como conjunto de fuerzas políticas unidas.

Como. El uso de una coma antes del adverbio 'como' cambia el significado en muchas frases. No es igual 'no lo hice como me dijiste' (lo hizo de distinta forma) que 'no lo hice, como me dijiste' (no lo hizo, luego cumplió el encargo). Si se trata de subsanar un error, se incurre en otro en frases como la siguiente: 'el presidente de Castilla y León es Juan José Lucas y no José Bono, como se publicó ayer'. Detrás de frases similares se adivina la intención de escribir 'en contra de lo que se publicó ayer', pero la coma cambia el sentido. Lo correcto es: 'el presidente de Castilla y León es Juan José Lucas, y no José Bono como se publicó ayer'.

Concierto. Joaquín Sabina, Javier Gurruchaga, Luciano Pavarotti, Ana Belén y Víctor Manuel no actúan *en concierto,* por mucho que esa expresión parezca más importante y dé mayor relevancia al acontecimiento. En todo caso, ofrecen un 'recital', puesto que la palabra 'concierto' se refiere a actuaciones en las que predomina la ejecución instrumental.

Confrontación. No es lo mismo que 'enfrentamiento', palabra a la que suele sustituir incorrectamente. Confrontar es comparar, cotejar, contrastar, ver las diferencias entre dos personas o cosas.

Conllevar. Normalmente es utilizada con la pretensión de darle el significado de 'llevar con', pero en realidad significa 'soportar con', 'aguantar conjuntamente'. Sería preferible el uso de 'implica', 'acarrea' o, en último caso, 'comporta', expresión ésta recogida con sentido equivalente en varios diccionarios, aunque no en el de la Academia. Ejemplo de uso correcto: 'Mi hermana y yo nos conllevamos desde hace años'. Ejemplo incorrecto: 'La subida del Partido Popular conlleva el descenso del PSOE'.

Consecuencia. Los hechos ocurren 'a causa de' algo, o 'como consecuencia' de ello, pero es desaconsejable la expresión 'a consecuencia de'.

Créditos (títulos de crédito). Se emplea como referencia a los rótulos que aparecen al principio o al final de las películas, traduciendo de forma macarrónica el *credits* del inglés. Es preferible decir 'rótulos', 'firmas' o 'letrero'.

Debe de. El verbo deber se usa con la partícula *de* para denotar probabilidad; y sin *de,* para denotar obligación. 'Debe ser así' señala una obligación; 'debe de ser así' expone una probabilidad.

Decantarse. Esta fórmula pronominal no es sinónima de 'decidirse', 'inclinarse', 'definirse' u 'optar por', sino de 'aclararse' o 'apartarse de la línea por donde se va'. Según la Academia, existen dos verbos decantar. El primero significa propalar, ponderar, engrandecer, que no viene al caso; el segundo, inclinar suavemente una vasija sobre otra para que caiga el líquido contenido en la primera, sin que salga el poso (no en balde, en los laboratorios suele haber una vasija llamada decantador). En su segunda y tercera acepciones este último verbo significa desviarse o aclarar.

Detectar. El único significado de este verbo era, hasta 1992, 'poner de manifiesto por métodos físicos o químicos lo que no puede ser observado directamente'. En este sentido se utiliza cuando se trata de detectar metales, agua, radiactividad o contaminación. En la última edición del *Diccionario de la Lengua Española* significa también 'descubrir'. No obstante, se abusa en exceso de esta nueva acepción, con olvido de hallar, encontrar, observar o localizar.

Detentar. No debe emplearse para indicar cualquier situación de poder o mando, sea o no sea legítimo o conforme a derecho. Su significado exacto es retener sin derecho, usar o atribuirse alguien una cosa indebida o ilegítimamente, y sólo en este caso ha de usarse.

En base a. En lugar de este horrible latiguillo y barbarismo de políticos y abogados, escríbase 'a partir de', 'basado en'.

Encuentro. Por influencia del inglés *(meet),* muchos periodistas equiparan las expresiones castellanas 'encuentro' y 'reunión', que en español tienen significados distintos. No se puede escribir que 'el encuentro entre los dos presidentes duró cerca de dos horas'. El encuentro, el momento en el que coincidieron en un mismo lugar, apenas habrá durado unos segundos. Lo que duró dos horas fue la reunión, el diálogo, la conversación, el debate o la entrevista.

Sí es correcto el uso de 'encuentro' como sinónimo de partido en una competición deportiva, asimilado a 'choque' y entendido en sentido figurado. En cualquier caso, ha de cuidarse su uso: no se puede escribir 'el árbitro alargó cinco minutos el choque', ni, por la misma razón, 'el encuentro superó en seis minutos el tiempo reglamentado'.

En profundidad. Los problemas no se abordan o discuten 'en profundidad', que es tanto como escribir dentro de un pozo, sino 'con detenimiento'.

Entrenar. Es un verbo siempre transitivo o pronominal, nunca intransitivo. Es decir, no se puede escribir sin complemento directo. Si leemos 'la selección entrenó en el Sánchez Pizjuán', la pregunta que salta a cualquier lector avisado es ésta: ¿a quién? Lo correcto es 'la selección se entrenó en el Sánchez Pizjuán'. Los deportistas no 'entrenan', *se* entrenan'; quien 'entrena' es el entrenador.

Aunque es un error menos frecuente, también merece la pena recordar que 'entrenos', muy utilizado por periodistas y deportistas catalanes, no se puede emplear en lugar de 'entrenamientos'.

Es por eso (o esto) que. Giro francés y catalán. Lo correcto en castellano es la construcción 'es por esto por lo que', 'por esto *es*

por lo que', o, mejor, simplemente 'por esto'.

Espúreo. No es palabra castellana. Escríbase en su lugar, según el género, 'espurio' o 'espuria'.

Estimaciones. Estimar es 'apreciar', 'dar valor a algo'. Por tanto, se utiliza erróneamente al hablar de 'daños por valor de cinco millones de pesetas, según las últimas estimaciones'. Debe decirse 'según los últimos cálculos'.

Ganar de. Incorrección utilizada incomprensiblemente en baloncesto para reflejar la diferencia en el marcador. Ha de escribirse 'ganar por'.

Geografía. Se utiliza mucho la expresión 'geografía española' para hacer referencia al territorio nacional. 'Geografía' es igual a 'estudio de la tierra', y no a la tierra en sí misma. Por tanto, es un absurdo escribir 'este verano actuará por toda la geografía española'.

Habría, sería. La forma auxiliar 'habría' o el potencial en general (simple o compuesto) no deben emplearse para expresar inseguridad o rumor. Dos ejemplos incorrectos: 'fuentes de la Moncloa señalan que el ministro estaría preparando la ley' (así, sin verbo subjuntivo que apoye esa oración); 'según estas fuentes, habrían muerto 10 personas'. En perfecto castellano, esto equivale a decir que no murieron, pues con arreglo a la gramática el potencial en pasado refleja una acción que pudo ocurrir y que finalmente no se realizó. Ejemplo correcto: 'Habría venido si hubiera podido'. Asimismo, ha de emplearse 'habría' cuando concuerda con un subjuntivo. Ejemplo desaconsejable: 'si Felipe González se hubiese enfrentado a otra situación, hubiera convocado elecciones'. Ejemplo más correcto: 'si Felipe González se hubiese enfrentado (...), habría convocado elecciones'.

Incautar. Es un verbo siempre pronominal, por lo que resulta incorrecto utilizarlo así: 'la policía incauta dos kilos de drogas'. Lo correcto es: 'la policía se incauta de dos kilos de drogas'. Gramaticalmente se emplea como 'apropiarse', y nunca se escribe 'la policía apropia dos kilos de drogas'.

Liderar. Aunque admitida por la Academia, debe sustituirse esta palabra por otras más castellanas como 'encabezar', 'dirigir', 'presidir', 'acaudillar', 'capitanear', 'comandar'.

Ostentar. No es sinónimo de 'desempeñar' o 'ejercer un cargo'. Significa 'mostrar o hacer patente una cosa', 'hacer gala de grandeza, lucimiento y boato'.

Parafernalia. Palabra admitida por la Academia con el significado de conjunto de ritos o de cosas que rodean determinados actos o ceremonias.

Peatonal. Adjetivo incorporado al *Diccionario de la Real Academia* que significa 'perteneciente o relativo al peatón'. Ejemplo: 'calle peatonal'. Evítese el horrible derivado 'peatonalización'.

Plataforma reivindicativa. Expresión reprobable. Salvo que se trate de una cita textual, sustitúyase por 'las reivindicaciones'.

Porque, porqué. Se escribe junto y sin acento cuando es conjunción causal y puede sustituirse por 'a causa de' o 'por razón de'. En cambio, se acentúa cuando es sustantivo y sinónimo de la causa o la razón. Ejemplos: 'lo hago porque es necesario', 'los ciudadanos quieren saber el porqué de la dimisión'.

Posicionamiento, posicionar. Palabras admitidas por la Real Academia Española. Es preferible emplear 'situar', 'colocar', 'definirse', 'tomar posición'.

Preveer. Lo correcto es prever.

Problemática. Además de adjetivo ('dudoso, incierto, o que se puede defender por una y otra parte'), la Academia ha admitido esta palabra con el significado de 'conjunto de problemas pertenecientes a una ciencia o actividad determinadas'. En este último caso es preferible emplear 'los problemas', 'las dificultades' o 'el conjunto de problemas'.

Pronunciar un mitin. Expresión incorrecta. Sustitúyase, según el caso, por 'pronunciar un discurso' o 'celebrar un mitin'.

Protagonizar. Significa 'representar un papel en calidad de protagonista' y, por extensión, 'desempeñar alguien o algo el papel más importante en cualquier hecho o acción'; y 'protagonista' es el 'personaje principal de una obra literaria o cinematográfica', o 'persona o cosa que en un suceso cualquiera desempeña la parte principal'. Por tanto, no es correcto escribir 'decenas de personas *protagonizaron* una manifestación', puesto que todas a la vez no desempeñan el papel principal. Análogamente, en una obra literaria o escénica sólo hay un protagonista (o uno masculino y otro femenino). Puede haber varios actores principales, pero no varios protagonistas. La etimología en castellano deriva del griego *protos,* primero, y *agonystés,* actor. En cambio el *starring* inglés, que es lo que induce a confusión, procede de *star,* y por tanto implica una lógica distinta.

Provocar. No es sinónimo de causar, sino de 'excitar' o 'inducir'. Se causa algo cuando la acción recae directamente en la persona o cosa. Y se provoca cuando esa causa genera otra acción de la persona o cosa. Se provoca una reacción, pero se causa un daño. Es incorrecto escribir, por ejemplo: 'La bala le provocó una herida en la pierna'. Para comprender mejor la diferencia entre causar y provocar, analícense los sustantivos: 'causa' y 'provocación'.

Igualmente, no debe hablarse de "incendio provocado" cuando se pretenda expresar que se trata de un fuego intencionado. Todos los incendios son provocados por algo, ya sea un rayo, un cortocircuito o la cerilla de una persona.

Puntual. Se suele hablar de propuestas o aspectos *puntuales,* en lugar de citar aspectos 'concretos'. Esa acepción de 'puntual' no es castellana.

Que, quien. El pronombre 'que' se emplea preferentemente detrás de nombres de cosas. Detrás de nombres de personas hay que usar 'quien'. No es correcto 'es el Congreso de los Diputados quien debe decidir', sino 'es el Congreso de los Diputados el que debe decidir'. Pero sí 'es el presidente quien debe decidir'.

Redactado. Es incorrecto escribir 'el redactado de la ley'. En todo caso, es correcto el participio en 'lo redactado'; o bien 'la redacción de la ley'.

Reinsertado. Lo correcto es 'reinserto'.

Relanzar. 'Reunir' no es unir dos veces, ni volver a unir; 'rematar' no significa 'volver a matar' (sería imposible entonces rematar a una persona, teniendo, como tenemos, una sola vida); 'recoger' no es coger dos veces... Y 'relanzar' no significa 'volver a lanzar', sino 'rechazar, repeler'. Lo correcto es decir 'reactivar la economía', 'impulsar el comercio'.

Saga. Esta palabra significa, en su primera acepción, 'cada una de las leyendas poéticas contenidas en su mayor parte en las dos colecciones de primitivas tradiciones heroicas y mitológicas de la antigua Escandinavia'; en su segunda acepción, admitida en la última edición del *Diccionario de la Lengua Española* (1992), significa también 'relato novelesco que abarca las vicisitudes de dos o más generaciones de una familia'; no es, por tanto, sinónima de familia. *La saga de los Rius* es 'la aventura de los Rius', igual que *La saga de los Porretas* y demás títulos semejantes.

Suplicatorio. El suplicatorio es la instancia que uno de los tres poderes clásicos dirige a otro de ellos para pedirle algo. Por tanto, es el continente de una petición, no el contenido. Así pues, no se puede decir 'el Supremo solicita el suplicatorio de José Barrionuevo' o 'si el Senado concede el correspondiente suplicatorio...' (casos que serían un absurdo a la vez que una redundancia). El suplicatorio se presenta, se redacta, se expone, pero no se otorga o se concede, ni se aprueba o se rechaza. En todo caso, se aprueba conceder lo solicitado en el suplicatorio.

Teatro. En el lenguaje de la estrategia militar se utiliza, equivocadamente, con el significado sajón. En castellano es más lógico emplear la palabra 'escenario', tomándola en sentido figurado, o alguna otra expresión como 'campo de operaciones'. No es correcto decir 'armas de teatro europeo'.

Tener lugar. Es un galicismo. Debe sustituirse por 'celebrarse', 'desarrollarse', 'ocurrir', 'producirse', 'verificarse'...

Valorar. Hoy todo se *valora,* positiva o negativamente, y nada se estima satisfactorio o se aprueba; nadie muestra su conformidad ni manifiesta su acuerdo; nada se rechaza, se considera reprobable o se estima insatisfactorio; nadie expresa su desacuerdo o su disconformidad. El vocablo *valorar* se está empleando, incorrectamente, como sinónimo de analizar y estudiar. Sin embargo, valorar implica siempre 'dar valor' a algo, en un concepto positivo ('yo valoro tu trabajo'). Por tanto, es absurdo 'valorar negativamente', y una redundancia 'valorar positivamente'. Cuando se emplea para 'valorar los daños' se está utilizando también mal, puesto que lo correcto es 'evaluar'.

Vergonzante. No es lo mismo que vergonzoso. 'Vergonzante' ha de aplicarse a la actitud de hacer algo ocultándose, sin manifestarse públicamente. El mendigo que se tapa la cara para que no le reconozcan, por ejemplo, mantiene una actitud 'vergonzante'. En síntesis, la actitud 'vergonzante' es la de quien tiene vergüenza; y 'vergonzosa', la de quien la causa.

Estilos directo e indirecto. Cada vez es más frecuente en los periódicos un vicio de lenguaje que denota escaso esmero literario: utilizar el estilo directo y el indirecto con una conexión sintáctica incorrecta. Ejemplo: 'su esposa comentó anoche que "mi marido no está".

Para exponer esa idea correctamente, hay dos posibilidades: 'su esposa comentó anoche que su marido no estaba' o 'su esposa comentó anoche: "Mi marido no está". Pero nunca la mezcla de ambas.

Otro ejemplo: 'la doncella aseguró que no podía contestar "porque estoy sola con las niñas. Llame una hora más tarde". Aquí se produce un claro error de concordancia en los verbos: 'la doncella (...) *no podía* (...) *porque estoy sola. ¿*A quién corresponde *estoy,* al periodista, a la doncella? El hecho de que se escriban comillas no indica que a partir de ese signo comience una frase que no ha de estar relacionada sintácticamente con la que le da la concordancia.

Adverbios. Los adverbios de tiempo deben ir siempre junto al verbo. Debe escribirse 'el Rey ha inaugurado hoy...', pero no 'hoy, el Rey ha inaugurado...'. En general, los adverbios se deben situar tras el grupo verbal, mejor que delante o en el medio. Ejemplos: 'El presidente está claramente dispuesto a dimitir' debe sustituirse por 'el presidente está dispuesto claramente a dimitir'. A veces, se incurre en galicismo: 'Una vez que el Gobierno hubo terminantemente prohibido...' (en lugar de escribir correctamente 'una vez que el Gobierno hubo prohibido terminantemente...').

La palabra inicial de una información jamás puede ser un

adverbio (salvo 'sólo' o 'solamente' si su lugar altera el significado de la frase), como tampoco una locución adverbial o un complemento circunstancial. Los adverbios tienen como función gramatical modificar el significado de otras palabras.

Por tanto, es una mala construcción periodística iniciar una noticia con una palabra que amplía, matiza o precisa algo que aún no se conoce. Y ello precisamente en el párrafo que debe atraer al lector y facilitarle la lectura.

DICCIONARIO

DICCIONARIO

Los criterios aplicados en los diccionarios de palabras y de abreviamientos (siglas y acrónimos) derivan de la parte teórica que les antecede.

Los principios más importantes del vocabulario están basados en la elección de términos castellanos frente a los extranjerismos que van entrando en el lenguaje de políticos y periodistas, pero que tienen equivalente en español; en la adopción como palabras normales —escritas en redonda— de vocablos creados muy recientemente —por ejemplo, sida, sídico, sidoso, ovni, grapos, porro, canuto, láser—, que no están recogidos por el diccionario oficial pero son de uso extendido; y en la necesidad de no emplear nunca expresiones técnicas o excesivamente cultas que resulten ajenas al lector.

Los nombres de ciudades extranjeras se escribirán en castellano si tienen traducción a este idioma, salvo las excepciones recogidas en el siguiente diccionario.

El uso de la cursiva en este vocabulario es restrictivo: se reserva para palabras de otro idioma cuyo uso se admite *(strip-tease, yuppies, ikastola, ikurriña...)* para términos de significado diferente al habitual (los *tiburones* de la Bolsa, un *camello* de cocaína) y para algunos neologismos *(penenes)*.

Las expresiones se han ordenado sin tener en cuenta que el diccionario oficial de la Real Academia toma como letras independientes la *ch* y la *ll*. Este sistema diferenciado del presente *Libro de estilo* tiene dos razones: que un diccionario debe ordenar letras y no sonidos; y que permite una mejor clasificación de las palabras de otros idiomas. Así, por ejemplo, la *ç* figura ordenada como una *c,* como en el caso de la palabra *calçots*. No obstante, y al margen del orden establecido para este vocabulario, la *ch* sigue considerándose una letra más del alfabeto castellano, y así deberá emplearse en las siglas (por ejemplo, PCCh para Partido Comunista Chino).

Algunas palabras se han incluido en este diccionario no precisamente para que se usen, sino para orientar al redactor sobre su significado. Especialmente, para cuando haya de manejar teletipos escritos en otros idiomas y en los que una traducción literal pueda inducirle a cometer un error. Así ocurre, por ejemplo, con las distintas graduaciones militares de países extranjeros.

Un término "se prefiere" a otro cuando es el que ha de utilizarse como primera o única referencia; pero ello no impide que en referencias posteriores del mismo artículo se emplee el menos aconsejado, si queda claro que se usa como sinónimo y no induce a error. Las palabras cuyo uso se prohíbe en este *Libro de estilo* sí pueden utilizarse si están contenidas en una declaración textual hecha en castellano y van en un entrecomillado. En ese caso, se escriben como queda indicado en la entrada correspondiente.

Las palabras que aparecen en negrita tienen una entrada propia en el presente diccionario.

PALABRAS

A

a. Sobre su uso como preposición, véanse los apartados **12.8** a **12.12.**

Aachen. Nombre alemán de Aquisgrán (en francés, Aix-la-Chapelle), ciudad situada en la parte oriental de Alemania.

Aaiún, El. Nombre en español de la ciudad llamada por los marroquíes Layun.

ab absurdo. Expresión **latina,** 'por lo absurdo'. No debe emplearse en un texto noticioso.

abad. Título o dignidad eclesiástica. Se escribe en redonda.

ab aeterno. Expresión **latina,** 'desde la eternidad'. No debe emplearse en un texto noticioso.

abarloar, abarloado. Véase **atracar.**

abate. Presbítero francés. Es palabra castellana; por tanto, se escribe en redonda.

Abc. Como cualquier otra cabecera de **periódico,** ésta de Prensa Española se escribirá en minúsculas, salvo la letra inicial, y en cursiva.

abc. Cuando se trate del abecedario o conjunto de letras se escribirá 'abecé' y no 'abc'. Ejemplo: 'no saber ni el abecé'.

Aberri Eguna. En vascuence, 'Día de la Patria'. Se celebra el Domingo de Resurrección. La primera vez que se conmemoró como fiesta oficial del **País Vasco** fue en 1982, tras 50 años de historia. Hay que explicar su significado cuando se utilice. Se escribe en redonda y en masculino. Es una redundancia escribir 'el Aberri Eguna vasco'; y también 'el día del Aberri Eguna', por cuanto la palabra día ya está contenida en la expresión.

abertura. La hendidura o grieta de algo, además de 'acción de abrir', 'terreno ancho' o 'ensenada'. No debe confundirse con el vocablo **apertura.**

abertzale (plural castellanizado,

abertzales). En vascuence, 'patriota' y, por extensión, 'nacionalista', aunque ni etimológica ni conceptualmente sean sinónimos. Puede emplearse, aunque escrita en cursiva, pero se prefieren términos más precisos: nacionalista, independentista.

abh. Véase **calendario judío.**

Abidjan. Escríbase **Abiyán.**

abigarrado. Su significado es 'compuesto de elementos muy diversos e inconexos', y no debe emplearse equivocadamente como 'denso' o 'concentrado'.

ab initio. Expresión **latina,** 'desde el comienzo'. No debe emplearse en un texto noticioso.

ab intestato. Expresión **latina,** 'sin testamento'. No debe emplearse en un texto noticioso. Pero sí 'abintestato' (escrito en redonda), procedimiento judicial sobre herencia y adjudicación de bienes del que muere sin testar. En este caso, debe explicarse.

Abiyán, no Abidjan. La capital de Costa de Marfil.

able seaman. Clase de tropa de la Marina británica equivalente en la española a marinero de primera clase. Debe traducirse.

abotagarse, mejor que 'abotargarse', aunque las dos son válidas.

ábrego. Viento característico de Extremadura y Castilla. Es amable y llega del Sur, o del Suroeste junto con las borrascas que proceden del litoral portugués. Lleva las lluvias que alivian las sequedades del centro de la Península.

absceso, no abceso.

Abu Dabi, no Abu Dhabi. Véase **emiratos árabes.**

academia. Se escribe con mayúscula inicial cuando forma parte de un nombre propio. Ejemplos: 'la Real Academia de Ciencias Morales y Políticas', 'la Academia General de Zaragoza'.

No existe una 'academia de la lengua'. Por tanto, tampoco 'académicos de la lengua'. El nombre oficial de este organismo es 'Real Academia Española' o 'Academia Española', y sus miembros son 'académicos de la Española'.

El centro oficial donde se forman los futuros oficiales de la Armada es la Escuela Naval Militar, no la academia.

Acadèmia de Ciències. Puede emplearse como única referencia para referirse a la 'Academia de Ciencias de Cataluña'.

accésit. No tiene plural.

accidente. En su acepción de 'suceso desgraciado', no ha de confundirse con 'incidente', que significa 'acontecimiento imprevisto'.

Acción de Gracias, Día de. Fiesta estadounidense con la que se conmemora la realizada por los *peregrinos* del *Mayflower,* el 29 de noviembre de 1623, tras recoger su primera cosecha en tierras de América. Se celebra el último jueves de noviembre.

No debe emplearse la denominación en inglés: Thanksgiving Day.

ace. En **tenis,** 'saque ganador' o 'tanto directo de saque'. Debe eludirse la expresión inglesa.

acentuación. Sobre su uso, véanse los apartados **11.78** a **11.113.**

achampañado, no achampanado.

Achman, no Ajman. Emirato del golfo Pérsico, miembro de los **Emiratos Árabes** Unidos.

ácido. Se escribirá en cursiva cuando se refiera al **LSD.**

a contrariis. Expresión **latina,** 'por los contrarios'. No debe emplearse en un texto noticioso.

acordeonista, no acordeoncista.

acre. Medida de superficie empleada en el mundo anglosajón, equivalente a 0,4047 hectáreas.

acrobacia, no acrobacía.

acrónimo. Véanse **9.17** y **9.34.**

act. En inglés, 'decreto' o 'ley'. Es una redundancia escribir 'el decreto Taft-Hartley Act'.

Acta Apostolicae Sedis. Es el verdadero órgano oficial de la Santa Sede y del Estado vaticano. El vespertino *L'Osservatore Romano* sólo puede considerarse como órgano oficioso.

Acta Única Europea. También puede escribirse 'Acta Única'. En referencias sucesivas, basta con escribir 'el Acta'. Este documento sobre el desarrollo de la **CE** entró en vigor el 1 de julio de 1987; por tanto, es incorrecto decir "cuando entre en vigor el Acta Única". Ha sido corregida por el Tratado de la **Unión Europea** firmado el 12 de diciembre de 1992 en Maastricht.

actor. En derecho procesal se llama así, a veces, al demandante o querellante. No debe emplearse con este sentido, sobre todo cuando el contexto no ayude a entenderlo.

AD. Iniciales de las palabras latinas *anno Domini* (en el año del Señor), utilizadas en inglés para referirse a los años de la era cristiana. En castellano se escribe 'después de Cristo'.

adagio. En música, movimiento lento, así como la composición o la parte de ella que se ha de ejecutar con este movimiento. Es palabra castellana; por tanto, se escribe en redonda.

adar, adar sheni. Véase **calendario judío.**

ad calendas graecas. Expresión **latina,** por las *calendas griegas,* el tiempo que no ha de llegar. No debe utilizarse en un texto noticioso.

Addis Abeba. La capital de Etiopía.

adecua, no adecúa. El verbo adecuar se conjuga en cuanto al acento como averiguar, y no se dice 'averigúa'.

Adén. La capital de Yemen del Sur. Hasta 1967 el Estado se llamó Adén.

Adena. Acrónimo de la Asociación para la Defensa de la Naturaleza.

ad hoc. Expresión **latina,** 'para un fin determinado'. No debe emplearse en un texto noticioso. Sustitúyase por 'para esto' o 'especialmente'.

adicción. La condición de adicto a una droga. No debe confundirse con adición o suma.

ad infinítum. Expresión **latina,** 'hasta el infinito'. No debe emplearse en un texto noticioso. Debe sustituirse por 'sin fin' o 'ilimitado'.

ad ínterim. Expresión **latina.** No debe emplearse en un texto noticioso. Sustitúyase por 'de manera interina', 'entretanto'.

a divinis, **sanción.** Pena canónica mediante la cual un sacerdote queda apartado de decir misa y ejercer su ministerio. Se escribe en cursiva.

adjetivos. Véanse los apartados 12.5 y 12.6.

adjudicar. Significa 'declarar que una cosa corresponde a una persona, o conferírsela en satisfacción de algún derecho'. A ello, la Real Academia Española ha añadido el significado de 'ganar, obtener, conquistar'. 'El Barcelona se adjudicó la Recopa de Europa'.

Adjutant General's Corps. En el Ejército de Estados Unidos, 'Cuerpo del Ayudante General'. Debe traducirse.

adlátere. Aunque procede de la expresión latina *a latere,* debe escribirse 'adlátere', y no alátere. Persona allegada, que acompaña constante o frecuentemente a otra. Suele emplearse con matiz despectivo.

ad líbitum. Expresión **latina,** 'a voluntad', 'a elección'. No debe emplearse en un texto noticioso.

ad límina. En **latín,** 'a los umbrales'. Viaje que los obispos residenciales han de hacer cada cierto tiempo a Roma para visitar las tumbas de los apóstoles Pedro y Pablo, manifestar obediencia y reverencia al Papa y darle cuenta sobre el estado de las diócesis que regentan.

ad lítteram. Expresión **latina,** 'a la letra'. No debe emplearse en un texto noticioso. Sustitúyase por 'al pie de la letra'.

Adm. Abreviatura usada en inglés para *admiral,* almirante.

Administración. Se escribe con mayúscula inicial cuando se refiere a determinado Gobierno, a la estructura política de un país o a una de sus ramas. Ejemplos: 'La Administración de justicia', 'la Administración local'. Es incorrecto escribir 'la Administración Bush', sin la preposición *de.*

admiral. En las fuerzas navales de Estados Unidos y del Reino Unido esta graduación militar equivale al almirante de la Armada española, y así debe traducirse. En cambio, en la Marina de Alemania corresponde a capitán general de la Armada.

Véanse *admiral of the Fleet, commodore, flotillenadmiral, konteradmiral, rear admiral, vice admiral* y *vizeadmiral.*

admiral of the Fleet. Máxima graduación en la Marina estadounidense y en la británica, equivalente al capitán general de la Armada española. Debe traducirse por 'almirante de la Flota'.

ad náuseam. Expresión **latina,** 'hasta la repugnancia', física o moral. No debe emplearse en un texto noticioso.

adolecer. Tener una dolencia o un defecto. No debe equivocarse con el significado de 'carecer'.

adolescente. Empléese solamente para referirse a personas —varones o hembras— con una **edad** comprendida entre los 13 y los 18 años.

adonde. Este adverbio de lugar se escribe en una sola palabra cuando el antecedente está expreso o en frases interrogativas, y separado cuando no hay antecedente. Ejemplos: 'aquélla es la casa adonde vamos', '¿adónde me lleváis?', 'venían a donde yo estaba'. Como adverbio relativo no lleva acento, pero sí en frases interrogativas, admirativas o dubitativas.

advantage. Véase **tenis.**

adventista. La confesión religiosa que cree en un segundo y próximo advenimiento de Cristo, así como el que pertenece o lo relativo a ella.

adverbios. Véanse los apartados **12.1** a **12.4.**

Aer Lingus. Líneas aéreas irlandesas.

aerobús, no *airbus.* Cierto tipo de avión grande para el transporte de pasajeros. Pero Airbus, con mayúscula inicial y en redonda, para el nombre de una compañía o para los modelos fabricados por ésta. Véase ***jumbo.***

Aeroflot. Líneas aéreas rusas.

Aero México. Líneas aéreas mexicanas. Su anterior nombre era Aeronaves de México.

aeropuerto. Se escribe todo en minúsculas, salvo cuando forme parte de un nombre propio. Ejemplos: 'el aeropuerto de El Prat', 'el bar Aeropuerto'.

affaire. Es palabra francesa. Deben emplearse las equivalencias castellanas 'negocio'; 'caso', 'cuestión' o 'asunto'; 'escándalo' o 'incidente'.

affiche. Palabra francesa que

debe sustituirse, según los casos, por 'cartel', 'bando' o 'edicto'.

afganí (plural, afganíes). Moneda de Afganistán subdividida en 100 puls. Los naturales de este país son afganos, no afganíes.

Afganistán, no Afghanistan. Estado de Asia occidental. Gentilicio, afgano.

aflorar. Se trata de un verbo intransitivo. No es correcto "el Gobierno busca fórmulas de gracia para aflorar el dinero negro" (EL PAÍS, primera página del 1-XI-1990). Debe escribirse: "El Gobierno busca fórmulas de gracia para hacer aflorar el dinero negro"; o, mejor, "el Gobierno busca fórmulas de gracia para que aflore el dinero negro".

África del Sur o Suráfrica, pero no Sudáfrica.

África del Suroeste. Debe escribirse Namibia.

afrikaans, no **afrikáner.** Lengua hablada en la República de Suráfrica por los descendientes de los **bóers.** Procede del holandés —antes se llamó *holandés del Cabo* o *taal*—, y tiene mezclas dialectales africanas. Es lengua oficial en Suráfrica desde 1925 (además del inglés).

afrikáner. Nombre que reciben los antiguos colonos holandeses de la República de Suráfrica. No debe confundirse con **afrikaans.**

afroasiático. No debe emplearse como sinónimo de país **tercermundista,** pues no incluye a los latinoamericanos.

afrodisiaco, no afrodisíaco.

agá, no aga. Título honorífico en algunos países de Oriente Próximo. Debe escribirse 'el agá Jan', pero no 'el Aga Khan'.

agencia. No debe emplearse esta palabra para nombrar organismos internacionales o gubernamentales. En lugar de 'agencia' —traducción incorrecta de *agency* en inglés—, escríbase 'administración', 'departamento', 'dirección', 'instituto', 'institución', 'organismo', etcétera. Por su uso generalizado se admite, como excepción, 'la Agencia Central de **Inteligencia**' (CIA) norteamericana.

Agency for International Development. Véase **AID.**

agenda. La Academia admite ya

el significado de 'orden del día' o 'temario de una reunión'.

Agerpress. La Agencia Telegráfica de Información rumana (en idioma original, Agentie de Informatii Telegrafice).

aggiornamento. En italiano, puesta al día, actualización. No debe emplearse en un texto noticioso. Pero, si se usa, se escribe en cursiva.

agitprop. Antiguamente, sección de un partido comunista responsable de la agitación y propaganda. Por extensión, actividad de agitación política. No debe emplearse en un texto noticioso. Se escribe en cursiva.

aglutinar. Esta expresión no es sinónima de reunir o congregar. Su significado exacto es éste: 'unir, pegar una cosa con otra'.

agnóstico. Persona que se reconoce incapaz de alcanzar el entendimiento de lo absoluto, y reduce la ciencia al conocimiento de lo fenoménico y relativo. Véase **ateo.**

agredir. Verbo defectivo que sólo se conjuga en los tiempos y personas que tienen la vocal *i* en sus desinencias. La utilización de 'agrede' es de mal gusto lingüístico.

agresivo. Esta palabra significa 'propenso a faltar al respeto, a ofender o a provocar a los demás'. Pero no, por vía de anglicismo, 'activo, audaz, dinámico, emprendedor o de empuje'.

agrogórod (plural, *agrogorodá*). Contracción de las palabras rusas *agrarni* y *górod,* que significa 'ciudad agraria'. No debe emplearse.

agroprom. Contracción de las palabras rusas *agrarni* y *promíshlenni,* que significa 'agrario industrial'. No debe emplearse.

Aguilar de Campoo, Alto Campoo. No debe escribirse Campóo.

Aguion Oros. El nombre castellano de esta península griega es Monte Santo.

Agur jaunak. En vascuence, *Saludos, señores.* Canción vasca de homenaje y despedida.

aide-de-camp. Tradúzcase por 'ayudante de campo'.

aimara, no aimará. Grupo étnico que habita en la región del lago Titicaca, entre Perú y Bolivia. También se llama así el idioma que hablan estas personas.

airbus. Véase **aerobús.**

air chief marshal. Graduación del Ejército del Aire británico equivalente en el español a teniente general. Debe traducirse así.

air commodore. Graduación del Ejército del Aire británico equivalente en el español a general de brigada. Debe traducirse.

aircraft carrier. En inglés, 'portaaviones'.

aircraftsman. En el Ejército del Aire británico, un soldado raso.

Air Force One. Nombre reservado comúnmente para el **avión** que utiliza el presidente norteamericano. Se escribirá en cursiva y con mayúsculas iniciales.

airman. Soldado de aviación. En las Fuerzas Aéreas de Estados Unidos, el *airman first class* equivale en las españolas a cabo segundo, y el *airman second class,* a soldado especialista. Debe traducirse.

Air Staff. En las Fuerzas Armadas norteamericanas, Estado Mayor General del Aire. Debe traducirse.

air vice marshal. Graduación del Ejército del Aire británico equivalente en el español a general de división. Debe traducirse.

Aiún, El. Escríbase El **Aaiún.**

Aix-la-Chapelle. Nombre francés de Aquisgrán (en alemán, Aachen), ciudad de Alemania.

aizkolari (plural castellanizado, *aizkolaris).* En vascuence, 'leñador'. Cortador de troncos en competiciones deportivo-populares del País Vasco. Debe explicarse en la primera referencia.

Ajman. Véase **emiratos árabes.**

Ak. Abreviatura utilizada en **Estados Unidos** para Alaska.

Al, Ala. Abreviaturas utilizadas en **Estados Unidos** para Alabama.

alarmista. Palabra correcta si se refiere a una persona. Si se aplica a una situación, el vocablo adecuado es 'alarmante'.

alátere. Véase **adlátere.**

alauí, no alauita. Es una dinastía. Por tanto, no hay un Gobierno alauí ni ciudadanos alauíes, sino marroquíes. Es una barbaridad hablar, por ejemplo, de 'lanchas alauíes'.

albatross. Esta palabra se escribe en cursiva y con dos eses si se emplea referida al **golf.**

Alberto, lago. Desde julio de 1973 su nombre oficial es lago Mobutu Sese Seko. Siempre que se cite conviene añadir entre paréntesis su anterior denominación.

álbum (plural, álbumes). En discografía, una carpeta con varios discos, no un **elepé.**

Alcorán. Escríbase 'el Corán'.

Alderdi Eguna. En vascuence, 'día del partido'. Se aplica a la fiesta del Partido Nacionalista Vasco.

alegreto, no *allegretto.* Movimiento musical menos vivo que el **alegro,** así como la composición que se ha de ejecutar con él. Se escribe en redonda.

alegro, no *allegro.* Movimiento musical moderadamente vivo, así como la composición que se ha de ejecutar con él. Se escribe en redonda.

Alemania. La República Democrática Alemana (RDA) y la República Federal de Alomania (RFA) se unificaron el 3 de octubre de 1990, mediante la fórmula legal del ingreso de aquélla en ésta, recogida en el artículo 23 de la Ley Fundamental (Constitución) de Alemania Occidental.

Como concepto político, la palabra Alemania sola únicamente podrá usarse, pues, para referencias posteriores a esa fecha y para las anteriores a 1945. Los hechos ocurridos en ese espacio intermedio se produjeron o bien en la República Federal de Alemania (no 'Alemana') o bien en la República Democrática Alemana (no 'de Alemania').

No obstante, en las referencias a la época posterior al 3 de octubre de 1990 será conveniente aclarar, aun cuando se trate ya de una sola Alemania, si se habla de ciudades, hechos, personas o cualquier otra circunstancia relativa u originaria de la Alemania del Este o de la Alemania del Oeste. Por ejemplo, la información sobre una huelga en una fábrica ha de precisar si el lugar donde está enclavada corresponde a una u otra zona. Para estos casos, empléense las expresiones 'la zona oriental de Alemania' o 'la zona occidental de Alemania'.

Como nombre de uso para la nueva Alemania empléese precisamente ése: Alemania. Aunque el nombre oficial siga siendo 'República Federal de Alemania', puede producir equívocos con la denominación que se aplicó al Oeste mientras el país estuvo dividido. Igualmente, y con el mismo objetivo de evitar confusiones, es conveniente hablar de 'la anterior República Federal de Alemania' si se trata de la Alemania Occidental de la época de la división.

Los habitantes de cada una de las dos zonas geográficas son alemanes, con los mismos derechos. Por tanto, sólo se precisará su origen si ello resulta primordial para la información. En ese caso, se hablará de 'alemanes occidentales' y 'alemanes orientales', o 'germanos orientales' y 'germanos occidentales' (no germanoorientales o germanooccidentales).

aleya. Versículo del Corán. Se escribe en redonda.

Al Fatah. El principal de los grupos que integran la Organización para la Liberación de Palestina (OLP). Nunca debe suprimirse el artículo *al.* 'Un guerrillero de Al Fatah', pero no 'un guerrillero del Fatah'. Véase *fedayin.*

álgido. Significa muy frío, pero está aceptado por la Academia con el sentido de 'momento o periodo crítico o culminante'.

Al Hoceima. Escríbase 'Alhucemas'.

Aliados. Se escribirá con mayúscula inicial cuando se refiera a las cuatro **potencias** aliadas en la II Guerra Mundial: Estados Unidos, la Unión Soviética, el Reino Unido y Francia.

Alianza Atlántica. Esta expresión sirve como equivalente de OTAN.

alias. Véanse los apartados **8.11** y **8.12.**

alimenticio. Significa solamente 'que alimenta o que tiene la propiedad de alimentar'. No debe utilizarse como 'relativo a los alimentos', para lo que existe el término 'alimentario'.

aljibe. Véase **cisterna.**

allegretto. Véase **alegreto.**

allegro. Véase **alegro.**

all i oli, no *ajoaceite.* Véase el apartado **8.48** del Manual.

Alma Ata. Capital de la república de **Kazajistán.**

alma máter. Expresión **latina,** 'madre nutricia'. Por extensión, según los gustos, la patria, la Universidad. No debe emplearse en un texto noticioso. Se escribe en cursiva.

alminar, no minarete. Torre de las mezquitas, desde donde el almuédano convoca a oración.

alocución. Esta palabra sólo podrá usarse cuando se refiera al discurso o razonamiento que un superior dirige a sus inferiores.

alta definición. El adjetivo 'alta' aplicado a la definición de la televisión (pasar de las 625 o 650 líneas actuales a 1.125 o 1.250 líneas por pantalla) ha sido acuñado en inglés *(high definition).* La denominación más adecuada en español para este tipo de sistema televisivo es 'gran definición',

pero también puede usarse 'alta definición' por analogía con expresiones ya extendidas como 'alta fidelidad' o 'alta velocidad', aunque también en estos casos la mejor traducción resultaría de emplear el adjetivo 'gran'.

álter ego. Expresión **latina,** 'otro yo'. Dícese de la persona con quien se tiene suma confianza. No debe utilizarse en un texto noticioso.

alternativa KAS. Se escribe en cursiva. La *alternativa KAS* recoge cinco puntos defendidos por la Koordinadora Abertzale Sozialista (KAS), integrada por diversos grupos independentistas vascos, entre ellos la organización terrorista ETA. A lo largo de los años ha tenido diferentes formulaciones, aunque todas ellas similares. Siempre que se cite por vez primera, se añadirá entre paréntesis el punto que en ese momento sea más importante. Por ejemplo: "Jon Idígoras insistió en la necesidad de aplicar la *alternativa KAS* (que incluye el derecho a la autodeterminación)". O también la explicación de que se trata de las reivindicaciones de ETA: "La *alternativa KAS,* que recoge las reivindicaciones de ETA".

La siguiente formulación es, textualmente (incluidas las cursivas), la que imprimió en carteles callejeros Herri Batasuna (que defiende estos contenidos) en 1989.

1. Amnistía total para todos los presos y refugiados políticos vascos, concretada tácticamente como la liberación de los presos y la posibilidad de regreso de los refugiados políticos.

2. Libertades democráticas; legalización de los organismos abertzales e independentistas, sin necesidad de rebajar sus estatutos. Libertad de expresión, de reunión, de asociación y de manifestación.

3. Retirada, escalonada y a plazo fijo, de Euskadi Sur, de la *guardia civil* y la llamada *policía nacional.*

4. Mejora de las condiciones de vida y trabajo de la clase obrera y los sectores populares. Programa socio-económico antioligárquico.

5. Estatuto Nacional de Autonomía, que, cuando menos, llene los siguientes requisitos:

a. Entrada en vigor en las cuatro regiones históricas de Euskadi Sur a la vez: Nafarroa, Gipuzcoa, Bizkaia y Araba.

b. Reconocimiento de que el Pueblo Vasco pueda ejercer el derecho inalienable a la autodeterminación, incluyendo el reconocimiento de que de ese ejercicio pueda crearse un Estado propio e independiente.

c. Reconocimiento de los lazos nacionales existentes entre Euskadi Norte y Euskadi Sur.

d. Las fuerzas de defensa ciudadana que sustituyan a las actuales represivas serán creadas por el futuro Gobierno Vasco y dependientes únicamente de él.

e. Las fuerzas armadas españolas acuarteladas en Euskadi Sur estarán bajo control del futuro Gobierno Vasco.

f. El Pueblo Vasco dispondrá de poderes suficientes como para dotarse en cada momento de las estructuras económicas que considere social y políticamente más convenientes para su progreso y bienestar, material e intelectual.

g. El euskara se convertirá en lengua oficial y prioritaria de Euskadi.

alterne. Palabra admitida por la Academia. Se escribe en redonda.

alteza. Véase el apartado **7.7.**

Althing. Asamblea legislativa de Islandia, la más antigua del mundo. Debe traducirse.

Alto Campoo (Cantabria), no alto de Campóo.

Alto Comisionado para los Refugiados. Organismo de las Naciones Unidas, con sede en Ginebra, responsable ante la Asamblea General y el **Consejo Económico y Social** de la **ONU** de la protección internacional a los refugiados. Sus siglas son **ACNUR** (Alto Comisionado de las Naciones Unidas para los Refugiados).

altocúmulos. Véase estado del **tiempo.**

Alto Karabaj. Provincia autónoma de Azerbaiyán. La mayoría de la población es armenia (cerca del 80%). Se ha autoproclamado República del Alto Karabaj merced a la utilización de la fuerza por parte de la población armenia. Utilícese esta expresión, Alto Karabaj, y no Nagorno Karabaj, Nagorni Karabaj o Karabaj Montañoso.

altostratos. Véase estado del **tiempo.**

Alto Volta. Véase **Burkina Faso.**

alunizaje. Acción y efecto de **alunizar.** Escrito en cursiva, procedimiento de robo mediante la ruptura de la luna de un escaparate. En este último caso, la primera vez que se utilice hay que explicar su significado.

alunizar. Posarse en la superficie de la Luna una nave espacial.

alveolo, no alvéolo.

Al Yamahiria, no Al-Yamahiria. Nombre oficial, en árabe, de la República Árabe Libia Popular Socialista. Para citar a este país basta con escribir 'la República Libia' o, simplemente, 'Libia'. Si, excepcionalmente, se emplea la denominación 'Al Yamahiria', entonces hay que explicar su significado.

amarillismo. Se aplica a las organizaciones sindicales que, abiertamente o no, respaldan los intereses patronales. Se escribe en redonda.

amarillo, periodismo. Tipo de periodismo en el que el sensacionalismo prima sobre la veracidad. Se escribe en cursiva.

El nombre se debe a Yellow Kid, personaje de una famosa historieta publicada por *The New York World,* periódico sensacionalista. Y al hecho de que el color amarillo, cuya impresión había sido hasta entonces problemática, se experimentara por vez primera en la camiseta del personaje, hecho que ocurrió el 16 de febrero de 1896. La historieta, sin embargo, venía publicándose desde noviembre de 1894.

amateur (plural, *amateurs).* Es preferible escribir 'aficionado' o, en su otra acepción, 'no profesional'.

Amberes. Nombre castellano de la ciudad belga llamada en francés Anvers, en inglés Antwerp y en flamenco Antwerpen.

ambigú. Se escribe en redonda.

América del Sur. Véase **Suramérica.**

América Latina. Véase **Latinoamérica.**

americano. Palabra mal empleada cuando se refiere sólo a los habitantes de Estados Unidos. Para éstos se reservan los términos norteamericano o estadounidense, aunque tampoco sean muy exactos (los mexicanos, por ejemplo, son norteamericanos, por habitar en América del Norte, y estadounidenses, en cuanto ciudadanos de los Estados Unidos de México).

America's Cup. Esta famosa serie de regatas saca su nombre no de América, sino del velero *America* por su histórico triunfo ante 15 barcos británicos en 1851 en aguas de aquellas islas. Por ello, no debe traducirse como 'Copa de América' o 'Copa América', sino como 'Copa del América'.

amerizar. Admitido por la Academia con el significado de posarse en el agua. Por ser de formación más castellana, como sustantivo se prefiere 'amaraje' a 'amerizaje'.

Ammán. La capital de Jordania.

ammiraglio di divisione. Graduación de la Marina italiana equivalente en la española a vicealmirante. Debe traducirse.

ammiraglio di squadra. Graduación de la Marina italiana equivalente en la española a almirante. Debe traducirse.

Amnistía Internacional, no Amnesty International.

amoniaco, no amoníaco.

Amur, río. No se debe utilizar esta denominación, sino la china Heilong Jiang. Pero hay que tener cuidado de no confundirla con la provincia de Heilongjiang.

anchoas, no *antxoas.* Véase el apartado **8.48.**

anciana, anciano. La mujer u hombre con más de 65 años. Sin embargo, estos adjetivos —por el tono peyorativo que puedan tener— sólo deben emplearse muy excepcionalmente, y más como exponente de decrepitud física que como un estadio de edad. O para referirse a las personas de **edad** avanzada recluidas en un asilo. En los demás casos, sosláyense con expresiones como 'un hombre de 69 años'.

ancien régime. Expresión francesa empleada para referirse a la Monarquía absolutista. Debe evitarse en un texto noticioso. Se escribirá en cursiva y sin mayúsculas iniciales.

andante. Movimiento musical moderadamente lento, así como la composición o la parte de ella que se ha de ejecutar con este movimiento. Se escribe en redonda.

anexionamiento. Escríbase 'anexión'.

anglo. Sobre el uso de este adjetivo véase **Reino Unido.**

Angora. Nombre anterior de Ankara, la capital turca.

a nivel de. Expresión que suele ser mal empleada, puesto que implica un concepto de altura ('a nivel del mar', 'no ha llegado al nivel de otras veces'). Es incorrecta cuando se usa para extensiones o similares: 'está prohibido a nivel estatal', 'hay que hacerlo a nivel de prueba'. En estos casos, y para una edición rápida —la expresión aún es mejorable—, se puede corregir por 'a escala', o 'en el ámbito' o simplemente 'como': 'Hay que hacerlo como prueba'.

Annaba. Ciudad argelina llamada anteriormente Bona.

Annobón. Nombre anterior de Pagalu, islote de Guinea Ecuatorial.

anorak (plural, *anoraks).* Puede utilizarse, pero siempre que sea posible se prefiere el empleo de 'chubasquero'.

Antakya. El nombre castellano de esta ciudad turca es Antioquía.

anteanoche. Se prefiere esta palabra, por su brevedad, a la frase adverbial 'antes de anoche'.

anteayer. Se prefiere esta palabra, por su brevedad, al modo adverbial 'antes de ayer'.

ante merídiem. No debe emplearse esta expresión **latina.** Escríbase 'antes del mediodía'.

antidoping, **control.** La Academia ha admitido 'antidopaje', pero un periodista cuidadoso debiera escribir 'control de estimulantes' o 'control antidroga'. Véase *doping.*

Antigua y Barbuda. Nombre de un Estado, en las islas **Antillas.**

antiguo. Esta palabra significa que existe desde hace tiempo, que lleva mucho tiempo en el cargo, empleo o profesión, que existió o sucedió hace tiempo, que ha dejado de ser nuevo o moderno. Pero nunca que ya no es lo que era. Para esto deben usarse la partícula **ex** o la expresión 'que fue'.

Antiguo Continente. Escríbase 'Viejo Continente'.

Antiguo Testamento. Se escribe con mayúsculas inicoales y en redonda. La misma regla se ha de aplicar a los 46 libros que lo forman. Ejemplos: 'Génesis', 'Levítico', 'Deuteronomio'.

Antillas. Este nombre debe emplearse para las islas, pero no para el mar que las baña (mar Caribe y no mar de las Antillas). En cuanto a las islas ('islas Antillas' y no 'islas de las Antillas'), éstas deben designarse por sus correspondientes nombres castellanos, no por aquellos con los que se las conoce en inglés o francés.

Las islas Antillas se dividen en tres grandes grupos. El primero lo forman las Bahamas (no Lucayas, hoy en desuso), conjunto de casi 700 islas, inhabitadas en su mayoría. Las principales son Andros, Gran Bahama y Gran Ábaco, aunque la capital del Estado, Nassau, se encuentra en la pequeña Nueva Providencia.

El segundo grupo, llamado Grandes Antillas, está constituido por Cuba, Santo Domingo, Jamaica y Puerto Rico.

El tercero, o Pequeñas Antillas (se le conoce también por islas Caribes, pero se trata de un nombre equívoco y que, por tanto, no debe emplearse), lo forman las islas de Trinidad, Tobago, Barbados y los grupos de Barlovento y Sotavento. Las islas de Barlovento (Windward Islands, en inglés; Îles Sous-le-Vent, en francés) son Guadalupe, María Galante, Dominica, Martinica, Santa Lucía, San Vicente, Granadinas y Granada. Las de Sotavento (Leeward Islands, en inglés; Îles du Vent, en francés) se subdividen en dos grupos: uno a lo largo de las costas venezolanas, compuesto por Aruba, **Curazao,** Bonaire, Aves, Roquesm Orchila, Tortuga y Margarita; el otro, entre Puerto Rico y Guadalupe, lo forman Montserrat, Antigua, Redonda, San Eustaquio, Nevis, San Cristóbal (en inglés, Saint Christopher o Saint Kitts), San Martín, Barbuda, Anguila e islas Vírgenes.

Antioquía. Nombre castellano de Antakya. Esta ciudad turca, próxima a la frontera con Siria, no debe confundirse con Antioquia (sin acento en la *i),* departamento colombiano cuya capital es Medellín.

antípodas. Tanto para referirse a los habitantes del lado diametralmente opuesto del planeta como para los países situados allí, úsese el genérico masculino: 'El Príncipe de Asturias emprendió ayer un viaje a los antípodas'. No obstante, puede variarse el género si se antepone un sustantivo femenino: 'El Príncipe de Asturias emprendió ayer un viaje a las tierras antípodas'.

Antwerp. Nombre en inglés de Amberes, ciudad belga.

Antwerpen. Nombre en flamenco de Amberes, ciudad belga.

Anvers. Nombre en francés de Amberes, ciudad belga.

año luz (plural, años luz). Medida de longitud igual a la distancia que recorre un haz luminoso en un año: 9,46 billones de kilómetros. Supone una velocidad de 299.783 kilómetros por segundo.

años de edad. Véanse los apartados **2.17, 2.18** y **2.19**.

Aomen. Véase **Macao.**

aparato. Se escribe en cursiva cuando se refiera a un organismo o institución, así como al conjunto de personas que, dentro de él, ejercen el poder. Ejemplo: 'el *aparato* del partido'.

aparcar. Situar un vehículo y dejarlo por algún tiempo en cualquier lugar previsto para ello. No es sinónimo de **estacionar.** El lugar donde se deja el vehículo se llama 'aparcamiento'. No debe utilizarse la expresión 'aparcar una ley'. 'La Comisión de Defensa dejó aparcado el proyecto de ley'. Sustitúyase por verbos como 'aplazar', 'demorar' o 'dejar en suspenso'.

apartheid. En **afrikaans,** 'apartamiento' o 'separación'. La política racista y el sistema de segregación racial de Suráfrica. Se escribe en cursiva, pero el uso de esta palabra no debe hacer que se olvide 'segregación'. Véase *homeland.*

apellidos. Véanse el apartado **8.1** y siguientes del Manual.

apertura. Acción de abrir o iniciar algo. No debe confundirse con **abertura.**

apodos. Véanse los apartados **8.11** y **8.12** del Manual.

a posteriori. Expresión **latina** con el significado de 'después', 'luego de un examen', 'por la experiencia'. No debe emplearse en un texto noticioso.

apóstrofo. Véanse los apartados **11.68** a **11.71** del Manual.

apparátchik (plural, *apparátchiki).* En ruso, 'burócrata, oficinista'; el funcionario del partido. No debe emplearse sin explicar su significado. Se escribe en cursiva.

approach (plural, *approaches).* En **golf,** 'golpe de aproximación' o, simplemente, 'aproximación'. Debe traducirse.

a priori. Esta expresión **latina** significa 'antes de', 'antes de toda experiencia'. No debe emplearse en un texto noticioso.

aquárium. No debe emplearse, salvo que forme parte de un nombre propio. Escríbase 'acuario'.

aquí. Ningún informador debe utilizar este adverbio para indicar dónde se desarrolla una noticia. Lo correcto es escribir el nombre del lugar. 'Aquí' en este caso toma como referencia el lugar donde se encuentra el periodista, cuando la referencia deben marcarla las circunstancias del lector (como lo hace, por ejemplo, para el 'ayer' y el 'hoy'). Además, escribir frases como 'el congreso que se ha celebrado aquí' obliga al lector a revisar la data y retirar la vista del artículo.

Aquisgrán. Nombre castellano de la ciudad del occidente de Alemania que los alemanes llaman Aachen y los franceses Aix-la-Chapelle.

Ar. Abreviatura utilizada en **Estados Unidos** para Arkansas.

árabe. No es sinónimo de **musul**mán o de **islámico.** La mitad de los libaneses, gran parte de los palestinos y todos los coptos egipcios, por ejemplo, son árabes, pero no islámicos. No deben emplearse expresiones como 'de aspecto árabe' o 'terrorismo árabe': 'Ha sido detenido un hombre de aspecto árabe', 'el terrorismo árabe ha causado 20 víctimas'. A este respecto, se recuerda que los iraníes no son árabes, sino persas. Los atentados de grupos iraníes pueden definirse como 'terrorismo islámico'.

árabes, nombres. Véanse el apartado **8.55** y siguientes del Manual.

Arabia Saudí, no Saudita.

Aramco. Acrónimo con el que se conoce a la Arabian American Oil Company. Es una redundancia escribir 'compañía Aramco'.

Ararat. Nombre que debe emplearse para designar a una montaña de Turquía, y no el de Büyük Agri Dagi. Lugar en el que, según la Biblia, se posó el Arca de Noé tras el diluvio.

ararteko. En vascuence, 'mediador'. Nombre que recibe el defensor del pueblo del País Vasco. Como institución, se escribe con mayúscula inicial y en redonda; el cargo, en minúsculas y cursiva.

Arbasoen Eguna. En vascuence, 'Día de los Antepasados'. Si se utiliza, al menos en la primera cita hay que añadir entre paréntesis su traducción al castellano. Se escribe siempre en redonda y con mayúsculas iniciales.

Arcaute, no Arkaute. Núcleo de población, incluido en el municipio de Vitoria, donde está situada la Academia de la Ertzaintza y que mantiene la escritura de su nombre con *c*.

área. Nunca se utilizará la abreviatura de esta unidad de superficie, salvo que figure en una tabla o cuadro estadístico.

argot (plural, argots). Por su uso generalizado, esta palabra francesa se escribirá en redonda. Pero se prefiere el uso de 'jerga'. También se puede usar la palabra 'jerigonza', aunque está entrando en desuso.

argumentar. Significa 'exponer argumentos contra una opinión',

por lo que no debe confundirse con 'alegar'.

Ariane. El nombre de este programa espacial europeo iniciado en 1979 se escribe en redonda; el de las naves, en cursiva.

Ariz. Abreviatura utilizada en **Estados Unidos** para Arizona.

Ark. Abreviatura utilizada en **Estados Unidos** para Arkansas.

armée. El significado de esta palabra francesa no es 'armada' sino 'ejército'.

Armenia. Antigua república soviética independiente desde el 21 de septiembre de 1991. La capital es **Eriván,** y el gentilicio, **armenio.** Fue admitida en la **ONU** en 1992.

armónium. Escríbase 'armonio'.

armor. Tradúzcase por 'arma acorazada'.

army attaché. Tradúzcase por 'agregado militar'.

army corps. Tradúzcase por 'cuerpo de ejército'.

army group. Tradúzcase por 'grupo de ejército'.

Army Medical Service Corps. En la terminología militar norteamericana, 'Sanidad'.

arrantzale (plural castellanizado,

arrantzales). Debe traducirse por 'pescador'.

arròs. Véase el apartado **8.48** del Manual.

art déco. Se escribe en cursiva.

artel (plural, *arteli*). En ruso, 'grupo de personas', 'organización para un trabajo colectivo', 'cooperativa de producción'. No debe emplearse en un texto noticioso.

artillery battalion. Unidad militar equivalente en el Ejército español a 'grupo de artillería'. Debe traducirse.

art nouveau. Se escribe en cursiva.

arzobispo. Dignidad eclesiástica. Se escribe todo en minúsculas.

asamblea. Se escribe con mayúscula inicial cuando corresponda al nombre oficial de un organismo o entidad. Ejemplos: 'la Asamblea General de la **ONU'**, 'Asamblea Provincial de la Cruz Roja'.

asequible. No es sinónimo de accesible. Asequible significa 'que puede conseguirse o alcanzarse'; accesible, 'que tiene acceso' y, en sentido figurado, 'de fácil acceso o trato'.

asesinato. Acción y efecto de matar a otro con alevosía; por precio, recompensa o promesa; por medio de inundación, incendio, veneno o explosivo; con premeditación conocida o con ensañamiento.

La fecha de un asesinato es aquella en la que la víctima fue atacada, no en la que realmente murió.

Véanse las palabras **homicidio** y **suicidio.**

Asia del Sur. Véase **sur de Asia.**

asistente. Véase **ordenanza.**

askenazi (plural, askenazíes), no *ashkenazi* ni *ashkenazim.* **Judío** de Rusia y de la Europa central, adonde llegó, procedente de Israel, a partir del primer siglo de la era cristiana, en la iniciación de la diáspora. Los askenazíes (se escribe en redonda) hablan el **yídish.** Véase **sefardí.**

asociación. Se escribirá con mayúscula inicial cuando forme parte de un nombre propio. Ejemplos: 'la Asociación de Vecinos de Orcasitas', pero 'la citada asociación'.

Asociación Internacional de Desarrollo. Véase **AID**.

asolar. Hay dos verbos 'asolar'. Uno, formado sobre el nombre 'sol', significa 'echar a perder' ('el calor asoló la cosecha'); el otro, formado sobre el nombre 'suelo', significa 'poner por el suelo', 'destruir', 'arrasar' ('los tanques asolaron las casas'). Este segundo es irregular, y se conjuga como 'acordar'.

assises. Véase ***court d'assises.***

assistant. Tradúzcase por 'adjunto' o por 'ayudante', según los casos, pero nunca por **asistente**.

assistant adjutant. Tradúzcase por 'ayudante auxiliar'.

assistant chief of Staff. Esta expresión debe traducirse por 'segundo jefe de Estado Mayor'. Véase ***deputy chief of Staff.***

Associated Press, The. Agencia de noticias norteamericana, creada como cooperativa en 1848. Su sede está en Nueva York. El artículo *the* forma parte de su nombre oficial, de manera que, cuando se emplee, habrá que escribirlo con mayúscula inicial. Como **firma** de una noticia o de una fotografía han de utilizarse siempre las dos palabras.

atelier. Debe traducirse por 'taller'.

atentar. Este verbo siempre va acompañado de la preposición 'contra'.

ateo. Persona que niega la existencia de Dios. Véase **agnóstico**.

aterrizaje. En tierra, los aviones despegan o aterrizan en una pista; en una nave, despegan o se posan en una plataforma o cubierta de vuelo.

Athletic (no Athlétic). Sirve como única referencia para el club de fútbol Athletic de Bilbao. Véase **Milán.**

atómico. Véase **nuclear.**

atracar. Arrimar unas embarcaciones a otras, o a tierra. No confundir con abarloar, que es situar un buque de tal suerte que su costado esté casi en contacto con el de otro buque, o con una batería, muelle, etcétera.

atraco. Robo a mano armada.

ATS. Siglas utilizadas para 'ayudante técnico sanitario'. Pueden emplearse en los titulares, pero deben explicarse en el texto. No obstante, se prefiere 'enfermero' o 'enfermera', cuando no induzca a inexactitud. (Una enfermera voluntaria en el África negra no es un ATS, y no pueden equipararse, por tanto, ambos términos).

attaché. En francés, 'agregado'. Por extensión, 'maletín de ejecutivo'. No debe usarse en ninguno de los dos casos.

attorney. En inglés, 'abogado'. Sin embargo, en Estados Unidos, el *district attorney* es el 'fiscal'; y el *attorney general,* 'el fiscal general' (el equivalente a ministro de Justicia, puesto que no hay secretario de Justicia). No deben emplearse.

au-dessus de la mêlée. Expresión francesa que significa 'por encima de la disputa'. No debe emplearse.

audiencia. La Academia Española ha admitido el significado de auditorio, de conjunto de personas que atienden un programa de radio o de televisión.

audiófono, no audífono. El aparato empleado para mejorar la percepción del sonido, especialmente por los sordos.

Aula Pablo VI. Salón donde se celebran las audiencias generales en la Ciudad del Vaticano.

aún. Sólo lleva acento cuando equivale a 'todavía'. Ejemplos: 'Aún no ha venido'; pero 'aun no viniendo, está presente'.

au pair. Literalmente, a la par; lo comido por lo servido. Se utiliza para definir el régimen o a la persona que se emplea en una casa para cuidar los niños, o en menesteres similares, a cambio de la alimentación y el hospedaje. No debe emplearse sin aclarar el significado. Se escribe en cursiva.

Australasia. En español, este continente se llama Oceanía.

austriaco, no austríaco.

auto. Resolución del tribunal que resuelve cuestiones antes de la sentencia o que cierra el camino a ella. Se dictan autos de procesamiento o de prisión, que preceden a la ulterior sentencia, o autos de inadmisión o de archivo, que ponen fin al proceso, al menos en esa instancia. Si en algún caso se pretende evitar la confusión del auto con el automóvil o coche y eliminar prolijas explicaciones entre paréntesis, puede utilizarse el término 'resolución'; se entiende mejor, aunque, según los juristas, sea demasiado genérico. Véase **autos.**

autodidacta. No es un adjetivo invariable. Su forma masculina es 'autodidacto', y la femenina, 'autodidacta'.

autoestop, no *auto-stop,* con sus derivados 'autoestopismo' y 'autoestopista'. Se escriben en redonda. No deben olvidarse, sobre todo en reportajes de ambiente, las expresiones 'hacer dedo' o 'viajar a dedo', que se van imponiendo como alternativas castellanas. Se escribirán en redonda.

autonómico, autónomo. El Gobierno y la Asamblea de una comunidad son autónomos (en ellos recae la autonomía). El resto de los organismos y cargos que dependen o se incluyen en ellos son autonómicos (relativos a la autonomía). La policía vasca se denomina oficialmente Policía Autó-noma. Por tanto, si se escribe con mayúsculas puede llamarse de ese modo; pero 'policía autonómica', con minúsculas, si no se la designa con su nombre propio. Ejemplo: 'la Ertzaintza, la policía autonómica vasca, ha detenido a dos presuntos delincuentes'.

autor, pie de. Véase el apartado **3.45** del Manual.

autos. Conjunto de documentos de un proceso judicial. Es un término similar al de 'expediente' en la Administración. Cuando la causa o proceso pasa de uno a otro tribunal, se dice que se le 'remiten los autos'; esto es, la documentación completa del caso. Si se usa hay que explicar su significado. No debe confundirse 'autos' con **auto.**

Auvergne. El nombre castellano de esta región francesa es Auvernia.

auxiliary vessel. En inglés, 'buque auxiliar'.

av. Véase **calendario judío.**

avalancha. Es un galicismo. Se prefiere 'alud'.

avant-garde. Tradúzcase por 'vanguardia'.

avant-la-lettre. Esta expresión francesa se emplea con el significado de 'adelantado a su época'. No debe emplearse en un texto noticioso.

avant match. No debe emplearse. Escríbase 'previo o anterior al partido'.

AVE. Tren de Alta Velocidad Español.

Ave. Abreviatura de la palabra inglesa *avenue,* o avenida.

avenida. Se escribe todo en minúsculas, salvo que forme parte de un nombre. Ejemplos: 'avenida de los Reyes Católicos', pero 'cine Avenida' o 'la Quinta Avenida neoyorquina'.

average, goal. Tradúzcase por 'promedio', 'diferencia' o 'cociente' de goles, según los casos.

Aviaco. Acrónimo de Aviación y Comercio, Sociedad Anónima.

Avianca. Acrónimo de Aerovías Nacionales de Colombia, Sociedad Anónima.

Aviateca. Acrónimo de Aviación Guatemalteca, líneas aéreas de esta nacionalidad.

Avignon. El nombre castellano de esta ciudad francesa es Aviñón.

aviones, nombres de. Véanse los apartados **8.39** y siguientes del Manual.

AWACS. Siglas de Sistema de Alerta y Control Aerotransportado (en inglés, Airborne Warning and Control System). La *s* final no debe suprimirse, puesto que no corresponde a un plural, sino a la palabra inglesa *system.*

ayatolá (plural, ayatolás), no *ayatollah.* Se escribe en redonda. Grado que se obtiene en las escuelas coránicas tras varios años de estudios islámicos y que confiere a quien lo obtiene autoridad en la interpretación del libro sagrado. Entre todos los ayatolás se distingue por su sabiduría en la materia el *ayatolá al ozma,* o gran ayatolá. Véase **hoyatoleslam.**

ayer noche. Debe escribirse 'anoche'.

aymara. Véase **aimara.**

Ayuntamiento. Se debe escribir con mayúscula inicial cuando se refiera a una corporación municipal, incluso en el caso de que no le siga el nombre de la ciudad.

Az. Abreviatura utilizada en **Estados Unidos** para Arizona.

azarar. Ruborizarse, sonrojarse. No es lo mismo que **azorar.**

Azbine. Úsese para esta región del **Níger** el nombre de Air.

Azerbaiyán. Antigua república soviética independiente desde el 28 de agosto de 1991. La capital es **Bakú,** y el gentilicio, azerbaiyano, azerbaiyanés o azerbaiyaní. El término **azerí** no debe utilizarse como gentilicio, ya que es el nombre del idioma de esta república.

azora. No debe usarse con el significado de capítulo del Corán. Empléese en su lugar la palabra castellana 'sura'.

azorar. Conturbar, sobresaltar. No es lo mismo que **azarar.**

azulgrana. No tiene plural, como todos los colores derivados de objetos. Tampoco tienen plural 'blanquivioleta' ni, por ejemplo, 'verde oliva'. No es correcto 'los verdes olivas'.

B

Baaz, no Baas. En árabe, 'renacimiento'. Nombre de un partido político con ramificaciones en Siria e Irak. El adjetivo es 'baazista'.

babi (plural, babis). El babero o bata de los niños.

babor. Lado izquierdo de una embarcación cuando se mira de **popa** a **proa.**

baby sitter (plural, *baby sitters*). En inglés, niñera tomada por horas. No debe emplearse. Sustitúyase por *'canguro',* escrito en cursiva.

background (plural, *backgrounds*). En inglés, antecedentes de algo, conjunto de conocimientos, documentación, trasfondo. Esta palabra debe evitarse. Se escribirá en cursiva.

back spin (plural, *back spins*). Véase **golf.**

bádminton. Se escribe en redonda.

baffle. Debe traducirse por 'altavoz' o 'pantalla acústica', aunque ahora se prefiere hablar de 'columna', palabra que también puede utilizarse.

Bagdad, no Baghdad. La capital de **Irak.**

Bahamas. El gentilicio es 'bahamés'. Véase **Antillas.**

bahía. Se escribe todo en minúsculas excepto cuando forma parte de un nombre propio. Salvo cuando lo forme un adjetivo, el nombre de la bahía debe ir precedido de la preposición y artículo correspondientes: Ejemplos: 'la bahía de Cádiz', 'Bahía, ciudad brasileña', pero 'bahía Cochinos', no 'bahía de Cochinos'.

Bahrein, no Bahrain. Estado independiente constituido por un grupo de islas del **golfo Pérsico.** Su capital es Manama.

Baikal. Lago siberiano.

Baikonur. Ciudad de la república independiente de **Kazajistán,** donde se encuentra un centro espacial de utilización compartida con Rusia.

bailaor. Se escribe en redonda.

bajá (plural, bajaes). Título honorífico turco. Antiguamente, hombre que en ese país tenía un mando superior. La Academia acepta también la forma 'pachá', tomada del francés. Ésta puede utilizarse en la expresión 'vivir como un pachá', ya consagrada en el idioma español. En el resto de los casos, sobre todo en textos informativos, se prefiere 'bajá'.

balance. Significa 'confrontación del activo y el pasivo para averiguar el estado de los negocios o del caudal'. Por tanto, se emplea mal cuando se utiliza para indicar el número de muertos habidos en un accidente, de detenidos tras una manifestación, etcétera. Empléese en este caso la palabra 'resultado'.

balance of power. En inglés, 'equilibrio de poder', 'igualdad de fuerzas'. No debe emplearse.

balance of terror. Véase *equilibrio del terror.*

balanza comercial. La relación que guardan en un país las mercancías exportadas y las importadas.

balanza de pagos. El **balance** de las exportaciones e importaciones de bienes, oro, préstamos de capital (pagarés) y donaciones de un país respecto al exterior, habitualmente en el transcurso de un año presupuestario.

Bâle. El nombre español de esta ciudad suiza es Basilea.

ballet (plural, ballets). Por su extendido uso, y puesto que no tiene equivalente castellano, se escribirá en redonda.

ballottage. En francés, empate; y también, falta de mayoría absoluta en la primera vuelta de unas elecciones, lo que obliga a una segunda vuelta. No debe emplearse si no es explicando su significado. Se escribirá en cursiva.

balompié. Se prefiere el empleo de 'fútbol' —de origen inglés, muy extendida ya en todo el mundo castellanohablante—, pero no debe olvidarse la palabra 'balompié' como recurso estilístico, y sobre todo su derivado 'balompédico'.

baloncesto. No deben usarse

'basket' (palabra inglesa) o *'bàsquet'* (su versión catalana), salvo que formen parte de un nombre propio.

En el vocabulario de este deporte, *pívot* puede escribirse también 'pivote'. Es incorrecto decir 'ganar de' al explicar la diferencia de puntos, y debe sustituirse por 'ganar por'. La expresión inglesa *play off* debe ser reemplazada por españolas más precisas como 'eliminatoria', 'desempate', 'serie semifinal' o 'serie final'.

balonvolea. Lamentablemente, el nombre oficial de este deporte es 'voleibol'. Pero el redactor puede emplear 'balonvolea' siempre que lo desee.

Baltap. Véase **OTAN**.

banca, banco. Como nombres genéricos se escriben todo en minúsculas. Ejemplos: 'la banca catalana', pero 'el *caso Banca Catalana';* 'un banco de Granada', pero 'el Banco de Granada'.

Banco Mundial. Su nombre oficial es Banco Internacional para la Reconstrucción y el Desarrollo, al que corresponden las siglas BIRD. Este organismo especializado de las Naciones Unidas, con sede en Washington, fue creado en diciembre de 1945 con el fin de contribuir al desarrollo económico de los Estados miembros a través de préstamos a los Gobiernos o a empresas privadas.

Banesto. Acrónimo utilizado para el Banco Español de Crédito.

Bangkok. La capital de Tailandia.

Bangladesh, no Bangla Desh. El anterior Pakistán Oriental. Los ciudadanos de este Estado independiente se llaman bangladesíes (singular, bangladesí) y no bengalíes. Bengalí es el grupo étnico que puebla Bangladesh y el Estado indio de Bengala Occidental.

Banjul. La capital de Gambia, antes llamada Bathurst.

baraka. Escríbase 'baraca', en redonda, puesto que es palabra castellana aunque de origen árabe: bendición, don carismático.

Barbados. El gentilicio es 'barbadense'.

barcos, nombres de. Véanse **buques de guerra** y el apartado **8.39** y siguientes.

baremo. Significa también 'conjunto de normas establecidas convencionalmente para evaluar los méritos personales, la solvencia de empresas, etcétera'. Con todo, se prefiere el empleo de 'medida' y 'criterio'.

Barlovento, islas de. Véase **Antillas.**

barman (plural, bármanes; no *barmen* ni *barmans*). Se prefiere el uso de la palabra 'camarero'.

barra. Sobre el uso de este signo, véanse los apartados **11.61** y **11.62.**

barril de petróleo. Medida de capacidad equivalente a 158,982 litros.

Barri Gòtic, y no Barrio Gótico en el caso del barrio de Barcelona.

barrio chino. Así se denomina en muchos casos al sector de una ciudad en donde se concentran los burdeles. Se escribe en redonda.

base, base camp. La terminología militar norteamericana distingue entre *base,* el lugar donde se llevan a cabo o se preparan las operaciones, y *base camp,* un campamento permanente. Deben traducirse.

baseball. Escríbase 'béisbol'.

Basel. Nombre alemán de la ciudad suiza llamada en español Basilea.

Basic. Siglas de 'beginners all-purpose symbolic instruction code' (lenguaje de programación de ordenadores), convertidas por el uso en palabra común. Por tanto, se escriben en minúsculas, salvo la letra inicial, y no hay que explicar previamente su significado si queda claro por el contexto.

basket, basketball. Escríbase 'baloncesto'.

basoto (no tiene plural ni femenino). Los habitantes de **Lesoto.**

bàsquet. Escríbase 'baloncesto'.

Basutolandia. Nombre con el que fue conocido hasta 1966 el Estado africano de Lesoto.

batallón. Se escribe con minúsculas salvo que la palabra forme parte del nombre de una unidad militar. Ejemplos: 'de los dos, el primer batallón se lanzó al asalto de la loma, mientras el segundo permaneció atrincherado'; 'rindió honores el III Batallón de Paracaidistas'.

Batavia. Nombre anterior de Yakarta, capital de Indonesia.

Bathurst. Nombre anterior de Banjul, capital de Gambia.

batlle. Tradúzcase siempre por 'alcalde', salvo cuando esta palabra catalana forme parte del nombre de una calle o entidad.

batrak (plural, *batrakí*). En ruso, 'bracero, peón'. No debe emplearse.

battalion (plural, *battalions*). Unidad militar equivalente en el Ejército español a 'batallón'. Debe traducirse.

battery (plural, *batteries*). Unidad de artillería equivalente en el Ejército español a 'batería'. Debe traducirse.

battle cruiser. En inglés, 'crucero de combate'. Debe traducirse.

battleship. En inglés, 'acorazado'. Debe traducirse.

batzoki (plural castellanizado, *batzokis*). Significa 'centro de reunión'. Se aplica a los centros sociales del Partido Nacionalista Vasco. No debe utilizarse, como tampoco las demás expresiones en vascuence con las que denominan respectivamente sus sedes los partidos vascos. Escríbase 'local del PNV' o 'una sede del PNV'. Sí puede reproducirse en citas textuales, pero explicando, entre corchetes, su significado.

baudio. Unidad de velocidad de transmisión telegráfica equivalente a un **bit** por segundo; esto es, a la unidad mínima de información transmitida en un segundo.

Bayreuth. Ciudad del occidente de Alemania. No debe confundirse con la capital de Líbano, Beirut.

bazuca, no *bazooka.* Se prefiere la fórmula castellana 'lanzagranadas'.

BBC. Siglas de la British Broadcasting Corporation, cadena de radiotelevisión británica. Por su uso generalizado, como única referencia se utilizarán las siglas pero no el nombre completo.

beautiful people. Esta expresión inglesa, equivalente a *gente guapa* y empleada para designar a profesionales de alto nivel económico, no debe emplearse.

bebé. El menor de un año, sea varón o hembra. Véase **edad.**

bechamel. Escríbase **besamel.**

Bechuanalandia. Nombre con el que se conoció hasta 1966 a la actual Botsuana.

bedel. Véase **ordenanza.**

bedniak (plural, *bedniakí).* En ruso, 'campesino pobre'. No debe emplearse.

beige. Escríbase **beis.**

Beijing. Nombre en **pinyin** de la capital de la República Popular China. Como excepción, se seguirá empleando 'Pekín'. No obstante, se escribirá *Beijing Informa,* por ser éste el nombre de un **periódico** chino editado en español.

Beijing Ribao. Nombre en **pinyin** de un **periódico** de la República Popular China. No debe traducirse como *Diario de Pekín.*

Beirut. La capital libanesa. No debe confundirse con Bayreuth, ciudad de Alemania.

beis, no *beige.* De color café con leche, ceniciento rojizo o tórtola.

béisbol, no *baseball.*

bel canto. Se escribe en cursiva.

Belice, no Belize. Nombre que adoptó el 1 de junio de 1973 la anterior Honduras británica. Su capital es **Belmopan,** y el gentilicio, 'beliceño'.

belle époque. Sinónimo de 'época dorada'. Puede utilizarse, pero escrito en cursiva.

Belmopan. Capital oficial de **Belice** desde que un huracán destruyó, en 1961, la ciudad de Belice.

Benelux. Acrónimo empleado para designar a la unión económica establecida en febrero de 1958, por el Tratado de La Haya, entre *Bél*gica, los **Países Bajos** *(N*ederlands) y *Lux*emburgo. Puede utilizarse sin necesidad de explicar su significado.

Benemérita. No debe emplearse como sinónimo de la **Guardia Civil.** Puede usarse en segunda referencia 'instituto armado' o 'cuerpo de seguridad'.

bengalí (plural, bengalíes). Grupo étnico que puebla **Bangladesh** (anterior Pakistán Oriental) y el Estado indio de Bengala Occidental.

Ben Gurion. Denominación oficial del aeropuerto de Lod (Israel), que sirve a Jerusalén y Tel

Aviv. Se encuentra a 16 kilómetros al sur de esta última ciudad.

Benin. Nombre de un país africano conocido hasta 1976 como Dahomey. El gentilicio es 'beninés'.

bereber (plural, bereberes). Se prefiere esta grafía aunque sean igualmente correctas 'beréber' y 'berebere'. Es la etnia más antigua y numerosa del África septentrional.

Berlín. Véase **Alemania.**

bermudas, los (no tiene singular). Pantalones hasta las rodillas. Se escribe en redonda.

Bern, Berne. El nombre español de esta ciudad suiza es Berna.

bersaglieri (singular, *bersagliere*). Tropas especiales italianas. Debe traducirse.

bertsolari (plural castellanizado, *bertsolaris*). En vascuence, 'improvisador de rimas'. Debe explicarse.

besamel, no bechamel. Tipo de salsa que debe el nombre a su inventor, el francés Louis de Béchamel, marqués de Nointel (1630-1703).

best seller (plural, *best sellers*). Se prefiere el empleo de 'éxito de venta' o 'más vendido'. En todo caso, se escribe en cursiva.

bête noire. Tradúzcase por 'bestia negra' o 'bestia parda'.

Bhoutan, Bhutan. Escríbase **Bután.**

Biblia. Se escribe con mayúscula inicial y en redonda.

bíceps. No tiene plural.

bidé (plural, bidés), no *bidet.*

Bielorrusia. Antigua república soviética independiente desde el 25 de agosto de 1991. La capital es **Minsk,** y el gentilicio, bielorruso. Fue admitida en la **ONU** en 1991.

bies. Es palabra castellanizada; por tanto, se escribe en redonda. Salvo en las referencias a la moda o a la costura, se prefieren 'oblicuidad' y 'sesgo'.

Big Bang (en inglés, 'gran explosión'). Teoría sobre la formación del universo, basada en la idea inicial (1927) del abate belga Georges Lemaître. La expresión se debe, sin embargo, a George Gamow, quien en 1948 perfeccionó el modelo teórico de Lemaître.

Big Board. Véase **Nueva York.**

Bikini. Grafía correcta para la isla del Pacífico. Para el bañador de dos piezas, utilícese la aceptada por la Real Academia Española: 'biquini'.

bill. En inglés, 'proyecto de ley'. También 'nota', 'cuenta' de un bar o restaurante. Debe traducirse.

billion. En inglés, 'mil millones'. No se debe traducir como 'billón'. Véanse **millardo** y el apartado **10.32.**

Bill of Rights. Nombre con el que se designa a las 10 primeras enmiendas de la Constitución de Estados Unidos. Debe traducirse.

biltzar tipia. En vascuence, 'comité ejecutivo'. No debe emplearse.

bimensual. Significa 'dos veces al mes'. Bimestral, en cambio, es 'cada dos meses'.

Bioko. Denominación actual de Fernando Poo **(Guinea Ecuatorial),** isla que durante la dictadura de Macías Nguema recibió el nombre de éste.

bipartidismo. Sistema de alternancia en el Gobierno de dos grandes partidos.

bipartita. Coalición gubernamental de dos partidos o conferencia o negociación en la que están presentes dos partes.

biquini, bañador de dos piezas. Véase **Bikini.**

birdie. Tradúzcase por 'menos uno' (un golpe menos del par del hoyo). Ejemplo: 'Ballesteros hizo menos uno en el hoyo 8'. Véase **golf.**

Birmania. El Gobierno de Birmania cambió en mayo de 1989 el nombre del país, que se denomina desde entonces La Unión de Myanmar. Pretendía con ello evitar las connotaciones de Birmania, nombre relativo a uno de los grupos étnicos de ese país. La capital se llama Yangon. Un habitante de Myanmar es un 'myanma' (plural, myanmas).

En los textos puede escribirse Unión de Myanmar o, simplemente, Myanmar. Pero, mientras se extiende el uso del nuevo nombre, ha de añadirse su antigua denominación entre paréntesis. En tanto no ocurra esto, en los titulares se deberá escribir 'Birmania'.

birth control. Tradúzcase siempre por 'control de natalidad', salvo que forme parte del nombre de una institución.

biscuit. No debe emplearse. Escríbase 'bizcocho'.

bisté (plural, bistés). 'Lonja de carne'. Por la mejor formación de su plural, se prefiere esta forma a 'bistec', también admitida por la Academia y que puede emplearse. No debe escribirse *beefsteak*.

bistrot. Debe escribirse 'taberna' o 'bar'.

bit (plural, bits). Abreviación de las palabras inglesas *binary digit,* 'dígito binario'. En informática, la unidad mínima de información, equivalente a la elección entre dos posibilidades igualmente probables. Se escribe en redonda. No debe confundirse con el **byte.**

bíter, no *bitter.* Aperitivo o licor amargo. Se escribe en redonda.

Bizkai Buru Batzar. En vascuence, 'Consejo Ejecutivo de Vizcaya', el máximo organismo del Partido Nacionalista Vasco en esta provincia. No debe emplearse.

blackout (plural, *blackouts).* En la terminología militar, apagar el alumbrado, oscurecimiento de una ciudad. No debe emplearse.

black power. En inglés, 'poder negro'. El primero en pronunciar esta consigna fue Stokely Carmichael, presidente de un comité de coordinación de estudiantes no violentos. La usó el 17 de junio de 1967, durante una marcha desde Memphis (Tennessee) hasta Jackson (Misisipí), organizada para persuadir a los negros norteamericanos a que se inscribieran en las listas electorales. Debe escribirse en castellano.

blanquear. Este verbo se debe escribir en redonda también cuando se refiere, en sentido figurado, a las operaciones de conversión del **dinero negro** en depósitos aparentemente legales.

blanda, droga. Estas dos palabras se escriben en redonda. Véase **drogas.**

blasfemias. Véanse los apartados **1.39** y **1.40** del Manual.

blaugrana. Debe usarse la palabra castellana **azulgrana.**

blazer. Americana de franela o de tela similar y de color casi siempre liso, a menudo azul. No debe emplearse.

blitzkrieg. En alemán, 'guerra relámpago'. No debe utilizarse.

bloc (plural, blocs), no *block*. Se prefiere 'libreta' o, en su caso, 'libreta de anillas'.

bloody mary. Cóctel hecho con vodka y jugo de tomate. Debe su nombre a la reina María I de Inglaterra (María Tudor).

blue chip. En los países anglosajones y en el negocio bursátil, referencia a las acciones de compañías más prestigiadas por la calidad y la amplia aceptación de sus productos o servicios, y por su capacidad prácticamente garantizada de generar dividendos. Puede utilizarse, en cursiva, pero añadiendo entre paréntesis 'acciones de rentabilidad segura'.

blue collar (plural, *blue collars*). En inglés, el personal obrero de una fábrica. No debe utilizarse. Véase ***white collar.***

blue jeans. Escríbase 'pantalones vaqueros' o, simplemente, 'vaqueros'. También, 'tejanos'.

blues (no tiene plural). Canción triste desarrollada por los negros del sur de Estados Unidos a partir del *gospel* (un tipo de canción religiosa). Es una de las bases del jazz.

bluff (plural, *bluffs*). Úsense las palabras castellanas 'fanfarronada', 'farol' o 'camelo'. Si se utiliza en alguna cita textual ha de ir en cursiva.

BMW. Siglas de la Bayerische Motorenwerke (literalmente, 'fábrica bávara de motores'), empresa alemana. Por su uso generalizado, como única referencia se utilizarán las siglas, y no el nombre completo.

boat people. Refugiados vietnamitas que huyen a bordo de botes. Debe traducirse siempre.

bodega. El espacio interior de los buques, desde la cubierta inferior hasta la quilla. En los buques de guerra, los compartimientos destinados a guardar víveres, municiones, pertrechos o herramientas reciben el nombre genérico de 'pañol'. Y el lugar destinado a custodiar la pólvora, 'santabárbara', puesto que tradicionalmente estaba presidido por una imagen de santa Bárbara, patrona de los artilleros.

BOE. Siglas del *Boletín Oficial del Estado*. Se escriben en redonda.

Boeing Company. La anterior Boeing Aircraft Company.

bóer (plural, bóers). Habitante del África austral de origen holandés.

Bofutatsuana. Estado africano que depende administrativamente de África del Sur. Su capital es Mabato.

bogavante, no *lubrigante* (gallego), *misera* (vascuence) u *homard* (francés). Véase el apartado **8.49.**

Bogotá. El nombre oficial de la capital colombiana es desde 1991 Santafé de Bogotá. Generalmente, se empleará sólo 'Bogotá'. Puede usarse completo siempre que quede claro que se trata de la capital de Colombia, y no de una ciudad diferente.

bogey (plural, *bogeys*). Tradúzcase por 'más uno' (un golpe más del par). Ejemplo: 'Ballesteros hizo más uno en el hoyo 8'. Véase **golf.**

boicoteo (plural, boicoteos), no boicot. La palabra 'boicot', también admitida por la Academia, procede del irlandés Boycott, el primer propietario a quien se aplicó el boicoteo, en 1880. Debe usarse 'boicoteo', como derivado de 'boicotear', porque forma mejor el plural.

boina, no boína.

boîte (plural, *boîtes*). No puede usarse. Sustitúyase por 'sala de fiestas' o 'discoteca'.

boletín oficial. Se escribe con mayúsculas iniciales sólo cuando ése sea el auténtico nombre de una publicación. Ejemplos: 'el *Boletín Oficial del Estado* publica hoy'; 'el boletín oficial del Vaticano, *Acta Apostolicae Sedis,* publica hoy'.

Bologna. El nombre español de esta ciudad italiana es Bolonia.

Bolognetti, Palazzo. Edificio de Roma, en Piazza del Gesù, donde se encuentra la sede de la Democracia Cristiana.

Bolsa. Se escribe con mayúscula

inicial cuando se refiere al mercado de valores.

bombas A, H, N. Salvo en titulares, en donde pueden emplearse estas abreviaciones, escríbase 'bomba atómica', 'bomba de hidrógeno' o 'bomba de neutrones'.

La bomba de neutrones es un arma de radiaciones reforzadas; más que una bomba es una minicarga de hidrógeno. En las bombas **nucleares** convencionales, el calor y la onda expansiva causan la mayor parte de los daños totales. Ahora bien, cuando la potencia de una bomba se limita a un **kilotón,** o menos, tales efectos quedan reducidos al mínimo, y esto es lo que se consigue con la bomba de neutrones. La pequeña carga nuclear que lleva este artefacto es capaz de destruir todo vestigio de vida en un corto radio, pero deja intacto el entorno y los objetos; es la radiación, y no las ondas —expansivas o calóricas—, la que mata.

bomber. Del inglés, tradúzcase por 'avión de bombardeo' o 'bombardero'. En catalán, bombero.

Bona. Nombre anterior de Anuaba, ciudad argelina.

bona fide. En **latín,** 'de buena fe'. No debe emplearse.

bongó, bongo. Con acento, para el instrumento de percusión de origen cubano; sin él, para el tipo de canoa que utilizan los indios de América Central.

bonobús (plural, bonobuses). Billete para varios viajes en autobús. Se escribe en redonda.

bon vivant. Debe sustituirse, según el caso, por las palabra castellanas 'vividor' o 'sibarita'.

boom (plural, *booms*). Debe sustituirse por 'trueno', 'estampido', 'eclosión' o 'auge'.

boomerang. Véase **bumerán.**

bootsmann. Graduación de la Marina de Alemania equivalente en la española a sargento. Debe traducirse.

Bophuthatswana. Escríbase **Bofutatsuana.**

Bordeaux. El nombre castellano de esta ciudad francesa es Burdeos.

bordo, a. Sólo se puede emplear

para barcos y aviones. Es incorrecto escribir frases como la siguiente: 'Subió a bordo de un Peugeot'.

borrasca. Véase **fuerza del viento.**

Bosnia-Herzegovina. Antigua república federada de Yugoslavia que declaró su soberanía el 15 de octubre de 1991. El 3 de marzo de 1992 proclamó su independencia de Yugoslavia. La capital es Sarajevo, y el gentilicio, bosnio. Sarajevo también es la capital de Bosnia. La de Herzegovina es Mostar. Esta república es escenario de diversos conflictos étnicos en los que están implicados serbios, croatas y musulmanes.

boss. En inglés, 'jefe' o 'mandamás'. No debe emplearse, salvo cuando se refiera al apelativo del cantante de rock Bruce Springsteen. En este caso, se escribe en cursiva y debe acompañarse de la traducción.

botiga. No debe emplearse esta palabra catalana.

botiguer (plural, *botiguers*). Esta palabra catalana, cuyo significado es 'tendero', sólo se usará en informaciones referidas a este gremio de Cataluña. Pero se escribirá en cursiva y —la primera vez que se utilice en una información— seguida de su significado, entre paréntesis.

Botsuana, no Botswana. Estado africano que hasta 1966 se llamó Bechuanalandia. Adjetivo, 'botsuano'.

Botteghe Oscure. Calle de Roma donde se encuentra la sede del Partido Comunista Italiano. Por extensión, la directiva de éste. No debe emplearse sin explicar su significado.

Bougie. El nombre español de esta ciudad argelina es Bugía.

boulevard. Escríbase **bulevar.**

Bourbon, Palais. Véase **Palais Bourbon.**

Bourget, Le. Aeropuerto de París.

boutade (plural, *boutades*). En francés, 'ocurrencia', 'salida'. No debe emplearse.

boutique (plural, boutiques). En francés, 'tienda'. Admitida por la Academia con el significado de comercio de artículos de moda.

box (plural, *boxes*). En las informaciones de caballos, ha de sustituirse por 'cuadra'; en las de motor, por 'taller'.

boy scout. Véase **Scouts.**

brahmán (plural, brahmanes). Sacerdote de la religión que reconoce a Brahma como dios supremo. Se escribe en redonda. Véase **brahmín.**

brahmín (plural, brahmines). Casta de la antigua India en la que se reclutaban los sacerdotes y doctores. Se escribe en redonda. Véase **brahmán.**

braille. Sistema de escritura para ciegos que toma nombre de su inventor. Consiste en signos dibujados en relieve que se pueden leer al tacto. Se escribe en redonda y con minúscula.

brain storming. En inglés, 'tormenta de cerebros'. Tradúzcase por 'reunión creativa'.

Brandeburgo, no Brandenburgo ni Brandemburgo.

brandy (plural, *brandies*). Se escribe en cursiva. Véase **coñá.**

Brasov. Ciudad rumana llamada antiguamente **Kronstadt.**

braza. Medida de longitud y de profundidad empleada en el Reino Unido. Equivale a 1,8288 metros.

brazo armado. Se escribe en cursiva cuando se refiera a la facción militar, armada, violenta o terrorista de un grupo político.

brazo derecho. Se escribe en redonda con el sentido de persona de confianza.

BRD. Siglas en alemán (Bundesrepublik Deutschland) de la República Federal de Alemania. Deben usarse las siglas españolas RFA. Véase **Alemania.**

break. Véase **tenis.**

brent. Petróleo del mar del Norte utilizado como unidad del mercado europeo. Se escribe en cursiva. Hay que procurar que quede claro su significado, al menos por el contexto.

Breslau. Nombre alemán de Wroclaw, ciudad polaca. No debe emplearse.

Bréznev, doctrina de. O de la soberanía limitada. Expresión acuñada en Occidente, pero nunca utilizada en la antigua Unión Soviética, según la cual la soberanía de todo Estado socialista estaba limitada por el derecho y el deber que tenía la Unión Soviética de intervenir en los asuntos de ese Estado, incluso militarmente, en el caso de que el socialismo se encontrara amenazado. La supuesta doctrina de Bréznev —atribuida a quien fue máximo líder de la extinta URSS Leonid Bréznev— tomó cuerpo en 1968, a raíz de la invasión soviética de Checoslovaquia. Esta doctrina fue repudiada por Mijaíl Gorbachov.

bricolaje, no bricolage. Puede emplearse, pero sin olvidar expresiones como 'hágalo usted mismo' o 'carpintería casera', etcétera.

bridge. En inglés, 'puente'. Por su extendido uso, se escribirá en redonda cuando se refiera al juego de naipes.

briefing (plural, *briefings*). En inglés, 'reunión informativa'. Esta palabra debe evitarse.

Brig. Abreviatura de *brigadier,* graduación militar británica.

brigada. Se escribe con minúsculas salvo que la palabra forme parte del nombre de una unidad militar. Ejemplos: 'un general de brigada', 'la Brigada Paracaidista'.

brigade. En la terminología militar norteamericana, una brigada. No debe confundirse con el brigada *(master sergeant* o *first sergeant).* Debe traducirse.

brigadegeneral. Graduación de los Ejércitos de Tierra y del Aire de Alemania equivalente en España a general de brigada. Debe traducirse. Véase **general.**

brigadier. Graduación del Ejército de Tierra británico equivalente en España a general de brigada. Debe traducirse así. Véase **general.**

brigadier general. Empleo militar de los Ejércitos de Tierra y Aire norteamericanos equivalente en España a general de brigada. Debe traducirse así. Véase **general.**

británico. Por extensión, el ciudadano del **Reino Unido** de Gran Bretaña e Irlanda del Norte.

British Airways (BA). Compañía de aviación británica formada por las anteriores British European Airways (BEA), British Overseas Airways Corporation

(BOAC) y, desde el mes de diciembre del año 1987, British Caledonian.

British Commonwealth. Véase **Commonwealth.**

British Petroleum Company. Las siglas BP (sin la *c*) sólo se pueden utilizar en las segundas referencias.

broker (plural, *brokers*). Intermediario que compra y vende por cuenta ajena, sin tomar nunca participación en las operaciones comerciales ni riesgo en las operaciones financieras. El concepto técnico estricto es el de 'intermediario sin tomar posiciones por cuenta propia'. Se prefiere 'intermediario sin riesgo', pero puede emplearse, escrito en cursiva, siempre que se explique su significado. Véase *dealer.*

Bromberg. Nombre anterior de Bydgoszcz, ciudad polaca.

Bros. En inglés, abreviatura de *brothers* (hermano o hermanos) en los nombres de las compañías.

Buckingham, palacio de. Residencia oficial de la reina de Inglaterra. Puede escribirse también Buckingham Palace (en redonda y con mayúsculas iniciales).

budget. En inglés y francés, 'presupuesto'. No debe emplearse.

Buenavista, palacio de. La sede del Cuartel General del Ejército, en Madrid.

bufé (plural, bufés), no *buffet.*

Bujdur. El nombre español de esta ciudad marroquí es Bojador.

bulevar, no *boulevard.* Se escribe todo en minúsculas salvo cuando esta palabra forme parte de un nombre propio.

bulk carrier (plural, *bulk carriers*). Buque para el transporte de minerales u otros cargamentos de gran volumen. Escríbase en cursiva.

bull shit. Expresión inglesa, normalmente usada como interjección, que no debe traducirse literalmente (cagada de vaca). Empléense las interjecciones '¡tonterías!', '¡habladurías!', '¡gilipolleces!', '¡ganas de hablar!' o '¡chismes!', entre otras posibilidades y dependiendo de la finura con que se quiera expresar el autor.

bulldozer. Tradúzcase por 'tractor oruga'.

bumerán, no *boomerang.* Arma arrojadiza empleada por los indígenas australianos, que vuelve hacia el lanzador tras describir una parábola. En lenguaje figurado, algo que se vuelve en contra.

Bundesliga. Se prefiere el empleo de 'Liga alemana', pero si se usa, a título excepcional, no debe escribirse 'Bundesliga alemana'; es redundante.

Bundesrat, Bundestag. Las cámaras alta y baja, respectivamente, del Parlamento de la República Federal de Alemania. Si se usa, debe explicarse. Véase **Alemania.**

Bundeswehr. En alemán, 'defensa federal'. Nombre dado en 1956 al Ejército de la República Federal de Alemania, reconstituido después de los acuerdos de Londres, en octubre de 1954, sobre el rearme alemán en el ámbito de la OTAN. Debe explicarse.

bungaló (plural, bungalós). Admitida por la Academia con el significado de 'casa de campo construida con materiales lige-ros'. Se prefiere su sustitución por **chalé** de una planta.

búnker (plural, búnkeres). Admitida por la Academia con el significado de 'fortín'. En lenguaje figurado, grupo de gente encerrada en sus posiciones ideológicas, resistentes al cambio político.

Esta palabra, empleada en informaciones sobre **golf,** es preferible traducirla por 'zona arenosa', 'obstáculo de arena' o, simplemente, 'arena'.

BUP. Siglas de 'bachillerato unificado polivalente'. Por su uso generalizado, estas siglas pueden emplearse como única referencia, sin hacerlas preceder del nombre completo.

buques de guerra. Las principales clases de buques de guerra son las siguientes:

1. Portaaviones. También puede usarse el término portaaeronaves. Su misión consiste en actuar como aeródromos flotantes y móviles, y en mantener el control de sus aeronaves cuando éstas actúan. Se trata de grandes barcos dotados de cubierta de **aterrizaje** y despegue para los

aviones y helicópteros que transporta. Los más grandes, como el estadounidense *Nimitz*, desplazan 90.000 toneladas y llevan hasta un centenar de aeronaves.

El portaaviones de la Armada española, buque insignia de la Flota, el *Príncipe de Asturias,* fue entregado en 1988 y tiene pintado en su casco el numeral R-11. Desplaza 16.200 toneladas, puede llevar hasta 37 aeronaves (aviones Harrier de despegue vertical y helicópteros) y desarrolla una velocidad de 26 nudos. En la parte de proa, la plataforma del R-11 tiene una inclinación de 12° para facilitar el despegue de los aviones con un menor consumo de combustible. Su **dotación** es de unos 800 hombres.

2. Destructores. Están preparados para actuar como buques de mando de un grupo de barcos y están dotados de medios para atacar a otras unidades de superficie, submarinos y aviones. También pueden bombardear costas y participar en operaciones de bloqueo. Suelen desplazar alrededor de 4.000 toneladas a una velocidad

máxima de unos 35 nudos. Su dotación ronda los 180 hombres.

3. Fragatas. Como los destructores —aunque éstos más grandes y potentes—, las fragatas son barcos oceánicos y también tienen capacidad antiaérea y antisubmarina. Suelen integrarse en grupos de combate, pero también son empleadas para proteger convoyes a lo largo de grandes distancias. Desplazan unas 2.300 toneladas y su dotación es de unos 120 hombres.

4. Corbetas. Son, fundamentalmente, buques de escolta costera, armados con medios antiaéreos y antisubmarinos. Desplazan alrededor de 1.200 toneladas y su dotación es de un centenar de hombres.

5. Submarinos. Tienen como misión atacar a unidades de superficie —civiles o de guerra— y a otros submarinos. Disponen de sistemas para colocar minas en los fondos o a determinadas profundidades. Los más grandes —hasta 180 metros de **eslora**— son de propulsión nuclear, y su único límite de autonomía bajo el agua reside en los alimentos que lleve en su interior para la dotación, ya que tienen sistemas para producir oxígeno y obtener agua potable. Por el contrario, los submarinos de propulsión convencional —normalmente gasóleo— necesitan salir a superficie cada cierto número de horas para conseguir oxígeno y cargar sus baterías. Los grandes submarinos suelen llevar misiles nucleares. El arma que portan los convencionales es el torpedo.

6. Dragaminas. Son barcos de unas 350 toneladas que tienen por misión la destrucción o inutilización de minas mediante el rastreo de amplias zonas. Su dotación suele ser de unos 40 hombres.

7. Patrulleros. Vigilan y controlan las zonas económicas exclusivas y especialmente las proximidades de las costas. Suelen llevar ametralladoras y cañones, pero algunos tienen también torpedos y **misiles** superficie-aire o superficie-superficie. Su dotación ronda los 40 hombres.

8. Buques anfibios. En ellos se transportan, para su posterior desembarque en una playa, tropas, armas y vehículos. Su tamaño es muy variable.

9. Buques **logísticos.** Estos barcos son usados para el transporte de víveres, municiones, agua potable y combustible para el grupo de barcos a los que acompaña. Normalmente, hay un buque logístico o dos por cada grupo de combate.

Véanse el apartado **8.39** y siguientes, así como **babor, bodega, calado, comandante, cuaderna, cubierta, desplazamiento, estribor, manga, popa, proa, puente, quilla** y **singladura.**

Burdeos. Nombre castellano de Bordeaux, ciudad francesa.

Burkina Faso. País africano conocido hasta el 4 de agosto de 1984 como Alto Volta. En lengua diula, Burkina Faso significa 'patria de la tribu de los burquinabes', una de las etnias del que fue territorio colonial francés. En la primera cita, debe escribirse entre paréntesis 'antes, Alto Volta'.

Burma. En español, **Birmania,** anterior nombre de La Unión de Myanmar.

buró ejecutivo (o buró político), no *bureau.* En el caso del Buró Político del Partido Comunista de la antigua Unión Soviética se prefiere el uso de **Politburó** (en redonda), pero siempre que en la primera referencia se explique el significado.

buru batzar. En vascuence, 'consejo ejecutivo'. No debe emplearse.

Burundi. Adjetivo, 'burundés'.

bushel (plural, *bushels).* Medida de capacidad empleada en Estados Unidos, equivalente a 35,24 litros. Se escribe en cursiva.

business. En inglés, 'negocio', 'comercio'. No debe emplearse.

businessman, businesswoman. En inglés, 'hombre de negocios', 'mujer de negocios'. No se deben emplear.

Bután, no Bhoutan, ni Bhutan. Estado de Asia central. El gentilicio es 'butanés'.

butrón. Procedimiento de robo consistente en hacer un agujero en el tabique colindante al lugar objeto del saqueo, para acceder a éste. Sólo se puede emplear explicando su significado.

Büyük Agri Dagi. Nombre turco de un monte conocido en castellano como Ararat.

Bydgoszcz. Ciudad polaca antes conocida como Bromberg.

byte (plural bytes). Unidad de medida en informática, formada por un número variable de **bits** (unidades mínimas de cualquier tipo de transmisión de información). Su número depende de cada ordenador. En los ordenadores domésticos, por ejemplo, los bits se agrupan de ocho en ocho. Esta palabra se escribe en redonda.

C

Ca. Abreviatura utilizada en **Estados Unidos** para California.

caballo. En jerga, 'heroína'. Sólo debe emplearse en crónicas o reportajes de ambiente, y después de haber explicado su significado. Se escribe en cursiva.

cabaré (plural, cabarés). Se recomienda esta grafía, por la mejor formación del plural, pero pueden utilizarse también 'cabaret' y 'cabarets'. No obstante, es preferible el uso de 'sala de fiestas' o 'club nocturno'.

cabila, no kabila ni kábila. Tribu de bereberes o de beduinos.

Cabildo. Se escribe con mayúscula cuando se refiere a las instituciones propias de cada isla canaria.

cabo. Se escribe todo en minúsculas salvo cuando forme parte de un nombre propio. Ejemplos: 'el cabo San Vicente, accidente geográfico', pero 'el barco *Cabo San Vicente*'.

Cabo Bojador. Nombre en español de la ciudad llamada por los marroquíes Bujdur.

cabo Cañaveral. Accidente geográfico de la costa de Florida (Estados Unidos) que desde noviembre de 1963 hasta mayo de 1973 se llamó cabo Kennedy. Sin embargo, el centro espacial de Cabo Cañaveral (con mayúscula inicial por tratarse de un punto de población) sigue llevando el nombre de John F. Kennedy.

Cabo Verde. El gentilicio para este Estado africano es 'caboverdiano'.

cacerolada. Acción de protesta que consiste en hacer ruido con utensilios de cocina, especialmente cacerolas.

caché o 'cachet'. Se prefiere 'toque de distinción'. En el caso de las cantidades que cobran artistas y cantantes, puede sustituirse por 'precio'.

cachemir. Puede emplearse —escrito en redonda— para un tipo de tejido aunque en castellano sea más correcto 'casimir'.

Cachemira, no Kashmir. Estado de la Unión India.

cacique. El femenino es 'cacica'

caddie. Tradúzcase por 'ayudante'. Véase **golf.**

cadista. No debe emplearse. Escríbase 'gaditanista' si se refiere a un jugador del Cádiz, y 'gaditano' si se trata de alguien nacido allí.

Caixa, La. Nombre comercial de la Caixa de Pensions per a la Vellesa i d'Estalvis de Catalunya i Balears. En 1989 inició el proceso de fusión con la Caixa de Barcelona. El nombre completo previsto para la sociedad resultante de la fusión es Caixa d'Estalvis i Pensions de Barcelona, y se seguirá utilizando 'La Caixa' como nombre comercial.

caja baja. En el lenguaje tipográfico, las letras minúsculas, pues se hallaban en las zonas bajas de cada una de las cajas de un chibalete (armario de tipos móviles).

caja negra. La caja que aloja la cinta del registrador de vuelo de un avión *(flight data recorder)* es de color naranja-cromo, para poder localizarla mejor. Ésta y la caja para registros de las conversaciones de cabina *(cockpit voice recorder),* también de color naranja, son las únicas cajas que no son precisamente negras. Ya que está impuesta por el uso, puede emplearse esta expresión, pero a sabiendas de que la denominación nada tiene que ver con el color real de la caja. Se escribe en cursiva.

calado. Profundidad que alcanza en el agua la parte sumergida de un barco.

calçots. Un tipo de cebolletas, dulces y que no pican ni al paladar ni a los ojos. Es el ingrediente esencial de las *calçotades.* Esta palabra catalana puede utilizarse, en cursiva.

calé, caló. Son palabras castellanas y se escriben en redonda. Calé es sinónimo de gitano. Caló, el lenguaje de los gitanos españoles.

calendario judío. El año judío o

hebreo tiene 12 meses, es lunar y forma ciclos de 19 años, de los cuales son bisiestos el 3º, el 6º, el 8º, el 11º, el 14º, el 17º y el 19º. En estos casos se añade un decimotercer mes. Hay años defectuosos (353 días), años regulares (354 días) y perfectos (383 días). Sólo tres meses varían y tienen 30 días: *jeshvan,* en los años perfectos; *kislev,* en los regulares y perfectos, y *adar* en los bisiestos. El calendario comienza a contar en la creación del mundo según Samuel, que corresponde al año 3761 antes de Jesucristo.

Los nombres de los meses son los siguientes: *tishri, jeshvan* (o *marjeshvan), kislev, tévet, shevat, adar (ve adar* o *adar sheni,* en los años bisiestos), *nisán, iyar, siván, tamuz, av* (o *abh)* y *elul.*

Aparte de esto, las principales fiestas judías son: Rosh Hashaná (año nuevo), Yom Kipur (expiación o perdón), Sukot (o fiesta de los Tabernáculos), Simjat Torá (júbilo del Libro de la Ley), Januká (dedicación del Templo), Purim (liberación de Persia), Pésaj (o Pascua, que conmemora la liberación de Egipto), Shavuot (Pentecostés, las Tablas de la Ley entregadas a Moisés) y ayuno de Av (destrucción de los templos). Las dos primeras son las más importantes.

Los nombres de los meses se escriben en cursiva y todo en minúsculas; los de las fiestas, con mayúscula inicial y en redonda.
calendario musulmán. Comienza a contar desde la huida de Mahoma a Medina, o Hégira, en el año 622 de nuestra era. El año consta de 12 meses y forma ciclos de 30 años, de los cuales son bisiestos el 2º, el 5º, el 7º, el 10º, el 13º, el 17º, el 18º, el 24º, el 26º y el 29º. El año normal tiene 354 días, y los bisiestos uno más que se añade al último mes. Salvo en este caso, los meses tienen alternativamente 30 y 29 días, empezando por el primero o *muharram.*

El nombre de los meses y su significado es el siguiente: *muharram,* o mes sagrado; *safar,* o mes de partida para la guerra; *rabi primero,* o primavera; *rabi segundo,* o continuación de la primavera; *yumada primero,* o mes de la sequía; *yumada segundo,* o continuación de la sequía; *rayab,* o mes del respeto y la abstinencia; *shaabán,* o mes de la germinación; *ramadán,* o mes del gran calor (ayuno); *shawal,* o mes del emparejamiento de los animales; *dulqaada,* o mes del descanso; *dulhiyya,* o mes de la peregrinación.

Los nombres de los meses se escriben en cursiva y todo en minúsculas; los de las fiestas, con mayúscula inicial y en redonda. Ejemplos: 'el mes de *ramadán*', pero 'la fiesta del (mes de) Ramadán'.

calendas griegas. En el lenguaje figurado, un plazo que nunca se cumple. No debe emplearse en un texto noticioso.

calibre. Diámetro interior del cañón de las armas de fuego. Se mide en milímetros ('una pistola del 9 largo') o en décimas de pulgada ('una Smith & Wesson del 45'). Los **números** del calibre de las armas se escriben siempre con guarismos, aunque sean inferiores a 10.

Calif. Abreviatura utilizada en **Estados Unidos** para California.

calificativos, adjetivos. Véase el apartado **12.16.**

calima. Véase estado del **tiempo.**

calle. Se escribe en minúsculas, a no ser que forme parte de un nombre. Ejemplos: 'calle de O'Donnell', 'calle Mayor', 'calle Real'. Salvo cuando lo forme un adjetivo, el nombre de la calle debe ir precedido de la preposición y artículo correspondientes.

call girl. Literalmente, 'chica de cita'. No debe emplearse en un idioma tan rico en equivalentes de esta palabra inglesa.

calor negro. Se escribe todo en redonda.

cámara. Se escribe con mayúscula inicial si se refiere a una asamblea parlamentaria en concreto ('la Cámara baja aprobó ayer el proyecto de ley'); y con minúsculas si tiene carácter genérico ('esto ha de aprobarlo una cámara legislativa'). También, con minúsculas, puede usarse como equivalente de camarógrafo si se utiliza en masculino ('un cámara de televisión falleció en el tiroteo').

Cámara de los Diputados, no Cámara de Diputados.

Camberra. La grafía correcta de esta ciudad australiana es 'Canberra'.

Camboya. Este país volvió a llamarse así en 1989. No debe escribirse, por tanto, Kampuchea. Los habitantes de Camboya son camboyanos, y, por extensión, jemeres (singular, jemer), grupo étnico mayoritario en el país.

camello. En jerga, traficante, vendedor de drogas ilegales. Se escribe en cursiva.

Camembert, *camembert.* Se escribe con mayúscula si se hace referencia a la pequeña villa normanda del departamento del Orne (Francia), donde la señora Harel elaboró por vez primera un queso que consiguió popularizar hacia 1791. Ejemplo: 'el queso elaborado en Camembert'. Pero con minúscula y cursiva si se trata de un tipo de queso: 'la cena concluyó con queso *camembert* y dulces'.

cameraman (plural, *cameramen*). Debe escribirse 'operador', 'camarógrafo' o **'cámara'.**

Camerún, no Cameroon o Cameroun. Adjetivo, 'camerunés'.

Camorra. Especie de **mafia** napolitana. Se escribe en redonda y con mayúscula inicial. Aunque ése es su nombre, evítese la palabra camorrista para designar a sus miembros.

Camp David. Lugar próximo a la capital federal estadounidense —se halla a menos de 100 kilómetros al noroeste de Washington, en el Estado de Maryland— que Franklin D. Roosevelt convirtió en refugio presidencial en 1942. Roosevelt le puso el nombre de Shangri-La, como la ciudad tibetana de James Hilton, porque era un sitio donde se podía hallar soledad y paz. El presidente Dwight D. Eisenhower lo rebautizó como Camp David en recuerdo de un nieto suyo.

Camp de l'Arpa, y no Campo del Arpa.

Campidoglio. El Ayuntamiento de Roma.

cámping (plural, cámpings). Siempre que se pueda, debe utilizarse 'acampada' o 'campamento'. Por su extendido uso, no obstante, la palabra inglesa se escribirá en redonda y con el acento que le corresponde en castellano. Los que practican este modo de pernoctar se llaman campistas.

Camp Nou. Nombre del estadio del Fútbol Club Barcelona.

campo. Es un galicismo (o un anglicismo, también) cuando se emplea por la palabra castellana 'campamento'. Ejemplo: 'el campamento de Chatila', no 'el campo de Chatila'.

Campo de Gibraltar. Véase **Gibraltar.**

campus (plural invariable). Admitida por la Academia. Se prefiere el empleo de 'recinto universitario'.

camuflar. Este verbo y sus derivados deben utilizarse con el sentido de ocultar o mimetizar una instalación, vehículo, arma o prenda militares. En los restantes casos se prefiere el uso de palabras como 'disfrazar', 'enmascarar', 'disimular' o 'encubrir'.

canal. Se escribe todo en minúsculas, salvo cuando esta palabra forme parte de un nombre propio. Ejemplos: 'el canal de Panamá', 'la compañía Canal de Isabel II'.

Canberra, no 'Camberra'.

canciller. En la actual y en la anterior República Federal de Alemania y en Austria, el jefe del Gobierno; en los países latinoamericanos, el ministro de Asuntos Exteriores. En el Reino Unido, el ministro de Hacienda recibe el título de 'canciller del Exchequer'. Se emplea igualmente para designar cierta dignidad académica o a un empleado auxiliar de las embajadas, legaciones o consulados. Esta palabra solamente deberá utilizarse en los casos citados.

canción popular. Sólo utilizable en el caso de la producida por **cantautores.** No debe confundirse con la música o canción tradicional.

Candía. Ciudad de Creta (Grecia) ahora llamada Herakleion.

canelones (singular, canelón), no *caneloni*. Rollo de pasta de harina con algún relleno.

canguro. Puede usarse para la persona tomada por horas para cuidar niños. Se escribe en redonda.

Cannabis indica. En español, el nombre vulgar, no científico, de esta planta es 'cáñamo índico'. Escríbase, pues, 'cáñamo índico' (la planta) o **hachís** (el producto que se obtiene de ella).

canon. Impuesto. También un artículo del Código Canónico (no canónigo).

Canonges, Casa dels. Edificio gótico situado junto al palacio de la Generalitat de Cataluña y que es usado tradicionalmente como residencia privada del presidente del Gobierno catalán (lo que no significa que tenga en ella su domicilio). También se emplea para hospedar a visitantes ilustres. Se trata de un nombre propio, y no es traducible en ningún caso por 'Casa de los canónigos'.

canónigo, no canónico (véase **canon**). Sacerdote vinculado a una catedral. Se escribe todo en minúsculas.

cantaor. Cantante de flamenco. Se escribe en redonda.

cantautor. El cantante que compone sus propias canciones. Véase **canción popular.**

Canterbury. El nombre español de esta ciudad del Reino Unido es Cantorbery.

Cantón. Nombre de una ciudad china. Esta antigua transcripción castellana se mantiene frente a Guangzhou, que es la denominación en **pinyin.**

canuto. Cigarrillo de **droga.** Se escribe en redonda.

cañí. La Academia define el significado de esta palabra como "de raza gitana". Sin embargo, los gitanos no son una raza (su raza es la blanca); y, por otra parte, esta palabra se ha extendido ya a señalar aspectos folclóricos, típicos, tradicionales o antiguos referentes a España.

Cape Town. El nombre de esa ciudad surafricana es Ciudad del Cabo o, simplemente, El Cabo.

capitán. El que manda un barco mercante se llama 'capitán'; en cambio, en un buque de guerra o en un avión comercial se denomina 'comandante'. Véanse **Fuerzas Armadas** y **tripulación.**

capitanías generales. Véase **Fuerzas Armadas.**

capitano. Graduación militar italiana equivalente en las Fuerzas Armadas españolas a la de capitán. Debe traducirse.

capitano di corvetta. Graduación de la Marina italiana equivalente en la española a capitán de corbeta. Debe traducirse.

capitano di fregata. Graduación de la Marina italiana equivalente en la española a capitán de fragata. Debe traducirse.

capitano di vascello. Graduación de la Marina italiana equivalente en la española a capitán de navío. Debe traducirse.

Capitolio. En Washington capital, el edificio en el que tienen su sede el Senado y la Cámara de Representantes. Véase **Congreso.**

capo. Graduación de la Marina italiana. El *capo di terza classe* y el *capo di seconda classe* equivalen en la Armada española a brigada; el *capo di prima classe,* a subteniente. Véase *secondo capo.*

Esta palabra italiana no debe utilizarse para los jefes mafiosos. Ejemplo: 'un *capo* de la Mafia ha sido detenido'. Empléese para estos casos la palabra 'jefe'.

capó (plural, capós), no *capot.* Tapa del motor de un automóvil.

caporale. Graduación del Ejército de Tierra italiano equivalente en el español a cabo segundo. Debe traducirse.

caporalmaggiore. Graduación del Ejército de Tierra italiano equivalente en el español a cabo primero. Debe traducirse.

Capt. Abreviatura inglesa para *captain* o capitán.

captain. Esta graduación militar debe traducirse por capitán cuando se refiera a un oficial de los Ejércitos de Tierra de Estados Unidos y del Reino Unido, o a la Aviación norteamericana. Y por capitán de navío cuando se trate de las fuerzas navales norteamericana o británica. No ha de confundirse con *captain of a ship,* que equivale en español a comandante o a **capitán** de un buque, según sea éste militar o mercante, y que es independiente de la graduación que tenga el oficial que lo manda. Véase *group captain.*

cara a. Indebido sustituto de las preposiciones castellanas. Por lo general, tal expresión es reemplazable por 'para', 'ante' o 'con vistas a'.

carabiniere (plural, *carabinieri*). Debe traducirse como 'agente de policía'. En España, 'carabinero' tiene otro significado.

carácter (plural, caracteres).

carátula. En castellano, 'máscara' o 'careta'. Para el caso de discos, casetes y vídeos, escríbase 'portada'.

caravana. Se escribe en redonda incluso con el significado de vehículo acondicionado para cocinar y dormir en él, sea remolcado o no.

carca. No debe emplearse en un texto informativo. Despectivo para referirse a personas de ideas retrógradas. Es diminutivo de *carcunda,* gallego-portugués que designaba a los absolutistas del XIX. Se escribe en redonda.

cardiaco, no cardíaco.

Caribe. Véase **Antillas.**

carioca. El natural de Río de Janeiro. No es sinónimo de brasileño.

carisma. Don divino. Se aplica también a las personas que atraen vivamente a las muchedumbres.

carné. Se recomienda el uso de carné y carnés, pero pueden utilizarse también carnet y carnets.

Carolina del Norte (o del Sur), no North (o South) Carolina. Véase **Estados Unidos.**

carrusel, no *carrousel.* Espectáculo en que varios jinetes ejecutan vistosas evoluciones. También, tiovivo.

Cartagena. Nombre actual de la ciudad colombiana que se llamó antiguamente 'Cartagena de Indias'. Para evitar confusión con su homónima española, basta con hacer constar que se trata de la ciudad colombiana. Por ejemplo: "Se celebró en Cartagena (Colombia)".

cartas al director. Véanse los apartados **2.82** a **2.91** del Manual.

cartel, no cártel. Convenio entre varias empresas similares para evitar la mutua competencia y regular la producción, venta y precios en determinado campo industrial. La Academia incluye esta acepción entre las de la palabra cartel (con acentuación aguda), que procede del italiano *(cartello)*. Con el significado económico, procede del alemán *(kartell,* también con acentuación aguda), por lo que se mantendrá esa carga prosódica.

cartel de Medellín. Organización de traficantes de droga. Se escribe en cursiva.

Casablanca. Utilícese este nombre, y no el de Dar el Beida, para la ciudad marroquí.

Casa Blanca. Residencia oficial del presidente de Estados Unidos, en el número 1.600 de la Pennsylvania Avenue, Washington, distrito de Columbia.

Casa de la Villa. Nombre que recibe tradicionalmente el Ayuntamiento de Madrid. Por tratarse de un localismo, sólo podrá emplearse cuando, en la primera referencia, se explique su significado.

Casa del Pueblo. Nombre que reciben las sedes socialistas del PSOE y la UGT. Es preferible el uso de 'sede socialista' o 'local del PSOE', aunque puede utilizarse en citas textuales, con mayúsculas iniciales y explicando, entre paréntesis, el significado.

Casa dels Canonges. Véase **Canonges.**

Casa Gran. Nombre empleado en Barcelona para designar al Ayuntamiento. Por tratarse de un localismo, sólo podrá emplearse cuando, en la primera referencia, se explique su significado.

casal. Casa de campo.

Casa Rosada. La residencia oficial del jefe del Estado de Argentina.

casar, caserío. Conjunto de casas que no llegan a formar pueblo.

casbah. En español, 'alcazaba'.

Casc Antic. Escríbase en catalán y con mayúsculas iniciales si se refiere al nombre propio de esta zona barcelonesa, y con minúsculas si se trata genéricamente de un casco antiguo.

cascos azules. Soldados puestos a disposición de las Naciones Unidas por algunos de sus países miembros para misiones de pacificación. Estas dos palabras se escriben en cursiva. Véase **UNEF**.

casete (plural, casetes), no cassette. En su forma femenina se emplea para la cajita que contiene la cinta magnetofónica, y en masculino, para el correspondiente magnetófono. No obstante, se prefieren las palabras castellanas 'cinta' para la casete y 'magnetófono' para el casete.

cash flow. Tradúzcase por 'beneficios más amortizaciones' o, mejor, 'fondos generados'.

cassette. Véase **casete**.

castellano. Puede escribirse, indistintamente, 'español' o 'castellano' para el idioma predominante en España y Latinoamérica. Las personas que hablan esta lengua son 'hispanohablantes', no 'hispanoparlantes'.

castellanohablante, no castellanoparlante.

casteller (plural, *castellers*). Muchachos que componen torres humanas. Puede utilizarse si queda claro su significado.

Castilla y León, no Castilla-León. El nombre oficial de esta comunidad autónoma incluye la *y*.

casus belli. Expresión **latina.** No debe emplearse. Escríbase, en su lugar, 'caso de guerra'.

catalanohablante, no catalanoparlante.

catch. Espectáculo pseudodeportivo derivado a grandes rasgos de la lucha libre. No se considera un auténtico deporte, y por tanto se escribe en cursiva. Véase el apartado **8.44** del Manual.

catcher. En béisbol, 'receptor'. Si se usa en inglés, debe añadirse la traducción entre paréntesis.

catering. No debe utilizarse. Tradúzcase, según el caso, por 'abastecimiento', 'avituallamiento', 'suministro de alimentos' o, simplemente, 'servicio de comidas' o 'comida'.

caucus (plural, *caucuses*). Una de las votaciones primarias en las elecciones presidenciales de Estados Unidos. Si se emplea, debe explicarse su significado en la primera referencia.

cava. Véase **champaña.**

caza. En cursiva cuando se trate del apócope de **cazabombardero.**

cazabombardero, no caza-bombardero. Avión de combate adecuado para atacar a otros aviones y bombardear objetivos en tierra. Se llaman *cazas* polivalentes aquellos que sirven para ambas misiones indistintamente. En la mayoría de los casos, los *cazas* están concebidos principalmente para una de ellas.

caza de brujas. Persecución política. Se escribe en cursiva. Véase **macartismo.**

cc. La abreviatura de 'centímetros cúbicos' sólo puede utilizarse en las crónicas de motociclismo para expresar la cilindrada de las distintas categorías. Se escribirá sin blanco de separación y sin punto. Ejemplo: '125cc'.

Ceausescu, Nicolae, no Ceaucescu. Jefe del Estado de **Rumania** ejecutado el 25 de diciembre de 1989 junto con su esposa, Elena.

Ceilán. Véase **Sri Lanka.**

cello. No debe emplearse como forma apocopada de violonchelo (véase **chelo)** ni como sustitutivo de 'cinta adhesiva'.

centavo. Nunca se utilizará la abreviatura de esta palabra, salvo que figure en una tabla o cuadro estadístico.

centímetro. Nunca se utilizará la abreviatura de esta unidad de medida, sea de longitud, superficie o volumen, salvo que figure en una tabla o cuadro estadístico.

céntimo. Nunca se utilizará la abreviatura de esta palabra, salvo que figure en una tabla o cuadro estadístico.

Central General Staff. Tradúzcase por 'Estado Mayor Central'.

Centre Dramàtic. Abreviación válida para el Centro Dramático de la Generalitat de Cataluña.

Centroamérica. La franja de territorio comprendida entre México y Colombia. Incluye los países: Belice, Costa Rica, El Salvador, Guatemala, Honduras, Nicaragua y Panamá.

Centrobank. Banco Central estatal de Rusia. Heredó la estructura del **Gosbank** soviético.

cerebro electrónico. No debe emplearse. Escríbase en su lugar 'ordenador'.

certamen. Sólo puede referirse a aquella exposición o festival donde se produzca una competición.

cesar. Este verbo es intransitivo,

y por tanto no se puede usar con complemento directo. Caer o entrar son también verbos intransitivos, y uno cae, pero no es caído por otro; uno entra en un sitio, pero no es entrado en él. Por lo mismo, no se puede escribir que Fulano 'ha sido cesado', ni que Mengano 'cesó' a Zutano; se cesa, pero no se es cesado. Fulano cesa, a Mengano se le destituye, a Zutano se le pide el cese o se le obliga a cesar, y Perengano cesó.

Cesid. Acrónimo de Centro Superior de Investigación de la Defensa, organismo de espionaje militar español.

Cetme. Siglas del Centro de Estudios Técnicos de Materiales Especiales, Sociedad Anónima. Tanto la empresa como sus productos se consideran un nombre comercial. Por tanto, se escribe como una palabra común, como una marca. Ejemplo: 'armado con un fusil Cetme', 'la empresa Cetme obtuvo beneficios el pasado año'.

CF. Abreviatura de 'club de fútbol'. Debe evitarse cuando se escriba de un club o equipo. Ahora bien, si lo que se pretende es citar el nombre completo, entonces puede emplearse la abreviatura, a título excepcional, pero escrita sin puntos de separación. Ejemplo: 'el Real Burgos CF'.

En el lenguaje comercial, las siglas CF se emplean para 'precio, incluido el flete' (del inglés *cost freight*). En este caso no deben emplearse jamás.

chabán. Se debe escribir *shaabán.* Véase **calendario musulmán.**

chacolí, no *txakoli.* Vino ligero y agrio propio de la cornisa cantábrica.

Chad, no Tchad. Adjetivo, 'chadiano'.

chalé. Se recomienda el uso de chalé y chalés, pero pueden emplearse también chalet y chalets.

Champagne. El nombre español de esta comarca francesa es Champaña.

champán. Embarcación de fondo plano para navegar por los ríos: 'champán', y no *sampán.*

champaña (plural, champañas), no *champagne.* Nombre que recibe cierto vino espumoso, aunque no proceda de la Champaña. Cuando así lo exija la nomenclatura comercial internacional, debe sustituirse por 'cava'.

chance. Debe escribirse 'suerte' u 'oportunidad'.

chándal (plural, chándales). Se escribe en redonda.

chansonnier (plural, *chansonniers*). En francés, cómico o humorista. No debe confundirse con *chanteur,* que significa cantante.

chapela **o** *txapela.* No es palabra castellana, sino vascuence (aunque procedente del latín, *capellum*). Se prefiere **boina,** traducción exacta de la voz vascuence *txapela.*

chapero. En jerga, muchacho que ejerce la prostitución, prostituto. Se escribe en cursiva y debe explicarse.

chaplain (plural, *chaplains*). Tradúzcase por capellán o clero castrense.

chaqué (plural, chaqués), no *chaquet.* Prenda de etiqueta con faldones por detrás. Se diferencia del frac en que éste es por delante como una chaquetilla rematada a cada lado por un pico, mientras que en el chaqué las solapas se prolongan, en forma redondeada, hasta los faldones.

charcutería. Se trata de un galicismo que, por su extendido uso en el lenguaje popular, puede emplearse. No obstante, 'salchichería' es la palabra castellana más adecuada para referirse a la tienda donde se venden embutidos, y no sólo salchichas.

Charles de Gaulle. Aeropuerto al norte de París, en Roissy-en-France.

charme. En francés, 'encanto, atractivo, hechizo'. No debe emplearse.

charnego. Denominación despectiva empleada en Cataluña para los emigrantes que proceden de otras comunidades españolas. No debe emplearse, salvo en citas textuales.

chárter (plural, chárteres). Admitido por la Academia con el significado de 'vuelo ex profeso al margen de los vuelos regulares'.

Chase Manhattan Bank. Cuando en alguna cita no se escriba la palabra *bank,* se seguirá utilizando el artículo *el;* no *la* Chase Manhattan.

chasis (no tiene plural). El armazón de un vehículo, también denominado bastidor, y el cilindro que contiene la película fotográfica.

chauvinismo. Véase **chovinismo.**

Chavuot. Debe escribirse Shavuot. Véase **calendario judío.**

checa. Véase **Cheka.**

checo. Gentilicio de la **República Checa.** No se debe utilizar nunca como gentilicio de la desaparecida **Checoslovaquia.**

Checoslovaquia, no Checoeslovaquia. No existe como tal país, ya que el 1 de enero de 1993 se dividió en dos Estados independientes: la República Checa, cuya capital es Praga, y Eslovaquia, con capital en Bratislava. Los gentilicios son, respectivamente, checo y eslovaco. Ambos Estados fueron admitidos en la **ONU** en 1993.

chef. Se prefiere el empleo de 'primer cocinero' o 'jefe de cocina'.

Cheka. Acrónimo de las palabras rusas Chrezvicháinaya Komissia, o Comisión Extraordinaria (para la lucha contra la contrarrevolución y el sabotaje), antecedente del **KGB,** o policía política, de la antigua **URSS.** En este sentido, Cheka se escribe en redonda y con mayúscula inicial. Cuando se emplee en la acepción de 'lugar de tortura' se escribirá tal como lo acepta la Academia: 'checa'; todo en minúsculas, con *c* y en redonda.

chelo, no *cello.* Apócope de violonchelo. Se escribe en redonda.

Chemical Corps. Tradúzcase por 'Cuerpo de Guerra Química'.

Chemnitz. Nombre tradicional de una ciudad de la Alemania del Este que durante la etapa no democrática se denominó Karl Marx Stadt. Desde 1990 vuelve a llamarse Chemnitz.

Chenpao. Véase **Damanski.**

chequear. Nunca debe emplearse este anglicismo. Sustitúyase por 'verificar', 'comprobar' o 'revisar'.

chequeo. No debe emplearse, salvo cita textual. Utilícense 'reconocimiento médico' 'revisión médica' o, simplemente, 'revisión', 'comprobación', 'verificación'.

Chernóbil. Localidad **ucrania** en cuya central nuclear ocurrió, en abril-mayo de 1986, un grave accidente.

chevió (plural, cheviós). Lana del cordero de Escocia o paño hecho con ella. Se escribe en redonda. Es recomendable esta grafía, pero puede escribirse también 'cheviot'. (El nombre deriva de la ciudad británica Cheviot).

chewing-gum. Escríbase 'chicle' o 'goma de mascar'.

chic. Escríbase 'elegante', 'de moda'.

chicano (plural, chicanos). Ciudadanos de Estados Unidos de ascendencia mexicana. Los inmigrantes mexicanos no reciben este apelativo.

chicle, no chiclé. Goma de mascar.

chief marshal. Véase *air chief marshal.*

chief minister. Debe traducirse al castellano como 'ministro principal', y no como 'primer ministro' *(prime minister).* Véase **Gibraltar.**

chief of Naval Operations. Tradúzcase por 'jefe del Estado Mayor de la Armada'.

chief warrant. Graduación de los Ejércitos de Tierra y Aire norteamericanos equivalente en las Fuerzas Armadas españolas a alférez. Debe traducirse así.

Chigi, Palazzo. Residencia oficial del jefe del Gobierno italiano.

China. Cuando se haga referencia a la República Popular China (no *de* China), que es su nombre oficial, debe escribirse China; nunca China Popular, China comunista, China roja o China continental. En el caso del Estado nacionalista instaurado en Formosa e islas adyacentes, su nombre oficial (República de China) puede resultar equívoco y, por tanto, debe emplearse el nombre chino de la isla, Taiwan; nunca el de China nacionalista o China insular.

Formosa, nombre dado por los portugueses a Taiwan, se mantiene en sus acepciones geográficas; es decir, para denominar tanto a la isla como al estrecho que la separa del continente.

Hay que tener en cuenta asimismo que el régimen de Taiwan (cuya capital es Taipei, no Taibei) se extiende no sólo a Formosa, sino al archipiélago de Pescadores (úsese este nombre español y no el chino, Penghu), así como a las islas de Jinmen y de Mazu.

chino. No debe utilizarse en expresiones despectivas como 'es un trabajo de chinos' o 'le engañaron como a un chino'.

chinólogo. Escríbase **sinólogo.**

chinos, nombres. Véase el apartado **8.56** del Manual.

chip (plural, *chips*). Escríbase 'microprocesador'.

chippendale. Estilo de mueble. Se escribe en cursiva.

chipping (plural, *chippings*). Véase **golf.**

chiringuito. Quiosco o puesto de bebidas al aire libre. Se escribe en redonda.

chistu, no *txistu.* Tradicional instrumento de viento utilizado en el País Vasco y Navarra. Y 'chistulari' (no *txistulari), el mú-

sico. Ambas palabras, al estar castellanizadas, se escriben en redonda.

Chkálov. Nombre anterior de Oremburgo, ciudad rusa.

chocolate. En jerga, **hachís.** Sólo puede emplearse en crónicas o reportajes de ambiente, y siempre después de haber explicado su significado. En este caso se escribe en cursiva. Véase **droga.**

chófer (plural, chóferes), no chofer. Se prefiere conductor, siempre que sea posible.

chorizo. No se debe emplear como equivalente de 'ratero', 'descuidero' o 'ladronzuelo'.

choucroute. Escríbase **chucrú.**

chovinismo, no chauvinismo. Exaltación exclusivista de lo nacional frente a lo extranjero. La palabra tiene su origen en la devoción sin límites que sintió por Napoleón el soldado francés Nicolas Chauvin.

christmas (no tiene plural). Se prefiere 'felicitaciones de Navidad' o 'tarjetas de Navidad'. En caso de cita textual, se escribe en cursiva.

Chual. Véase **calendario musulmán.**

chucrú, no *choucroute* ni *sauerkraut.* Se recomienda la grafía 'chucrú', pero también puede escribirse 'chucrut'. Véase el apartado **8.51** del Manual.

chupa. Esta palabra figura desde hace muchos años en el diccionario, aunque su uso se haya recuperado actualmente para referirse a una cazadora de cuero y no a la prenda de medio cuerpo que vestían antiguamente los clérigos. Se escribe en redonda.

Cía. No se debe emplear esta abreviatura de **compañía.**

CIA. Véase diccionario de siglas.

Ciampino. Aeródromo militar próximo a Roma.

Cibeles, plaza de. No 'plaza de *la* Cibeles', como tampoco 'plaza *del* Neptuno'.

cícero. Medida tipográfica de Europa continental (en el mundo anglosajón, en cambio, se utiliza la **pica).** Equivale a 4,512 milímetros y está subdividido en 12 puntos, también llamados 'puntos Didot'. El cícero debe su nombre a que fue el tamaño de letra empleado para la composición, en 1467, de las *Epístolas familiares* de Cicerón, luego convertido en unidad de medida.

cicerone (plural, cicerones). Persona que sirve a otra de guía. Es palabra castellana; por tanto, se escribe en redonda.

ciclón. Véase estado del **tiempo.**

ciego. En jerga, el que está bajo los efectos de la **droga.** No debe utilizarse.

ciencia-ficción. Esta expresión está tan literalmente traducida del inglés *(science-fiction)* que se ha desvirtuado su significado, debido al diferente orden que en aquel idioma se da a sustantivo y adjetivo. No se trata de una ciencia fantástica, sino, al revés, de una fantasía científica. No obstante, el uso ha consagrado esta expresión errónea, que puede utilizarse en EL PAÍS. Ello no implica desterrar expresiones más correctas, como 'ficción científica' o 'fantasía científica'. Ambas se pueden emplear como recurso estilístico o en artículos de opinión.

cierzo. Viento muy ligado al valle del Ebro. Llega del Noroeste, es frío, seco y racheado. Baja a lo largo del río, por las tierras de Cinco Villas, Bardenas y Monegros, y deja los árboles inclinados en esa dirección.

cinc. Véase **zinc.**

Cinco Días. Escríbase con todas sus letras la cabecera de este **periódico,** y no *5 Días.*

cingalés. Véase **Sri Lanka.**

cintillos. Véase el apartado **3.11** del Manual.

cirros. Véase estado del **tiempo.**

Cisjordania. Territorio de la **orilla occidental** del río Jordán, hoy bajo ocupación israelí.

cisterna. En un buque de guerra, el agua se tiene en aljibes, y el combustible —palabra más adecuada que carburante—, en tanques.

citas. Véanse los apartados **2.22** a **2.24** del Manual.

Citera. Utilícese este nombre, y no el de Kizira, para la isla griega.

Citibank. Nombre actual del First National City Bank, entidad bancaria estadounidense, con sede central en Nueva York.

Citroën, no Citroen.

City, la. El barrio financiero de Londres.

ciudad. Se escribe en minúscula, salvo cuando forma parte de un nombre propio o denominación. Ejemplos: 'Ciudad del Vaticano', 'la Ciudad Santa', pero 'la ciudad de Santander'.

Ciudad Condal. No debe utilizarse. Para segunda referencia, empléese 'la capital catalana'.

Ciudad del Cabo, o simplemente El Cabo, pero no Ciudad de El Cabo.

ciudad dormitorio (plural, ciudades dormitorio). Véase el apartado **8.20.**

Ciutadella, parque de la, y no Parc de la Ciutadella.

clac (plural, claques), no *claque.* Personas cuya misión es aplaudir en el teatro. Es palabra femenina.

claque. Véase **clac.**

claxon (plural, cláxones). Se prefieren 'bocina' y su derivado 'bocinazo'.

clearing. En inglés, 'compensación'. Forma de cálculo contable en las transacciones entre bancos o países. No debe emplearse sin explicar su significado. Se escribe en cursiva.

clergyman. Antes de usar esta palabra inglesa es preferible escribir 'sin sotana'. Se emplea mal como sinónimo de 'alzacuello'.

cliché, no clisé.

climatológico. Se emplea incorrectamente como sinónimo de meteorológico. El clima, y por ende sus palabras derivadas, hace referencia a las condiciones meteorológicas habituales en un lugar dado. Así, cabe hablar de un clima atlántico o mediterráneo, definidos por unas circunstancias meteorológicas diarias —sol, lluvia o viento—, cuya repetición configura aquél. Pero no cabe decir que ese día hubo determinadas circunstancias climatológicas. Un lugar, salvo glaciaciones o grandes cambios similares, siempre tiene el mismo clima: lluvioso o seco; temperaturas cálidas o frías, extremas o templadas, mediterráneo o atlántico.

clímax. Está aceptado por la Academia el significado de 'punto más alto' o 'momento culminante'.

clipe (plural, clipes), no *clip.* Pero es mejor 'sujetapapeles'.

clown. No debe emplearse. Escríbase 'payaso'. La Academia ha aceptado 'clon', pero no debe usarse.

club (plural, clubes).

Co. (plural, Cos.). Abreviatura usada en inglés para *company* (plural, *companies);* en español, 'compañía'. Cuando se cite un nombre en el que figure tal abreviatura, ésta será sustituida por las palabras 'Company' o 'Companies', según el caso, escritas con mayúscula inicial y en redonda.

En **Estados Unidos** la abreviatura Co se emplea igualmente para el Estado de Colorado.

Coaligarse. Lo correcto es 'coligarse'; no 'coaligado', pero sí 'coalición' o 'liga', palabra esta última lamentablemente relegada en su acepción como conjunto de fuerzas políticas unidas.

cobla (plural, coblas; no *cobles).*

Es palabra castellana, además de catalana. Por tanto, debe escribirse en redonda.

coca. La planta de la que se saca la cocaína. Se escribe en redonda. No debe emplearse como sinónimo del producto que se extrae de ella.

Coca-Cola. Una marca registrada; por tanto, se escribe con mayúsculas iniciales y en redonda. Pero 'se tomó una *coca-cola*', en minúsculas y en cursiva.

coche cama (plural, coches cama).

cocktail party. No debe emplearse.

cóctel (plural, cócteles), no *cocktail*.

cóctel mólotov. Bomba casera. Se escribe en cursiva y todo en minúsculas.

Coímbra, no Coimbra. Ciudad portuguesa.

colaboración, artículos de. Véanse los apartados **2.77** y **2.78** del Manual.

colega. Compañero en un colegio, corporación o profesión. No es sinónimo de persona del mismo cargo o rango. Un ministro, por ejemplo, es 'colega' de otro miembro del mismo Gabinete, pero no de quien desempeña igual cartera en otro Gobierno. Empléese para este caso 'homólogo'.

colegiado. Este habitual sinónimo de 'árbitro' (de cualquier deporte) es aceptable cuando se trate de árbitros españoles, efectivamente organizados en un colegio. Pero fuera de España no existe esa organización arbitral y no es aceptable escribir, por ejemplo, 'el colegiado galés'.

colegio. Se escribe todo en minúsculas salvo cuando forme parte de un nombre propio. Ejemplos: 'el colegio de los jesuitas', 'el Colegio Oficial de Farmacéuticos'.

Colegio Cardenalicio. El conjunto de los cardenales de la Iglesia católica. En los textos noticiosos no hay que escribir su nombre completo, que es Sacro Colegio Cardenalicio.

colgado. Cuando se refiere al que padece adicción a la droga, escríbase en cursiva.

coligado. Lo correcto es 'coligarse'; no 'coaligado', pero sí 'coalición' o 'liga', palabra esta última lamentablemente relegada en su acepción como conjunto de fuerzas políticas unidas.

colisionar. Este verbo ha sido admitido por la Academia con el significado de 'chocar dos o más vehículos con violencia'. Pero se prefiere 'chocar'.

collage (plural, *collages*). Obra artística que se elabora pegando trozos de diferentes materiales. Por extensión, toda obra de carácter mixto. Se escribe en cursiva.

college. En Estados Unidos, una universidad a menudo dedicada tan sólo a los estudios del primer ciclo. En el Reino Unido, en cambio, se aplica a los colegios universitarios. No debe confundirse con el francés *collège,* colegio privado de enseñanza media (el público es el liceo).

Collioure. El nombre español de esta población francesa es Colliure.

Colo. Abreviatura utilizada en **Estados Unidos** para Colorado.

colocado. Adicto a la **droga,** o drogado. Sólo puede emplearse en crónicas o reportajes de ambiente, y después de explicar su significado. En todo caso, se escribe en cursiva.

Cologne. Formas francesa e inglesa de la ciudad de la Alemania del Oeste denominada en español Colonia (en alemán, Köln).

Colón, archipiélago de. Nombre oficial de las islas de los Galápagos, situadas en el Pacífico. Véase **Galápagos.**

colonel. Tradúzcase por 'coronel'.

colonnello. Graduación militar italiana equivalente en las Fuerzas Armadas españolas a la de coronel. Debe traducirse.

Colt. Marca de armas de fuego, no siempre **revólveres,** con los que alcanzó fama mundial. Debe su nombre a su inventor, Samuel Colt (1814-1862).

coma. Sobre el uso de este signo ortográfico, véanse el apartado **11.1** y siguientes del Manual.

comandante. En la Armada española, los capitanes de navío, de fragata y de corbeta reciben el nombre genérico de comandantes.

En los Ejércitos de Tierra y Aire, en cambio, las graduaciones equivalentes (coronel, teniente coronel y comandante, respectivamente) reciben el nombre de jefes.

El que manda un barco mercante se llama 'capitán'; en cambio, en un buque de guerra y en un avión, militar o comercial, se denomina 'comandante'.

Véanse **Fuerzas Armadas, Guardia Civil** y **dotación**.

comandante en jefe. No es muy castellana esta traducción literal de la denominación inglesa *commander in chief.* Es preferible escribir 'comandante general', salvo que sea aquélla, y no ésta, la denominación oficial de un cargo. Así ocurre en el caso del líder cubano Fidel Castro.

comando. Se escribe en cursiva cuando se trate de una apropiación del lenguaje militar por grupos terroristas. Ejemplos: 'el *comando Madrid* de ETA', 'un *comando* de ETA Militar'.

comarca. Es palabra castellana además de catalana. Por tanto, se ha de emplear el plural castellano y no el catalán *(comar-ques), incluso cuando se escriba de la división territorial catalana. Sobre este último uso, véanse los apartados **8.32 y 8.52 párrafo 4** del Manual.

combat team. Tradúzcase por 'grupo de combate'.

Comdr. Abreviatura de *commander,* rango militar equivalente en la Marina española al de capitán de fragata.

cómic. Admitida por la Real Academia, es preferible el uso de las palabras 'tebeo' (revista de historietas) e 'historieta' (narración gráfica en viñetas). No debe confundirse con *comix.*

comillas. Sobre el uso de este signo, véanse los apartados **11.30** y siguientes del Manual.

Comintern. Escríbase **Komintern.**

comisión. Con mayúscula inicial cuando forme parte de un nombre propio. Ejemplos: 'la Comisión de Asuntos Exteriores', pero 'la citada comisión'.

comisión rogatoria. Cuando un juez realiza investigaciones o interrogatorios en un país distinto del suyo constituye una 'comisión rogatoria'. Debe explicarse siempre. Véase **exhorto**.

comité. Con mayúscula inicial cuando forme parte de un nombre propio. Ejemplos: 'el Comité Central del Partido Comunista de España', pero 'el citado comité'.

comix. Revista marginal. Se escribe en cursiva. Véase **cómic**.

commandant. En la terminología militar inglesa, comandante o jefe de una unidad. No debe confundirse con el rango de comandante *(major)*.

commander. Graduación de las fuerzas navales de Estados Unidos y el Reino Unido equivalente en la española a capitán de fragata. Véanse *lieutenant commander* y *wing commander*.

commander in chief. Tradúzcase por 'comandante general'. Pero no como **comandante en jefe,** ni como 'comandante supremo', ya que el equivalente en inglés es *supreme commander.*

Command Headquarters. Tradúzcase por 'comandancia'.

comme il faut. Expresión francesa, 'como es debido'. No debe emplearse en un texto informativo. Se escribe en cursiva.

committee. Cuando se refiera a un grupo parlamentario debe traducirse por 'comisión', y no por 'comité'.

commodore. Graduación militar británica. En la Marina se trata de un empleo sin equivalente en España (inferior al *rear admiral,* o contralmirante, y superior al *captain,* o capitán de navío) que debe traducirse por comodoro. En cambio, en las Fuerzas Aéreas el *air commodore* equivale a general de brigada.

Commonwealth. La anterior British Commonwealth. Comunidad de naciones, libremente asociadas, que reconocen como cabeza visible a la reina de Inglaterra (véase **Reino Unido).**

Sus 49 Estados miembros son los siguientes: Antigua y Barbuda, Australia, Bahamas, Bangladesh, Barbados, Belice, Botsuana, Brunei, Canadá, Chipre, Dominica, Fiyi, Gambia, Ghana, Granada, Guyana, India, Jamaica, Kenia, Kiribati, Lesoto, **Malaisia,** Malaui, Maldivas, Malta,

Mauricio, Nauru, Nigeria, Nueva Zelanda, Papua Nueva Guinea, el Reino Unido, Salomón, Samoa Occidental, San Cristóbal y Nevis, San Vicente y las Granadinas, Santa Lucía, Seychelles, Sierra Leona, Singapur, Sri Lanka, Suazilandia, Tanzania, Tonga, Trinidad y Tobago, Tuvalu, Uganda, Vanuatu, Zambia y Zimbabue.

como. El uso de una coma antes del adverbio 'como' cambia el significado en muchas frases. No es igual 'no lo hice como me dijiste' (lo hizo de distinta forma) que 'no lo hice, como me dijiste' (no lo hizo, luego cumplió el encargo). Si se trata de subsanar un error, se incurre en otro en frases como la siguiente: 'el presidente de Castilla y León es Juan José de Lucas y no José Bono, como se publicó ayer'. Detrás de frases similares se adivina la intención de escribir 'en contra de lo que se publicó ayer', pero la coma cambia el sentido. Lo correcto es: 'el presidente de Castilla y León es Juan José de Lucas, y no José Bono como se publicó ayer'.

Comoras, no Comores. Nombre de unas islas del océano Índico y del Estado que forman. El gentilicio es 'comorano'.

compact-disc. Escríbase 'disco compacto' o simplemente 'compacto'.

company (plural, *companies*). Unidad militar equivalente en el Ejército español a 'compañía'. Debe traducirse.

compañía. Se escribe todo con minúsculas salvo que la palabra forme parte del nombre de una entidad o unidad militar. Ejemplos: 'Compañía Telefónica Nacional de España'; 'Compañía de Jesús'; 'la compañía petrolera Amoco'; 'de las dos, la primera compañía quedó diezmada y la segunda hubo de replegarse'; 'la manifestación de París fue disuelta por miembros de las Compañías Republicanas de Seguridad (CRS)'.

compartimiento. Es más correcto que 'compartimento'.

compló (plural, complós) o 'complot' ('complots'). Se prefieren 'confabulación', 'conjura' y 'conspiración'.

compromiso. No es sinónimo de 'acuerdo', 'avenencia' o 'arreglo'.

computadora. Se prefiere 'ordenador' o 'procesador de datos'.

computadorizar, no computarizar. Someter datos al tratamiento de una computadora u ordenador. Úsese solamente cuando sea imprescindible. Siempre que se pueda, escríbase 'procesar los datos' o simplemente 'procesar'.

Comsomol. Escríbase **Komsomol.**

Comunidad Europea. O Comunidades Europeas. (Véase **Unión Europea, Tratado de la).** Nombre adoptado el 16 de febrero de 1978 por resolución de la Asamblea Parlamentaria de las Comunidades (hoy Parlamento europeo) para denominar al conjunto formado por estas tres organizaciones paneuropeístas: la Comunidad Económica Europea (CEE), la Comunidad Europea del Carbón y del Acero (CECA) y la Comisión Europea de la Energía Atómica (Euratom).

Tanto para Comunidad Europea como para Comunidades Europeas se emplearán las siglas CE. Hay que tener cuidado de no confundir las siglas del todo (CE) con las de una de sus partes (CEE).

La Comunidad Económica Europea o Mercado Común fue la asociación de países europeos occidentales creada, en 1957, por el Tratado de Roma. Estaba integrada por Alemania, Bélgica, Francia, Italia, Luxemburgo y los Países Bajos (los seis fundadores), más Dinamarca, Irlanda, el Reino Unido, Grecia, Portugal y España. Véase 'los **Doce'.**

Si se escribe 'Mercado Común europeo', esta última palabra debe ir toda en minúsculas.

La CECA, mercado común para el carbón y el acero, fue creada en 1950, a raíz del Plan Schuman, por los seis Estados que en 1957 constituyeron la CEE.

La Euratom (European Atomic Energy Community), organización especializada en la energía atómica, se fundó en 1958 merced al Tratado de Roma (de 1957), suscrito por Bélgica,

Francia, Italia, Luxemburgo, los Países Bajos y la anterior República Federal de **Alemania.**

Comunidad Valenciana. Esta denominación es la oficial y, por tanto, la preferida. En reproducciones textuales, pueden emplearse 'País Valenciano' y 'antiguo Reino de Valencia'.

concejal. Se puede utilizar como sinónimo la palabra 'edil'; pero ésta no es sinónimo de alcalde. En EL PAÍS la palabra 'concejal' no toma la terminación femenina ('concejala'), pese a que fue admitida por la Academia. Escríbase 'el concejal' y 'la concejal' (así como 'el edil' y 'la edil').

concejo. Se escribe con minúscula.

concertación. Acción y efecto de concertar, pactar o tratar un negocio.

concerto (plural, *concerti*). Lleva mayúscula inicial cuando forma parte del título de una obra musical. Se escribe con minúscula y en cursiva en los restantes casos.

concienciar. Este verbo no existe en castellano; por tanto, no debe emplearse. Escríbase en su lugar 'convencer', 'tener conciencia', 'tomar conciencia', 'adquirir conciencia', 'formar la conciencia', 'ser consciente' u otra fórmula similar.

concierto. Joaquín Sabina, Javier Gurruchaga, Luciano Pavarotti, el grupo Mocedades, o Ana Belén y Víctor Manuel no actúan *en concierto,* por mucho que esa expresión parezca más importante y dé mayor relevancia al acontecimiento. En todo caso, ofrecen un 'recital', puesto que la palabra 'concierto' se refiere a actuaciones en las que predomina la ejecución instrumental.

concordancia. Véanse los apartados **12.31** a **12.34;** y también el **12.36** y el **8.20** del Manual (concordancia del condicional).

concretar. Este verbo está mal empleado en las informaciones deportivas cuando se escribe que una jugada se 'concretó' en un gol o en fuera de juego. Concretar es reducir a lo esencial lo que se habla o escribe; combinar algunas especies y cosas.

conde, condesa. Se escribe todo en minúsculas, salvo que la palabra forme parte de un nombre propio. Ejemplos: 'el conde de Guadiana', 'calle del Conde de Guadiana'.

condecoraciones. Se escriben con mayúscula inicial cuando se trata del nombre oficial, y todo en minúsculas cuando se refiera al condecorado. Ejemplos: 'la Gran Cruz de Isabel la Católica'; 'Francisca Rodríguez, gran cruz de Isabel la Católica'. En cambio, los genéricos 'medalla de oro', 'medalla de honor' irán siempre en minúsculas.

condicional. Véanse los apartados **12.35, 12.36** y **12.37** del Manual, así como el **capítulo 13** *(Errores más frecuentes)*.

condottiere. Empléese en castellano 'condotiero', escrita en redonda. No obstante, se prefiere 'mercenario'.

Confederación Francófona Africana. La componen Camerún, Gabón y Guinea Ecuatorial, los tres con una moneda común: el franco CFA.

conferencia. Con mayúscula inicial cuando forma parte de un nombre propio. Ejemplos: 'la Conferencia de Desarme', pero 'una conferencia sobre desarme'.

conferencia de prensa. La Academia ha admitido también 'rueda de prensa', pero se prefiere 'conferencia de prensa'. Se escribe todo en minúsculas. Véase **prensa.**

confeti (plural, confetis), no *confetti.*

confort. Empléese 'comodidad', aunque son válidos 'confortable' y 'confortar'.

confrontación. No es lo mismo que 'enfrentamiento', palabra a la que suele sustituir incorrectamente. Confrontar es comparar, cotejar, contrastar, ver las diferencias entre dos personas o cosas.

Congo. El ex Congo francés. Su nombre oficial es República Popular del Congo; y su capital, Brazzaville. Se puede escribir también Congo, siempre que en el texto no se produzcan equívocos con Zaire (anterior Congo belga). El gentilicio es 'congoleño'.

congresista. El asistente a un congreso. En Estados Unidos, el miembro de una de las dos cámaras parlamentarias.

Congreso. La Cámara baja del Parlamento español se llama Congreso de los Diputados, pero puede utilizarse simplemente 'Congreso'.

Se denomina también así el Parlamento de Estados Unidos, formado a su vez por la Cámara alta, o Senado, y la baja, o Cámara de Representantes. Véase **Capitolio.**

conllevar. Normalmente es utilizada con la pretensión de darle el significado de 'llevar con', pero en realidad significa 'soportar con', 'aguantar conjuntamente'. Sería preferible el uso de 'implica', 'acarrea' o, en último caso, 'comporta', expresión ésta recogida con sentido equivalente en varios diccionarios, aunque no en el de la Real Academia Española. Ejemplo de uso correcto: 'Mi hermana y yo nos conllevamos desde hace años'. Ejemplo incorrecto: 'La subida del Partido Popular conlleva el descenso del PSOE'.

Conn. Abreviatura utilizada en Estados Unidos para Connecticut.

Cono Sur. En el lenguaje político, área geográfica que comprende Argentina, Chile y Uruguay.

consecuencia. Los hechos ocurren 'a causa de' algo, o 'como consecuencia' de ello, pero es desaconsejable la expresión 'a consecuencia de'.

Consejería. Con mayúscula inicial para el lugar, establecimiento u oficina donde funciona un consejo, corporación consultiva, administrativa o de gobierno.

Consejo. Se escribe con mayúscula inicial cuando forma parte de un nombre propio. Ejemplos: 'el Consejo de Seguridad de la ONU', 'el Consejo General del Poder Judicial'.

Consejo de Administración. Se escribe con mayúsculas iniciales cuando se refiera al organismo rector de una sociedad en concreto. Ejemplos: 'El Consejo de Administración de Renfe', 'esto ha de aprobarlo el Consejo de Administración'.

Consejo de Europa. No confundir con **Consejo Europeo.** Es una organización de cooperación, con sede en Estrasburgo, que agrupa a todos los países de Europa occcidental y a la que desean incorporarse los países del Este. Cuenta con un secretario general —el español Marcelino Oreja desempeñó ese cargo—, un Consejo de Ministros, una Asamblea Parlamentaria y un Tribunal de Derechos Humanos. **Consejo de Ministros,** no 'Consejo de ministros'. Esta entidad jurídica se escribe siempre con mayúsculas iniciales.

Consejo Económico y Social. Uno de los seis principales órganos de las Naciones Unidas (junto a la Asamblea General, el Consejo de Seguridad, el Consejo de Administración Fiduciaria, el Tribunal Internacional de Justicia y el Secretariado). Está encargado de coordinar la política económica, social, cultural y humanitaria de la **ONU.** Se le conoce por el acrónimo Ecosoc. Asimismo, recibe igual nombre un órgano de encuentro de las fuerzas sociales y económicas previsto en la Constitución española.

Consejo Europeo. No confundir con **Consejo de Europa.** Es el nombre oficial de la cumbre de jefes de Estado y de Gobierno de la **CE** (véase **Unión Europea, Tratado de la**) que se celebra con periodicidad semestral en junio y diciembre en el país que preside por turno la Comunidad. La presidencia puede, no obstante, convocar un Consejo Europeo extraordinario.

consell. Esta palabra catalana se traducirá siempre al castellano, salvo en el caso del **Consell Executiu** de la Generalitat de Cataluña y del Consell Interinsular de Baleares, así como cuando forme parte del nombre de una calle.

Consell de Cent. Asamblea consultiva del Gobierno municipal de Barcelona, abolida en 1714. Nombre de una calle de Barcelona.

conselleiro. No debe emplearse. Escríbase 'consejero'.

conseller. No debe emplearse. Escríbase 'consejero'.

conselleria. No debe emplearse esta palabra catalana. Escríbase en su lugar **consejería** o 'departamento'.

Consell Executiu. El nombre del máximo organismo de la Generalitat de Cataluña se escribirá siempre en catalán, pero, salvo en la edición de Cataluña, no podrá emplearse en los titulares. Sí pueden utilizarse sin restricciones las fórmulas 'Gobierno catalán' o simplemente 'la Generalitat', entendida en este caso como sinécdoque (el todo por la parte). La forma abreviada Consell sólo podrá utilizarse después de haber escrito el nombre completo.

consenso. Esta palabra implica unanimidad. Se emplea mal con el significado de acuerdo entre algunos, pero no todos, los miembros de una corporación. No debe olvidarse la palabra 'asenso'.

consensuar. Verbo utilizado sólo en los ambientes políticos. Se prefieren, según cada caso, 'pactar', 'acordar', 'negociar'.

conservador. Con mayúscula inicial sólo cuando forme parte del nombre oficial de un partido. Esta palabra únicamente puede definir a personalidades políticas cuando haya sido aceptada previamente por ellas.

consistorio. Se escribe con mayúscula inicial si se emplea como sinónimo de Ayuntamiento.

Constantinopla. Nombre anterior de Estambul. En las referencias históricas a Constantinopla debe especificarse que se trata de la actual Estambul.

Constitución. Se escribe con mayúscula inicial cuando se refiera a la ley fundamental de un Estado y ése sea su nombre oficial. En Alemania, por ejemplo, su nombre es Ley Fundamental.

Constitucional, Tribunal. Puede utilizarse 'el Constitucional' para abreviar esta expresión en los títulos y en las segundas referencias, por analogía con 'el Supremo'. 'El Constitucional anuló 14 artículos de la Ley Orgánica de Armonización del Proceso Autonómico'.

consulting. No debe utilizarse. Su equivalente castellano es 'consultoría'.

contactar. Aunque admitida por la Academia Española con el significado de 'establecer contacto o comunicación', se prefiere el uso de 'entrar en contacto', 'llamar', 'visitar', 'hablar', etcétera.

Contadora. Véase **Grupo de Contadora.**

container. Escríbase 'contenedor'.

contemplar. Significa poner la atención en alguna cosa material o espiritual; mirar, considerar, juzgar o complacer a una persona. Se emplea mal cuando se escribe, por ejemplo, 'el artículo 24º contempla…'; en vez de 'prevé', 'establece', 'regula' u otros términos similares.

conto. En portugués, 1.000 escudos.

Contra. Nombre que recibía la oposición armada nicaragüense que se enfrentaba al régimen **sandinista.** Sus miembros recibían el nombre de 'los contras', escrito en redonda. La Contra fue desmantelada, aunque algunos de sus miembros no depusieron las armas. (Véase **recontra**).

contra. No puede emplearse como sinónimo de 'cuanto'. Es incorrecto escribir frases como la siguiente: 'Contra más se acerca el otoño, más pronto anochece'.

contracepción, contraceptivo. No son palabras castellanas. Escríbase en su lugar 'anticoncepción' y 'anticonceptivo'.

contralmirante, no contraalmirante.

contrammiraglio. Graduación de la Marina italiana equivalente en la española a contralmirante. Debe traducirse.

contrarreloj, no 'contra reloj'. No tiene plural.

control antidoping. No debe utilizarse. La Academia ha admitido 'control antidopaje', pero se prefieren 'control de estimulantes' o 'control de drogas', por resultar más castellanas y de mejor estilo. Véase *doping.*

convención. Se escribe con mayúscula inicial cuando forma parte integrante de un nombre.

Convergència Democràtica de Catalunya. Se escribe siempre en catalán. Véase **Convergència i Unió.**

Convergència i Unió. Coalición formada por Convergència Democràtica de Catalunya y Unió Democràtica. Se escribe siempre en catalán.

convoy (plural, convoyes).

coñá. Se recomienda el uso de 'coñá' y 'coñás', pero puede escribirse también 'coñac' y 'coñacs'. En ningún caso *cognac.* Si así lo exige la nomenclatura comercial internacional, se sustituirá por **brandy.**

coolie. Escríbase **culi.**

Copa del América, no Copa América. Véase **America's Cup.**

Copenhague. La capital de Dinamarca.

copia. No puede emplearse como sinónimo de 'ejemplar'. Es incorrecto, por anglicismo, escribir frases como la siguiente: 'Una tirada de 30.000 copias'.

copyright (plural, *copyrights).* Se escribe en cursiva. Véase el apartado **3.49** del Manual.

Corán. Se escribe en redonda y con el artículo *el* en minúscula.

corchetes. Sobre el uso de estos signos tipográficos, véanse los apartados **11.53** y **11.54** del Manual.

Corcyre. Véase **Corfú.**

cordón sanitario. Se escribe en redonda.

Corfú. Nombre que se ha de emplear en castellano para la isla griega conocida en otros idiomas como Corcyre, Corfou, Kerkira o Kerkyra.

córner (plural, córneres). Se prefiere 'saque de esquina' cuando pueda utilizarse. En castellano existe el equivalente 'cornijal', la esquina de un terreno, pero esta palabra no fue aportada a tiempo. Puede rescatarse como recurso literario.

Cornwall. El nombre español de esta península y condado del Reino Unido es Cornualles.

Corona. Con mayúscula inicial cuando sea sinónimo del Rey o la Monarquía.

coroner. Tradúzcase por 'juez de guardia', 'de primera instancia' o 'de instrucción'. A veces significa 'forense'. No debe confundirse con 'coronel', que en inglés se escribe *colonel.*

Corp. (plural, Corps.). Abreviatura usada en inglés para *corporation* (plural, *corporations),* o corporación industrial. No debe confundirse con *corps,* sin punto, o cuerpo de ejército. Cuando se cite el nombre completo de una de estas sociedades, la abreviatura será sustituida por la palabra 'Corporation' (o 'Corporations'), escrita con mayúscula inicial y en redonda.

corporación. Se escribe en minúsculas salvo cuando, para evitar repeticiones en titulares, sea utilizada como sinónimo de Ayuntamiento. No debe utilizarse esta palabra para traducir la inglesa *corporation.* La traducción correcta es 'empresa' o 'sociedad'.

corporal. Graduación militar. En los Ejércitos de Tierra norteamericano y británico corresponde a la española cabo segundo; en la Aviación del Reino Unido, a cabo primero. Debe traducirse así. Véase *lance corporal.*

córpore insepulto. Se debe escribir 'misa *córpore insepulto'* y no 'misa de *córpore insepulto'.* Pero se prefiere la expresión más castellana: 'de cuerpo insepulto' o 'de cuerpo presente'.

Corps of Engineers. Tradúzcase por 'Cuerpo de Ingenieros'.

corpus delicti. Expresión **latina.** No debe emplearse en un texto noticioso. Sustitúyase por 'cuerpo del delito'.

Corriere della Sera, no *Il Corriere della Sera.* Periódico de Milán.

cortacircuitos. El aparato que interrumpe automáticamente la corriente eléctrica. Véase **cortocircuito.**

corte. Es un americanismo utilizar esta palabra con el significado de tribunal de justicia.

cortocircuito. Contacto entre dos conductores eléctricos que produce una descarga. Véase **cortacircuitos.**

Costa de Marfil. Gentilicio, 'marfilense'.

costo. En jerga, **hachís.** Puede emplearse si se explica su significado.

cotidianidad, no cotidianeidad. Condición de cotidiano.

couché. Véase **cuché.**

country. En inglés, 'país', 'campo'. Por extensión, música campera norteamericana. Se escribe en cursiva.

course (plural, *courses*). Véase **golf.**

court. Tradúzcase por 'tribunal'.

court d'assises. Tradúzcase por 'audiencia de lo criminal'.

court martial. Tradúzcase por 'consejo de guerra'.

cover girl (plural, *cover girls*). Modelo femenina cuya fotografia aparece en portadas de revistas. Debe sustituirse por 'chica de portada'.

cover story (plural, *cover stories*). Escríbase 'tema de portada'.

cowboy. Tradúzcase por 'vaquero'.

coyuntura. En textos no referidos a cuestiones económicas es preferible usar la palabra 'situación'.

Cpl. Abreviatura de la palabra inglesa ***corporal.***

crack. Con este adjetivo inglés (literalmente, 'grieta') se designa en las informaciones deportivas a un jugador rompedor. Sin embargo, por extensión se emplea incorrectamente para calificar a cualquier clase de jugador extranjero y estrella, ya sea defensa o delantero. No se debe utilizar.

En castellano existen las palabras 'ariete' y 'rompedor'.

También se llama *crack* a un tipo de droga derivado de la cocaína. Se calienta el polvo de cocaína con bicarbonato y agua, se eliminan los aditivos y se obtiene un sólido que se puede fumar. Inhalado por medio de una pipa, llega al cerebro en cuestión de segundos. El efecto de una euforia indescriptible dura sólo unos minutos, y deja al consumidor sumido en el síndrome de abstinencia, el *mono.* Debe escribirse en cursiva y se ha de explicar su significado.

crash. En inglés, 'estrépito, quiebra, choque'. Esta palabra puede emplearse, escrita en cursiva, para referirse al hundimiento o desplome acusado de las cotizaciones en un mercado financiero. En este caso no se ha de confundir con ***crack.***

crawl. En castellano este estilo de natación se llama 'crol' o 'libre'.

créditos (títulos de crédito). Se emplea como referencia a los rótulos que aparecen al principio o al final de las películas, traduciendo de forma macarrónica el *credits* del inglés. Es preferible decir 'rótulos', 'firmas' o 'letrero'.

crème de la crème, la. Esta expresión francesa, usada internacionalmente con el significado de 'lo selecto', 'lo exquisito', 'lo mejor de lo mejor', no debe emplearse en un texto noticioso. En todo caso, se escribirá en cursiva, artículo incluido.

crêpe (plural, *crêpes*). Un producto gastronómico francés, similar a los panqueques suramericanos. Se escribe en cursiva y con acento circunflejo.

cricket. Escríbase 'críquet', con acento en la *i* y en redonda.

Croacia. Antigua república federada de Yugoslavia que proclamó su independencia el 25 de junio de 1991. La capital es Zagreb, y el gentilicio, croata. Fue admitida en la **ONU** el 22 de mayo de 1992.

croissant. Véase **cruasán.**

crol, no *crawl.* Estilo de natación. También, 'estilo libre'.

crónicas. Véanse los apartados **2.62** y siguientes del Manual.

cross. Por su uso generalizado y por tratarse de una modalidad deportiva, esta palabra inglesa se escribirá en redonda.

cruasán (plural, cruasanes), no *croissant.* Una especialidad de bollería.

cruise. Se utiliza como adjetivo, para calificar a cierto tipo de **misiles,** y, en este sentido, se debe escribir 'misiles de crucero', en redonda, como nombre genérico. Al referirse a los misiles que Estados Unidos instaló en algunos países de Europa, ha de concretarse que se trata de los Tomahawk, una de las clases de misiles de crucero.

crupier (plural, crupieres), no *croupier.* Persona que dirige las partidas en las casas de juego.

Ct. Abreviatura utilizada en **Estados Unidos** para Connecticut.

cuaderna. Cada una de las piezas transversales que se apoyan en la **quilla** para formar el armazón de un barco.

cuadratín. Blanco o espacio tipográfico cuya altura y anchura es igual a la del cuerpo empleado. Se expresa en puntos, de **pica**

o de **cícero,** según la unidad que se utilice. Así, un cuadratín del 16 tiene 16 puntos de alto y otros tantos de ancho.

cuadriga, no cuádriga.

cuadro. Esta palabra no debe emplearse en singular con el significado de alto funcionario, ejecutivo, dirigente, directivo o mando intermedio. Cabe emplearla, en plural, para designar al conjunto de personas con funciones de responsabilidad o dirección en una empresa, organismo público, partido o sindicato.

cubalibre (plural, cubalibres). Se escribe en redonda.

cubierta. Cada uno de los pisos de un barco, y no sólo el superior.

cuché, no *couché.* Se escribe en redonda. En castellano es más correcto 'papel estucado'.

cuerda. En términos **marineros** nunca se habla de 'cuerdas' sino de 'cabos'. Según el dicho, a bordo de una embarcación sólo hay dos cuerdas: la del reloj y la de la campana.

Cuerno de África. Área geográfica en el este del continente africa-no, entre el océano Índico y el mar Rojo. Somalia, Yibuti y Etiopía, más la provincia rebelde de Eritrea, son los pilares de la región, que limita al Norte con Sudán y al Sur con Kenia.

cuerpo de ejército. Se escribe con minúscula salvo que la palabra forme parte del nombre de una unidad militar concreta. Ejemplos: 'en la batalla intervinieron dos cuerpos de ejército', 'el general Smith, jefe del III Cuerpo de Ejército'.

Cuerpo Nacional de Policía, no Cuerpo General de Policía ni Policía Nacional. Éste es su nombre oficial desde 1986, fecha en la que se unificaron los dos cuerpos anteriores. Las graduaciones policiales son seis: policía base, oficial, subinspector, inspector, inspector jefe y comisario. No cabe hablar ya, por tanto, de subcomisario, cabo, sargento, capitán ni otras graduaciones militares. Sí se admite 'policía nacional', con minúsculas, para referirse a uno de los agentes de base.

culi. En la India y en algunos países de **Extremo Oriente,** el trabajador o criado indígena. También, el conductor de un taxi triciclo que puede ser accionado con pedales o por tracción humana.

culminar. No es sinónimo de terminar. Culminar es 'llegar una cosa al grado más elevado, significativo o extremado que pueda tener'. Y esto se puede producir al principio, al final, o en el transcurso de un acontecimiento.

cumbre. La Academia ha admitido el significado de 'reunión de máximos dignatarios nacionales o internacionales, para tratar asuntos de especial importancia'. Se escribe en redonda. Véase **minicumbre.**

cum laude, no *cum laudem.* Expresión **latina** utilizada como calificación de tesis doctorales. Significa 'con opción a premio extraordinario'.

cuñas. Sobre este tipo de informaciones breves, véase el apartado **2.53** del Manual.

Curazao. Se escribe con *z* cuando se trate del nombre de la isla de las Pequeñas **Antillas,** y con *s* (curasao), cuando se refiera al licor.

Curdistán. Escríbase **Kurdistán.**

curio. Unidad de medida de las radiaciones equivalente a la **radiactividad** emitida por un gramo de radio.

currículo (plural, currículos), no *currículum vitae.* Historial profesional de una persona.

cursiva. Sobre el empleo de este tipo de letra, véanse los apartados **4.19** a **4.39** del Manual.

cv. Símbolo de caballo de vapor. No debe emplearse, salvo en las páginas especializadas de motor.

Czestochowa, Virgen de. Advocación mariana de Polonia.

D

D. Nunca se usará esta abreviatura de 'don' ni siquiera cuando se trate de una cita textual. Véase el apartado **7.1** del Manual.

Dacca. Véase **Dhaka.**

dacha (plural, *dachas*). En ruso, 'casa de campo'. Puede emplearse, en cursiva, si queda claro su significado.

dadaísmo. Movimiento literario y artístico iniciado en Francia en 1916.

Dahomey. El nombre actual de este país africano es Benin.

Dail Eireann. Cámara baja del Parlamento de la República de **Irlanda.** No debe utilizarse.

Dajla. Nombre actual de Villa Cisneros, ciudad del **Sáhara.**

Dakota del Norte (o del Sur), no North (o South) Dakota. Véase **Estados Unidos.**

dalai lama. Se escribe con mayúsculas iniciales salvo cuando precede al nombre. Ejemplos: 'el Nobel de la Paz ha sido concedido al Dalai Lama', 'el actual dalai lama, Tenzin Gyatso'.

Damanski. Isla rusa, en la confluencia del Ussuri, reivindicada por el régimen de Pekín. Los chinos la llaman Chenpao, y al río, Wusuli. Úsense los nombres rusos.

dancing. Debe escribirse 'salón de baile'.

dandi (plural, dandis), no *dandy*. Se prefiere 'caballero'.

Dánzig, Dantzig. Ninguno de estos nombres debe emplearse para Gdansk, ciudad polaca.

Dar el Beida. El nombre castellano de esta ciudad marroquí es Casablanca.

Dar es Salam. La capital de Tanzania.

De. Abreviatura utilizada en **Estados Unidos** para Delaware.

dealer (plural, *dealers*). Intermediarios financieros que actúan por cuenta ajena o por cuenta propia. No debe utilizarse. Véase **broker.**

deán. Cargo catedralicio. En inglés, *dean* es un cargo académico; en este caso hay que traducirlo por 'decano'.

debacle Palabra francesa castellanizada. Es preferible 'desastre', 'cataclismo', 'ruina' o 'hecatombe'.

debe de. El verbo deber se usa con la partícula *de* para denotar probabilidad; y sin *de,* para denotar obligación. 'Debe ser así' señala una obligación; 'debe de ser así' expone una probabilidad.

debut. Puede escribirse 'debut' o 'debú' (plurales, 'debuts' y 'debús') si se trata de una cita textual. Para los textos informativos, se prefiere el uso de palabras españolas como 'estreno' o 'presentación'. No obstante, por su mejor construcción y más extendido uso, se admiten el verbo 'debutar' y el participio presente 'debutante'.

décadas. El primer decenio es el comprendido por los años 1 a 10, ambos inclusive. Así pues, el decenio de los años noventa incluye también el año 2000. Ese año será, por tanto, el fin de una década, no el comienzo de otra. La década de los años dos mil comienza el año 2001.

Los números de los decenios se escriben con todas sus letras, y con guarismos los correspondientes a los años. Ejemplos: 'la moda de los años ochenta', pero 'la moda para el año 2000'.

'Década' es un grupo de 10, ya sea de días, años, libros o de cualquier otra cosa; 'decenio' resulta más preciso, por tanto, como referencia de tiempo.

décalage. Sustitúyase esta palabra francesa por 'desfase', 'desnivel' o 'diferencia'.

decantarse. Esta fórmula pronominal no es sinónima de 'decidirse', 'inclinarse', 'definirse' u 'optar por', sino de 'aclararse' o 'apartarse de la línea por donde se va'. Según la Academia existen dos verbos decantar. El primero significa propalar, ponderar, engrandecer, que no viene al caso; el segundo, inclinar suavemente una vasija sobre otra para que caiga el líquido contenido en la primera, sin que salga el poso (no en balde, en los laboratorios suele haber una vasija llamada decantador). En su segunda y tercera acepciones este último verbo significa justamente desviarse o aclarar.

de cara a. Indebido sustituto de las preposiciones castellanas. Por lo general, tal expresión es sustituible por 'para', 'ante', 'con vistas a'.

décimo. Esta palabra pierde su acento ortográfico cuando forma parte de un compuesto. Ejemplos: 'decimosexto', 'decimoséptimo', 'decimoctavo', pero no 'décimoseptimo' o 'décimoctavo'. Y menos 'décimooctavo'.

El número ordinal correspondiente al 11 es 'undécimo', y no 'decimoprimero'; el del 12, 'duodécimo', y no 'decimosegundo'.

deck rating. Tradúzcase por 'marinero'.

decodificar. Lo castellano es 'descodificar'.

Deep South. En inglés, 'el Sur Profundo', nombre que se da a los siguientes Estados norteamericanos: Alabama, Carolina del Sur, Georgia, Luisiana y Misisipí. No debe emplearse en inglés.

de facto. Expresión **latina,** 'de hecho'. No debe emplearse en un texto noticioso.

Defensor del Pueblo. Se escribe con mayúsculas iniciales cuando se refiera a la institución, y todo en minúsculas cuando preceda al nombre de su titular.

deficiencia. Véase **minusvalía.**

déficit (no tiene plural).

De Gaulle, Charles. Aeropuerto de París. Véanse **Orly** y **Le Bourget.**

de iure. Expresión **latina,** 'de derecho'. No debe emplearse en un texto noticioso. En el caso de 'reconocimiento *de iure',* sustitúyase por 'formal' u 'oficial'.

Del. Abreviatura utilizada en **Estados Unidos** para Delaware.

delegado apostólico. Diplomático enviado a un país con el que el Vaticano no mantiene relaciones diplomáticas. No debe confundirse con **nuncio.**

deleznable. El significado de este adjetivo es 'que se deshace fácilmente', 'inconsistente', 'poco duradero'. Se aplica mal con el sentido de 'reprobable' o 'digno de repulsa'.

delírium trémens. Se escribe en redonda.

demarrar, demarrage. Palabra utilizada en la jerga del ciclismo. No debe emplearse. Escríbase 'acelerar', 'aceleración' o, en su caso, 'arranque' o 'adelantamiento'.

democratacristiano. Mejor, 'democristiano'.

Den Haag. Nombre holandés de La Haya.

depreciación. El descenso del tipo de cambio de una moneda respecto a otras. Véase **devaluación.**

deputy chief of Staff. Tradúzcase por 'segundo jefe de Estado Mayor'. Véase *assistant chief of Staff.*

derby (plural, *derbies*). Esta expresión tiene dos acepciones: una se refiere al enfrentamiento deportivo entre dos equipos de la misma ciudad, costumbre que nació en la localidad inglesa de Derby, donde tal encuentro de fútbol se disputaba el martes de carnaval; y la otra se utiliza para las carreras en las que participan caballos de tres años y en las que todos los ejemplares corren con el mismo peso. En este segundo caso, la expresión procede del primer caballo que ganó una carrera de estas características, cuyo propietario era el VII lord de esa misma ciudad, lord Derby. Por tanto, en todo caso ha de escribirse *derby,* y no 'derbi' como ha aceptado la Academia entre las críticas de algunos de sus más destacados miembros.

desapercibido, pasar. Debe escribirse 'pasar inadvertido'. La Academia señala que 'desapercibido' equivale a 'desprevenido'.

descuento, minutos de. El verbo descontar está mal utilizado si quiere decirse que el árbitro ha compensado los minutos en que estuvo detenido el juego y que, precisamente para cumplir el tiempo **reglamentario,** añade al final. Esta expresión debe evitarse. El tiempo descontado es aquél en el que el juego estuvo detenido, no el momento en que se compensa.

descuidero. En la jerga policial, ladrón de objetos en el interior de vehículos o en lugares públicos. Se escribe en redonda, pero hay que explicar su significado.

desequilibrios. Evítese el eufemismo económico de llamar 'desequilibrios' a las 'desigualdades'. Ejemplo: 'Es necesario corregir los desequilibrios territoriales en España'.

Desertización. Despoblamiento humano. Véase **desertificación.**

Desertificación. No figura en el Diccionario de la Real Academia. En la terminología de la ONU y de los expertos en ecologismo, significa "degradación del suelo hasta dejarlo improductivo, como un desierto". Véase **desertización.**

desestabilidad. Escríbase 'inestabilidad'.

desiderátum (plural, *desiderata).* Esta palabra **latina** no debe emplearse en un texto noticioso.

desinformar. Dar información intencionadamente manipulada al servicio de ciertos fines.

desmadrar, desmadre. Palabras admitidas por la Academia Española. Sin embargo, no deben olvidarse las también castellanas 'desbarajuste' o 'desconcierto'.

desmentido. Palabra correcta cuando se emplea como participio pasivo, pero no como sustantivo. En este caso se trata de un galicismo sustituible en castellano por 'mentís' o 'desmentida'.

desmentir. Este verbo debe usarse con criterio restrictivo, puesto que significa 'decir a uno que miente' y 'sostener o demostrar la falsedad de un dicho o un hecho'. Por tanto, implica, de una parte, la acusación de mentiroso; y, de otra, otorga crédito a quien niega unos hechos. Se prefieren, por todo ello, los verbos 'negar' y 'contradecir'.

Ejemplo: 'el diputado contradijo al presidente regional', mejor que 'el diputado desmintió al presidente regional'. Lo mismo cuando se trate de negaciones relativas a informaciones publicadas. 'El Gobierno niega que esté preparando una Ley de Ordenación de la Economía', mejor que 'El Gobierno desmiente que esté preparando una Ley...'. Si el periódico tiene constancia de que tal proyecto se preparaba, no debe darse por desmentido.

desnudismo. Como 'práctica de los que andan desnudos para exponer el cuerpo a los agentes naturales', pueden emplearse, indistintamente, las palabras 'desnudismo' o 'nudismo' (ésta, procedente del francés), así como las derivadas de ellas. Pero solamente 'nudismo', y sus derivados, para la 'actitud o práctica de quienes sostienen que la desnudez completa es conveniente para un perfecto equilibrio físico e incluso moral'.

despegue. Véase **aterrizaje.**

desplazamiento. Peso de un barco en toneladas, equivalente al del agua que desaloja.

destape. Se escribe en redonda.

destroyer. En inglés, 'destructor'.

detectar. El único significado de este verbo era, hasta 1992, 'poner de manifiesto por métodos físicos o químicos lo que no puede ser observado directamente'. En este sentido se utiliza cuando se trata de detectar metales, agua, radiactividad o contaminación. En la última edición del *Diccionario de la Lengua Española* significa también 'descubrir'. No obstante, se abusa en exceso de esta última acepción, con olvido de hallar, encontrar, observar, localizar.

detective. Tradúzcase siempre como 'agente' o 'policía' mientras no se trate de un investigador privado. Así ha de emplearse siempre en castellano.

detentar. No debe emplearse para indicar cualquier situación de poder o mando, sea o no sea legítimo o conforme a derecho. Su significado exacto es retener sin derecho, usar o atribuirse alguien una cosa indebida o ilegítimamente, y sólo en este caso ha de usarse.

détente. Palabra francesa usual en el lenguaje diplomático. Literalmente, 'aflojamiento', 'relajamiento'. Debe sustituirse por 'distensión'.

deuce. Véase **tenis.**

deus ex machina. Expresión **latina** que expresa intervención de un ser sobrenatural, dios bajado por un mecanismo especial. No debe utilizarse en un texto noticioso.

Deutschlandlied. El himno de la República Federal de Alemania. Véase **Alemania.**

devaluación. La disminución del valor de una moneda expresado en oro. Véase **depreciación.**

de vez en cuando. No es necesario sustituirlo por 'de vez en vez' o 'de cuando en cuando'.

de visu. Expresión **latina** que significa 'con la vista'. No debe emplearse en un texto noticioso.

devorador de acero. En la jerga del comunismo de la antigua Unión Soviética, partidario de la industria pesada. No debe emplearse sin explicar su significado. Se escribe en cursiva.

Dhaka. Desde el 19 de enero de 1983 la grafía oficial de la capital de **Bangladesh** es Dhaka y no Dacca.

diada. Esta palabra catalana, cuyo significado es 'jornada', se traducirá siempre al castellano, salvo para las siguientes fiestas: la Diada del **Onze de Setembre;** la Diada de Sant Jordi (23 de abril), también llamada Diada del Llibre; la Diada de Sant Esteve, y la Diada de la Sardana. En tales casos se escribe con mayúscula inicial y en redonda.

dial. Se escribe en redonda.

Diario del Pueblo. Los nombres de periódicos no se traducen; por tanto, escríbase *Renmin Ribao.* Véase el apartado **8.59** del Manual.

Diari Oficial de la Generalitat. Cuando no se preste a equívoco puede escribirse simplemente el *Diari Oficial.*

días. Se escriben siempre todo en minúsculas, salvo que formen parte de un nombre propio. Ejemplos: 'el jueves próximo', pero 'el Jueves Santo'.

diéresis. Sobre el uso de este signo ortográfico, véase el apartado **11.105.**

Dieta. En castellano, es sinónimo de **Parlamento.**

Diez, Grupo de los. Los 10 países —considerados los más ricos del mundo— que en 1962 concedieron un importante crédito al Fondo Monetario Internacional **(FMI):** Alemania (en aquel caso,

Alemania Occidental), Bélgica, Canadá, Estados Unidos, Francia, Italia, Japón, los Países Bajos, el Reino Unido y Suecia, más un undécimo socio honorario: Suiza. Se escribe con mayúscula inicial y en redonda: 'la cumbre de los Diez'.

dilema. Sólo debe usarse cuando se trata de elegir entre dos únicas posibilidades.

diligencias. En puridad, son las decisiones del secretario de un tribunal judicial sobre asuntos de trámite. Hay diligencias de ordenación (aquellas que no precisan razonamiento o reflexión y se limitan a ordenar el proceso), de constancia (para dejar reflejados en los **autos** —la documentación del caso— hechos o situaciones), de comunicación (para notificar a alguien hechos relacionados con la causa) o de ejecución (para hacer cumplir las decisiones del juez o tribunal colegiado). Además, se emplea el término para otras resoluciones de los jueces o los secretarios y, de modo genérico, para referirse a las actuaciones judiciales. Por

ejemplo, cuando se habla de apertura o iniciación de 'diligencias previas'. Tales tecnicismos deben evitarse en un texto noticioso. Es mejor escribir que el juez 'ordenó', que se 'dejó constancia', que se 'comunicó' o que se 'mandó cumplir'.

dimitir. Es un verbo intransitivo, como 'nacer' y 'morir' (nadie *muere* a nadie, como nadie *nace* a nadie). Por lo mismo, no se puede escribir que Fulano 'ha sido dimitido' ni que Mengano 'dimitió' a Zutano; se dimite, pero no se es dimitido. Fulano dimite, a Mengano se le destituye, a Zutano se le pide la dimisión o se le obliga a dimitir, y Perengano dimitió.

Dimitrovo. Ciudad búlgara llamada anteriormente Peinik.

dinamizar. No existe este verbo en castellano, aunque se emplee en el lenguaje económico. Sustitúyase por 'activar', 'animar', 'estimular', 'promover', 'reactivar', 'vitalizar', 'revitalizar' o 'reanimar'.

dinamo, no dínamo.

dinero negro. Depósitos monetarios, generalmente de procedencia ilegal, que se ocultan al fisco. Se escribe en redonda.

dineros. No existe este plural en castellano.

Diputación. Se debe escribir con mayúscula inicial cuando se refiera a una corporación provincial, incluso en el caso de que no le siga el nombre de la provincia.

directiva. Conjunto de instrucciones comunitarias para los países miembros de la **Unión Europea.** Pero no todas las normas comunitarias son directivas. También existen reglamentos, decisiones, recomendaciones.

Aunque en castellano existe la palabra equivalente 'directriz', úsese siempre 'directiva' con este sentido, por ser la palabra que figura en la versión oficial española.

direttisima. Esta palabra italiana, empleada en el lenguaje forense, debe traducirse por 'sumarísimo'; un juicio o procedimiento sumarísimo.

discapacidad. Véase **minusvalía.**

disc jockey. Tradúzcase por 'pinchadiscos', en redonda.

disco. Esta palabra se escribe en cursiva cuando se refiera a la música especialmente pensada para las discotecas.

diseccionar. Palabra incorporada al castellano por la Real Academia Española. Significa disecar, dividir en partes un vegetal o un cadáver para su examen. Figuradamente, es examinar, analizar de manera pormenorizada alguna cosa.

diseminación. En la terminología diplomático-militar, la entrega de armamento nuclear a países que no pueden fabricarlo o que renuncian a hacerlo. Véase **proliferación.**

disquete. Admitida por la Academia.

disolver. Se puede aplicar a una manifestación, pero no a los manifestantes: la policía 'disuelve' una manifestación, pero 'dispersa' a los manifestantes. Si los disolviese, estaría lanzándoles rayos láser o ácido.

distorsionar. Significa 'deformar, modificar algo, alterando su ser, estado o funcionamiento, o falseando su sentido'. Se abusa de este verbo cuando en castellano, según los casos, pueden emplearse estos otros: 'deformar', 'desvirtuar', 'tergiversar', 'retorcer', 'torcer' o 'desfigurar'.

district attorney. En Estados Unidos, el fiscal. Véase **attorney.**

disturbiar. Este verbo no existe en castellano, sino 'disturbar'.

disturbio. Significa 'alteración, turbación de la paz y concordia'. No debe confundirse con 'alboroto', que se reserva para casos menos graves.

disuasión, política o estrategia de. Teoría diplomático-militar nacida de la lógica nuclear. Mantiene el criterio de que un conflicto generalizado, de consecuencias apocalípticas, es imposible si se amenaza con una serie de represalias que superarían y, en todo caso, anularían las ventajas estratégicas obtenidas por un eventual adversario en el supuesto de iniciar éste la agresión.

división. Se escribe con minúsculas salvo que la palabra forme parte del nombre de una unidad militar. Ejemplos: 'general de división', 'una división aerotrans-portada', 'la División Acorazada Brunete'.

Dixie. Con este nombre se conoce en Norteamérica a los Estados del Sur de la Unión. Por extensión, un tipo de jazz. En este segundo caso, se escribe con minúscula y en cursiva.

DJ. Abreviatura usada en inglés para **disc jockey.** No debe emplearse.

Djeddah. El nombre castellano de esta ciudad de Arabia Saudí es Yedda.

Djibouti. Escríbase **Yibuti.**

DKW. Siglas de Deutsche Kraftfahrt-Werke ('fábrica alemana de vehículos de motor'), empresa alemana. Por su uso generalizado, como única referencia se utilizarán las siglas, pero no el nombre completo.

DNI. Siglas empleadas para 'documento nacional de identidad'. Por su uso generalizado, se pueden utilizar en los titulares; pero en el texto es preferible 'carné de identidad', o bien las siglas con su correspondiente desarrollo.

Dniéper. Río que discurre por

las antiguas repúblicas soviéticas de Rusia, Bielorrusia y Ucrania.

Doce, los. Los miembros de la **Comunidad Europea.** Se escribe con mayúscula inicial y en redonda.

doctor. No debe emplearse como tratamiento honorífico. Véase el apartado **7.1** del Manual.

doctrina de Estrada (no 'doctrina Estrada'). Contra lo que se cree comúnmente, no defiende el reconocimiento automático de los cambios de régimen político ocurridos en un país. Esta doctrina, que debe su nombre al entonces ministro de Asuntos Exteriores de México, Jenaro Estrada (1887-1953), afirma que la política de reconocimiento supone una injerencia. Según un comunicado oficial hecho público por el Gobierno mexicano en septiembre de 1930, se trata de "una práctica denigrante que, además de herir la soberanía de otras naciones, coloca a éstas en la situación de que sus asuntos interiores puedan ser calificados en cualquier sentido por otros Go-

biernos, que de hecho asumen una actitud de crítica al decidir, favorable o desfavorablemente, sobre la capacidad legal de regímenes extranjeros". En diciembre de 1944, una nueva nota oficial puntualizaba: "Una interpretación errónea de la doctrina de Estrada ha permitido suponer que, en virtud de ella, el Gobierno de México está obligado a mantener automáticamente relaciones diplomáticas con todos los Gobiernos que se constituyan".

dólar. El signo correspondiente a esta moneda ($) sólo puede emplearse en las tablas o cuadros estadísticos; en un texto noticioso esta palabra hay que escribirla con todas sus letras.

dolce far niente. Expresión italiana traducible por 'dulce ociosidad'. No debe emplearse en un texto noticioso.

dolce vita. Expresión italiana que significa 'dulce vida'. Se aplica a la vida frívola. Se escribe en cursiva.

dom. (No confundir con 'don'). **Tratamiento** empleado por los monjes benedictinos. No se debe usar.

doméstico. Es un galicismo emplear este adjetivo como sinónimo de 'nacional' o 'interior'. 'Ha habido retrasos en los vuelos domésticos'. Se escribe en redonda incluso cuando se refiera al ciclista cuya misión es ayudar al corredor principal de su equipo.

Don. Río de Rusia.

don, doña. Sobre su uso, véase el apartado **7.1** del Manual.

Donetsk. Ciudad de Ucrania.

Dong Hai. Nombre en **pinyin** del mar Oriental de China. No debe emplearse.

Donostia. Se debe escribir 'San Sebastián', y no 'Donostia-San Sebastián'. Donostia es el nombre oficial en vascuence, pero se usa también la expresión vulgar Donosti. Véase el apartado **8.52** del Manual.

doping. La Academia ha admitido la expresión 'dopaje', que puede emplearse cuando se refiera al consumo de estupefacientes para aumentar el rendimiento de una persona en una competición. No obstante, un periodista cuidadoso debe escoger frases más castellanas: 'consumo de estimulantes', 'estimulado con drogas', 'drogado', 'control de estimulantes', 'control antidroga', etcétera.

dossier (plural, dossieres). Admitida por la Academia. Son preferibles 'expediente' o 'informe'.

dotación. En los aviones y buques de guerra no existe 'tripulación', sino 'dotación'.

Douglas. Véase **McDonnell Douglas Corporation.**

do ut des. Expresión **latina** que significa 'doy para que des'. No debe emplearse en un texto noticioso. Sustitúyase por 'reciprocidad'.

dove. En inglés, 'paloma'. En el lenguaje político, persona o grupo partidario de la línea flexible o de la negociación. Debe traducirse siempre, en cuyo caso *paloma* se escribirá en cursiva. Véase *hawk.*

Dow Jones and Company. La compañía editora de *The Wall Street Journal.* Su sede central se encuentra en **Nueva York.** Con el nombre de Dow Jones se conoce al índice de la Bolsa neoyorquina confeccionado por esta empresa.

Downing Street. Calle de Londres donde tienen su residencia oficial el primer ministro (en el número 10) y el canciller del Exchequer, o ministro de Hacienda (en el número 11). Véase **Whitehall.**

draft. No puede emplearse. Tradúzcase por 'letra de cambio' o 'borrador', según cada caso. Se aplica también a la selección de jugadores que se incorporan a la **NBA,** realizada por los distintos equipos conforme a unas normas establecidas. En este caso debe sustituirse por 'selección' o una explicación concreta.

dragar. Sacar arena o fango del fondo de las aguas. No debe confundirse con **drenar.**

drag queen. Travestidos que se atavían con trajes exagerados y espectaculares. Tradúzcase como *reinonas,* en cursiva.

Drambuie. Marca registrada para una clase de licor de **whisky.** No es un nombre genérico.

Drassanes, Atarazanas o Astilleros. Se escribe en castellano, salvo en el caso de la calle y la estación de metro de Barcelona. Las atarazanas son talleres para la construcción de barcos.

drenar. Dar salida a las aguas en terrenos encharcados, por medio de cañerías o zanjas. No debe confundirse con **dragar.**

Dresde, no Dresden. Nombre español de una ciudad de Alemania.

dribbling. No debe emplearse. Escríbase 'regate'.

drive (plural, *drives*). Se prefiere su traducción: en el **tenis,** por 'un golpe natural', y en el **golf,** por 'un golpe largo'. Pero nunca como un 'derechazo'; sobre todo si el jugador es zurdo.

drogas. Las que no crean adicción, como el hachís o la marihuana, se llaman drogas blandas; las que sí la crean, como la cocaína, la heroína o la morfina, reciben el nombre de drogas duras.

drop (plural *drops*). Véase **golf.**

druzhínniki (singular, *druzhínnik*). Voluntarios civiles de la policía de la antigua **URSS.** Tradúzcase por 'milicianos'.

Dubai. Véase **emiratos árabes.**

Dublín, no Dublin.

Dubrovnik. Nombre de la ciudad de la república de Bosnia-Herzegovina, antes conocida como Ragusa.

duelo. Una de las acepciones de esta palabra es la de 'combate o pelea entre dos como consecuencia de un reto o desafío'. Por tanto, se emplea mal cuando se lucha sin que haya mediado provocación o cuando los contendientes son más de dos. Por lo mismo, escríbase 'combate artillero', y no 'duelo artillero'.

Duina, no Dviná ni Dwina. Río de Rusia.

dulhiyya, no *dulhiya.* Véase **calendario musulmán.**

dulqaada, no *dulkada.* Véase **calendario musulmán.**

dumping. En inglés, 'abaratamiento anormal'. Se refiere a la venta de un producto por debajo de su precio habitual o incluso por debajo de su coste de producción. Puede emplearse si se explica su significado. Se escribe en cursiva.

Dunkerque, no Dunquerque.

duodécimo, no decimosegundo. Número ordinal correspondiente al 12.

dúplex (no tiene plural). Vivienda de dos alturas. Se escribe en redonda.

duque, duquesa. Se escribe todo en minúsculas, salvo que la palabra forme parte de un nombre propio. Ejemplos: 'el duque de Ahumada', 'colegio Duque de Ahumada'.

dura, droga. Se escribe en cursiva. Véase **drogas.**

dura lex, sed lex. Expresión **latina,** que significa 'la ley es dura, pero es ley'. No debe emplearse en un texto noticioso.

Düsseldorf. Ciudad del occidente de Alemania.

duty free. Puede emplearse, en cursiva, si se explica que se trata de una tienda con productos libres de impuestos (normalmente, las enclavadas en la zona internacional de los aeropuertos). Para traducción más breve, úsese 'zona franca' o 'franquicia'.

E

eagle. Tradúzcase por 'menos dos' (dos golpes menos del par). Ejemplo: 'Ballesteros hizo menos dos en el hoyo 8'. Véase **golf.**

earl. Título nobiliario inglés equivalente al español 'conde'. Debe traducirse salvo que, lógicamente, forme parte de un nombre propio como apellido.

eccehomo. Persona lacerada, rota, de lastimoso aspecto. Se escribe en redonda. 'Le puso como un eccehomo'.

ecu (plural, ecus). La unidad de cuenta europea. A partir del 1 de enero de 1999, en algunos países de la Unión Europea, será sustituida por el **euro.** Por su uso generalizado, estas siglas, que corresponden a su enunciado en inglés *(european currency unit),* se han convertido en palabra común. Por tanto, se escribirán todo en minúsculas y en redonda.

ecuatoguineano. Adjetivo y gentilicio correspondiente a Guinea Ecuatorial.

edad, años de. Véanse los apartados **2.17, 2.18** y **2.19** del Manual.

edades históricas. Se escriben todo en minúsculas, salvo cuando se trate de la medieval a fin de evitar anfibologías. Ejemplos: 'edad del bronce', 'edad atómica', 'medievo', pero 'Edad Media'.

edil. No es sinónimo de alcalde, sino de **concejal.** En EL PAÍS se usa sin forma femenina: 'la edil'.

Edimburgo, no Edinburgo o Edinburgh. La capital de Escocia, Reino Unido.

editor. En el periodismo sajón se usa como equivalente del director de una publicación, y así debe traducirse. En castellano, se aplica al propietario de una editorial y, en los medios periodísticos, a los responsables de la calidad profesional de los textos.

editorial. En femenino, si se trata de una casa editora de libros u otra clase de publicaciones; en masculino, para el comentario o artículo de fondo —generalmente sin firma— que expresa la opinión de un periódico.

Efe. Nombre de la más importante agencia de noticias española. La mayoría de su capital está en manos del Estado, pero no es una agencia oficial. Se trata de un nombre, no de unas siglas; por tanto, la única letra mayúscula ha de ser la inicial.

efeméride, efemérides. No hay que confundir el significado de estas dos palabras. En singular es el 'acontecimiento notable que se recuerda en cualquier aniversario del mismo' o la 'conmemoración de dicho aniversario'. En plural, el 'libro o comentario en que se refieren los hechos de cada día' o los 'sucesos notables ocurridos en un mismo día de diferentes años'.

eficacia. Vocablo de significado difuso empleado por sindicalistas y empresarios —y recogido en el artículo 82 del Estatuto de los Trabajadores— para referirse a la viabilidad de sus acuerdos. Según esta acepción, un acuerdo es eficaz si ha sido suscrito por organizaciones de ambas partes con una representación suficiente para garantizar que se cumpla. Por tanto, se trata más de la 'efectividad' del pacto que de su 'eficacia', palabra ésta que parece ligada más bien a los fines del convenio (creación de empleo, salvaguardia de los puestos de trabajo, aumento de la productividad...) y no a que tenga el respaldo necesario. Así pues, empléese en estos casos 'efectividad'.

EGB. Siglas de 'educación general básica'. Por su uso generalizado, pueden emplearse sin necesidad de hacerlas preceder del nombre completo.

Eire. No debe emplearse. Véase **Irlanda.**

Eixample. Nombre de un distrito de Barcelona. No debe emplearse la traducción 'Ensanche'.

ejecución, ejecutar. Los grupos terroristas no ejecutan, sino que asesinan. La palabra 'ejecución' debe reservarse para el cumplimiento de sentencias de muerte adoptadas por los tribunales legalmente constituidos en un país, sea o no democrático. Podrá ser empleada en el sentido que le dan los terroristas siempre que se trate de citas entrecomilladas o fragmentos de sus comunicados, pero nunca como una expresión asumida por el periódico.

Ejecutivo. Se escribe con mayúscula inicial cuando se refiera a uno de los tres poderes clásicos.

ejército. Véase **Fuerzas Armadas.**

Ekaterimburgo. Ciudad rusa que recuperó su nombre después de haberse llamado Sverdlovsk. Es la ciudad natal de Borís Yeltsin.

El Al. Líneas aéreas israelíes.

Elcano. El buque escuela de la Armada española se denomina oficialmente *Juan Sebastián de Elcano*, y así ha de escribirse cuando se le cite. En el resto de los casos, el apellido del histórico navegante se escribirá sin la preposición *de*.

Elche, Misterio de. Escríbase 'el Misteri d' Elx'.

elecciones. En España se celebran elecciones generales (al Congreso y al Senado), elecciones municipales (ayuntamientos), elecciones autonómicas (para las asambleas regionales) y elecciones europeas (para la representación española en el Parlamento comunitario). Igualmente, se pueden celebrar 'elecciones parciales' para cubrir vacantes en el Senado en los dos primeros años de una legislatura. El concepto 'elecciones legislativas' es válido tanto para las generales como para las autonómicas, pues en ambos casos se eligen cámaras que aprueban leyes; pero no se puede utilizar tal expresión si se desea una referencia a solamente uno de esos dos tipos de comicios.

elecciones sindicales. Esta denominación, impuesta por el uso que hacen de ella continuamente los sindicatos, no es correcta. Se trata de 'elecciones laborales', puesto que se convocan no para designar representantes de los sindicatos sino para elegir delegados de los trabajadores, sean o no miembros de un sindicato organizado.

electrólisis, no electrolisis.

electro shock. Escríbase 'electrochoque'.

elepé (plural, elepés). Palabra válida para un disco de larga duración o *long play*. Puede utilizarse como recurso estilístico 'disco largo' o de 'larga duración'. Véase **álbum.**

Elisabethville. Nombre anterior de Lubumbashi, ciudad de **Zaire.**

Elíseo, el. Palacio donde tiene su residencia oficial el presidente de la República Francesa.

élite (plural, élites). Esta palabra procede del francés, idioma en que tiene acentuación tónica en la segunda sílaba. Al castellano ha llegado con acentuación esdrújula, por confusión con el acento meramente ortográfico de la palabra francesa *(élite)*. La Academia acogió el término con acento grave (elite), pero el uso de los hablantes, aunque erróneo, ha confirmado la acentuación esdrújula, que es la que adopta EL PAÍS.

EL PAÍS. Véase el apartado **8.59** del Manual.

elucubración, elucubrar. Se prefiere el empleo, por ser términos más correctos, de 'lucubración' y 'lucubrar'.

elul. Véase **calendario judío.**

embajada. Con mayúscula inicial cuando se refiera a una concreta. Ejemplo: 'la Embajada española en Washington', pero 'se ha enviado una embajada a Washington'.

emergencia. No es sinónimo de 'urgencia'. Significa acción y efecto de emerger o brotar, ocurrencia o accidente que sobreviene. Debe escribirse 'salida de urgencia' y no 'de emergencia'; 'estado de excepción' y no 'estado de emergencia'.

eminentísimo. No debe emplearse este **tratamiento.**

emiratos árabes. Distíngase entre una designación genérica, en cuyo caso se escribirá todo en minúsculas, y los Emiratos Árabes Unidos, Estado independiente desde diciembre de 1971. Lo componen los siguientes emiratos del **golfo Pérsico:** Abu Dabi, Dubai, Sharya, Achman, Fuchaira, Um al Qaiwain y Ras al Jaima.

en base a. En lugar de este horrible latiguillo y barbarismo de políticos y abogados, escríbase 'a partir de', 'basado en'.

encuentro. Por influencia del inglés *(meet),* muchos periodistas equiparan las expresiones castellanas 'encuentro' y 'reunión', que en español tienen significados distintos. No se puede escribir que 'el encuentro entre los dos presidentes duró cerca de dos horas'. El encuentro, el momento en el que coincidieron en un mismo lugar, apenas habrá durado unos segundos. Lo que duró dos horas fue la reunión, el diálogo, la conversación, el debate o la entrevista.

Sí es correcto el uso de 'encuentro' como sinónimo de partido en una competición deportiva, asimilado a 'choque' y entendido en sentido figurado. En cualquier caso, ha de cuidarse su uso: no se puede escribir 'el árbitro alargó cinco minutos el cho-que', ni, por la misma razón, 'el encuentro superó en seis minutos el tiempo reglamentado'.

encuesta. Es un barbarismo la expresión 'comisión de encuesta' cuando se trata de grupos de parlamentarios dedicados a una investigación. Debe escribirse 'comisión investigadora'.

encuestas. Véase el apartado **1.38** del Manual.

enfant terrible. En francés, niño malcriado; persona indiscreta, indisciplinada o rebelde. Se dice del miembro de un grupo o partido que muestra cierta independencia respecto a la postura oficial. No debe emplearse en un texto noticioso.

Enisey. Río de Siberia.

enosis. Política favorable a la unión de la isla de Chipre con Grecia. Se escribe en minúsculas y cursiva, y debe explicarse.

en profundidad. Los problemas no se abordan o discuten 'en profundidad', que es tanto como escribir dentro de un pozo, sino 'con detenimiento'.

enrollado. Véase *rollo.*

Ens. Abreviatura de *ensign.*

Ensanche. Para el caso del distrito barcelonés, escríbase **Eixample.**

enseguida. Aunque es igualmente correcto escribirlo separado ('en seguida'), se prefiere todo junto.

ensign, no *ensing.* Graduación de la Marina norteamericana equivalente en la española a alférez de fragata. Debe traducirse así.

ente. Es un italianismo usar esta palabra como sinónimo de 'entidad' u 'organismo'. Su uso se debe limitar a aquellos casos en que ésta sea su denominación oficial. Por ejemplo: 'el Ente Público Radiotelevisión Española', pero no 'el ente autonómico'.

entente. Palabra francesa, usual en el lenguaje diplomático. Debe traducirse por 'unión', 'armonía', 'entendimiento' o 'acuerdo'.

entente cordiale. Entendimiento alcanzado entre los Gobiernos francés y británico en 1904. Si se usa, debe explicarse.

entourage. En francés, cerco, entorno o personas que rodean a uno. No debe emplearse.

entrada (en inglés, *lead*). Véase el apartado **2.28** del Manual.

entrecó (plural, entrecós), no *entrecôte.* Se recomienda 'entrecó', pero también pueden utilizarse 'entrecot' y 'entrecots'. Véase el apartado **8.51** del Manual.

entrenar. Es un verbo siempre transitivo o pronominal, nunca intransitivo. Es decir, no se puede escribir sin complemento directo. Si leemos 'la selección entrenó en el Benito Villamarín' la pregunta que salta a cualquier lector avisado es ésta: ¿a quién? Lo correcto es 'la selección se entrenó en el Benito Villamarín'. Los deportistas no 'entrenan', '*se* entrenan'; quien 'entrena' es el entrenador.

Aunque es un error menos frecuente, también merece la pena recordar que 'entrenos', muy utilizado por periodistas y deportistas catalanes, no se puede emplear en lugar de 'entrenamientos'.

entretanto. Se escribirá todo junto cuando tenga valor de adverbio. 'Entretanto, deberá permanecer encarcelado'.

entrevista. Véanse el apartado **2.63** y siguientes del Manual.

epatar. Es un galicismo. Escríbase en su lugar 'asombrar', 'deslumbrar', 'pasmar'.

epiglotis, no epíglotis.

epígrafes. Véase el apartado **3.10** del Manual.

epilepsia, no epilepsía.

épocas. Véase **edades históricas.**

equilibrio del terror. Situación creada por la carrera armamentista de las **grandes** potencias. Se escribe en cursiva.

equipamiento. Significa 'acción y efecto de equipar', así como 'conjunto de todos los servicios necesarios en industrias, urbanizaciones, ejércitos, etcétera'. Véase **utillaje.**

eras. Véase **edades históricas.**

ertzaina (plural castellanizado, *ertzainas).* Un miembro de la **Ertzaintza.** Se escribe en cursiva, y debe explicarse si no queda claro en el contexto.

Ertzaintza. La policía **autonómica** vasca. Se escribe en redonda y con mayúscula inicial. Puede utilizarse esta palabra en los títulos, pero en la primera referencia del texto debe explicarse. El Estatuto de Gernika la denomina Policía Autónoma, y así deberá escribirse, en cuanto nombre propio. Pero no cuando sirva como explicación. Ejemplos: 'la Ertzaintza (policía autonómica vasca) ha detenido a cinco personas', 'la Policía Autónoma ha comprado nuevos vehículos'. Véase *ertzaina.*

Esauira. El nombre castellano de esta ciudad marroquí es Mogador.

escalada. Véase **respuesta flexible.**

escáner (plural, escáneres), no *scanner.*

escorpena, escorpina. Pez comestible llamado 'cabracho' en el Cantábrico y 'gallina' en el Mediterráneo. No se debe utilizar el vocablo vascuence *kabrarroka.* Véase el apartado **8.50** del Manual.

escort vessel. En inglés, 'buque escolta'. Debe traducirse.

Escorxador, parque del, y no Parc de L'Escorxador ni parque del Matadero (Barcelona).

escudella. Véase el apartado **8.48** del Manual.

escuela. Con mayúscula inicial cuando forme parte del nombre de un centro de enseñanza. Ejemplos: 'la escuela primaria', 'una escuela de párvulos', pero 'la Escuela de Enfermeras'.

escúter (plural, escúteres), no *scooter*.

eslalon (plural, eslálones), no *slalom* ni eslálom. Carrera de habilidad con esquís.

eslogan (plural, eslóganes). Máxima publicitaria. En los demás casos, escríbase 'consigna' o 'lema'.

eslora. Longitud que tiene un barco sobre la primera o principal cubierta.

Eslovaquia. República independiente desde el 1 de enero de 1993. Con anterioridad formaba parte de la desaparecida Checoslovaquia. La capital es Bratislava, y el gentilicio, eslovaco.

Eslovenia. Antigua república federada de Yugoslavia que proclamó su independencia el 25 de junio de 1991. La capital es Ljubliana, y el gentilicio, esloveno. Fue admitida en la **ONU** el 22 de mayo de 1992.

Esmirna. Nombre castellano de Izmir, ciudad turca.

esmoquin (plural, esmóquines), no *smoking*.

esnifada, esnifar. En lenguaje de la droga, aspiración por la nariz de cocaina u otra sustancia análoga y dosis de droga tomada por este procedimiento.

esnob (plural, esnobs), no *snob*. Se escribe en redonda lo mismo que sus derivados 'esnobismo' y 'esnobista'. Persona de exagerada admiración por lo que es de moda. En el origen inglés, persona altiva con sus iguales y servil con sus superiores.

espacial, era. Comenzó el 4 de octubre de 1957 con el lanzamiento del *Spútnik* soviético. Véanse **era** y nombres de **aviones.**

espadista. En la jerga policial, ladrón que utiliza llaves falsas o utensilios apropiados. Se escribe en redonda, pero hay que explicar su significado.

espaguetis (singular, espagueti), no *spaghetti*. Se escribe en redonda.

español. Puede escribirse, indistintamente, 'español' o 'castellano' para el idioma predominante en España. Los que hablan esta lengua son 'hispanohablantes', no 'hispanoparlantes'.

españolista. Nunca podrá emplearse este adjetivo como sinónimo de centralista, salvo cuando se trate de una cita textual.

espécimen. Palabra esdrújula. Su utilización como voz llana (especimen) es incorrecta.

Espira. Nombre en español de Speyer, ciudad del occidente de Alemania.

es por eso que. Giro francés y catalán. Lo correcto en castellano es la construcción 'es por esto por lo que', 'por esto *es* por lo que', o, mejor, simplemente 'por esto'.

espresso, no expreso. Café a la italiana.

esprint, esprintar. Véase *sprint.*

espúreo. No es palabra castellana. Escríbase en su lugar, según el género, 'espurio' o 'espuria'.

esquerra. En catalán, 'izquierda'. No debe confundirse con la palabra vascuence *ezkerra,* de igual significado.

Esquerra Republicana de Cata- lunya. El nombre de este partido político se escribirá siempre en catalán. Sus siglas son ERC.

esquí (plural, esquís; no esquíes).

Essauira. Véase **Esauira.**

Esso. Véase **Exxon.**

establishment. Palabra inglesa empleada en sociología para referirse al sector o grupo que domina en cualquier campo. No debe emplearse en un texto noticioso. Se escribe en cursiva.

estacionar. Dejar parado un vehículo en cualquier sitio. No es sinónimo de **aparcar.**

Estado. Se escribe con mayúscula inicial, para evitar anfibologías, cuando se haga referencia a la organización política de un país, o a los miembros de una federación. Por lo mismo, se escribirá 'golpe de Estado', 'Estado de derecho', 'razón de Estado', 'Estado de bienestar' o 'Estado providencia'. Pero 'estado de la nación' o 'estado de la Unión', en redonda y con minúscula inicial en la palabra 'estado'.

Estado español. Escríbase simplemente 'España' cuando se refiera al territorio nacional, salvo

que se trate de una cita textual.
El Estado es la organización política de un país, no el terreno donde se asienta.

Estados Unidos. El nombre de este país puede escribirse abreviado: 'Estados Unidos', y no 'Estados Unidos de América'. Como única referencia cabe emplear igualmente las siglas **EE UU,** pero no las inglesas USA. La concordancia se hará en singular, y no se utilizará nunca el artículo 'los' precediendo al nombre: 'Estados Unidos reconoce al nuevo régimen', pero no 'los Estados Unidos reconocen al nuevo régimen'. Véase **EE UU.**

La Unión la forman 50 Estados, más el distrito de Columbia —entre Maryland y Virginia—, donde se encuentra Washington, la capital federal.

Cuando se cite una población o un centro norteamericano conviene añadir, entre paréntesis, el Estado al que pertenece. Esto es especialmente importante en casos como el de Kansas City, en realidad dos ciudades administrativamente distintas, aunque sólo estén separadas por el río que les da nombre, una perteneciente al Estado de Kansas y la otra al de Misuri. O cuando se habla, por poner otro ejemplo, de la Escuela de Periodismo de Columbia, sin más, cuando en realidad hay tres con este nombre: una en Nueva York, quizá la más conocida, otra en Misuri y aún otra en Carolina del Sur.

Asimismo, siempre han de quedar suficientemente claras las referencias a **Nueva York,** como ciudad o como Estado, pero sobre todo a Washington, la capital federal (en el Este), y el Estado (en el Oeste).

La relación de los 50 Estados que figura a continuación los agrupa de acuerdo con la división regional establecida por la Oficina del Censo norteamericana, e incluye detrás de cada nombre una o dos abreviaturas, escritas entre paréntesis. La primera de ellas corresponde al código postal, abreviación de dos letras no siempre utilizada por las agencias de prensa; la segunda, a la que emplea en sus despachos

The Associated Press, siempre que sea diferente de la adoptada oficialmente.

El Oeste lo componen 13 Estados, y la región se subdivide a su vez en dos zonas: los Estados de las montañas y los del Pacífico. Los primeros son estos ocho: Arizona (Az, Ariz), Colorado (Co, Colo), Idaho (Id), Montana (Mt, Mont), Nevada (Nv, Nev), Nuevo México (NM), Utah (Ut) y Wyoming (Wy, Wyo). Y estos cinco, los del Pacífico: Alaska (Ak), California (Ca, Calif), Hawai (Hi), Oregón (Or, Ore) y Washington (Wa, Wash).

El Sur, con un total de 16 Estados, está subdividido en tres zonas. La primera es la East South Central, formada por estos cuatro: Alabama (Al, Ala), Kentucky (Ky), Misisipí (Ms, Miss) y Tennessee (Tn, Tenn). La segunda, o South Atlantic, por los ocho siguientes: Carolina del Norte (NC), Carolina del Sur (SC), Delaware (De, Del), Florida (Fl, Fla), Georgia (Ga), Maryland (Md), Virginia (Va) y Virginia Occidental (WV, W Va). La

tercera, conocida como West South Central, por estos cuatro: Arkansas (Ar, Ark), Luisiana **(La),** Oklahoma (Ok, Okla) y Tejas (Tx).

La región del Noreste, con un total de nueve Estados, la forman Nueva Inglaterra y el Middle Atlantic. Los seis de Nueva Inglaterra son: Connecticut (Ct, Conn), Maine (Me), Massachusetts (Ma, Mass), New Hampshire (NH), Rhode Island (RI) y Vermont (Vt). Y éstos, los tres del Middle Atlantic: Nueva Jersey (NJ), Nueva York (NY) y Pensilvania (Pa).

La región North Central la componen 12 Estados. Por un lado, los cinco del East North Central: Indiana (In, Ind), Illinois (Il, Ill), Michigan (Mi, Mich), Ohio (Oh) y Wisconsin (Wi, Wis). Por el otro, los siete del West North Central: Iowa (Ia), Kansas (Ks, Kan), Minnesota (Mn, Minn), Misuri (Mo), Nebraska (Ne, Neb), Dakota del Norte (ND) y Dakota del Sur (SD).

Véase **americano.**

estajanovismo, estajanovista. En la antigua Unión Soviética, prototipo de superación en el trabajo a destajo, héroe del movimiento de emulación socialista. Debe su nombre a Alexéi Stajánov (muerto en noviembre de 1977), quien, en la noche del 30 al 31 de agosto de 1935, bajo condiciones favorables creadas artificialmente, estableció una nueva marca de producción: en 5 horas y 45 minutos extrajo 102 toneladas de carbón de hulla, cuando lo normal por turno de trabajo eran 7 toneladas.

estalinismo, estalinista, pero no estaliniano, stalinismo o stalinista.

Estambul, no Istanbul. Ciudad turca llamada anteriormente **Constantinopla.**

estampía. No confundir con **estampida.** 'Salir de estampía' es hacerlo precipitadamente, de repente, sin preparación ni anuncio alguno.

estampida. No confundir con **estampía.** Resonancia, divulgación rápida y estruendosa de algún hecho.

estampita. Clase de timo en la que el *tonto* inicia un diálogo con el **primo** preguntándole si con la *estampita* que tiene (en realidad un billete de banco) puede comprar algo de valor muy inferior. Los cómplices del *tonto,* en su intervención posterior, llegan a convencer al primo de que cambie todo el dinero que lleve encima por las *estampitas* del *tonto.* Efectuado el cambio, el único billete verdadero es el que cubre el paquete; lo demás son recortes de periódico. El nombre del timo se escribe en redonda, pero puede usarse en cursiva la expresión *estampita,* por no tratarse de una estampita verdadera.

Véanse **gancho** y *grupo.*

estándar (plural, estándares). Palabra admitida por la Academia Española, junto a 'estandarizar' y 'estandarización'. Como sustantivo, significa norma, pauta, patrón o nivel de vida; como adjetivo, uniforme, normal o corriente; como verbo, uniformar, estereotipar o, en sentido peyorativo, adocenar. Se prefiere la utilización de los equivalentes castellanos.

estanflación. Situación económica de depresión o estancamiento, acompañada de una fuerte inflación. Acumulación de los dos fenómenos: estancamiento e inflación. Cuando se emplee, debe explicarse su significado.

Estatut. Se prefiere 'el Estatuto de Sau', 'el Estatuto de Cataluña' o simplemente 'el estatuto' cuando quede claro en el contexto.

Este. Se escribe en mayúscula inicial como punto cardinal ('el Este'), y todo en minúsculas como parte de una zona —no cuando figure en un nombre propio—, cuando indica dirección o empleado en forma adjetiva ('Alemania del Este', 'el este de Alemania', 'al este de Alemania', 'Alemania este', 'la Europa del Este', 'cambios políticos en el Este').

esteticista, no *esthéticienne.* Mujer especializada en cosmética.

esthéticienne. Véase **esteticista.**

estimaciones. Estimar es 'apreciar', 'dar valor a algo'. Por tanto, se utiliza erróneamente al hablar de 'daños por valor de cinco millones de pesetas, según las últimas estimaciones'. Debe decirse 'según los últimos cálculos'.

Estonia. Antigua república soviética independiente desde el 20 de agosto de 1991. La capital es Tallin, y el gentilicio, estonio. Fue admitida en la **ONU** en 1991.

Estrada, doctrina de. Véase **doctrina de Estrada.**

estrategia. El arte de distribuir y poner en marcha los medios militares para cumplir los fines de la política. Por extensión, dirigir un asunto para lograr el objeto deseado.

estrategia de la tensión. Se escribe en cursiva.

estratégicas, armas. Por definición, aquellas armas cuya potencia destructora tiene consecuencias estratégicas; esto es, el poder decidir la suerte de una guerra. Se entiende por tal todo artefacto nuclear con un alcance igual o superior a 5.500 kilómetros o cualquier artefacto nuclear que, lanzado desde un avión o un submarino, puede alcanzar el territorio de una de las dos superpotencias. Véase armas **tácticas**.

estratocúmulos. Véase estado del **tiempo**.

estratos. Véase estado del **tiempo**.

estrecho. Se escribe siempre en minúsculas ('estrecho de Bering', 'estrecho de Gibraltar'), salvo que se refiera a este último sin añadir su nombre, en cuyo caso se empleará mayúscula inicial ('viento de Levante en el Estrecho').

estrella. Uno de los significados de esta palabra castellana es el de 'persona que sobresale en su profesión por sus dotes excepcionales'. Por tanto, en tal caso no se debe escribir en cursiva.

Estrella Roja. Nombre de un equipo de fútbol yugoslavo. Véase *Estrella Roja.*

Estrella Roja. Las cabeceras de **periódicos** no se traducen; no se escribe *La Verdad,* sino *Pravda.* En este caso, por tanto, lo correcto es escribir ***Krásnaya Zvezdá,*** y no *Estrella Roja.* Era el órgano de las Fuerzas Armadas de la desaparecida URSS.

estrés (plural, estreses). Aceptado por la Academia Española con el siguiente significado: 'Situación de un individuo vivo, o de alguno de sus órganos o aparatos, que, por exigir de ellos un rendimiento muy superior al normal, lo pone en riesgo próximo de enfermar'.

El estrés implica una situación extrema. En casos no tan agudos se prefiere su sustitución por palabras más castellanas, como 'agobio', 'atosigamiento', 'cansancio', etcétera.

estresante. Que produce **estrés**. Se escribe en redonda.

estribor. Lado derecho de una embarcación cuando se mira de **popa** a **proa**.

ETA. Siglas en vascuence de la organización terrorista Euskadi ta Askatasuna (en castellano, País Vasco y Libertad). Nunca se debe emplear el artículo *la* delante de estas siglas. Por su extendido uso pueden utilizarse como primera referencia, sin necesidad de que vayan acompañadas del nombre completo.

Esta organización terrorista

estuvo escindida en dos ramas: la partidaria de la revolución armada, ETA Militar (ETAm), que sigue existiendo, y la que combinó la lucha armada con las vías políticas, ETA Político-militar (ETApm), que se disolvió en 1982. Un grupo denominado ETA Político-militar VIII Asamblea (cuyos miembros eran conocidos como *los octavos*) prosiguió sus acciones terroristas, que concluyeron en 1987 con la reinserción de sus últimos presos.

Las siglas ETAm y ETApm no deben emplearse sin que se haya escrito previamente, con todas sus letras, el nombre de la correspondiente rama: 'ETA Militar' o 'ETA Político-militar'. Sin embargo, ETA Militar puede escribirse simplemente ETA, por ser ya el único grupo que permanece en la actividad terrorista.

Las siglas ETA se utilizan en inglés para indicar en los medios de transporte la hora estimada de llegada *(estimated time of arrival)*.

etarra (plural, etarras). Miembro de **ETA**. Se escribe en redonda.

etc. Nunca debe emplearse esta abreviatura de etcétera, ni siquiera cuando se trate de textos que se citan literalmente, entrecomillados.

etíope, no etiope.

etnia. Esta palabra está admitida por la Real Academia Española, asi como sus derivados 'étnico', 'etnología', 'etnológico', etcétera. Etnia significa comunidad humana definida por afinidades raciales, culturales, etcétera. Ejemplo: la 'etnia gitana'. No debe tomarse como sinónimo de raza.

eucaliptus. Escríbase 'eucalipto'.

eurasiático. Mestizo de europeo y asiático. No debe confundirse con **euroasiático.**

euro (plural euros). Unidad de cuenta europea que, de manera generalizada, sustituirá al **ecu** en todos los países de la Unión Europea el 1 de enero del año 2002. Esta nueva moneda única europea será utilizada por algunos miembros de la **UE** a partir del 1 de enero de 1999.

euroasiático. Perteneciente o relativo a Europa y Asia, consideradas como un todo geográfico. No debe confundirse con **eurasiático.**

eurocomunismo. Línea de respeto a las instituciones establecidas y de acceso al poder por la vía parlamentaria adoptada en los años setenta por los partidos comunistas de Italia, España y Francia. Se escribe en redonda.

eurodólar. El dólar norteamericano depositado en un banco europeo o en una sucursal en Europa de un banco estadounidense. Se escribe en redonda.

euromisiles. Se escribe en redonda y sin entrecomillar.

Eurovisión. Nombre con el que generalmente se conoce a la Unión Europea de Radiodifusión cuando se trata de aspectos televisivos. No debe emplearse esta denominación si se refiere a cuestiones radiofónicas. En este caso, se emplearán las siglas UER, pero no las inglesas **EBU.**

Euskadi. Neologismo con el que Sabino Arana (1865-1903) bautizó al País Vasco. Se prefiere el empleo de 'País Vasco', y ha de reservarse 'Euskadi' para citas textuales o nombres propios. Arana utilizaba la grafía 'Euzkadi' (con *z*), que mantiene el Partido Nacionalista Vasco.

Salvo que se trate de una cita textual, entrecomillada, para referirse al País Vasco español o francés nunca se debe escribir Euskadi Sur o Euskadi Norte (tierra esta última también llamada Iparralde).

Euskadi Buru Batzar. No debe emplearse. Escríbase el 'Consejo Ejecutivo de Euskadi'. Es el máximo organismo del Partido Nacionalista Vasco.

Euskal Herria, no Euskalerria. Denominación empleada secularmente en vascuence para la totalidad de los territorios y del pueblo vascos. Literalmente, significa 'el país de la lengua vasca'. Si se utiliza, debe explicarse.

euskaltegi (plural castellanizado, *euskaltegis*). Centro de enseñanza del **euskera.** En unos casos dependen del Gobierno vasco y en otros de redes privadas. Se escribe en cursiva y ha de explicarse. No debe confundirse con *ikastola.*

Euskal Telebista. La televisión autonómica vasca.

Euskaltzaindia. No debe emplearse. Escríbase en su lugar 'Real Academia de la Lengua Vasca'.

euskera. Esta palabra, cuyo significado es 'lengua vasca', debe utilizarse escrita en redonda. La Academia Española admite también 'eusquera'. Pero sin olvidar otra más castellana: 'vascuence'.

Eusko gudariak. En vascuence, 'soldados vascos'; título de un himno vasco. Véase ***Gora ta gora.***

Eusko Jaurlaritza. No debe emplearse. Escríbase en su lugar 'Gobierno vasco'.

Eusko Legebiltzarra. Tradúzcase por 'Parlamento vasco'.

evento. Es algo que puede ocurrir o no. Por tanto, no sirve como sinónimo de acontecimiento o suceso importante.

evidencia. Según la Academia, 'certeza clara, manifiesta y tan perceptible de una cosa, que nadie puede racionalmente dudar de ella'. Por tanto, palabra inapropiada cuando se utiliza, como sinónimo de 'prueba', en asuntos sometidos a los tribunales de justicia.

ex. Esta partícula se escribirá separada de la palabra a la que precede, y sin guión, cuando se quiera decir que una persona ya no tiene el cargo o la condición que indica el nombre o adjetivo de persona al que se antepone. Ejemplos: 'ex ministro', 'ex discípulo' o 'ex suarista', y no 'exsuarista' o 'exsuarista'. No se debe emplear al hacer referencia a las desaparecidas URSS, Checoslovaquia, Yugoslavia o RDA. Es decir, no ha de utilizarse como ex URSS, ex Yugoslavia, etcétera. Para este tipo de referencias utilícense vocablos como 'desaparecida', 'extinta' o 'antigua', según el contexto.

Véase **antiguo.**

exabrupto. Se escribe junto cuando significa 'salida de tono', y separado cuando es sinónimo de 'arrebatadamente' o 'bruscamente'.

ex aequo. Expresión **latina,** 'con igual mérito'. No debe emplearse en un texto noticioso.

ex cáthedra. Expresión **latina**, 'con autoridad de maestro'. No debe emplearse en un texto noticioso.

excedentes. Evítese el eufemismo económico de 'excedente laboral' para referirse a los trabajadores sobrantes. Máxime teniendo en cuenta que su expresión aparentemente antagónica, 'excedente empresarial', equivale a los beneficios de los dueños de una sociedad, y no a los empresarios sobrantes.

excelentísimo. No debe emplearse este **tratamiento.**

Exchequer, canciller del. En el Reino Unido, el ministro de Hacienda.

executive officer. Tradúzcase por 'segundo comandante' de un buque.

exento. Significa 'estar libre o eximido de algo', pero no que carece de ese algo. Se puede estar exento de culpa o del servicio militar, pero no exento (sino falto) de gracia.

Exército Guerrilleiro do Pobo Galego. Los integrantes de esta organización terrorista pueden ser designados *guerrilleiros,* en cursiva.

exhaustivo. Salvo que se quiera indicar que 'agota la materia de que se trata', pues ése es su real significado, debe sustituirse por palabras o expresiones como las que siguen: 'amplio', 'detallado', 'largo y tendido', 'minucioso', 'por extenso', 'pormenorizado', 'prolijo' o 'punto por punto'.

exhorto. Petición de colaboración entre tribunales judiciales. Por ejemplo, cuando un juzgado de Albacete 'exhorta' a otro de Teruel para que tome declaración, sobre un pleito que se tramita en Albacete, a un testigo residente en la mencionada ciudad aragonesa. No debe emplearse en un texto noticioso. Sustitúyase por 'petición de colaboración' o una expresión similar. En lugar de 'el juez número tal de Albacete dictó un exhorto dirigido al juez número tal de Teruel para que tomara declaración al testigo equis', escríbase que 'el juez número tal de Albacete pidió al juez número tal de Teruel que tomara declaración...'.

Lo mismo ha de hacerse en el caso de la llamada técnicamente 'comisión rogatoria', o petición de colaboración entre tribunales de distintos países.

exiliado, exiliar; no 'exilado' ni 'exilar'. Exiliado es todo aquel ciudadano que reside fuera de su país, sea o no por motivos políticos. La Academia lo define así: "Expatriado, generalmente por motivos políticos".

explosionar. Este verbo debe reservarse para los casos en que una explosión ha sido provocada por técnicos de minería o por artificieros militares o policiales, generalmente de manera controlada y con objeto de causar el menor daño. Así pues, un artefacto puede ser explosionado (en uso como verbo transitivo); pero no *explosiona* (intransitivo) un depósito de gas, sino que estalla o explota. Por tanto, para las explosiones controladas y provocadas puede emplearse 'explosionar'; para los demás casos, sustitúyase por 'estallar' o **'explotar'.** Ejemplos: 'La policía explosionó el artefacto'. 'La bomba estalló

en el cuartel'. Pero no al revés: 'La policía explotó el artefacto' o 'la bomba explosionó en el cuartel'.

explotar. El verbo 'explotar' con el sentido de estallar o hacer explosión no lo introdujo la Academia en su diccionario hasta la edición de 1984. Puede utilizarse tanto en este sentido como en el que ya recogía anteriormente: extraer riqueza, sacar utilidad, aprovecharse abusivamente.

ex profeso. Expresión **latina,** 'a propósito'. No debe emplearse en un texto noticioso.

extradición. Acción de entregar a un reo reclamado por otro país. Para el verbo y el participio, utilícense 'entregar' y 'entregado', puesto que ni 'extradir' o 'extradido' ni 'extraditar' o 'extraditado' están arraigados en el castellano. Ninguno de los dos verbos figura en la última edición del Diccionario de la Real Academia. Ejemplo: 'Comienza el juicio contra los presuntos etarras entregados por Francia'.

extravertido, no extrovertido. La partícula con la que se forma esta palabra es 'extra', no *'extro'*. En el caso de introvertido, la partícula es 'intro'.

Extremo Oriente. Área geográfica que comprende a Australia, **Camboya,** China, Corea del Norte, Corea del Sur, Filipinas, Hong Kong, Indonesia, Japón, Laos, **Malaisia, Myanma,** Nueva Zelanda, Singapur, Tailandia, Taiwan y Vietnam.

Véanse **Indochina, Oriente Próximo, sur de Asia** y **sureste asiático.**

Exxon Corporation. Nombre actual de la compañía petrolera Standard Oil Company of New Jersey, anteriormente llamada Esso. En Europa todavía es conocida por Esso. Véase *siete hermanas.*

ezkerra. En vascuence, 'izquierda'. No debe confundirse con el catalán *esquerra.*

ezpatadantzari (plural castellanizado, *ezpatadantzaris*). Se aplica a los que interpretan una *ezpatadanzta,* baile tradicional en el que los danzantes emplean espadas.

F

facha. En un texto noticioso nunca debe emplearse como sinónimo de 'fascista'. Con esta acepción se escribe en cursiva.

facsímile (plural, facsímiles), no facsímil. La imitación exacta de un escrito, impreso o dibujo. También, su reproducción a distancia.

factor Rh. Véase **grupos sanguíneos.**

factótum. Se escribe en redonda.

facultad. Con el significado de centro de enseñanza universitaria se escribe con mayúscula inicial. Ejemplo: 'la Facultad de Medicina', 'me voy a la Facultad'.

Fahrenheit. Escala termométrica utilizada en el mundo anglosajón. No debe utilizarse. (Véase la tabla de conversión de grados centígrados en el Apéndice).

fair play. En inglés, 'juego limpio'. En el lenguaje internacional se utiliza en el sentido de observancia de los principios establecidos por el derecho y las costumbres. No debe emplearse en un texto noticioso. Se escribe en cursiva.

fairway (plural, *fairways*). Tradúzcase por 'calle'. Véase **golf.**

fait accompli (plural, *faits accomplis*). En francés, 'hecho consumado'. No debe emplearse en un texto noticioso.

fakir. Escríbase **faquir.**

falacia. No significa 'argumento falso', sino 'engaño, fraude o mentira con que se intenta dañar a otro'.

Falkland, islas. En español se llaman islas Malvinas.

familia. En tipografía, el conjunto de letras, números y signos con rasgos o trazos comunes en su diseño o dibujo. Cada familia suele constar de las siguientes variantes: dependiendo de que los tipos sean rectos o inclinados, redonda y cursiva; por el grosor de sus astas, fina, regular o media (normalmente llamada redonda), seminegra, negra y supernegra; según su ancho relativo, ancha o expandida y estrecha, condensada o chupada.

familia real. Se escribe todo en minúsculas. Véanse el apartado **7.5** y siguientes del Manual.

fan (plural, *fans*). Deben usarse las palabras españolas 'aficionado', 'hincha', 'seguidor' o 'admirador'.

FAO. Siglas de la Organización para la Agricultura y Alimentación (en inglés, Food and Agriculture Organization), organismo especializado de las Naciones Unidas con sede en Roma. No se deben emplear las siglas OAA, que corresponderían en la traducción al español.

faquir (plural, faquires), no *fakir*. Santón de vida austera que vive de limosna. Artista de circo que hace espectáculo de mortificaciones similares a las practicadas por los faquires. Esta palabra es de origen árabe, no indio.

Farnesina, la. Palacio romano donde tiene su sede el Ministerio de Asuntos Exteriores italiano. Por extensión, éste.

farsi. Escríbase **persa**.

Far West. Región de **Estados Unidos** al oeste de las montañas Rocosas. Es el Oeste por antonomasia, el Lejano Oeste (sería más exacto escribir, aunque no es lo usual, el Extremo Oeste).

FASA-Renault. El nombre de esta empresa (Fábrica de Automóviles, Sociedad Anónima-Renault) debe emplearse siempre en forma abreviada: 'FASA-Renault'.

fascículo. En la industria del libro, un cuaderno o la entrega de una obra. Véanse **folleto** y **libro**.

Fatah. Véase **Al Fatah**.

fax. Sistema de transmisión de originales a distancia. Véase **facsímile**.

FBI. Siglas del Buró Federal de Investigación norteamericano (en inglés, Federal Bureau of Investigation). Nunca debe traducirse *bureau* por 'oficina'. Por su uso generalizado, estas siglas se pueden emplear como única referencia, sin que en la primera mención precedan al nombre completo.

Feb. Abreviatura en inglés de *february*, o mes de febrero.

fedayin (singular, *fedai*). Guerrilleros palestinos. Se escribe en cursiva.

Fe de errores. Véanse los apartados **2.94** a **2.96** del Manual.

Federación de Rusia. Véase **Rusia.**

feds. Esta abreviatura, utilizada en Estados Unidos para referirse en plural a los agentes del **FBI**, los federales, no debe emplearse.

feedback. Palabra técnica que no debe emplearse sin explicarla adecuadamente. En comunicación, es la capacidad del emisor para percibir las reacciones del público.

feeling. No debe emplearse. Es sustituible, según cada caso, por tacto, sensación, sentimiento, sensibilidad o presentimiento.

feldwebel. Graduación de los Ejércitos de Tierra y del Aire de Alemania, equivalente en España a sargento.

Ferganá. Ciudad de la república de Uzbekistán, capital de la provincia homónima.

Fernando Poo. Denominación anterior de Bioko **(Guinea Ecuatorial),** isla que durante la dictadura de Macías Nguema recibió el nombre de éste.

ferragosto. Palabra italiana que indica el 15 de agosto, día de fiesta, considerado el más caluroso de todo el verano. No debe emplearse.

Ferrocarrils de la Generalitat, no Ferrocarriles de la Generalitat.

Ferrol. El nombre de esta ciudad gallega nunca se escribirá precedido del artículo. Ejemplos: 'Ferrol', y no 'El Ferrol'.

ferry, ferry-boat. Escríbase 'transbordador'.

Festes de la Mercè. Se escribe siempre en catalán y en plural.

fez. Sombrero de origen turco. Se escribe en redonda.

FF AA, no FAS. Véase **Fuerzas Armadas.**

Fianna Fáil. En gaélico, 'soldados del destino'. Partido político de la República de **Irlanda.**

Fiat. Siglas de la empresa de automóviles italiana Fabbrica Italiana Automobili Torino, convertidas por el uso en palabra común: Fiat.

ficción, nombres de. Véanse los apartados **8.9** y **8.10** del Manual.

fichas. Para escribir las fichas de libros, obras de teatro, filmes, exposiciones, conciertos, grabaciones musicales o competiciones deportivas, véase el apartado **2.29** del Manual.

Fidji. Escríbase **Fiyi.**

field grades. Tradúzcase por 'jefes'. En el Ejército de Estados Unidos pertenecen a este grupo las siguientes graduaciones: *major, lieutenant colonel* y *colonel.* Véase *officers.*

field marshal. Máxima graduación en el Ejército de Tierra británico, sin equivalente en el español. Tradúzcase por mariscal de campo. Véanse **general** y *marshal.*

FIFA. Siglas de la Asociación Internacional de Fútbol Asociación (y no Asociación Internacional de Asociaciones de Fútbol, ni Asociación Internacional de Fútbol Asociado). Por su uso generalizado, estas siglas se pueden emplear como única referencia, sin necesidad de hacerlas preceder del nombre completo.

fighter. Tradúzcase por 'avión cazabombardero'.

Fiji. Escríbase **Fiyi.**

Filadelfia, no Philadelphia.

filatélico. Relativo a la filatelia. Este adjetivo no debe confundirse con 'filatelista', que es la persona dedicada a la filatelia.

filete. Evítese la acepción que en Cataluña se suele dar a esta palabra, incluso hablando en castellano, cuando se emplea con el significado de lo que en el resto de España se llama 'solomillo'.

filibusterismo. Táctica de bloqueo parlamentario por el sistema de tomar la palabra y mantenerse en el uso de ella durante horas y horas. Tiene connotación peyorativa, y por tanto su empleo supone mostrar la opinión del periodista.

Filipópolis. Nombre anterior de Plovdiv, ciudad búlgara.

filme (plural, filmes), no film. Puede emplearse en artículos de opinión firmados (incluidas las críticas). Para los textos noticiosos se prefieren 'película' o 'cinta'. No hay que olvidar otras expresiones, como 'obra'.

filo. Cómplice en un timo tipo *estampita* o *tocomocho.*

filosofía. Se emplea mal esta palabra cuando se la hace sinónima de 'criterio', 'fundamento', 'supuesto' o 'motivo' de algo. Ejemplo de mal uso: 'la filosofía de los presupuestos'.

finalizar. Se abusa de este verbo como si en castellano no existieran, además, estos otros: 'acabar', 'concluir', 'terminar', 'rematar' o 'extinguir'.

Finance Corps. En la terminología militar norteamericana, 'Pagaduría y Contabilidad'.

Fine Gael. En gaélico, 'tribu de los gaélicos'. Partido político de la República de **Irlanda.**

finlandización. Neutralización de un país y subordinación a una potencia vecina según el modelo de la neutralidad impuesta a Finlandia por la Unión Soviética. Procede del pacto de amistad, cooperación y mutua asistencia entre Finlandia y la URSS. Se firmó en abril de 1948, y se renovó en 1955, 1970 y en 1983. Las siglas del tratado son YYA. Dejó de tener vigencia después de la desaparición de la URSS.

fiordo (plural, fiordos), no *fiord.*

Fira. Esta palabra ('feria', en catalán) no se podrá usar si antes no se ha especificado el nombre completo al que se refiere. Por ejemplo, 'la Feria de Muestras de Barcelona (la Fira)'.

Fira de Santa Llúcia, y no feria de Santa Lucía.

Firat. El nombre castellano de este río es Éufrates.

Firenze. El nombre castellano de esta ciudad italiana es Florencia.

firmas. Sobre la firma de las informaciones y artículos, véase el **capítulo 6.**

first lieutenant. Graduación de los Ejércitos de Tierra y Aire norteamericanos equivalente en las Fuerzas Armadas españolas a teniente. Debe traducirse así. Véase *lieutenant.*

First National City Bank. Nombre anterior del Citibank, entidad bancaria estadounidense.

first sergeant. Graduación del Ejército de Tierra norteamericano equivalente en las Fuerzas

Armadas españolas a brigada. Debe traducirse así.

fisión. Véase **nuclear.**

Fiumicino. Localidad próxima a Roma (a unos 20 kilómetros), donde se encuentra el aeropuerto internacional Leonardo da Vinci. Puede escribirse, indistintamente, 'aeropuerto de Fiumicino' o 'aeropuerto Leonardo da Vinci'.

fixing. Cambio medio a lo largo de una sesión en los mercados financieros o de materias primas; es una media matemática —se obtiene calculando volúmenes y precios— y no aritmética. Esta palabra se puede usar, aunque escrita en cursiva y explicando su significado la primera vez que se utilice.

Fiyi, no Fidji o Fiji. Archipiélago de Melanesia que accedió a la independencia en octubre de 1970. La capital, Suva, se encuentra en la isla de Viti Levu.

Fl, Fla. Abreviaturas utilizadas en **Estados Unidos** para Florida.

flaccidez, no flacidez.

flag lieutenant. Tradúzcase por 'ayudante del almirante'.

flagship. En inglés, 'buque insignia'.

flash. No debe emplearse. (Véase **flas**)

flas (plural, flases). Castellanización de la palabra inglesa *flash.* Se escribe en redonda tanto con el significado de avance de una noticia importante como en el de aparato auxiliar de la fotografía y del destello que produce éste. No hay que olvidar, sin embargo, palabras como 'fogonazo' o 'destello'. No se escribe 'flasazos', sino 'golpes de flas'.

flash-back (plural, *flash-backs*). Tradúzcase por 'escena retrospectiva'.

Fleet Street. Calle de Londres donde se encontraba la mayoría de las Redacciones de los periódicos. Por extensión, la prensa londinense.

flexibilidad de plantillas. La flexibilidad de algo viene dada por su capacidad de estirarse y encogerse. Debe evitarse este eufemismo económico cuando se refiere a algo que tiene claramente propensión a menguar y ninguna por volver a su estado primitivo ni mucho menos a ampliarse. En ese caso, sustitúyase por 'facilidades para el despido' o 'facilidades de rescisión de contratos'.

flight lieutenant. Graduación del Ejército del Aire británico equivalente en el español a capitán. Debe traducirse así. Véase ***lieutenant.***

flight sergeant. Graduación del Ejército del Aire británico equivalente en el español a sargento de primera. Debe traducirse así. Véase ***sergeant.***

flirt. En español, 'flirteo'. Pero se prefieren, según cada caso, expresiones como 'romance', 'aventura'o 'historia amorosa'.

flota. Se escribirá con mayúscula inicial cuando actúe como nombre propio. Ejemplos: 'unidades de la Flota española zarparon de Cádiz', 'la VI Flota norteamericana', pero 'una flota compuesta por seis destructores y cuatro dragaminas'.

flottillenadmiral. Graduación de la Marina de Alemania equivalente en la española a contralmirante.

flying boat. En inglés, 'hidroavión' (también llamado *seaplane*).

flying officer. Graduación del Ejército del Aire británico equivalente en el español a teniente. Debe traducirse.

FM. Siglas para 'frecuencia modulada'. Puede usarse en titulares.

FMI. Siglas del Fondo Monetario Internacional, organismo especializado de las Naciones Unidas con sede en Washington, capital federal. No deben emplearse las siglas inglesas IMF (de International Monetary Fund).

foie-gras (no tiene plural). Se escribe en cursiva.

folclor, no *folklore*. La Academia Española ha admitido igualmente 'folclórico' y 'folclorista'.

folk. Música acústica inglesa y norteamericana de dudosas raíces tradicionales. Se escribe en cursiva.

Folketing. Cámara baja del Parlamento danés. Se escribe con mayúscula inicial y en redonda.

folleto. Publicación de más de cuatro páginas y menos de 50. Véanse **fascículo** y **libro.**

follón. No debe emplearse. Sustitúyase por 'lío', 'batiburrillo' o 'algarada'.

Font del Gat, y no fuente del Gat.

Fonts de Montjuïc. Escríbase 'fuentes de Montjuïc'.

footing. No debe emplearse. Tradúzcase por 'correr' o 'hacer ejercicio'. No hay que confundirlo con *jogging,* que significa 'corretear'.

forcado, no forçado. Esta palabra portuguesa, utilizada en la lidia, viene de *forca,* que significa 'horca' u 'horquilla', pero no fuerza. La *pega,* suerte principal que hacen los forcados, consiste en atrapar e inmovilizar al toro, y no practicar la fuerza frente a éste.

force de frappe. En francés, 'fuerza de golpeo'. Tradúzcase por 'fuerza de disuasión' o 'poder disuasorio'. Este concepto lo utilizó por vez primera Charles de Gaulle el 3 de noviembre de 1959.

Foreign Office, no *foreing.* El Ministerio de Asuntos Exteriores británico. Se escribe con mayúsculas iniciales y en redonda. Véase **Whitehall.**

forfait. Debe traducirse por 'destajo'. No confundir con *forfeit.*

forfeit. En inglés, 'sanción'. No debe confundirse con *forfait.*

Formica. Marca registrada. Por tanto, se escribe con mayúscula inicial y en redonda. Para los casos en que se refiera a un tipo de tablero, en cursiva y todo en minúsculas.

Formosa. Nombre de la isla y del estrecho conocidos en chino como Taiwan. El término Formosa debe emplearse en sus acepciones geográficas. En cambio, se usará Taiwan para denominar al régimen político instaurado en Formosa e islas adyacentes. Véase **China.**

fórmula 1. No es una prueba de automovilismo, sino una categoría; lo mismo que, en boxeo, por ejemplo, 'peso ligero', 'mosca', 'pesado', etcétera. Por tanto, debe ir de caja baja, excepto cuando forma parte del nombre, como 'Campeonato Mundial de Fórmula 1'.

foro, no *fórum.* Reunión para discutir asuntos de interés actual ante un auditorio que a veces interviene en la discusión.

Fort Archambault. Nombre anterior de Sarh, ciudad de Chad.

Fort Lamy. Anterior denominación de Yamena, la capital de Chad.

Fortuna. Yate del Rey.

fórum. Véase **foro.**

fotografías. Sobre su tratamiento, véase el **capítulo 5.**

foulard. Escríbase **fular,** en redonda.

frac (plural, fraques; no fracs). Prenda de etiqueta con faldones por detrás. Se diferencia del chaqué en que las solapas de éste se prolongan en forma redondeada hasta concluir en los faldones, mientras que la parte delantera del frac es como una chaquetilla, rematada en cada lado por un pico.

fracciones. Véanse los apartados **10.11, 10.15 y 11.12** del Manual.

Francfort, no Frankfurt. Hay dos ciudades germanas con este nombre: Francfort del Meno (no del Main), en el occidente de Alemania, y Francfort del Oder, en el oriente de Alemania. Conviene precisar de cuál de las dos se trata si no queda claro por el contexto.

franco de fábrica, no franco-fábrica.

Frankfurter Allgemeine. Periódico de **Francfort,** en Alemania. La palabra *zeitung,* pese a formar parte del nombre registrado del diario *(Frankfurter Allgemeine Zeitung),* puede omitirse; así lo hace el propio periódico en su cabecera, aunque luego utilice las siglas FAZ.

franquear. Este verbo significa 'abrir' una puerta, pero no 'atravesarla'.

frau, fräulein. En alemán, 'señora' y 'señorita', respectivamente. Por extensión, profesora o institutriz alemana. No deben emplearse.

fray. Este **tratamiento** únicamente se empleará en casos excepcionales. Lo preferible es escribir el nombre y apellido del religioso, y a continuación indicar a qué orden o congregación pertenece. Por ejemplo: 'José González, franciscano'. Si se usa, en cuyo caso va en minúsculas, hay que tener en cuenta que no es un tratamiento general para todos los religiosos, sino sólo de ciertas órdenes.

freak. Individuo que utiliza generalmente un tipo determinado de droga, lo que acaba por darle características comunes. No debe emplearse. No hay que confundirlo con adicto ni con **pasota.**

free jazz. Tipo de **jazz** cuya principal característica es la improvisación libre y colectiva. Se prefiere 'jazz libre'.

free on board. Expresión inglesa usada en el lenguaje mercantil para indicar que una mercancía se entrega al que la compra libre de impuestos. No debe emplearse. Su traducción castellana es 'franca a bordo'.

fregattenkapitän. Graduación de la Marina de Alemania equivalente en la española a capitán de fragata.

Freiburg. Nombre alemán de **Friburgo.**

Frelimo. Acrónimo con el que se conoce al Frente de Liberación de Mozambique.

Fri. Abreviatura usada en inglés para *friday,* o viernes.

Friburg. Nombre en francés de **Friburgo.**

Friburgo. Este nombre lo comparten dos ciudades europeas, una en Alemania y otra en Suiza. Por tanto, si no queda claro por el contexto, hay que especificar de cuál se habla.

frigidaire. Deben emplearse las palabras españolas 'frigorífico' o 'nevera'.

Fuchaira, no Fujaira. **Emirato** del golfo Pérsico, miembro de los Emiratos Árabes Unidos, Estado independiente desde diciembre de 1971.

fuel, no *fuel-oil* ni fuelóleo.

fuel ship. En inglés, 'buque petrolero'.

fuentes. Sobre el tratamiento de las fuentes de información, véanse los apartados **1.15** a **1.24** del Manual.

fueraborda. Como nombre masculino se escribe junto ('un fueraborda'); como locución adjetiva, separado ('el motor fuera borda' o 'fuera de borda'). Y cabe escribir indistintamente, según convenga, 'borda' o 'bordo'.

Fuerzas Armadas. Se escriben con mayúsculas iniciales cuando se refieren al conjunto de los ejércitos de un país. Las siglas correspondientes —FF AA, y no FAS—, que duplican sus letras por ser su enunciado plural, llevarán un cuarto de **cuadratín** de separación entre cada pareja de letras.

El término Ejército, con mayúscula, se refiere sólo al Ejército de Tierra. Nunca debe utilizarse para referirse a las Fuerzas Armadas en general. Sinónimo de Fuerzas Armadas es ejércitos, con minúscula.

En España, las Fuerzas Armadas están integradas por el Ejército de Tierra, la Armada o Marina de Guerra y el Ejército del Aire o Fuerza Aérea. Además, existen los cuerpos comunes, que son cuatro: Jurídico Militar, Militar de Intervención, Militar de Sanidad y Músicas Militares.

El máximo órgano de las FF AA españolas, definido como órgano consultivo del ministro de Defensa, es la Junta de Jefes de Estado Mayor (Jujem), compuesta por el jefe del Estado Mayor de la Defensa (Jemad) y los jefes de Estado Mayor de cada ejército. El Jemad, principal colaborador del ministro en la ejecución de los aspectos operativos de la política militar y máximo mando operativo de las Fuerzas Armadas, tiene categoría de secretario de Estado. Los jefes de cada ejército tienen rango de subsecretarios.

Los empleos de los profesionales en el Ejército de Tierra y la Fuerza Aérea son: oficiales generales (teniente general, general de división y general de brigada), oficiales superiores (coronel, teniente coronel y comandante), oficiales (capitán, teniente y alférez), suboficiales superiores (suboficial mayor y subteniente), suboficiales (brigada, sargento primero y sargento) y tropa (cabo primero, cabo y soldado de primera).

Los empleos de los profesionales en la Armada son: oficiales generales (almirante, vicealmirante y contralmirante), oficiales superiores (capitán de navío, capitán de fragata y capitán de corbeta), oficiales (teniente de navío, alférez de navío y alférez de fragata), suboficiales superiores (suboficial mayor y subteniente), suboficiales (brigada, sargento primero y sargento) y marinería (cabo primero, cabo y marinero de primera).

Además, existe el empleo de capitán general, que ostenta en exclusiva el Rey, y que con carácter honorífico se concedió, por ejemplo, a Don Juan de Borbón o Manuel Gutiérrez Mellado.

Dentro de los tres ejércitos existen cuatro cuerpos (General, Ingenieros, Intendencia y Especialistas), aunque la Armada tiene uno más, Infantería de Marina. Las antiguas armas del Ejército de Tierra (Infantería, Artillería y Caballería) son ahora especialidades del Cuerpo General de las Armas.

Los militares con titulación de rango universitario o nivel de licenciatura pertenecen a la Escala Superior, que va del empleo de teniente al de oficial general; los diplomados universitarios o asimilados pertenecen a la Escala Media, del empleo de alférez a teniente coronel; y todos los suboficiales pertenecen a la Escala Básica.

En las referencias a los miembros de las Fuerzas Armadas se especificará siempre su empleo militar, al menos en la primera ocasión que se les cite. En las segundas referencias puede emplearse, indistintamente, su apellido o su graduación. En el caso de tratarse de varios, se citarán según orden de jerarquía.

Un miembro de las FF AA conserva su graduación mientras no recaiga sobre él una sentencia judicial que lleve aparejada la pena accesoria de pérdida de empleo. Por tanto, un general que, por edad u otra razón, abandona la situación de actividad, es un 'general en la reserva', pero nunca un 'ex general'. Tampoco es un 'general retirado', porque los generales no se retiran.

Las graduaciones militares

extranjeras no siempre corresponden, por lo que pudiera deducirse de una traducción literal, a sus equivalentes en España. Un *first sergeant* norteamericano no es un 'sargento primero', sino un 'brigada'; un *maresciallo* italiano no es un 'mariscal', sino un 'suboficial'. Además, la mayoría de los ejércitos de la OTAN tienen cuatro empleos de general, mientras en España sólo hay tres. El brigadier general se situaría entre coronel y general de brigada.

En las informaciones no deben figurar las abreviaciones, sean siglas o acrónimos, que se emplean habitualmente en el ámbito militar. Por ejemplo, Alflot, para referirse al almirante jefe de la Flota, o Jeme, para el jefe del Estado Mayor del Ejército. Sólo en casos excepcionales pueden usarse las más conocidas, como Jujem (Junta de Jefes de Estado Mayor), **Cesid** (Centro Superior de Información de la Defensa) o **Cesedén** (Centro Superior de Estudios de la Defensa Nacional).

La ley de Plantillas de 1993 prevé que España tenga en el año 2000 unas Fuerzas Armadas formadas por 180.000 militares (en 1984 tenían 373.000 miembros): 49.728 cuadros de mando; 50.000 soldados y **marineros** profesionales y 80.272 soldados de reemplazo, con un servicio militar de nueve meses de duración, lo que supone un 55,4% de profesionales.

La misma ley prevé que el Ejército de Tierra tenga 115.497 miembros (64,17% del total); 32.188 la Armada (17,88%); 28.363 el Ejército del Aire (15,76%) y 3.952 los cuerpos comunes (2,20%).

Las Fuerzas Armadas se estructuran en Fuerza Permanente, que es la prevista en la Ley de Plantillas, y Fuerza Movilizable, que sería la resultante de la incorporación de reservistas, especialmente al Ejército de Tierra.

Cada uno de los ejércitos cuenta con una estructura básica formada por Cuartel General, Fuerza y Apoyo a la Fuerza.

En el Ejército de Tierra, la Fuerza (equivalente en total a 15 brigadas) se divide en Fuerza de

Maniobra, Fuerza de Acción Conjunta, Fuerza de Defensa de Área y Fuerzas Movilizables de Defensa.

La Fuerza de Maniobra, las más importante, equivalente a ocho brigadas, se divide en Fuerza de Acción Rápida, División de Infantería Mecanizada Brunete (la única que se mantiene), Brigada de Caballería Castillejos (con base en Zaragoza), Brigada de Cazadores de Montaña (con bases en Huesca, Jaca —Huesca—, Pamplona —Navarra— y Viella —Lleida—) y Núcleo de Apoyo a la Fuerza de Maniobra.

La Fuerza de Acción Rápida (FAR) está formada por la Brigada Paracaidista (Bripac), con bases en Alcalá de Henares (Madrid) y Javalí Nuevo (Murcia); la Brigada Aerotransportable (Brilat), con bases en Figueirido (Pontevedra) y Siero (Asturias); la Brigada de la **Legión** (Brileg), con bases en Viator (Almería) y Ronda (Málaga); y el Nucleo de Apoyo a la FAR, integrado por el Grupo Ligero de Caballería (Valencia) y la Bandera de Operaciones Especiales de la Legión (Ronda).

La División Mecanizada Brunete está compuesta por la Brigada Acorazada XII (El Goloso, Madrid), la Brigada Mecanizada XI (Botoa, Badajoz) y la Brigada Mecanizada XXI (Cerro Muriano, Córdoba); así como el Núcleo de Tropas Divisionario (Castrillo del Val, Burgos).

El Núcleo de Apoyo a la Fuerza de Maniobra lo forman las Fuerzas Aeromóviles del Ejército de Tierra (FAMET); los Grupos de Operaciones Especiales (GOEL) de Alicante, Granada y Barcelona; el Mando de Artillería de Campaña (con cuartel general en León y regimientos en Astorga y San Andrés de Rabanedo), el Regimiento de Artillería Antiaérea (en Marines, Valencia), el Mando de Ingenieros (en Salamanca y Zaragoza) y los regimientos de Transmisiones Tácticas y Guerra Electrónica Táctica (en El Pardo, Madrid).

Las FAMET están integradas por seis batallones de helicópteros de transporte y ataque en

Colmenar Viejo (Madrid), Almagro (Ciudad Real), Bétera (Valencia), Agoncillo (La Rioja), El Copero (Sevilla) y La Laguna (Tenerife).

Las Fuerzas de Acción Conjunta son el Mando de Transmisiones Estratégicas (Madrid), el Regimiento de Guerra Eletrónica Estratégica (Sevilla), el Mando de Artillería de Costa (Cádiz) y el Mando de Artillería Antiaérea con regimientos en Madrid, Cartagena (Murcia), Zaragoza y Sevilla, un grupo de misiles en San Roque (Cádiz) y otro en Ferrol (La Coruña).

Las Fuerzas de Defensa de Área son las comandancias generales de Ceuta, Melilla y Baleares y la Zona Militar de Canarias.

Las Fuerzas Movilizables de Defensa, que se completan con reservistas, son tres brigadas de infantería ligera (San Climent de Sescebes, Gerona; Bétera, Valencia; y Araca, Vitoria) y una de Caballería (Valladolid).

El Apoyo a la Fuerza se estructura sobre los mandos logísticos territoriales, con competencia sobre una o varias provincias, que han sustituido a los antiguos gobiernos militares, y los mandos logísticos regionales (centro, norte y sur).

A principios de 1996, la nueva estructura de regiones militares, derivada de la reorganización del Ejército de Tierra, aún no se había completado, por lo que se mantenía la siguiente:

− I Región Militar o Región Militar Centro, con Capitanía General en Madrid (Madrid, Extremadura, Toledo, Ciudad Real, Cuenca, Guadalajara, Segovia y Ávila).

− II Región Militar o Región Militar Sur, con Capitanía General en Sevilla (Andalucía).

− III Región Militar o Región Militar Levante, con Capitanía General en Valencia (Comunidad Valenciana, Murcia y Albacete).

− IV Región Militar o Región Militar Pirenaica Oriental, con Capitanía General en Barcelona (Cataluña y Aragón).

− V Región Militar o Región Militar Pirenaica Occidental,

con Capitanía General en Burgos (País Vasco, Navarra, Cantabria, La Rioja, Burgos y Soria).

— VI Región Militar o Región Militar Noroeste, con Capitanía General en La Coruña (Galicia, Asturias, León, Zamora, Salamanca, Valladolid y Palencia).

— Zona Militar de Baleares.

— Zona Militar de Canarias (islas Canarias).

— Comandancia General de Ceuta.

— Comandancia General de Melilla.

Las unidades básicas del Ejército de Tierra son, de mayor a menor, la división (con unos 17.000 efectivos), la brigada (4.000), el regimiento (800), el batallón (700), la compañía (100), la sección (30), el pelotón (10) y la escuadra (5). Otras unidades específicas son el grupo, en Artillería y Caballería, que equivale a un batallón; la batería, en Artillería, y el escuadrón, en Caballería, equivalentes a una compañía; el Tercio en la Legión (regimiento) o la bandera, en la Legión y la Bripac (batallón).

En la Armada, la organización territorial es la siguiente:

— Zona Marítima del Cantábrico, con Capitanía General en Ferrol (Galicia, Asturias, Cantabria, País Vasco, La Rioja, Navarra y Burgos). Incluye el litoral comprendido entre las desembocaduras de los ríos Bidasoa y Miño.

— Zona Marítima del Estrecho, con Capitanía General en Cádiz (Andalucía y Badajoz). Comprende el saco de Cádiz y el mar de Alborán, e incluye la costa limitada por la desembocadura del río Guadiana y el cabo de Gata.

— Zona Marítima del Mediterráneo, con Capitanía General en Barcelona (Cataluña, Comunidad Valenciana, Baleares, Murcia y Albacete). Esta zona comprende el litoral desde el cabo de Gata hasta la frontera oriental con Francia, incluyendo las Baleares.

— Jurisdicción Central, con sede en Madrid (León, Zamora,

Salamanca, Valladolid, Palencia, Cáceres, Soria, Toledo, Madrid, Guadalajara, Cuenca, Ciudad Real, Segovia, Ávila, Soria y Aragón).

— Zona Marítima de Canarias, con sede en Las Palmas.

Además de esta organización territorial, en la Armada existe un comandante general de la Flota (un almirante), con sede en Rota (Cádiz), y un comandante general de Infantería de Marina, con sede San Fernando (Cádiz).

Las unidades operativas de la Armada están distribuidas en dos bloques: Flota y Fuerzas de Zonas Marítimas. Forman parte de la Flota, el Grupo Alfa o de Combate, con base en Rota, integrado por el portaaeronaves *Príncipe de Asturias* y sus fragatas de escolta; el Grupo Delta o Anfibio, con base en Cádiz, integrado por los buques de transporte; la Fuerza Submarina, con base en Cartagena (Murcia); el Arma Aérea, formada por las escuadrillas de helicópteros y aviones Harrier de despegue vertical; las Escuadrillas de Escoltas, con fragatas en Ferrol (La Coruña) y corbetas en Cartagena (Murcia); y la Infantería de Marina, cuyo núcleo es el Tercio de la Armada (3.000 soldados), en San Fernando (Cádiz). A las Fuerzas de Zonas Marítimas están adscritas unidades de protección de bases, vigilancia marítima o apoyo logístico, el buque científico *Hespérides* o el buque escuela *Juan Sebastián Elcano*. La más importante de estas fuerzas es la de Guerra de Minas, con base en Cartagena (Murcia).

La organización territorial en el Ejército del Aire es la siguiente:

— I Región Aérea, con capital en Madrid, comprende las zonas central y noroeste de la Península. Del Mando Aéreo del Centro dependen las bases de Torrejón de Ardoz, Getafe y Cuatro Vientos, en Madrid, Salamanca y Valladolid respectivamente.

— II Región Aérea, con capital en Zaragoza, incluye la zona noreste y Baleares. Del Mando Aéreo de Levante dependen las bases de Zaragoza, Manises (Valencia) y Son San Juan (Mallorca).

— III Región Aérea, con capital en Sevilla, abarca la zona sur. Del Mando Aéreo del Estrecho dependen las bases de Morón de la Frontera (Sevilla), Los Llanos (Albacete), Talavera (Badajoz), Armilla (Granada) y Alcantarilla y San Javier, en Murcia.

— Zona Aérea de Canarias, con sede en Las Palmas. Del Mando Aéreo de Canarias depende la base de Gando (Las Palmas).

La unidad operativa habitual en la Fuerza Aérea es el ala, compuesta por dos o tres escuadrones, cada uno de los cuales está integrado por 18 o 24 aviones. Así, el Ala 15, con base en Zaragoza, la forman dos escuadrones de 18 aviones F-18 cada uno.

Las aeronaves que utilizan las Fuerzas Aéreas son identificadas con una o dos letras seguidas de dos números que figuran pintados en los fuselajes. El primer número corresponde a la unidad a la que pertenecen; y el segundo, al orden en que se incorporaron a ésta. La letra o letras, al tipo de uso. Así, C significa cazabombardero; A, ataque; P, patrulla; T, transporte; E, enseñanza; D, búsqueda y salvamento; H, helicóptero, y U, utilitario. Ejemplo: el avión C-15-08 es un avión cazabombardero perteneciente al Ala 15 y fue el octavo en llegar a la unidad.

fuga de cerebros. Se escribe en redonda.

Fujaira. Escríbase **Fuchaira.**

fular (plural, fulares), no *foulard.*

full time. Deben escribirse sus equivalentes castellanos 'dedicación exclusiva', 'de libre disposición', 'a tiempo completo'. Si se usa esta expresión inglesa en una cita textual en castellano, se escribe en cursiva. Véase *part time.*

fuselaje, no *fuselage.*

fusión. Véase **nuclear.**

G

Ga. Abreviatura utilizada en **Estados Unidos** para Georgia.

Gabinete. Se escribe con mayúscula inicial sólo cuando equivalga a 'Gobierno' o forme parte de un nombre propio. Ejemplos: 'los recibió en el gabinete', 'el Gabinete británico'.

Gabón. El gentilicio es 'gabonés'.

gag (plural, *gags*). Escríbase 'golpe ingenioso' o 'chiste'.

GAL. Siglas de Grupos Antiterroristas de Liberación. Es siempre plural: 'los GAL cometieron cinco atentados'. En minúscula y redonda, cuando se refiera a un miembro de la organización: 'el gal Labade declara ante el juez'.

Galápagos, islas de los. El nombre oficial es 'archipiélago de Colón', pero se prefiere 'islas de los Galápagos' para los titulares y la primera referencia. No obstante, hay que expresar también en el texto el nombre oficial.

galerna. Viento característico del Cantábrico. Se trata de un brusco cambio de dirección, generalmente del Suroeste al Noroeste, soplando muy fuerte y racheado en esta última dirección. Es responsable de numerosas catástrofes marineras.

Gallup. Instituto demoscópico norteamericano.

galo. No es sinónimo de francés. Los galos son los habitantes de la Galia, región romana que ahora comprendería Francia, Bélgica, Suiza y parte de Alemania.

galón. Medida de capacidad que en Estados Unidos equivale a 3,7853 litros y en el Reino Unido a 4,5454 litros. Como medida de volumen, en Estados Unidos equivale a 0,003785 metros cúbicos y en el Reino Unido a 0,004545 metros cúbicos. Véase tabla de conversión en el Apéndice **2**.

Galosh. Nombre dado por la

OTAN a la red de antimisiles de la antigua URSS.

Gambia. El gentilicio es 'gambiano'.

game (plural, *games*). Véase **tenis.**

ganar de. Expresión incorrecta empleada en baloncesto. Debe escribirse 'ganar por'.

gancho. Cómplice en un timo o en una estafa. Se escribe en redonda. También, un lanzamiento de baloncesto y un golpe en boxeo.

Gand. El nombre español de esta ciudad belga es Gante.

gang. No debe emplearse como sinónimo de cuadrilla de pistoleros.

gánster (plural, gánsteres), no *gangster.* Aunque admitida por la Academia Española —por tanto, se escribe en redonda—, se prefiere sin embargo el uso de palabras más castellanas, como 'pistolero', 'atracador' o 'bandido'.

Gant. Nombre francés de Gante, ciudad belga.

Garter. El nombre español de esta orden de caballería inglesa es Jarretera, la Orden de la Jarretera. Debe su nombre a la liga con hebilla con que se ataba la media o el calzón a la pantorrilla o jarrete.

gasoducto, no gaseoducto.

gas oil. Debe emplearse la palabra española 'gasóleo'.

gas warfare. En inglés, 'guerra química'.

Gatwick. Aeropuerto próximo a Londres, en Crawley, condado de Sussex. Véase **Heathrow.**

gauche divine. Esta expresión francesa (literalmente, 'izquierda divina') se utiliza para definir a intelectuales de izquierda, en general altamente profesionalizados, sin integración en un partido y que discuten la actividad política de los partidos. También, militante de izquierda pequeño burgués, de gustos refinados. No debe emplearse en un texto noticioso.

gauchismo. No debe emplearse. Escríbase 'izquierdismo' o 'extremismo izquierdista'

Gaudeamus. Himno de la Universidad. 'Gaudeamus igitur, iuvenes dum sumus' ('alegrémonos, pues, mientras somos jóvenes').

gay (no tiene plural). En inglés, 'amigo de los placeres'. No debe emplearse como sinónimo de homosexual en un texto noticioso, y tampoco en los titulares, salvo que forme parte del nombre propio de una organización.

Gazzetta Ufficiale. Boletín oficial del Estado italiano.

Gdansk, nombre actual de Danzig, ciudad polaca.

géiser (plural, géiseres). Palabra de origen islandés. Se escribe en redonda.

geisha (plural, *geishas*). Se escribe en cursiva. En Japón, mujer de compañía de elevada formación intelectual y educada en los valores tradicionales.

gemelos. Los hermanos engendrados en una misma bolsa (univitelinos) son gemelos y guardan un gran parecido; mellizos, los que disponen de distinto vitelio, y no se parecen; siameses, los que nacieron unidos por alguna parte de sus cuerpos.

Gen. Abreviatura usada en inglés para general.

general. Esta palabra, en su acepción de empleo militar, hay que usarla con sumo cuidado. Por dos razones fundamentales. Primera, porque se escribe lo mismo en español, inglés y alemán y, sin embargo, las equivalencias de graduación no son las mismas en los distintos ejércitos. Segunda, porque se trata de una palabra que, para mayor complicación, se utiliza como nombre genérico de todos los oficiales generales; es decir, del generalato.

En los Ejércitos de Tierra y del Aire estadounidenses hay los siguientes grados de generalato de mayor a menor: *general of the Army* (en el caso de las Fuerzas Aéreas, *of the Air Force),* o general de cinco estrellas, equivalente en España a capitán general; *general,* o general de cuatro estrellas, equivalente a teniente general; *lieutenant general,* equivalente a general de división; *major general* y *brigadier general,* equivalentes ambos a general de brigada. Para la Marina, véase **admiral.**

En el Ejército de Tierra británico las graduaciones son las siguientes: *field marshal,* o mariscal de campo, empleo sin equivalencia en España; *general,* equivalente a capitán general; *lieutenant general,* equivalente a teniente general; *major general,* equivalente a general de división; *brigadier,* equivalente a general de brigada. Para la Marina, véase ***admiral,*** y para la Aviación, ***marshal.***

En los Ejércitos de Tierra y del Aire de Alemania son como sigue: *general,* equivalente a capitán general; *generalleutnant,* equivalente a teniente general; *generalmajor,* equivalente a general de división; *brigadegeneral,* equivalente a general de brigada. Para la Marina, véase ***admiral.***

En el Ejército de Tierra italiano el *general di corpo d'armata* corresponde a teniente general; el *generale di divisione,* a general de división; el *generale di brigata,* a general de brigada. En la Aviación, el *generale di squadra aerea* corresponde a teniente general; el *generale di divisione aerea,* a general de división; el *generale di*

brigata aerea, a general de brigada. Para la Marina, véase ***ammiraglio*** y ***contrammiraglio.***

generale. Véase **general.**

Generalitat, no Generalidad, tanto en el caso de Cataluña como en el de la **Comunidad Valenciana.** Ha de quedar claro siempre a cuál de las dos se refieren el texto o el titular, pero tal precisión no será necesaria en las páginas propias de las ediciones catalana y valenciana cuando se hable del respectivo órgano autónomo.

generalleutnant. Véase **general.**

generalmajor. Véase **general.**

General Staff. Tradúzcase por 'Estado Mayor'.

Gênes. Nombre francés de Génova, ciudad italiana.

Genève. El nombre castellano de esta ciudad suiza es Ginebra.

Gent. Nombre en flamenco de Gante, Bélgica.

gente de color. No debe emplearse este eufemismo.

gentilicios. En un texto noticioso sólo debe emplearse esta clase de adjetivos cuando se trate de los muy conocidos. Ejemplos:

'barcelonés', 'londinense' o 'neoyorquino'; pero no 'accitano', 'egarense' o 'bilbilitano'.

gentlemen's agreement. En inglés, 'acuerdo entre caballeros'. En el lenguaje diplomático, acuerdo informal, no escrito. No debe utilizarse en un texto noticioso. Se escribe en cursiva.

GEO. Siglas del Grupo Especial de Operaciones del **Cuerpo Nacional de Policía.** Sus miembros son los 'geos', escrito todo en minúscula y en redonda.

geografía española. Se utiliza mucho la expresión 'geografía española' para hacer referencia al territorio nacional. 'Geografía' es igual a 'estudio de la tierra', y no a la tierra en sí misma. Por tanto es un absurdo escribir 'este verano actuará por toda la geografía española'.

Georgia. Antigua república soviética independiente desde el 9 de abril de 1991. La capital es Tbilisi, y el gentilicio, georgiano. Fue admitida en la ONU en 1992.

geranio, no geráneo.

germano. Esta palabra no es estrictamente sinónima de 'alemán', pero puede utilizarse como tal. 'Germano' es un concepto étnico referido a los pobladores de Germania, la zona delimitada por el Rin y el Vístula, gran parte del Danubio y el mar Báltico. Debe escribirse 'germano oriental' y 'germano occidental', y no 'germanooriental' ni 'germanooccidental'. Véase **Alemania.**

Gernikako arbola. En vascuence, 'árbol de Guernica'; título de un himno vasco.

gerrymandering. Distribución de los distritos electorales para obtener ventaja. Debe su nombre a Elbridge Gerry, gobernador de Massachusetts (Estados Unidos) en 1812. No debe emplearse.

gerundio. Véanse los apartados **12.38** y **12.39** del Manual.

Gestapo. Acrónimo empleado para la Policía Secreta del Estado nazi (en alemán, Geheime Staatspolizei).

Gesù, Piazza del. Plaza de Roma donde se encuentra la sede del partido democristiano, en el Palazzo Bolognetti.

Ghana, no Gana. República africana. El adjetivo es 'ghanés'.

ghetto. Escríbase **gueto,** en redonda.

giallo. En italiano, 'amarillo'. Adjetivo que se aplica a la novela de género policiaco. En tal caso, no se debe traducir por **amarillo,** adjetivo empleado con otros significados.

Gibraltar. El contencioso entre España y el Reino Unido a propósito de Gibraltar ha generado, según los intereses de cada parte, una terminología bien diferenciada. Las recomendaciones que siguen, y que EL PAÍS hace suyas, han sido extraídas del glosario de términos sobre Gibraltar hecho por el diplomático Jaime Rodríguez-Ponga.

1. Como sinónimo de Gibraltar se utilizará 'el Peñón', y no el anglicismo 'la Roca', traducción literal e incorrecta de *the Rock.* Se puede decir también 'la colonia británica'.

2. Dado que el istmo nunca fue cedido por España, ni mediante el Tratado de Utrecht ni por otro acto de voluntad, España no reconoce que el límite actual marcado por la **Verja,** a unos 800 metros al norte del Peñón, constituya una frontera internacional. Conviene, pues, no emplear la palabra 'frontera' y hablar de 'la Verja'.

Si la referencia se hace concretamente al lugar por donde pasan personas, vehículos y mercancías, también se puede escribir 'la Verja', o 'el puesto aduanero', o 'el puesto de control', o usar la denominación oficial: 'Administración de Aduanas y Control de Policía de La Línea de la Concepción'.

3. A los trabajadores españoles que, manteniendo su residencia en el Campo de Gibraltar, presten sus servicios en la colonia británica, no debe denominárseles 'trabajadores fronterizos', sino 'trabajadores limítrofes' o 'no residentes en Gibraltar'.

4. No es aconsejable hablar de comunicaciones (terrestres) o tránsito 'entre Gibraltar y España' ya que, según nuestra doctrina tradicional, España no comienza en la Verja, sino al pie mismo de la cara norte del Peñón. Es mejor decir comunicaciones 'entre Gibraltar y el territorio circunvecino' (terminología basada en el Tratado de Utrecht y recogida en la Declaración de Bruselas), o 'entre Gibraltar y la región o zona circundante, vecina o limítrofe', o 'entre Gibraltar y La Línea de la Concepción o el Campo de Gibraltar'.

5. Si se trata de las relaciones o comunicaciones entre Gibraltar y el Campo de Gibraltar, no debe escribirse abreviadamente 'entre Gibraltar y su Campo', sino 'entre Gibraltar y el Campo de Gibraltar', o 'entre las poblaciones locales'.

6. El artículo décimo del Tratado de Utrecht dispone que 'la dicha propiedad se ceda a la Gran Bretaña [véase **Reino Unido**] sin jurisdicción alguna territorial y sin comunicación alguna abierta con el país circunvecino por parte de tierra'. La decisión tomada en 1969 de cerrar la Verja era, pues, plenamente conforme con el derecho internacional.

España definió la interrupción de comunicaciones como la adopción de una serie de 'medidas', en aplicación del Tratado de Utrecht, que el Gobierno británico calificó como 'restricciones'. Este término nunca fue aceptado por España por la carga condenatoria que implica.

En la terminología española, el restablecimiento de comunicaciones llevado a cabo el 5 de febrero de 1985 no es 'un levantamiento de las restricciones' ni 'la reapertura de la frontera' —expresiones que utilizan los británicos— sino 'la suspensión de las medidas en vigor' y la 'reapertura de la Verja'.

7. España no reconoce al Reino Unido más aguas que las del puerto de Gibraltar (cedido por el Tratado de Utrecht) ni más espacio aéreo que el situado sobre la vertical del Peñón. Debe evitarse, por tanto, hablar de las aguas o el espacio aéreo *de* Gibraltar, y sustituir la preposición 'de' por 'en torno a' o 'en la zona de'.

8. Al referirse a los habitantes del Peñón, no conviene usar la

expresión 'el pueblo de Gibraltar', sino 'la población de Gibraltar' o, más simplemente, 'los gibraltareños' o 'llanitos'.

9. Cuando se habla de la repercusión del proceso negociador sobre la población gibraltareña, los Gobiernos español y británico utilizan dos términos conceptualmente muy diferenciados y básicos en el lenguaje diplomático referido al Peñón. La diferencia es esencial:

— Las palabras *deseo* o *voluntad* —empleadas por el Reino Unido— implican conceder a los gibraltareños un papel anterior a la solución del contencioso y, por tanto, una especie de derecho de veto (confusamente expuesto en el preámbulo de la *constitución* de Gibraltar de 1969); el término *intereses* —empleado por España— supone atribuirles un papel posterior.

— Los *deseos* tienen una connotación fundamentalmente subjetiva, abstracta y política (referida a la cuestión de fondo: la soberanía); los *intereses* tienen una significación objetiva, concreta y técnica (referida a las cuestiones administrativas, económicas, sociales y culturales), y son calculables sin intervención de los gibraltareños.

El término *intereses* es el recogido por la doctrina de las Naciones Unidas, que desconoce la palabra *deseos*.

10. Para no propiciar interpretaciones sesgadas, es preferible no usar la expresión 'las partes interesadas' si con ello se intenta también mencionar a los gibraltareños. Es mejor hablar de éstos como 'elemento' que han de tener en cuenta por 'las dos partes'.

Tampoco es conveniente hablar de 'la cooperación entre España y Gibraltar', sino 'entre España y el Reino Unido referente a Gibraltar'. Descendiendo al plano local puede decirse también 'la cooperación entre Gibraltar y el Campo de Gibraltar' o 'entre las poblaciones locales'.

11. El cargo que en inglés se denomina *chief minister* debe ser traducido al castellano como 'ministro principal', y no como 'primer ministro' *(prime minister)*.

gigatón o gigatonelada. Medida de potencia de una cabeza nuclear equivalente a 1.000 millones de toneladas de **trilita.** Véanse **kilotón** y **megatón.**

gigoló (plural, gigolós). Chulo. No debe emplearse en textos informativos.

Gillette. Una marca registrada; por tanto, se escribe con mayúscula inicial y en redonda. Por extensión, cuchilla de afeitar. En este caso se escribe con minúscula y en cursiva.

gincana, no *gymkhana.* Prueba deportiva de habilidad con motocicleta o coche.

gira. Esta palabra significa paseo, excursión, viaje. Jira, en cambio, merienda en el campo.

Giro o Vuelta a Italia, pero no 'Giro de Italia'.

gitano. Los gitanos no constituyen una raza, sino una **etnia** con rasgos físicos y culturales comunes. No puede hablarse por tanto de 'un individuo de raza gitana'. El hecho de que una persona sea gitana no debe citarse en las informaciones a no ser que constituya un elemento fundamental de la noticia. Podrá hablarse de la discriminación que sufre 'un barrio de gitanos', por ejemplo, pero nunca de que el protagonista de una información es gitano, si ello no aporta un dato sin el cual perdería sentido la noticia. Tampoco se pueden emplear expresiones despectivas como 'esto es una gitanería' o 'le hizo una gitanada'.

Gizeh. El nombre castellano de esta ciudad del Bajo Egipto es Guiza.

gladiolo, no gladíolo (aunque las dos están admitidas por la Academia).

glamour (no tiene plural). Se debe traducir por 'fascinación', 'encanto' o 'hechizo'.

glásnost. Esta palabra rusa equivale a 'transparencia informativa', a 'apertura' o a la expresión 'luz y taquígrafos'. Puede emplearse, escrita en cursiva, siempre que se explique su significado.

G-man. En la jerga policiaca y también en la periodística estadounidense, un agente especial del **FBI**. No debe emplearse.

goal average. Tradúzcase por 'promedio', 'diferencia' o 'cociente' de goles, según cada caso.

Gobierno. Se escribe con mayúscula inicial cuando se refiera al poder ejecutivo. Ejemplos: 'el Gobierno francés', 'los Gobiernos alemán e italiano'.

gochismo. No debe emplearse. Escríbase 'izquierdismo' o 'extremismo izquierdista'

goleador. Se aplica indebidamente al que sólo ha logrado un gol, cuando la terminación *or* es indicativa de frecuencia o repetición, casi de oficio (escritor, afilador, entrenador, etcétera). Así pues, para que se atribuya con cierta propiedad el calificativo, debe ser aplicado al jugador que por lo menos ha marcado dos goles en un mismo partido.

golf. La explicación que sigue sobre la práctica del golf incluye la mayoría de los términos empleados en este deporte. Los criterios para su uso son los siguientes:

— El nombre que ha de emplearse en cada caso, sea el inglés o su equivalente castellano, es aquel que se cita en primer lugar, el que no va encerrado entre paréntesis.

— En el caso de que sea la palabra extranjera la preferida, ésta se escribirá en cursiva, con los plurales y géneros que le correspondan en inglés y seguida de una breve aclaración entre paréntesis similar a la que aquí se propone.

Los jugadores de golf utilizan cuatro palos de madera, con los que se lanza la bola hasta los 250 o 300 metros, y 12 hierros, que permiten enviarla hasta los 190 metros, aproximadamente. La numeración de los palos está en función de la distancia que se alcanza con ellos. El 'número uno' (no 'número 1', pero 'un palo del 1') se usa para desplazar la bola más lejos que el 'número dos', y éste más lejos que el 'número tres', etcétera.

Entre los hierros hay dos especiales: la cucharilla *(sand wedge),* que sirve para sacar la bola de la arena *(bunker),* y el *putter,* para golpes cortos, con el que se lanza la bola al hoyo desde el interior del *green*. Los profesionales suelen llevar un saco con 12 hierros y dos maderas: el 'número uno', que se usa para el golpe largo, y el 'número tres'. La bolsa, que transporta el ayudante *(caddie)*, pesa unos 11 kilos.

Los golpes son: corto *(putts)*; largo *(drive)*; *slice*, con efecto a la derecha; *hook*, con efecto a la izquierda; *back spin*, con efecto de retroceso; *top spin*, con efecto de avance; *drop*, acción de cambiar de sitio una bola que ha quedado en un lugar desde el que no se puede golpear; de aproximación *(approach)* al *green*, y *chip*, o golpe corto, normalmente cerca del *green*, en el que la bola se eleva, bota y rueda.

La palabra *green* se refiere al césped que rodea el hoyo. No se puede traducir directamente como 'césped', porque es un tipo concreto de césped, de muy poca altura y casi liso. Además, un campo de golf tiene otras partes también de césped, aunque distinto, y esa traducción induciría

a error. Así pues, puede utilizarse *green*, en cursiva, con la explicación de que es el césped que rodea el hoyo.

Otros términos del golf son: el *swing* (estilo al golpear), el recorrido *(course* o *links)*, la calle *(fairway)*, la zona de matojos *(rough)* y el *tee* (soporte), que se utiliza para colocar la bola en el primer golpe de cada hoyo. Por extensión, *tee* se emplea también para designar el lugar del campo desde donde se da ese golpe. En este caso ha de sustituirse por 'la salida'.

Las competiciones de golf se disputan mediante una de estas dos modalidades: *medal-play* (la más empleada) o *match-play*.

Con el sistema *medal-play* obtiene la victoria el jugador que concluya el recorrido con el menor número de golpes en total.

Con la modalidad *match-play* el triunfo será para el que haya ganado más hoyos en el recorrido. Es decir, se puntúa hoyo a hoyo en función del menor número de golpes dados en cada uno.

Cada hoyo tiene asignado un

número determinado de golpes, que se llama par. Hacer 'uno bajo par' *(birdie)* es introducir la bola en el hoyo con un golpe menos que el par; hacer 'dos bajo par' o 'menos dos' *(eagle),* con dos golpes menos; hacer 'tres bajo par' o 'menos tres' *(albatross),* con tres golpes menos. Y lo mismo a la inversa: 'uno sobre par' o 'más uno' *(bogey)* es introducir la bola en el hoyo con un golpe más que el par. Como 'dos sobre par' o 'más dos' *(doble bogey)* es hacerlo con dos golpes, y así sucesivamente. 'Un hoyo en uno' es meter la bola al primer golpe. En estos casos, siempre deben emplearse las expresiones castellanas y, si el redactor lo desea, puede agregar la denominación inglesa entre paréntesis y en cursiva. Ejemplo: 'Olazábal consiguió un menos dos (un *eagle)* en el tercer hoyo'.

Cada campo tiene asignado un par, pero la mayoría de ellos cuenta con un par 72.

golfo. Cuando se refiera al accidente geográfico, se escribe con minúscula inicial. Ejemplo: 'el golfo de Vizcaya'. Cuando se utilice esta palabra por la vía de la sinécdoque de antonomasia, se escribirá con mayúscula: 'aumenta la tensión en el Golfo'. Igualmente, se escribirá con mayúscula cuando forme parte de un nombre propio: 'la Corriente del Golfo'.

golfo Pérsico. Escríbase así; no 'golfo de Irán' como lo llama el régimen de Teherán, ni 'golfo Arábigo' como lo hacen algunos Estados árabes. La palabra 'golfo' debe llevar mayúscula inicial cuando se utilice por vía de sinécdoque de antonomasia: 'nuevas tropas norteamericanas llegarán mañana al Golfo'.

Goma 2, no *goma-2.*

gong (plural, gongs). Se escribe en redonda.

Gongren Ribao. **Periódico** de China (significa 'diario de los obreros').

Gora ta gora (en vascuence, 'arriba y arriba'). Denominación popular del *Eusko abendaren ereserkija* (en castellano, 'himno de la nación vasca'). Éste, y no ***Eusko gudariak,*** es actualmente el himno oficial de la comunidad autónoma vasca.

gorispolkom (plural, *gorispolkomi*). Contracción de las palabras rusas *gorodskói, ispolnítelni* y *komitet,* o comité ejecutivo urbano del Partido Comunista de la antigua Unión Soviética. No debe emplearse.

gorkom (plural, *gorkomi*). Contracción de las palabras rusas *gorodskói* y *komitet,* o comité urbano del Partido Comunista de la antigua Unión Soviética. No debe emplearse.

gorsoviet (plural, *gorsovieti*). Contracción de las palabras rusas *gorodskói* y *soviet,* o asamblea urbana. Tradúzcase por ayuntamiento.

Gosbank. Contracción de las palabras rusas Gosudárstvenni Bank, o Banco del Estado, de la antigua URSS. Puede usarse, pero explicando su significado; en este caso se escribirá con mayúscula inicial y en redonda. En la actualidad no existe y su estructura fue heredada por el **Centrobank** de Rusia, o Banco Central estatal.

gospel. Véase *blues.*

Göteborg. Escríbase **Gotemburgo.**

Gotemburgo. Nombre castellano de Göteborg, ciudad sueca.

Göttingen. El nombre español de esta ciudad alemana es Gotinga.

gouache. Empléese la palabra castellana 'aguada'.

gourmand (plural, *gourmands*). Persona comilona o aficionada a la buena cocina. No debe emplearse, salvo en las crónicas especializadas. En ese caso se escribirá en cursiva. No debe confundirse con **gourmet.**

gourmet (plural, *gourmets*). Entendido en vinos o comidas. No debe confundirse con **gourmand.**

Gov. Abreviatura inglesa de *governor* (gobernador).

graduaciones militares. Véase **Fuerzas Armadas.**

graffiti. Escríbase 'pintada'. También se puede recuperar la palabra castellana 'grafito', definida por la Academia Española, en su segunda acepción, como 'escrito o dibujo trazado a mano por los antiguos en los monumentos'. Y, en la tercera, como 'letrero o dibujo grabado a punzón por los antiguos en paredes u otras superficies resistentes, de carácter popular y ocasional, sin trascendencia'.

gráficos. Véase el **capítulo 5.**

gramo. Nunca se utilizará la abreviatura de esta palabra, salvo que figure en una tabla o cuadro estadístico.

Granada, no Grenada ni Grenade. Estado de las **Antillas.** El gentilicio es 'granadino'.

Gran Bretaña. Véase **Reino Unido.**

grande, grandes. Esta palabra se escribirá en cursiva cuando se refiera a los países más poderosos del mundo o a sus dirigentes.

grand jury. Debe traducirse por 'jurado de acusación' y no por 'gran jurado'. La misión del *grand jury* en Estados Unidos es celebrar un juicio preliminar. En él se dictamina si existen o no indicios de culpabilidad, y según sea el caso, el juez decreta el procesamiento del acusado o su absolución. Si hay procesamiento, el juicio propiamente dicho se ce-

lebra más tarde ante el tribunal competente.

Grand Old Party, o viejo y gran partido, el Partido Republicano de Estados Unidos. No debe utilizarse.

grand prix. No se deben emplear estas palabras francesas para un torneo deportivo, salvo cuando se utilicen, ocasionalmente, como nota de color. Escríbase en su lugar 'gran premio'.

Granma, no *Gramma.* El principal **periódico** cubano.

Gran Oriente. Máximo organismo de la masonería. Se escribe con mayúsculas iniciales.

GRAPO. Siglas de Grupos de Resistencia Antifascista Primero de Octubre. Se trata de un plural; por tanto, debe escribirse 'un nuevo golpe de los GRAPO'. En el caso de sus miembros, debe escribirse 'han sido detenidos tres grapos', todo en minúsculas y en redonda.

Gran Sol. Nombre en español de un caladero al que acuden principalmente los pesqueros vascos. Es una corrupción del nombre que se le da en francés, Grande

Sole (gran lenguado), según recoge en uno de sus boletines el Departamento de Español Urgente de la agencia Efe. Debe usarse la denominación española, y no Grande Sole ni Irish Box (denominación inglesa).

green (plural, *greens*). Véase **golf.**

Greenpeace, no Green Peace.

Greenwich. Suburbio de Londres, famoso por haber sido la scdc del Real Observatorio (astronómico). No debe confundirse con Greenwich Village, barrio del sur de Manhattan, Nueva York, conocido por su vida nocturna y por vivir en él escritores y artistas.

Grenada. Véase **Granada.**

grifa. Sinónimo de hachís y de marihuana.

grosso modo. Esta expresión **latina,** traducible por 'en líneas generales', 'sin detallar' o 'en conjunto', no debe emplearse en un texto noticioso. En cualquier caso, se escribe en cursiva y nunca anteponiéndole la preposición *a.*

group captain. Graduación del Ejército del Aire británico equivalente en español a coronel. Debe traducirse así.

grupo. Cómplice en el timo de la *estampita* o del *tocomocho.*

Grupo de Contadora. Se escribe en redonda y con mayúsculas iniciales. Se conocen con el nombre de esta isla panameña las iniciativas de pacificación en **Centroamérica** propiciadas por Colombia, México, Panamá y Venezuela, que datan de enero de 1983. A estos cuatro países se unieron, como grupo de apoyo, Argentina, Brasil, Colombia y Perú.

Grupo de los Siete. Reúne a los países más desarrollados del mundo: Estados Unidos, Japón, Canadá, el Reino Unido, Francia, Alemania e Italia.

grupos sanguíneos. Se clasifican según los antígenos (moléculas de la superficie celular) de los glóbulos rojos. Si poseen el antígeno A, el grupo es A; si poseen B, grupo B; si poseen los dos, AB; si no poseen ni A ni B, grupo O. Del mismo modo, el antígeno D determina el Rh; positivo cuando los glóbulos rojos poseen ese antígeno, y negativo cuando carecen de él. En todos los casos, se trata de antígenos de histocompatibilidad sanguínea; es decir, de moléculas capaces de identificar a las que no son como ellas. Por eso no es posible mezclar sangres de diferente grupo.

En el caso de un matrimonio en el que la madre es Rh − (15% de la población) y el padre Rh +, si el hijo hereda el positivo del padre aparece una incompatibilidad entre el antígeno D del hijo y la ausencia de ese antígeno en la madre. La sangre de ésta produce entonces un rechazo que daña la sangre del hijo. No tanto en el primer embarazo, pues la producción de anticuerpos es pequeña, pero sí en los siguientes. El rechazo hace que el feto pueda morir por destrucción masiva de su sangre a causa de la sangre, diferente, de la madre.

Gruyères, *gruyère.* Gruyères es una pequeña ciudad de la suiza francófona donde tiene su origen un tipo de queso. Con la denominación de este producto se suele producir un error: se le describe como un queso de grandes agujeros (en terminología gastronómica, grandes ojos). En este último caso, se le confunde con el queso *emmental.* El queso del tipo *gruyère* no tiene ojos, y si los tiene son pequeños y alargados. La población cuna de este queso es Gruyères, terminado en *s.* La comarca es, sin embargo, La Gruyère, sin *s.*

Se escribe con mayúscula y redonda si se refiere a la ciudad; y en cursiva y con minúsculas si se trata del tipo de queso. Ejemplos: 'un queso elaborado en Gruyères', pero 'la cena concluyó con un *gruyère* y muchos dulces'.

Guadalupe, no Guadeloupe. Véase **Antillas.**

Guangzhou. Nombre en **pinyin** de Cantón. No se debe emplear. Véase el apartado **8.56** del Manual.

Guardia, La. Uno de los cuatro aeropuertos de **Nueva York.**

Guardia Civil. La Guardia Civil, como cuerpo de carácter militar, depende del ministro de Defensa, si bien en sus cometidos como fuerza de seguridad está a las órdenes del ministro del Interior.

Territorialmente, este instituto armado está organizado en seis zonas, cuyas cabeceras son Madrid (I Zona de la Guardia Civil), Sevilla (segunda), Valencia (tercera), Barcelona (cuarta), Logroño (quinta) y León (sexta). En Canarias existe un tercio dependiente de la zona de Madrid. A su vez, cada zona la componen varios tercios, que se dividen en comandancias, y éstas, en líneas y puestos. También existen el Grupo Antiterrorista Rural (GAR) y unos Grupos Rurales de Seguridad que dependen de un servicio central cuya sede está en la Dirección General.

El más alto empleo que se puede alcanzar en este cuerpo es el de general de división. Cuando al frente de la Dirección General de la Guardia Civil, dependiente del Ministerio del Interior, ha estado un militar, éste ha sido un teniente general o un general de división en activo del Ejército de Tierra. Cada zona suele hallarse al mando de un general de briga-da de la Guardia Civil; un tercio, al de un coronel; una compañía, al de un capitán; una línea, al de un teniente; y un puesto, al de un suboficial o un cabo. Los jefes de este tipo de unidades o grupos menores reciben la denominación genérica de 'comandantes de puesto', aunque su empleo sea otro. Así, puede decirse 'el comandante del puesto de...', aunque se trate de un sargento.

A los miembros de la Guardia Civil se les llamó 'números' en el régimen anterior, pero ya no debe utilizarse. Se les puede denominar 'guardias' o 'agentes'. Véase **Fuerzas Armadas.**

Guardia di Finanza. Cuerpo del Ejército italiano, dependiente del Ministerio del Interior. Trabaja, en colaboración con los *carabinieri,* en labores de aduanas. No debe traducirse, pero sí explicarse.

guardia marina (plural, guardias marinas), no guardiamarina.

En la Armada italiana el *guardiamarina* (en italiano se escribe junto) equivale al alférez de fragata de la española, y el *aspirante guardiamarina,* a guardia marina. Es decir, al cadete en sus dos últimos años en la Escuela (no Academia) Naval Militar.

Guayana. Nombre de una región de **Suramérica** que comprende la República de Guyana (anterior posesión británica), Surinam (antes posesión holandesa) y la Guyana francesa.

gudari (plural castellanizado, *gudaris).* En vascuence, 'soldado'. Sólo debe emplearse como cita textual, y con explicación entre corchetes o paréntesis (según el caso). Se escribe en cursiva.

Güell, parque; no Parc Güell.

guerra. Las locuciones formadas con esta palabra se escribirán en redonda, por contradictorio o chocante que sea el significado del conjunto. Ejemplos: 'guerra santa', 'guerra sucia', 'guerra a muerte' o 'en buena guerra'.

guerra de usura. Expresión incorrecta. Se debe escribir 'guerra de desgaste'.

guerra fría. Estado de tensión entre dos países o bloques, cada uno de los cuales pretende fortalecerse militarmente y debilitar al contrario, pero sin llegar al estado de beligerancia.

guerra mundial. Se escribe con mayúsculas iniciales cuando se refiera a una de las dos habidas; en tal caso, se prefiere escribir el número con romanos a hacerlo con todas sus letras. Ejemplos: 'la II Guerra Mundial', pero 'el peligro de una nueva guerra mundial'.

gueto (plural, guetos), no *ghetto.* Barrio en el que vivían o eran obligados a vivir los judíos. Primero, en Italia, de donde procede la palabra *(borghetto);* después, en otros países. Por extensión, el espacio en el que se ve obligada a vivir una minoría. Se escribe en redonda.

Guinea-Bissau, no Guinea Bissau.

Guinea-Conakry, no Guinea Conakry.

Guinea Ecuatorial. La ex Guinea española. No debe confundirse con la República de Guinea, o Guinea-Conakry, ni con la República de Guinea-Bissau, la anterior Guinea portuguesa.

Para lo relativo o perteneciente a Guinea Ecuatorial, úsese el adjetivo 'ecuatoguineano'.

Véanse **Bioko, Luba, Malabo** y **Pagalu.**

guión. Sobre el uso de este signo, véanse los apartados **11.55** a **11.60** del Manual.

güisqui. Debe emplearse whisky (plural castellanizado, whiskys), escrito en redonda. En el caso de los derivados se prefiere, sin embargo, su completa castellanización. Ejemplo: 'güisquería'.

Gulag. Acrónimo de las palabras rusas Glávnoie Upravlenie Laguereí, o Administración Superior de los Campamentos (de concentración). En este sentido, Gulag se escribe con mayúscula inicial y en redonda. Pero todo en minúsculas y en cursiva cuando sea sinónimo de campamento de concentración. En tal caso, el plural es *gulagui.*

Gulf Stream. Escríbase 'Corriente del Golfo'.

gunboat. En inglés, 'buque cañonero' o 'cañonera'.

Guomindang. Escríbase **Kuomintang.**

gurja (plural, gurjas), no *gurkha.* Soldados de **élite,** de origen nepalés, del Ejército británico.

guru, no *gurú.* Maestro espiritual de una secta o comunidad inspirada en la religiosidad oriental.

Guyana. Estado suramericano, anterior posesión británica, en la región de **Guayana.** El gentilicio es 'guyanés'.

gymkhana. Debe escribirse 'gincana'.

H

Haag, Den. Nombre holandés de La Haya.

hábeas corpus. Expresión **latina.** Jurídicamente, derecho del detenido a ser oído por el juez. Se escribe en cursiva.

hábitat (plural, hábitats). Palabra utilizada en biología, en el sentido de 'habitáculo, habitación o estación de una especie vegetal o animal'.

habría. La forma auxiliar 'habría' o el potencial en general (simple o compuesto) no deben emplearse para expresar inseguridad o rumor. Dos ejemplos incorrectos: 'fuentes de la Moncloa señalan que el ministro estaría preparando la ley' (así, sin verbo subjuntivo que apoye esa oración); 'según estas fuentes, habrían muerto 10 personas'. En perfecto castellano, esto equivale a decir que no murieron, pues con arreglo a la gramática el potencial en pasado refleja una acción que pudo ocurrir y que finalmente no se realizó. Ejemplo correcto: 'Habría venido si hubiera podido'. Asimismo, ha de emplearse 'habría' cuando concuerda con un subjuntivo. Ejemplo desaconsejable: 'si Felipe González se hubiese enfrentado a otra situación, hubiera convocado elecciones'. Ejemplo más correcto: 'si Felipe González se hubiese enfrentado (...), habría convocado elecciones'.

hachemí, no hachemita. Dinastía reinante en Jordania. Por tanto, la Corona es hachemí, pero no el Gobierno, que es jordano.

hachís. Droga blanda. Empléese este nombre (o el de grifa), pero no el de quif.

Hafmed. Véase **OTAN.**

Hague, The. Nombre en inglés de La Haya, ciudad holandesa.

halcón. Véase *hawk.*

hall. Debe sustituirse por 'entrada', 'recibimiento' o 'vestíbulo'.

handicap (plural, *handicaps*). Deben utilizarse términos castellanos como 'obstáculo', 'desventaja', 'dificultad' o 'inferioridad'. En la jerga de las carreras de caballos puede sustituirse por 'compensación'. En golf, expresiones como 'jugador con *handicap* 3' cabe traducirlas por 'jugador de la categoría tercera'. Si se emplea en cita textual, va en cursiva.

Hanuká. Debe escribirse Januká. Véase **calendario judío.**

haraquiri, no *harakiri.* Suicidio ritual japonés, cortándose el vientre de un tajo. Se escribe en redonda.

harbour. Debe emplearse la grafía británica de esta palabra, que significa 'puerto', y no la norteamericana *harbor.* Por tanto, se escribirá 'Pearl Harbour', y no 'Pearl Harbor'.

hardware. Se prefiere el uso de su traducción castellana: 'soporte físico'. La palabra inglesa sólo puede emplearse, escrita en cursiva, cuando previamente se ha explicado su significado. Véase *software.*

harrijasotzaile (plural castellanizado, *harrijasotzailes*). En vascuence, 'levantador de piedras'. Debe traducirse.

hauptbootsmann. Graduación de la Marina de Alemania equivalente en la española a brigada. Debe traducirse así.

hauptfeldwebel. Graduación de los Ejércitos de Tierra y del Aire de Alemania equivalente en los españoles a brigada. Ha de traducirse así.

hauptmann. Graduación de los Ejércitos de Tierra y del Aire de Alemania equivalente en los españoles a capitán. Debe traducirse.

Havre, El; no Le Havre. Puerto francés. El artículo se escribe siempre con mayúscula inicial; por tanto, no admite contracción ('el puerto de El Havre', pero no 'el puerto del Havre').

Hawai, no Hawaii. Utilícese este nombre y no el de islas Sandwich. La capital del archipiélago es Honolulú, en la isla de Oahu.

hawk. En inglés, 'halcón'. En el lenguaje político, persona o grupo partidario de la línea dura o intransigente. Debe traducirse siempre, en cuyo caso *halcón* se escribirá en cursiva. Véase *dove*.

HC. Abreviatura inglesa para House of Commons, o Cámara de los Comunes.

headquarters. En inglés, 'cuartel general'.

Heathrow. Aeropuerto de Londres. Véase **Gatwick.**

heavy cruiser. En inglés, 'crucero pesado'.

heavy metal. Estas dos palabras, que significan literalmente 'metal pesado' y definen un tipo de música rock, se escriben en cursiva.

hebreo. Véase **judío.**

hecatombe. Literalmente, sacrificio de cien vacas. El sentido estricto de esta palabra es el de matanza solemne o ritual. La Academia ha incorporado la equivalencia de 'desastre', en sentido figurado.

hectárea. Nunca se utilizará la abreviatura de esta unidad de superficie (ha), salvo que figure en una tabla o cuadro estadístico. Por lo demás, esta abreviatura no tiene plural. Para informaciones no técnicas, y con objeto de dar una idea gráfica de extensión, puede explicarse que una hectárea equivale a un campo de fútbol.

hectogramo, no hectógramo.

hectolitro, no hectólitro.

hégira. Se escribe todo en minúsculas con el significado de 'era musulmana', y con mayúscula inicial cuando se refiera a la huida de Mahoma a Medina. Véase **calendario musulmán.**

Heilongjiang. No debe confundirse Heilongjiang, nombre de una provincia china, con Heilong Jiang, nombre chino del río Amur.

hemiplejía, no hemiplejia.

Herakleion. Nombre anterior de Candía, ciudad de la isla de Creta (Grecia).

herciano, no hertziano. Perteneciente o relativo a las ondas hercianas, descubiertas por el físico alemán Rudolf Hertz. La onda herciana transporta energía electromagnética y tiene la propiedad de propagarse en el vacío a la misma velocidad que la luz.

hercio. Unidad de medida de las oscilaciones acústicas y eléctricas, equivalente a un ciclo por segundo. Escribir 'hercios por segundo' es una redundancia.

hermano. Este **tratamiento** únicamente se empleará en casos excepcionales. Lo preferible es escribir el nombre y apellido del religioso y a continuación indicar a qué orden o congregación pertenece. Por ejemplo: 'José González, marista'. Si se usa, en cuyo caso va en minúsculas, hay que tener en cuenta que no es un tratamiento general para todos los religiosos, sino sólo de ciertas órdenes.

herr. En alemán, 'señor'. No se debe emplear. Véase el apartado **7.1** del Manual.

Herri Batasuna. Empléese siempre la grafía vascuence para designar a este partido. En castellano significa 'unidad popular'.

Herzegovina. Véase **Bosnia-Herzegovina.**

Hezbolá. En árabe, 'partido de Dios'. Nombre que recibe un grupo proiraní del Líbano.

Hi. Abreviatura utilizada en **Estados Unidos** para Hawai.

hi-fi. Contracción de las palabras inglesas *high fidelity.* No debe emplearse.

high fidelity. No debe usarse. En inglés, 'alta fidelidad' (el uso ha impuesto esta traducción, aunque sería más correcta 'gran fidelidad').

High General Staff. Debe traducirse por 'Alto Estado Mayor'.

hincapié, hacer. Es una redundancia 'hacer especial hincapié'.

hincha. Se escribe en redonda.

hindú (plural, hindúes). Adepto a la religión predominante en la Unión India. Para los naturales de este Estado asiático, o lo relativo a él, empléese el adjetivo 'indio'.

hinterland. En alemán, 'región interior' (por oposición a litoral). En lenguaje político, zona limítrofe que le es propia. No debe emplearse. Se escribe en cursiva.

hippy (plural, *hippies).* Se escribe en cursiva.

hispano. Denominación que reciben las personas de habla española que residen en Estados Unidos.

Hispanoamérica. Véase **Latinoamérica.**

hispanohablante, no hispanoparlante.

hispanoparlante. Debe escribirse 'hispanohablante'.

Histadrut, no Histadrouth. Confederación General de Trabajadores israelí.

historia. Se escribe con mayúscula inicial como disciplina académica, y todo en minúsculas como nombre genérico.

históricas, comunidades. No debe emplearse. Esta expresión suele ser utilizada interesadamente para referencias a Galicia, País Vasco y Cataluña, lo que retira el papel en la historia al resto de las comunidades españolas, algunas de ellas mucho más antiguas como entidad política.

hit. Escríbase 'éxito' o 'triunfo'.

hit parade. Lista de éxitos. No debe emplearse.

Hnos. No se debe emplear esta abreviatura de 'hermanos'.

hobby (plural, *hobbies*). Se prefiere el uso de palabras castellanas como 'afición', 'habilidad' o 'pasatiempo'. En citas textuales, se escribe en cursiva.

Ho Chi Minh, Ciudad. Hasta abril de 1975 recibió el nombre de Saigón, capital de lo que fue Vietnam del Sur. Si se cita, debe hacerse referencia a su anterior denominación.

hojear. El significado de esta palabra no es sólo 'pasar las hojas de un libro', sino hacerlo 'leyendo deprisa algunos pasajes para tomar de él un ligero conocimiento'. En cambio, 'dirigir los ojos y mirar con atención a determinada parte' o 'espantar la caza' es 'ojear'.

Holanda. Su nombre oficial es 'Países Bajos' —el Reino de los Países Bajos— y ése es el que debe usarse cuando la mención requiera cierta formalidad y rigor. En los demás casos, utilícese 'Holanda'.

'Holandés' se prefiere como adjetivo a 'neerlandés'.

holding (plural, *holdings*). Sociedad poseedora de una cartera de acciones de diversas empresas, que pueden pertenecer al mismo sector o a sectores diversos. El activo industrial queda en posesión de las empresas y las acciones se atribuyen al *holding*. No debe emplearse sin explicar su significado. Se escribe en cursiva.

hold-up. En inglés, atraco a mano armada, detención, demora. No debe emplearse.

Hollandia. Éste es el nombre anterior de Kotabaru, ciudad de Indonesia.

hombre. El varón mayor de 18 años. Véanse los apartados **2.17, 2.18** y **2.19** del Manual.

hombre rana (plural, hombres rana). Se escribe siempre en redonda. Véase el apartado **8.20.**

homeland (plural, *homelands*). Territorio separado en el que el Gobierno racista surafricano confinó a la población negra.

homicidio. Matar a otro. Véanse **asesinato** y **suicidio.**

homofobia. Del griego *homo,* igual, y *fobos,* aversión. Odio o antipatía hacia las personas homosexuales, o rechazo de su estilo de vida. 'Homofóbico' se puede aplicar a las personas que sienten o manifiestan odio o miedo hacia las personas homosexuales. Ninguna de las dos expresiones figura admitida por la Academia, pero pueden emplearse.

homogeneidad, homogeneizar; no homogenidad ni homogenizar.

homólogo. Véase **colega.**

Hon. Abreviatura utilizada en inglés para el tratamiento de 'honorable'.

Honduras británica. La actual **Belice.**

Hong Kong, no Hong-kong. Escríbase así, y no Xianggang según la transcripción **pinyin.**

Hong Qi (en chino, 'bandera roja'). Semanario de China. Véase **periódicos.**

Honolulú, no Honolulu. La capital de **Hawai,** en la isla de Oahu.

honorable. No se debe emplear este tratamiento. Véase el **capítulo 7.**

honoris causa. Expresión **latina,** 'por razón de honor'. Se escribe en cursiva.

hook (plural, *hooks*). Véase **golf.**

hooligan (plural, *hooligans*). Palabra inglesa que significa 'atracador, pistolero', pero no 'hincha' (los hinchas británicos son los *supporters*). Este vocablo se empleó en el lenguaje político soviético con el significado de 'vago, maleante o gamberro'. No deben emplearse ni *hooligan* ni la que se derivaría de su transcripción desde el ruso: *juligán,* a no ser que se expliquen sus significados.

hora punta (plural, horas punta).

horas. Véanse el apartado **10.11** y siguientes del Manual.

hortera. Se escribe en redonda.

hot dog. Escríbase *perrito caliente,* en cursiva, o 'bocadillo de salchicha'.

Hôtel de Ville. Ayuntamiento de cualquier municipio francés, y no sólo el de París.

hot line. En inglés, 'línea caliente'. Véase *teléfono rojo.*

House of Lords. Escríbase 'Cámara de los Lores'.

hoyatoleslam (plural, *hoyahes-lam).* Se escribe en cursiva. Grado que se obtiene en las escuelas coránicas, parecido, aunque inferior, al de **ayatolá.**

humanidad. Se escribe todo en minúsculas.

huracán. Véanse fuerza del **viento** y **tifón.**

hurricane. El significado de esta palabra inglesa es tifón, ciclón tropical o baguío, pero no huracán, término éste que se reserva en EL PAÍS para referirse a un viento muy fuerte.

huso horario. Se escribe con *h,* puesto que se refiere no al uso o costumbre, sino a la forma que presentan las partes de la superficie terrestre comprendidas entre dos meridianos distantes 15 grados, y que tienen la misma hora.

I

Ia. Abreviatura utilizada en **Estados Unidos** para Iowa.

ibero, no íbero.

Iberoamérica. Véase **Latinoamérica.**

ibídem. Palabra **latina** que significa 'en el mismo lugar'. No debe emplearse en un texto noticioso.

iceberg (plural, icebergs). Tomado del inglés, 'montaña de hielo' flotante. Se escribe en redonda.

Id. Abreviatura utilizada en **Estados Unidos** para Idaho.

iglesia. Como nombre de confesión religiosa, se escribe con mayúscula inicial ('la Iglesia adventista'); como templo, todo en minúsculas ('Saint John, iglesia católica al norte de Londres').

Iglesia de Jesucristo de los Santos de los Últimos Días. Escríbase, simplemente, 'la Iglesia mormona'.

ignorar. Es un anglicismo emplear este verbo con el significado de 'no hacer caso de algo o de alguien'.

ikastola (plural castellanizado, *ikastolas*). Escuela —ése es su significado en vascuence— donde la educación general básica (EGB) se imparte en vascuence. Es una redundancia escribir *'ikastola* vasca'. Se escribe en cursiva. No debe confundirse con *euskaltegi.*

ikurriña. En vascuence, 'bandera'. Al pasar a un contexto castellano, significa 'bandera vasca' y, por extensión, la bandera del País Vasco. Es una redundancia, por tanto, escribir 'la *ikurriña* vasca'. Se escribe en cursiva.

Il. Abreviatura utilizada en **Estados Unidos** para Illinois.

Îles du Vent, îles sous-le-Vent. Véase **Antillas.**

Ill. Abreviatura utilizada en **Estados Unidos** para Illinois.

ilustrísimo. No debe emplearse este tratamiento. Véase el apartado **7.1** del Manual.

imam (plural, imames), no imán.

Jefe religioso **musulmán.** Es palabra castellana; por tanto, se escribe en redonda.

imán. Véase **imam.**

imbatido. Un equipo o un portero están imbatidos cuando aún no han encajado ningún gol. Cuando aún no han perdido ningún partido, están invictos.

impasse. En francés, 'callejón sin salida', pero no 'compás de espera'. No debe emplearse en un texto noticioso. Sustitúyase por 'estancamiento', 'atolladero' o 'crisis'.

imperio. Se escribe con mayúscula inicial cuando ésa sea o haya sido la forma política de un Estado. Ejemplos: 'la Francia del Segundo Imperio', 'el Imperio Británico', pero 'en tiempos del imperio español'.

implementos. Aunque la Academia ha recogido ya este anglicismo, empléense palabras como 'utensilios', 'instrumentos', 'aperos' o 'enseres'.

imprimátur. Licencia eclesiástica para la publicación de un escrito. Se escribe en cursiva. Véase *nihil obstat.*

impuesto revolucionario. No debe utilizarse, salvo en citas textuales. La expresión adecuada es 'extorsión económica'.

In. Abreviatura utilizada en **Estados Unidos** para Indiana.

in absentia. En **latín,** 'en ausencia'. No debe emplearse en un texto noticioso.

in aetérnum. Expresión **latina,** 'para siempre'. No debe emplearse en un texto noticioso.

in albis. Expresión **latina,** 'en blanco, sin nada'. No debe emplearse en un texto noticioso.

inalterable. A veces se emplea mal, en lugar de 'inalterado' o 'sin variación'. Así, llegan a escribirse frases como ésta: 'el marcador continúa inalterable'. El objetivo de dos equipos que se enfrentan es, precisamente, alterar el marcador; si éste es inalterable, si no se puede alterar, entonces lo mejor es quedarse en la caseta.

Inc. Abreviatura usada en inglés para *incorporated,* palabra equivalente a 'Sociedad Anónima'. Cuando constituya parte del nombre propio de una sociedad, se escribirá la palabra completa, no la abreviatura, con mayúscula inicial y en redonda: 'Incorporated'.

incautar. Es un verbo siempre pronominal, por lo que resulta incorrecto utilizarlo así: 'la policía incauta dos kilos de drogas'. Lo correcto es: 'la policía se incauta de dos kilos de drogas'. Gramaticalmente se emplea como 'apropiarse', y nunca se escribe 'la policía apropia dos kilos de drogas'.

incidente. Acontecimiento imprevisto. No debe confundirse con 'accidente', que se reserva para 'suceso desgraciado'.

incoar. Evítese este verbo en textos noticiosos. Es mejor escribir, pues se entiende más fácilmente, que 'comenzó un pleito', se 'inició una actuación judicial' o se 'abrió un expediente'.

Incorporated. En inglés, Sociedad Anónima. Véase **Inc.**

Ind. Abreviatura utilizada en **Estados Unidos** para Indiana.

indización. Acción y efecto de indizar o hacer índices.

Indochina. Área geográfica que incluye **Camboya,** Laos, Myanma (antes, **Birmania),** Tailandia y Vietnam. Sin embargo, en sentido político abarca solamente lo que fue Indochina francesa; es decir, Camboya, Laos y Vietnam. Véanse **Extremo Oriente, sur de Asia** y **sureste asiático.**

in extremis. Expresión **latina** para 'poco antes de morir'. Sólo se debe emplear en este sentido, pero no como equivalente de 'en circunstancias extremas'. Se escribe en cursiva.

infanta, infante. Véanse el apartado **7.5** y siguientes del Manual.

infante de marina. El soldado de uno de los cuerpos de la Armada, la Infantería de Marina. No es un **marinero.** Véanse **Fuerzas Armadas** y *marine.*

inflación, no inflacción. En economía, el aumento de la circulación monetaria y del índice de los precios.

infligir. Dañar o castigar. No debe confundirse con 'infringir', que significa 'quebrantar una prohibición'.

informar. La construcción correcta es 'informar de que'. 'Le informó de que vendría'.

in fraganti. Corrupción lingüística de la expresión latina *in flagranti:* sorprendido 'en el momento de cometerse el delito, sin que el autor haya podido huir'. No debe emplearse. Escríbase 'en flagrante'.

infringir. Quebrantar una prohibición. No debe confundirse con 'infligir', que significa 'dañar' o 'castigar'.

ingerir. Introducir por la boca los alimentos. No debe confundirse con 'injerir', que significa 'incluir una cosa en otra, haciendo mención de ella'; y en su forma reflexiva ('injerirse'), 'entrometerse'.

Inglaterra. Véase **Reino Unido.**

inglés. Sobre el uso de este adjetivo véase **Reino Unido.**

iniciales. Sobre su uso, véanse los apartados **1.7** y **6.6** y siguientes del Manual.

in illo témpore. Expresión **latina,** 'en aquella época'. No debe emplearse.

in ítinere. Expresión **latina,** cuyo significado es 'en el camino'. No debe emplearse en un texto noticioso.

in memóriam. Expresión **latina,** 'en recuerdo de'. No debe emplearse en un texto noticioso.

inner circle. En inglés, círculo íntimo o personas que rodean a uno. No debe emplearse.

in pártibus infidélium. Expresión **latina.** Persona condecorada con el título de un cargo que realmente no ejerce. No debe emplearse en un texto noticioso.

in péctore. Expresión **latina** utilizada en el caso de una resolución que se ha tomado y todavía se mantiene en secreto.

in promptu. Expresión **latina** que significa de repente o de modo no deliberado. No debe emplearse en un texto noticioso.

input. Se prefiere la palabra castellana 'insumo', equivalente a la expresión utilizada en economía. 'Bienes empleados en la producción de otros bienes'.

in situ. Expresión **latina,** 'en el sitio'.

insoluble. Aunque la Academia lo admite, en su segunda acepción, como equivalente de 'irresoluble', es preferible el uso de esta última cuando se refiere a 'que no se puede resolver', y dejar 'insoluble' para el sentido de 'que no se puede disolver'.

Inspector General's Office. En la terminología militar norteamericana, 'Inspección General'.

Institut d'Estudis Catalans. Se escribe siempre en catalán.

Instituto Harris. Entidad norteamericana de demoscopia.

inteligencia. Se traduce a veces literalmente del inglés, cuando la palabra más apropiada en castellano es 'espionaje'. No obstante, se respetará esta traducción cuando se trate de organismos conocidos ya así. Ejemplo: la Agencia Central de Inteligencia norteamericana (CIA).

intelligentsia. Palabra usada para referirse a la intelectualidad, al conjunto de intelectuales de un país o área cultural. No debe emplearse en un texto informativo. Se escribe en cursiva.

Intelsat. Acrónimo inglés (International Telecommunications Satellite Organization) para la Organización de Telecomunicación Internacional por Satélite.

intencionalidad. Es la 'condición de intencional o deliberado' que tiene un acto. Muchas veces se usa incorrectamente en lugar de 'intención'. Ejemplo de uso incorrecto: 'el jugador bético entró al contrario con intencionalidad de hacer falta'. Ejemplo de uso correcto: 'el árbitro debe juzgar la intencionalidad de la entrada del jugador bético'. Un error similar se produce con la palabra **peligrosidad.**

intercepción. Debe escribirse 'interceptación'.

interfaz (plural, interfaces), no *interface.* Zona de comunicación o acción de un sistema electrónico sobre otro.

ínter nos. Expresión **latina,** 'entre nosotros'. No debe emplearse en un texto informativo.

Interpol. Acrónimo con el que se conoce a la Organización Internacional de Policía Criminal, con sede en Saint-Cloud, Francia. Puede emplearse sin citar su significado. Se escribe en redonda y con mayúscula inicial. No han de utilizarse las siglas OIPC y menos las inglesas ICPO.

interviú, interview. Empléese la palabra 'entrevista'.

inter vivos. Expresión **latina,** 'entre vivos'. No debe emplearse en un texto noticioso.

Intifada. Levantamiento de independencia palestino en los territorios ocupados por Israel. No es propiamente una organización, aunque existan algunos comités. Comenzó en diciembre de 1987. Se escribe con mayúscula inicial y en redonda.

invariable. Lo que no padece o no puede padecer variación. Véase **inalterable.**

in vitro. Experimento biológico hecho en tubo de ensayo y no sobre el propio organismo vivo. Cuando se hace en el organismo vivo, vegetal o animal, se habla de experimentación *in vivo.*

involución. Cambio retrógrado o proceso regresivo.

Iparretarrak. Palabra del vascuence que significa 'los del Norte'. Grupo terrorista que comenzó a actuar en el País Vasco francés en 1973.

ipso facto. En **latín,** 'inmediatamente', 'en el acto'. No debe emplearse en un texto noticioso.

Irak, no Iraq. Pero 'iraquí' (plural, iraquíes) para lo relativo o perteneciente a Irak.

Irán. Hasta 1935 se llamó Persia.

iraní. Perteneciente o relativo al moderno Irán. El adjetivo 'iranio' se reserva para el natural del antiguo Irán.

Iraq. Véase **Irak.**

Irlanda. No es necesario escribir siempre su nombre completo, República de Irlanda, salvo cuando en el mismo texto se mencione a Irlanda del Norte. En cambio, no se debe emplear Eire como sinónimo de República de Irlanda. Puede escribirse Ulster en lugar de Irlanda del Norte, aunque en sentido estricto no sean sinónimos (siempre y cuando, por el contexto, quede claro que sólo se hace referencia a los seis condados pertenecientes al Reino Unido). El territorio de Irlanda tiene cuatro provincias históricas —Ulster, al norte; Leinster, al este; Connacht, al oeste; y Munster, al sur—, subdivididas a su vez en 32 condados. Las provincias de Leinster, Connacht y Munster, más tres de los nueve condados del Ulster, constituyen un Estado independiente, Irlanda, cuyo nombre oficial ha cambiado tres veces: Estado Libre de Irlanda (1922), Eire (1937) y República de Irlanda (1949). Los otros seis forman parte del **Reino Unido,** con el nombre de Irlanda del Norte. Véase **islas Británicas.**

iron curtain. Tradúzcase por **telón de acero.**

Irtish. Río asiático que discurre por tierras de Rusia y Kazajistán.

isba (plural, isbas). Casa rural de madera. Es palabra castellanizada; por tanto, se escribe en redonda.

isla. Como accidente geográfico, se escribe en minúsculas. Por ejemplo, 'islas Canarias' o 'islas Británicas'. Pero con mayúscula inicial cuando se trate de una población o de un Estado. Por ejemplo, 'Isla Cristina (Huelva)' o 'Islas Salomón' (país miembro

de la ONU desde septiembre de 1978).

islam. Se escribe con minúscula inicial, como 'cristianismo'.

islámico. No es sinónimo de **árabe.** Turquía, Pakistán, Irán, Indonesia y parte de las Filipinas, por ejemplo, son países islámicos, pero no árabes.

islas Británicas. No puede emplearse como sinónimo del **Reino Unido,** puesto que la República de **Irlanda,** Estado independiente, también forma parte del archipiélago.

isóbara, no isobara.

israelí (plural, israelíes). Perteneciente o relativo al Estado **sionista** de Israel. No es sinónimo de **judío,** hebreo o **israelita.** Véase *sabra.*

israelita. Empléese sólo para referirse al pueblo judío de la Biblia.

Istanbul. El nombre castellano de esta ciudad turca es **Estambul.**

Istiqlal. Partido de la Independencia, marroquí, ahora nacionalista conservador.

Itar-Tass. Agencia estatal rusa

de noticias, heredera de la agencia soviética **Tass.**

ítem. Este adverbio **latino,** empleado para distinguir los artículos o capítulos de un texto, no debe usarse.

ítem más. Esta expresión, mitad **latina** mitad castellana, no debe emplearse.

Ivy League. En inglés, 'liga de la hiedra'. Expresión utilizada en Estados Unidos para referirse a las siguientes universidades: Brown, Columbia, Cornell, Dartmouth, Harvard, Pensilvania (pero no la estatal de Pensilvania), Princeton y Yale.

iyar. Véase **calendario judío.**

Izmir. El nombre castellano de esta ciudad turca es Esmirna.

Izvestia. En ruso, 'noticias'. Periódico independiente ruso que fue el periódico oficial del Gobierno de la antigua Unión Soviética.

366

J

Januká, no Hanuká. Véase **calendario judío.**

Jarrai. En vascuence, 'seguir'. Nombre de la sección juvenil de **KAS,** y no la organización juvenil de **Herri Batasuna.**

Jartum, no Khartum ni Khartoum. La capital de Sudán.

jazz. Por su uso generalizado, esta palabra se escribirá en redonda. Excepto cuando, por ir acompañada de otra que sí ha de ir en cursiva, ha de tomar esta última forma. Ejemplos: *free jazz* o *jazz liber.* No obstante, se prefiere 'jazz libre'.

jeans (no tiene singular). Escríbase 'vaqueros' o 'tejanos'.

Jeep. Como empresa o marca registrada, se escribe con mayúscula inicial y en redonda. Pero todo en minúscula y en cursiva en el sentido de vehículo todo terreno (plural, *jeeps*).

jefes. En los Ejércitos de Tierra y Aire esta categoría engloba a los coroneles, tenientes coroneles y comandantes. En la Armada, en cambio, se llama comandantes a los equivalentes de estas tres graduaciones: el capitán de navío, el de fragata y el de corbeta, respectivamente. Véase **Fuerzas Armadas.**

jemer (plural, jemeres). Véase **Camboya.**

jersey (plural, jerséis). Se escribe en redonda.

Jerusalén, no Jerusalem. Expresiones como 'Jerusalén, la capital israelí' o 'el régimen de Jerusalén' no deben emplearse, salvo que se trate de citas textuales de procedencia **israelí.** La ciudad de Jerusalén goza de un estatuto de internacionalidad, amparado por las Naciones Unidas, que data de 1949. En 1951, Israel decidió unilateralmente que Jerusalén sería la capital del Estado, y Tel Aviv la sede del Gobierno. Desde la ocupación y anexión de la zona, en junio de 1967, varias resoluciones de la Asamblea General y del Consejo de Seguridad de la ONU han pedido la anulación de las disposiciones que atentan contra el estatuto de Jerusalén.

jeshvan. Véase **calendario judío.**

jet. En inglés, avión de reacción, reactor. No debe utilizarse.

jet-set. Grupo social internacional que frecuenta los lugares de moda. Élite de la alta sociedad. Puede utilizarse en crónicas de ambiente, pero sin olvidar, al menos como recurso estilístico, 'sociedad del reactor' o 'gente con avioneta'.

Jiefang Bao (en chino, 'diario de liberación'). **Periódico** de China.

Jiefangjun Bao (en chino, 'diario del ejército de liberación'). **Periódico** de las Fuerzas Armadas de China.

jihad. Escríbase *yihad.*

Jinmen. Nombre en **pinyin** de unas islas próximas al continente chino antes conocidas como Quemoy. La Quemoy Mayor se denomina ahora Dajinmen; la Quemoy Menor, Xiaojinmen.

Cuando se citen debe añadirse entre paréntesis el nombre en su antigua grafía.

jirafa. Mecanismo que permite mover el micrófono y ampliar su alcance, elevándolo y llevándolo lejos. Se escribe en redonda.

jmer. Véase **jemer.**

jockey. Escríbase **yóquey.**

jogging. 'Corretear'. Debe traducirse así. No ha de confundirse con *footing.*

Johanesburgo, no Johannesburgo ni Johannesburg.

John F. Kennedy, centro espacial. Véase **cabo Cañaveral.** También recibe el nombre de este ex presidente norteamericano uno de los cuatro aeropuertos de **Nueva York.**

joint venture. Puede utilizarse, en cursiva, pero añadiendo entre paréntesis 'riesgo compartido' o 'negocio conjunto'. Se trata de la agrupación de dos o más empresas en proyectos de investigación, construcción, producción o comercialización.

Jorramshar. Nombre anterior de Junishar, ciudad iraní.

joven. Empléese solamente para

referirse a personas —varones o hembras— con una **edad** comprendida entre los 13 y los 18 años.

Jóvenes Turcos. Revolucionarios nacionalistas que, al frente de Mustafá Kemal, forzaron la caída del Imperio Otomano y proclamaron, en 1923, la Primera República. Por extensión, el sector joven de un partido u organización que impone sus criterios innovadores. En este último caso, *jóvenes turcos* se escribe todo en minúsculas y en cursiva.

jr. Abreviatura de **júnior,** palabra **latina** utilizada en inglés para 'hijo'. No debe emplearse. Se escribirá 'John Kennedy, hijo', pero no 'John Kennedy jr.'. Salvo cuando forme parte de un nombre artístico ('Sammy Davis Jr.'), en cuyo caso irá con mayúscula inicial.

Judge Advocate Generals' Corps. En el Ejército de Estados Unidos, 'Cuerpo Jurídico'.

judío. Perteneciente o relativo a quienes profesan la ley de Moisés o a quienes descienden de progenitores judíos, aunque sean ateos o agnósticos. Esta palabra es sinónima de hebreo o **israelita,** pero no de **israelí** o **sionista.** Por tanto, se aplica mal como concepto racial (no existe la raza judía; en todo caso, la mayoría de los judíos son de la etnia semita) o como concepto político (no existe un Estado judío, ni un Ejército judío).

Véanse **askenazi, sefardí** y *taled.*

judo. Escríbase **yudo.**

Juegos Olímpicos. La denominación correcta para referirse al máximo acontecimiento del olimpismo es Juegos Olímpicos, nunca Olimpiada, que sólo señala el periodo de cuatro años entre unos Juegos Olímpicos y los siguientes. Sí es correcto, en cambio, llamar a los Juegos de Barcelona, de 1992, Juegos de la 25ª Olimpiada.

Para diferenciar los Juegos Olímpicos que se celebran en verano de los de invierno, a los primeros se les denomina Juegos de la Olimpiada (nunca Olimpiada sólo), y a los segundos, Juegos Olímpicos de Invierno o solamente Juegos de Invierno. Queda como Juegos Olímpicos todo lo que engloba o se refiera a los de verano e invierno.

Al margen del olimpismo, hay encuentros internacionales que reciben el nombre de olimpiada, y así han de ser llamados. Por ejemplo, 'Olimpiada de Ajedrez' u 'Olimpiada Cultural'.

jueza. Aunque la Academia tolera 'jueza' como femenino de juez, se seguirá escribiendo 'la juez'. Juez es una palabra sin la terminación característica del masculino (la *o*); por tanto, no necesita la variación para el femenino. (El castellano tiene palabras similares que se forman en femenino sin la *a*: 'la nuez', 'la pez'.) En cambio, en crónicas de ambiente rural puede usarse 'la jueza', pero tomado del lenguaje popular para referirse a 'la esposa del juez'.

jugar un papel. Es un galicismo emplear este verbo con el significado de 'representar'; no se juega un papel, sino que se representa o desempeña.

jumbo, jumbo jet. Avión comercial gigante. En esta categoría figuran no sólo el Boeing 747 —al que, incorrectamente, se adjudica esta denominación en exclusiva—, sino otros como el DC-10, el C-5A y el L-1011 (o **Tristar).** Se escribe en cursiva.

júnior (plural, júniores), no *juniors.* Como norma general, no debe utilizarse esta palabra latina *(iunior,* más joven). En informaciones deportivas, escríbase mejor 'alevín', 'juvenil' o 'categoría de juveniles', según el caso. En atletismo existe una categoría 'júnior' diferente de la categoría juvenil. En este supuesto, puede utilizarse, pero explicando las edades que comprende. Véase **jr.**

junior officer. En inglés, un oficial subalterno.

Junishar, no Junishahr. Nombre de una ciudad iraní antes conocida por Jorramshar.

justificar. En tipografía, hacer que todas las líneas de una composición tengan el mismo ancho. Esto es posible gracias a la combinación de un mayor o menor espaciamiento entre palabras y, dentro de éstas, entre las letras.

jútor (plural, *jutorá*). En la antigua Unión Soviética, granja que no pertenece a la comunidad rural. Esta palabra no debe emplearse en un texto noticioso.

Juve, la. Esta forma apocopada puede emplearse para el equipo de fútbol turinés, pero sólo a partir de la segunda referencia. Véase el apartado **8.58** del Manual.

Juventus. Equipo de fútbol de Turín (Italia). Se empleará siempre en masculino ('el Juventus'), y no en femenino como correspondería al género del sustantivo en italiano. No obstante, y por razones de uso generalizado en la jerga futbolística, puede escribirse *'la Juve'* a partir de la segunda referencia. Véase el apartado **8.58** del Manual.

K

k. Abreviatura de **kilobyte.**

kabila. Véase **cabila.**

kabrarroka. Véase **escorpena.**

Kaláshnikov. Fusil fabricado por la antigua Unión Soviética con peine curvo o en forma de tambor. Se escribe en redonda, pero con mayúscula inicial. Al tratarse de una marca no tiene plural. Ejemplo: 'varios fusiles Kaláshnikov'.

Kalinin. Nombre anterior de la ciudad rusa de **Tver,** que se había llamado de esta última manera hasta 1931 y que posteriormente adoptó el nombre de Kalinin en honor de Mijaíl Kalinin, para pasar a denominarse Tver de nuevo después de la desaparición de la URSS.

Kaliningrado. Ciudad rusa que había pertenecido a Prusia Oriental y fue adjudicada a la URSS por la Conferencia de Berlín de 1945. Su anterior nombre fue Königsberg. Existe, cerca de Moscú, otra ciudad con este nombre, donde se encuentra un importante centro de control espacial.

kamikaze (plural, *kamikazes*). En japonés, 'viento divino' (el 'viento divino' que hace siete siglos impidió la invasión de Japón por una flota china). Durante la II Guerra Mundial recibieron el nombre de *kamikazes* los pilotos que, con su avión cargado de bombas, se arrojaban contra objetivos enemigos. Murieron así 2.519 miembros del Ejército imperial. Por extensión, toda acción suicida.

Se emplea también para los conductores que circulan deliberadamente por una autopista o autovía en sentido contrario, por lo general mediando una apuesta. En este caso, debe escribirse *'conductor homicida'* (mejor que *'conductor suicida'*).

Kampuchea. Véase **Camboya.**

Kan. Abreviatura utilizada en **Estados Unidos** para Kansas.

kapitänleutnant. Graduación de la Marina de Alemania equivalente en la española a teniente de navío. Debe traducirse así.

kapitän zur see. Graduación de la Marina de Alemania equivalente en la española a capitán de navío. Así debe ser traducido.

kárate, no karate. Se escribe en redonda.

kart (plural, *karts*). Vehículo ligero de carreras. Se escribe en cursiva.

kasbah. En español se escribe 'alcazaba'.

Kashmir. El nombre español de este Estado indio es Cachemira.

Katanga. Véase **Shaba.**

Kazajia. Nombre ruso de la república de **Kazajistán.**

Kazajistán. República de la antigua Unión Soviética, independiente desde el 16 de diciembre de 1991. La capital es Alma Ata, y el gentilicio, kazajo. Fue admitida en la ONU en 1992.

Kazajstán. Véase **Kazajistán.**

Kazakistán. Véase **Kazajistán.**

Kenia, no Kenya. El gentilicio es 'keniano', y no 'keniata' como se escribe, por error, al confundirlo con el apellido de un presidente de ese país: Jomo Keniata, quien, evidentemente, era 'el presidente Keniata' (y además el presidente keniano).

Keniano. Véase **Kenia.**

Kennedy, John F. Uno de los cuatro aeropuertos de **Nueva York.** Véase **cabo Cañaveral.**

Kerkira. Escríbase **Corfú.**

kermés. Escríbase **quermés.**

kerosene. Véase **queroseno.**

Key West. El nombre español de este puerto de Florida (Estados Unidos) es Cayo Hueso.

Khartoum, Khartum. Escríbase **Jartum.**

khmer. Escríbase *jemer.*

kibutz (plural, *kibutzim*). Granja agrícola israelí en régimen de cooperativa. Puede emplearse, si se explica su significado.

kif. Véase **quif.**

kilate. Escríbase **quilate.**

kilo. Nunca se utilizará la abreviatura de kilo o kilogramo (kg), salvo que figure en una tabla o cuadro estadístico.

kilobyte. Su equivalencia no son

1.000 **bytes,** sino 1.024. En informática, la base no es el 10 como en el sistema decimal, sino el 2. Por tanto, la potencia de esa unidad menor, el 2, es igual a 1.024 (2^{10} = 1.024). Se escribe en redonda.

kilociclo. Escríbase **kilohercio.**

kilogramo. Véase **kilo.**

kilohercio, no 'kiloherzio' ni 'kilociclo'. Equivale a 1.000 **hercios.**

kilómetro. Nunca se utilizará la abreviatura de esta unidad de medida (km), sea de longitud o superficie, salvo que figure en una tabla o cuadro estadístico. Como toda abreviatura, no tiene plural.

kilotón o kilotonelada. Medida de potencia de una cabeza nuclear equivalente a 1.000 toneladas de **trilita.** Véanse **megatón** y **gigatón.**

kilovatio, no kilowatio.

kimono. Escríbase 'quimono'.

kindergarten. Salvo que esta palabra alemana forme parte del nombre de un centro, debe traducirse por 'jardín de infancia' o 'guardería infantil'.

Kinshasa. Nombre actual de la capital de **Zaire,** la anterior Léopoldville.

kiosco. Escríbase 'quiosco'.

Kioto, no Kyoto.

Kirguizia. Nombre ruso de **Kirguizistán.**

Kirguizistán. Antigua república soviética independiente desde el 31 de agosto de 1991. La capital es Bishkek, y el gentilicio, kirguiz o kirguís.

Kiribati. Gentilicio, 'kiribatiano'.

kirsch. En alemán, 'aguardiente de cerezas'.

Kisangani. Ciudad de **Zaire** conocida bajo el dominio belga como Stanleyville.

kislev. Véase **calendario judío.**

kitsch. Empléense sus equivalentes castellanos 'cursi', 'de mal gusto', 'extemporáneo', 'recargado'.

Kitts, Saint. El nombre español de esta isla de las Pequeñas **Antillas** es San Cristóbal. En inglés se llama, indistintamente, Saint Christopher o Saint Kitts, pero su nombre oficial es el primero.

Kizira. Para esta isla griega debe utilizarse el nombre de Citera.

Kleenex. Marca registrada de una clase de pañuelo o servilleta de papel. En este caso se escribe con mayúscula inicial y en redonda. En cambio, si se usa como genérico irá todo en minúsculas y en cursiva. Y aun así, a título excepcional, puesto que se prefiere el empleo de la expresión 'pañuelo de papel'.

Kneset, no Knesset; femenino. El **Parlamento** israelí. Se escribe con mayúscula inicial y en redonda. La primera vez que se emplee es necesario explicar su significado.

knockout. No deben emplearse esta palabra inglesa ni sus posibles equivalencias en castellano 'noquear' y 'nocáut', no admitidas por la Academia. Escríbase, sencillamente, 'fuera de combate'.

knot. En inglés, **nudo.**

know-how. Tradúzcase por 'habilidad técnica o científica'.

KO. Véase *knockout.*

Koblenz. El nombre español de esta ciudad del occidente de Alemania es Coblenza.

kokotxa. Se debe escribir 'coco-cha'. Véase el apartado **8.51** del Manual.

koljós (plural, koljoses). Acrónimo de las palabras rusas *kollektívnoye joziaistvo,* o hacienda colectiva. Por extensión, granja colectiva propiedad de la comunidad rural que trabaja en ella. Se trata de una palabra ya castellanizada y que, por tanto, se escribe en redonda. No obstante, hay que explicar su significado. Véase *jútor.*

Köln. El nombre castellano de esta ciudad de Alemania es Colonia.

Kommersant. Diario independiente ruso.

Komsomólskaya Pravda. Periódico ruso independiente. Fue el órgano del **Komsomol** en la antigua URSS.

Komunist. Revista que fue el órgano teórico del Partido Comunista de la extinta URSS.

Königsberg. Nombre anterior de **Kaliningrado,** ciudad rusa.

konteradmiral. Graduación de la Marina de Alemania equivalente en la española a vicealmirante. Debe traducirse así.

korrikalari (plural castellanizado, *korrikalaris*). En vascuence, 'corredor pedestre'. Sólo puede utilizarse en crónicas de ambiente, y explicando su significado.

korvettenkapitän. Graduación de la Marina de Alemania equivalente en la española a capitán de corbeta. Debe traducirse.

Kotabaru. Ciudad de Indonesia conocida anteriormente por Hollandia.

Kouangtcheou. Debe escribirse Cantón. Véase el apartado **8.56** del Manual.

kraikom (plural, *kraikomi*). Contracción de las palabras rusas *krayevoy* y *komitet,* el comité del Partido Comunista de la antigua Unión Soviética en cada *kray*. No debe utilizarse.

Krásnaya Zvezdá (no *Estrella Roja).* **Periódico** de la desaparecida Unión Soviética, que era el órgano de las Fuerzas Armadas.

kray (plural, *krayá).* En ruso, 'territorio', gran subdivisión administrativa de cada una de las antiguas repúblicas soviéticas. No debe utilizarse.

Kronstadt. Puerto de San Petersburgo, en Rusia, escenario, en marzo de 1921, de una rebelión de la Marina. No debe confundirse con la ciudad rumana del mismo nombre, hoy llamada Brasov.

Ks. Abreviatura utilizada en **Estados Unidos** para Kansas.

Kt. Abreviatura inglesa para **kilotón.**

Kuneitra. Escríbase **Quneitra.**

Kuomintang. En chino, Partido Nacionalista, el partido único de **Taiwan.** *Tang* significa 'partido'; por tanto, es una redundancia escribir 'el partido Kuomintang'. Debe explicarse su significado. Véase el apartado **8.56** del Manual.

Kurdistán. El gentilicio es kurdo (plural, kurdos). Región de elevadas mesetas y montañas entre Anatolia, Armenia y Azerbaiyán, por el Norte, y la alta llanura mesopotámica, al Sur. Sus tierras se extienden sobre algunas zonas de Georgia, Armenia, Azerbaiyán, Turquía, Irán, Irak y Siria. La mayor parte de los kurdos habita en Turquía (unos siete millones). El Tratado de

Sèvres (1920) previó la autonomía del Kurdistán, pero las reivindicaciones de los kurdos se vieron silenciadas por el Tratado de Lausana (1923). Desde entonces se reproducen los movimientos de resistencia contra los países de los que forma parte el Kurdistán. Los kurdos son en su mayoría de religión musulmana suní. Su idioma es el kurdo, que hablan unos nueve millones de personas, y está dividido en un gran número de dialectos.

Kuwait, no Kuweit.

Ky. Abreviatura utilizada en **Estados Unidos** para Kentucky.

Kyoto. Escríbase 'Kioto'.

L

LA, La. Escrita en mayúsculas, esta abreviatura se utiliza en **Estados Unidos** para Los Ángeles; y con minúscula, para Luisiana.

Labour Party, no *labor,* como se escribe en Estados Unidos. El Partido Laborista británico.

Ladar. Acrónimo utilizado para 'detección y localización por medio del rayo láser' (en inglés, la*ser* d*etection* a*nd* r*anging*). Se escribe con minúsculas, salvo la inicial, pero en la primera mención hay que explicar su significado.

ladillos. Véanse los apartados **3.43** y **3.44** del Manual.

lady (plural, ladies), no ladi. Excepcionalmente, se prefiere la forma inglesa a la castellanizada. Se escribe en redonda.

El nombre de la princesa de Gales puede escribirse de dos formas, según la circunstancia: la formal, 'lady Diana' o la popular 'Lady Di'; en este último caso, las dos palabras con mayúscula inicial.

lager. En alemán, 'campamento'. Véase *láguer.*

lago. Se escribe todo en minúsculas salvo que forme parte de un nombre propio. Ejemplos: 'el lago Ladoga', 'el autor de *El lago de los cisnes',* 'la calle del Lago Costanza'.

láguer (plural, *laguerá*). En ruso, 'campamento'. Por extensión, campo de concentración. No debe emplearse. Véase **Gulag.**

laísmo. Véase el apartado **12.42** del Manual.

laisser-faire, laisser-passer. En francés, 'no oponerse, permitir'. No debe emplearse en un texto noticioso. Se escribe en cursiva. Si se emplea, no hay que mezclar el infinitivo y el imperativo: *laisser-faire, laisser-passer* o *laissez-faire, laissez-passer,* pero no *laisser-faire, laissez-passer.*

lance corporal. Graduación del Ejército de Tierra británico equivalente en España a soldado de primera. Debe traducirse así. Véase *corporal.*

lance sergeant. Graduación del Ejército de Tierra británico equivalente en España a cabo primero. Véase *sergeant.*

land (plural, *länder*). En alemán, 'país'. Cada uno de los Estados que forman la República Federal de **Alemania.** Se prefiere la palabra Estado, pero si se usa en citas textuales se escribe en cursiva y con minúscula (pese a que en alemán se escribe con mayúscula).

Land-Rover. Marca registrada. Por tanto, se escribe con mayúsculas iniciales y en redonda. Pero en minúsculas y en cursiva cuando indique un vehículo todo terreno.

landtag (plural, *landtage*). Parlamento de cada uno de los Estados que forman la República Federal de **Alemania.** Debe sustituirse por 'Asamblea'.

lapso, lapsus. No deben confundirse estos dos términos. El primero significa 'que ha caído en un delito o error', 'paso o transcurso', 'curso de un espacio de tiempo'; el segundo —escrito en redonda—, 'falta o equivocación cometida por descuido'.

lapsus cálami. Expresión **latina,** 'error de pluma', 'equivocación al escribir'. No debe emplearse en un texto noticioso.

lapsus linguae. Expresión **latina,** 'equivocación al hablar'. No debe emplearse en un texto noticioso.

láser (no tiene plural). Siglas utilizadas para 'luz amplificada por la emisión estimulada de radiación' (en inglés, *light amplification by stimulated emission of radiation*). Estas siglas se han convertido por el uso en palabra común admitida por la Academia; por tanto, se escribirán en redonda, todo en minúsculas y con acento en la *a.* No es necesario explicar su significado la primera vez que se utilicen.

latín. Véase el apartado **8.53** del Manual.

latin lover. Amante latino. No debe emplearse.

Latinoamérica o América Latina. El conjunto de países del Nuevo Mundo que fueron colonizados por naciones latinas: España, Portugal y Francia. Es un concepto político y geográfico. Hispanoamérica e Iberoamérica sólo deben emplearse en estos otros casos:

– Cuando se refieran a una realidad lingüística y cultural de origen, según el caso: español o hispano-portugués.

– Cuando se trate de citas textuales.

– En los títulos de obras o nombres de organismos que usen estas denominaciones.

– Cuando, en colaboraciones o artículos de opinión, el autor prefiera tales nombres.

El mismo criterio se ha de aplicar con los adjetivos 'latinoamericano', 'hispanoamericano' o 'iberoamericano'.

Latinoamérica no es sinónimo de América del Sur o **Suramérica,** término este último que, en su acepción geográfica, comprende, por ejemplo, un país colonizado por ingleses (la República de Guyana), otro por holandeses (Surinam) y un tercero por franceses (Guyana francesa). Ni siquiera puede decirse que **Centroamérica** sea latinoamericana, dada la ascendencia británica de Belice.

latinoché. No debe emplearse.

latitud. La distancia que hay desde el ecuador hasta cualquier punto de la superficie terrestre, en sentido norte o en sentido sur, se llama latitud y está dividida en paralelos. La distancia en sentido este u oeste, tomando como punto de referencia Greenwich, en Inglaterra, se llama longitud y está dividida por meridianos.

La forma correcta de enunciar las coordenadas geográficas es la siguiente, tomando a Madrid como ejemplo: 'Madrid se encuentra a 40 grados 23 minutos de latitud norte y a 3 grados 41 minutos de longitud este'.

Latvia. El nombre castellano de este país es **Letonia.**

Lausanne. El nombre español de esta ciudad suiza es Lausana.

Layun. Véase El **Aaiún.**

lead (plural, *leads*). Se debe escribir 'entrada' o 'entradilla'. Véase el apartado **2.28** del Manual.

leader. Escríbase **líder.**

leadership. Se deben emplear sus equivalentes castellanizados 'liderato' o 'liderazgo'. Véase **líder.**

leading aircraftsman. Graduación del Ejército del Aire británico equivalente en el español a soldado de primera. Debe traducirse así.

leading seaman. Graduación de la Marina británica equivalente en la española a cabo de segunda. Debe traducirse así.

leasing. Arrendamiento con opción a compra, o sistema de financiación del equipo industrial de una empresa, basado en el contrato de arrendamiento. No debe emplearse sin explicar su significado. En todo caso, se escribe en cursiva.

lebeche. Viento característico de Valencia y Murcia, que sopla entre los cabos de Gata y la Nao. Llega del Sáhara y arrastra polvo y arena. Cuando el aire está húmedo se producen *lluvias de sangre* (las gotas descienden mezcladas con un polvo rojizo).

lechera. En jerga, un coche *zeta* del **Cuerpo Nacional de Policía.** Tuvieron color blanco, y de ahí procede el nombre. Está en desuso.

Leeward Islands. Véase **Antillas.**

legación. Representación diplomática de rango inferior al de embajada. No debe confundirse con delegación.

Legión. Este cuerpo del Ejército español depende directamente del jefe del Estado Mayor del Ejército, que es su inspector general. Existe una Subinspección General, con sede en Madrid, al frente de la cual figura un general de división o de brigada. La Legión está dividida en cuatro tercios: Gran Capitán (Ceuta), Duque de Alba (Melilla), Juan de Austria (Fuerteventura) y Alejandro Farnesio (Ronda). Los tercios están a su vez subdivididos en banderas. En 1988, el Ejército decidió el traslado del tercio de Fuerteventura a Ronda. Véase **Fuerzas Armadas.**

legitimación. Estar en condición

legal para exigir un derecho. No confundir con **legitimidad.**

legitimidad. Condición de auténtico sancionada por el Derecho. Véase **legitimación.**

lehendakari, no *lendakari.* En vascuence significa 'presidente'. Por antonomasia se aplica al presidente del Gobierno vasco. Por tanto, es una redundancia escribir 'el *lehendakari* vasco'. Puede utilizarse en citas textuales, puesto que se prefiere el uso de la palabra 'presidente'.

leísmo. Véase el apartado **12.43** del Manual.

leitmotiv. En alemán, 'motivo central'. Se escribe en cursiva, pero no debe emplearse en un texto noticioso.

Lemberg. Nombre anterior de Lvov, ciudad de Ucrania.

Lena. Río ruso en Siberia.

lendakari. Véase *lehendakari.*

Leningrado. Anterior nombre de **San Petersburgo,** ciudad de Rusia. Antes de Leningrado se llamaba Petrogrado, y aún antes **San Petersburgo,** nombre que ha recuperado.

Léopoldville. Nombre anterior de Kinshasa, la capital de Zaire.

Lesbos. Utilícese este nombre, y no el de Mitilene, para la isla griega.

Lesoto, no Lesotho. Estado africano que hasta 1966 fue conocido como Basutolandia. El adjetivo es basoto.

Letonia. Antigua república soviética independiente desde el 21 de agosto de 1991. La capital es Riga, y el gentilicio, letón. Fue admitida en la ONU en 1991.

leutnant. Graduación de los Ejércitos de Tierra y del Aire de Alemania equivalente en los españoles a alférez. Debe traducirse así.

leutnant zur see. Graduación de la Marina de Alemania equivalente en la española a alférez de fragata. Debe traducirse así.

Leuven. Nombre alemán de Lovaina, ciudad de Flandes (Bélgica).

levante. Se escribe con mayúscula inicial cuando se refiere al punto por donde sale el Sol, el Oriente, o como zona geográfica que abarca los antiguos reinos de Valencia y Murcia. Ejemplos: 'el barco, azotado por vientos de Levante', 'marejadilla en la zona de Levante'. En cambio, se escribe todo en minúsculas para designar al viento característico de las costas mediterráneas españolas y, en particular, de la zona del estrecho de Gibraltar, donde es muy frecuente y bastante intenso. Es portador de lluvias en primavera y en otoño; en verano suaviza las temperaturas, por ser de origen marino. Ejemplo: 'fuerte levante en el Estrecho'.

ley. Se escribe con mayúscula inicial cuando precede al nombre de una ley concreta. Por ejemplo, 'la Ley Orgánica del Derecho a la Educación'. En cambio, se escribirá 'ley de bases' o 'ley orgánica', en minúsculas, cuando no anteceda al nombre completo, pues se trata de un tipo o rango de ley, y no de un nombre propio.

ley seca. Se conoce con este nombre la 18ª enmienda de la Constitución norteamericana, que prohibió la fabricación, venta, transporte, importación y exportación de bebidas alcohólicas. Estuvo en vigor desde el 1 de enero de 1920 hasta el 5 de diciembre de 1933, fecha en que fue abolida por la 21ª enmienda. Por extensión, se llama 'ley seca' a toda prohibición de consumo de bebidas alcohólicas. Se escribe en redonda.

Lhasa, no Lhassa. La capital del Tíbet.

LI. Abreviatura utilizada en **Estados Unidos** para Long Island.

liberado. Se debe escribir en cursiva —y con la explicación 'con sueldo' a continuación— cuando se refiera al miembro de una organización que vive exclusivamente de esa actividad.

libero. El *libero* es el jugador de un equipo de fútbol que se sitúa como último defensa, para salir al encuentro del contrario que haya desbordado a alguno de sus compañeros situados en la línea anterior. Se prefiere la expresión castellana 'defensa libre' (que no tiene marcaje asignado), o 'el libre', sin olvidar, como recurso estilístico, 'defensa escoba'. Si se utiliza en alguna cita textual o en crónicas de ambiente, se escribirá en cursiva; y sin acento, como en italiano.

libido. Deseo sexual. No lleva acento. No debe confundirse con **lívido.**

libor. Palabra formada con las iniciales de *London interbanking offeredrate,* el tipo de interés interbancario en el mercado bursátil de Londres. Por su uso generalizado se escribirá todo en minúsculas y en cursiva, si bien la primera vez que se utilice habrá que explicar su significado.

libra. Medida de peso que en el sistema llamado Avoirdupois, el más usado, equivale a 0,4536 kilogramos. En el sistema Troy, empleado para las piedras preciosas, es igual a 0,3732 kilogramos.

libra esterlina. El signo correspondiente a esta moneda (£) sólo se puede emplear en las tablas o cuadros estadísticos; en un texto hay que escribir este nombre con todas sus letras.

library. El significado de esta palabra inglesa es 'biblioteca'.

libro. Publicación unitaria y no periódica con un número de páginas superior al medio centenar, sin contar las cubiertas. Véanse **fascículo** y **folleto.**

La palabra libro seguida de un adjetivo de color (blanco, rojo, etcétera) se emplea para designar al conjunto de documentos sobre un determinado caso divulgado por una institución, generalmente gubernamental. En este supuesto, se escribe con mayúsculas iniciales, pero no así el nombre del asunto. Ejemplos: 'el Libro Rojo sobre Gibraltar', 'el Libro Blanco sobre el desarme'.

líder. Palabra admitida por la Academia Española, junto a 'liderato' y 'liderazgo'. No obstante, en muchos casos se utiliza como aproximación, por ignorancia de la denominación oficial del cargo que desempeña la persona citada: 'José María Aznar, líder del PP', y no 'José María Aznar, presidente del PP'. Se prefiere una mayor precisión. Líder es palabra que implica la idea de 'el primero'; por tanto, se emplea mal cuando se habla de 'los líderes del partido'.

liderar. Aunque admitida por la Academia, debe sustituirse esta palabra por otras más castellanas como 'encabezar', 'dirigir', 'presidir', 'acaudillar', 'capitanear', 'comandar'.

Liechtenstein, principado de. País europeo de 157 kilómetros cuadrados, situado entre Suiza y Austria. Su sistema de gobierno es la monarquía constitucional. La capital es Vaduz, y el gentilicio, liechtenstiano. Pertenece a la ONU desde 1990 y forma parte de la Asociación Europea de Libre Comercio (EFTA) y del Espacio Económico Europeo (EEE).

Liège. El nombre en español de esta ciudad belga es Lieja.

lieutenant. Graduación militar. Cuando se refiera a un oficial de Marina norteamericano o británico debe traducirse por teniente de navío; si se trata de un oficial del Ejército de Tierra británico, por teniente.

Véanse *first lieutenant, flight lieutenant, lieutenant colonel, lieutenant commander, lieutenant general, lieutenant junior grade, second lieutenant* y *sub lieutenant*.

lieutenant colonel. Tradúzcase por 'teniente coronel'.

lieutenant commander. Graduación de las Marinas de Estados Unidos y del Reino Unido equivalente en la española a capitán de corbeta. Véanse *lieutenant, commander* y *wing commander*.

lieutenant general. No puede traducirse literalmente. Esta graduación militar, cuando se refiera a la Aviación o al Ejército de Tierra norteamericanos, corresponde en España a general de división. En cambio, en el Ejército de Tierra británico sí equivale a teniente general (su igual en la Aviación es el *Air chief marshal*). Véase **general**.

lieutenant governor. Debe traducirse siempre por subgobernador.

lieutenant junior grade. Graduación de la Marina norteamericana equivalente en la española a alférez de navío.

life belt. En inglés, 'salvavidas'.

life boat. En inglés, 'bote salvavidas'.

liftado. Uno de los golpes del **tenis**, mediante el cual la bola adquiere una rotación de atrás hacia delante que le proporciona un bote vivo y rápido. Debe traducirse por 'efecto de avance', 'bola rápida' o 'golpe liso'. El golpe opuesto es la 'cortada', en el que la bola adquiere efecto de delante hacia atrás, lo que se consigue con un movimiento de la raqueta de arriba hacia abajo.

Liga de los Comunistas Yugoslavos. Nombre oficial del partido comunista de la antigua Yugoslavia a partir de 1952. En 1990 pasó a denominarse **Liga de los Comunistas-Movimiento por Yugoslavia.** Su actual implantación se reduce a Serbia.

light. Sólo puede utilizarse cuando forme parte de un producto comercial. Tradúzcase por 'suave', 'ligero'.

light cruiser. En inglés, 'crucero ligero'.

ligue. Se escribe en redonda. No obstante, se prefieren palabras como 'romance' o 'aventura'.

Likud. Partido conservador israelí.

linier (plural, *liniers*). Sustitúya-se por 'juez de línea' o 'el línea', o 'juez de banda', o 'el auxiliar', o, como se dice en Latinoamérica, 'el abanderado'.

links. Debe traducirse por 'recorrido'. Véase **golf.**

Liorna. Se trata de una denominación castellana hoy en franco desuso. Por tanto, empléese la italiana 'Livorno'.

Literatúrnaya Gazeta. Revista rusa.

Lituania. Antigua república soviética independiente desde el 11 de marzo de 1990. La capital es Vilna, y el gentilicio, lituano. Fue admitida en la ONU en 1991.

lívido. Significa 'amoratado, que tira a morado' y, también, 'intensamente pálido'. No se debe confundir con **libido** —escrito sin acento— o deseo sexual.

living. Abreviación del inglés *living room.* Tradúzcase por 'cuarto de estar'.

lob. Tradúzcase por 'globo'. Véase **tenis.**

lobby (plural, *lobbies*). En inglés, antesala, recibidor. Por extensión, presionar a un parlamentario para que apoye determinado proyecto de ley, ejercer unas relaciones públicas a favor de alguien cerca de personas influyentes. También, grupo de presión. No debe emplearse en un texto noticioso. Se escribe en cursiva.

En español la palabra equivalente a *lobby* es 'cabildeo', de uso común en Latinoamérica. 'Hacer *lobby'* es equivalente de 'cabildear'. No deben olvidarse estas dos expresiones, al menos como recurso estilístico.

Lockheed Aircraft Corporation. Nombre completo de una empresa norteamericana fabricante de aviones. Se puede escribir simplemente 'Lockheed'. Su sede está en Burbank (California).

lock out. En inglés, cerrar la puerta, dejar a los obreros sin trabajo; su traducción es 'cierre patronal', y así debe emplearse.

Lod. Aeropuerto internacional israelí, llamado oficialmente Ben Gurion, que sirve a **Jerusalén** y a Tel Aviv. Se encuentra a 16 kilómetros de esta última ciudad.

logística. En la terminología militar, la acción o procedimiento de pertrechar un ejército. La logística tiene un aspecto **estratégico** (prevenir, conseguir, acopiar y transportar armas, municiones y víveres) y otro táctico (su distribución entre los combatientes).

Loire. El nombre en español de este río francés es Loira.

loísmo. Véase el apartado **12.44** del Manual.

Lok Sabha. La Cámara baja del Parlamento indio. No debe emplearse.

London Gazette. **Periódico** oficial de la Corte británica.

longitud. Véase **latitud.**

long play. Se prefiere el uso de 'larga duración'. Véase **elepé.**

lord (plural, en español, lores; en inglés, *lords).* Título inglés. Se antepone al apellido, nunca al nombre. Se escribe con minúscula inicial y en redonda. Véase el apartado **7.4** del Manual.

Lorraine. El nombre español de esta región francesa es Lorena.

Louvain. El nombre español de esta ciudad belga es Lovaina.

Löven. Nombre holandés de Lovaina, ciudad de Flandes (Bélgica).

LSD. Dietilamida del ácido lisérgico (en inglés, l*ysergic acid* d*iethylamide*). Por tanto, es una redundancia escribir 'el ácido LSD'. Por su uso generalizado, como única referencia se utilizarán las siglas o una explicación de su significado, pero no el nombre completo. Véase *ácido*.

Ltd. (plural, Ltds.) Abreviatura usada en inglés para *limited* o compañía de propiedad limitada. Cuando se cite el nombre completo de una de estas sociedades, la abreviatura será sustituida por la palabra 'Limited', escrita con mayúscula inicial y en redonda.

Lt. Gov. Abreviatura usada en inglés para *lieutenant governor*, que debe traducirse por 'subgobernador'.

Luba. Nombre actual de San Carlos, ciudad de Guinea Ecuatorial, en la isla de **Bioko.**

Lubumbashi. Ciudad de **Zaire** conocida bajo el dominio belga como Elisabethville.

Lucayas, islas. Véase **Antillas.**

Lufthansa. Líneas aéreas alemanas.

Luisiana, no Louisiana, **Estados Unidos.**

lumpen. Esta palabra significa 'harapos'. El 'lumpemproletariado' es, por tanto, el proletariado andrajoso, mísero.

Luna. Con mayúscula inicial cuando se refiera al satélite; con minúscula en los restantes casos.

lunch. Debe traducirse por 'almuerzo', 'comida', 'aperitivo' o 'refrigerio'.

Lusa. Agencia de prensa portuguesa, de carácter estatal, resultado de la fusión de otras dos: la Agencia Noticiosa Portuguesa (ANOP) y Noticias de Portugal. No es una sigla.

lusitano, luso. Perteneciente o relativo a Portugal.

Lvov. Ciudad de Ucrania, antes llamada Lemberg.

Lyndon B. Johnson, centro espacial. Nombre anterior del Manned Spacecraft Center, el principal centro de la **NASA** para el entrenamiento de pilotos de astronaves tripuladas. Se encuentra en Houston, Tejas.

Lyón, no Lyon. Ciudad francesa. El gentilicio es 'lionés'.

M

Ma. Abreviatura utilizada en **Estados Unidos** para Massachusetts.

Mª. Se debe escribir 'María', con todas sus letras; la abreviatura no ha de emplearse.

Maastricht. Ciudad de los Países Bajos donde los ministros de Economía y de Exteriores de los 12 países miembros de la CE firmaron, el 7 de febrero de 1992, el Tratado de la Unión Europea. (Véase **Unión Europea, Tratado de la**). Esta ciudad también es conocida en español por Mastrique.

maat. Graduación de la Marina de Alemania equivalente en la española a cabo. Debe traducirse así.

Mabato, no Mabatho. La capital de Bofutatsuana.

Macao. Úsese este nombre para la isla, y no su equivalente en **pinyin** Aomen.

macarra. Chulo o provocador. Sólo puede emplearse en crónicas o reportajes de ambiente. Se escribe en cursiva.

macartismo. Corriente de intolerancia registrada en Estados Unidos contra los elementos liberales o progresistas, abusivamente asimilados al comunismo, cuyo máximo exponente fue el senador Joseph McCarthy (1909-1957). Su instrumento fue la Comisión de Seguridad Interior de la Cámara de Representantes, más conocida como Comisión de Actividades Antinorteamericanas, desde la que se desató una *caza de brujas* contra funcionarios estatales, sindicalistas, profesores, escritores y artistas en general. Fue disuelta en enero de 1975.

Macedonia. Antigua república federada de Yugoslavia que proclamó su independencia el 8 de septiembre de 1991, pero no fue reconocida internacionalmente hasta octubre de 1992. El retraso en el reconocimiento internacional se debió a la controversia suscitada por el nombre: Macedonia. Grecia se opuso a esta denominación por su coincidencia con el de una región griega limítrofe con la antigua república yugoslava. El 8 de abril de 1993 fue admitida en la ONU con el nombre de Antigua República Yugoslava de Macedonia. La capital es Skopje, y el gentilicio, macedonio.

mach (no tiene plural). Unidad con la que se mide la velocidad de crucero de cualquier avión, sea éste subsónico (en cuyo caso el número será inferior a la unidad; el DC-10, por ejemplo, vuela a 0,82 mach) o supersónico (el Concorde alcanza 2,2 mach). El mach, que debe su nombre al físico y filósofo austriaco Ernst Mach (1838-1916), expresa la relación entre la velocidad verdadera de un avión respecto al aire y la velocidad del sonido en la misma masa de aire, que es, aproximadamente, de 331,8 metros por segundo. Se escribe en redonda, todo en minúsculas y las fracciones con coma y no con punto.

No debe confundirse la palabra mach con *match.*

machine gun. En inglés, 'ametralladora'.

machismo. Ideas o costumbres de una sociedad en la que rigen leyes y usos, elaborados por el varón o macho, que consideran inferior o discriminan a la mujer.

machista. La persona que se siente de acuerdo con el **machismo** o que con su actitud, consciente o inconscientemente, contribuye a la instauración o permanencia de esta discriminación hacia la mujer.

Madagascar. Isla del océano Índico. Su forma estatal es la República Malgache.

Madama, Palazzo. Sede del Senado italiano. No debe utilizarse como referencia única.

madame, mademoiselle. No deben utilizarse estos **tratamientos** franceses.

madero. En jerga, policía. No debe emplearse salvo en reportajes de ambiente.

madre. Este **tratamiento** únicamente se empleará en casos excepcionales. Lo preferible es escribir el nombre y apellido de la religiosa, y a continuación indicar a qué orden o congregación pertenece. Por ejemplo: 'Eugenia González, religiosa dominica'. Si se usa, en cuyo caso va en minúsculas, hay que tener en cuenta que no es un tratamiento general para todas las monjas, sino sólo de ciertas órdenes.

Mafia. Organización de origen siciliano, de carácter delictivo y secreto, con multiplicidad de fines: el lucro, la venganza, el socorro mutuo y el encubrimiento entre sus miembros. Otra nota peculiar —que la ha distinguido históricamente de cualquier otra organización criminal— es que siempre ha estado relacionada con el mundo político; en ocasiones, para valerse del poder, y en otras, para ser utilizada por éste. Se escribe en redonda y con mayúscula inicial. Cuando la palabra 'mafia' se aplique, por extensión, a cualquier otra organización clandestina y criminal, se escribirá toda en minúsculas pero en redonda.

magacín (plural, magacines). Castellanización de *magazine.* Palabra incorporada por la Real Academia al *Diccionario de la Lengua Española.* Significa revista ilustrada o programa de contenidos muy variados (o variedades).

magazine. Véase **magacín.**

maggiore. Graduación militar italiana equivalente en la Fuerzas Armadas españolas a la de comandante.

magiar, no *magyar.* Pueblo que habita en Hungría. También, su idioma. Por extensión, se aplica a los húngaros, pero no es una referencia precisa. Puede emplearse como recurso estilístico, en artículos no informativos.

maglia rosa. Camiseta que luce el primer clasificado del **Giro.** Puede emplearse, escrito en cursiva y explicando en la primera referencia su significado. 'Laurent Fignon se vistió ayer la *maglia rosa,* la camiseta del líder'.

magnetófono, no magnetofón.

magnífico. No debe emplearse

como **tratamiento** propio de los rectores de universidades.

Magreb, no Mogreb. Área geográfica que comprende, en sentido estricto, a Argelia, Marruecos y Túnez. En sentido amplio, a Libia, Mauritania y el Sáhara.

magrebí, no magrebita.

Maguncia. Nombre castellano de Mainz, ciudad de la Alemania del Oeste.

mahometano. Se prefiere el empleo de la palabra **musulmán.** En cualquier caso, no es sinónimo de **árabe.**

mahonesa. Es tan válida como 'mayonesa'. Esta última procede del francés *mayonnaise.*

mailing. Escríbase 'buzoneo'.

maillot. Tradúzcase, según el caso, por 'bañador', 'camiseta' o 'malla'. Puede emplearse sólo para el caso del *maillot* amarillo que viste el líder del Tour o Vuelta a Francia, explicando su significado en la primera referencia. 'Fignon se vistió ayer el *maillot* amarillo, la camiseta del líder'.

Mainz. Véase **Maguncia.**

maître d'hôtel (plural, *maîtres d'hôtel).* En francés, 'jefe de comedor, de restaurante u hotel'. No debe emplearse.

majestad. Véase el apartado 7.7 del Manual.

Majlis. El **Parlamento** iraní. Se escribe con mayúscula inicial y en redonda. La primera vez que se emplee es necesario explicar su significado.

major. Graduación militar de la Aviación y del Ejército de Tierra de Estados Unidos y Alemania, así como del Ejército de Tierra británico, equivalente en España a la de comandante.

majorette (plural, *majorettes).* Jovencita uniformada que precede a las manifestaciones festivas, animándolas con gestos y evoluciones en grupo. Es un derivado de la expresión norteamericana *drum major;* literalmente, 'jefe de tambores' o 'tambor mayor'. En el castellano existe el equivalente 'bastonera', utilizado sobre todo en algunos países latinoamericanos. Puede emplearse esta expresión como recurso estilístico, pero también *majorette.*

major general. Esta graduación militar corresponde en la Aviación y el Ejército de Tierra norteamericanos al general de brigada español. En cambio, en el Ejército de Tierra británico equivale a general de división. Véase **general.**

Malabo. Nombre actual de Santa Isabel, ciudad de Guinea Ecuatorial.

Malaca, Malacca. Véase **Malaisia.**

Malaisia, no Malaysia. Estado federal formado por Malasia, en la península de Malaca, y Sarawak y Sabah, en la isla de Borneo. La parte continental, Malasia, está compuesta a su vez por 11 miniestados: Johore, Negri Sembilan, Selangor, Kedah, Pahang, Trengganu, Perak, Penang, Perlis, Kelantan y Malacca. Así pues, Malaca —con una sola *c*— es el nombre de una península y el del estrecho entre ésta y la isla indonesia de Sumatra; y Malacca —con dos *c*—, el nombre de uno de los 11 miniestados de Malaya.

El término malayo, que no indica ciudadanía, tiene dos acepciones. La primera define al individuo perteneciente a la civilización malaya (también llamada civilización malasia), que englobaba a la mayoría de los habitantes de Indonesia, Brunei, las Filipinas y Malaisia. La segunda se aplica a la lengua hablada por los habitantes de Malaisia, oficialmente denominada bahasa malayu para distinguirla de otras lenguas malayas como el indonesio. Por tanto, el ciudadano de la federación es malaisio y no malayo.

Finalmente, Malasia debe aplicarse al conjunto de tierras habitadas por malayos. O malasios, pero nunca malaisios.

Malaui, no Malawi. País africano conocido hasta 1964 como Niasalandia. Véase **Rodesia.**

Malaya. Véase **Malaisia.**

Maldivas. Nombre oficial de un Estado insular del sur de Asia. Gentilicio 'maldivo'.

Malgache, República. El nombre oficial del Estado de la isla de Madagascar. Gentilicio 'malgache'.

malgré lui. En francés, 'a pesar de él'. No debe emplearse.

Malí. País africano. Gentilicio 'maliense'.

malsonantes, palabras. Véanse los apartados **1.39, 1.40** y **1.41** del Manual.

Maly. El más antiguo teatro dramático ruso, en Moscú.

manager. No debe emplearse. Sustitúyase por 'gerente', 'representante', 'agente', 'administrador', 'apoderado' o 'empresario', según el caso.

Manchuria. Salvo para las referencias históricas anteriores al establecimiento del régimen comunista, a esta región china se le debe denominar Tung-mei (que significa 'el Noroeste'). Su capital es Shenyang, anteriormente conocida como Mukden. De 1931 a 1945 esta región recibió el nombre de Manchukuo.

mandamiento. Escrito de un juez en el que ordena hacer algo. Ejemplos: mandamiento de prisión (orden de ingreso en prisión de una persona), mandamiento de embargo (orden de ocupar los bienes de alguien). Se prefiere la utilización del término 'orden'.

manga. Anchura de un buque. Véase **tenis.**

maniquí (plural, maniquíes).

ma non troppo. Expresión italiana, 'pero no demasiado'. No debe emplearse en un texto noticioso.

mantener. Se emplea mal este verbo en frases como 'mantener de rehenes'; lo correcto es 'retener como rehenes'.

manu militari. Expresión **latina,** 'por mano militar'. No debe emplearse en un texto noticioso.

Mapai. El Partido de los Trabajadores de Israel. La palabra se forma deletreando en hebreo las iniciales del nombre: Mifliget Poalei Eretz Israel.

Mapam. El Partido Único de los Trabajadores israelí. La palabra se forma deletreando en hebreo las iniciales del nombre: Mifliget Poalei Menuhedet.

maquis (no tiene plural en español). En francés, 'lugar poblado de monte bajo, muy denso e intrincado'. Primeramente se empleó para denominar al conjunto de los franceses —*maquisards*— que lucharon en la clandestinidad contra los alemanes, durante la II Guerra Mundial. Luego, se aplicó a los guerrilleros antifranquistas de los años cuarenta. Actualmente designa tanto a la organización como a la persona que, huida al monte, vive en rebeldía y oposición armada al sistema político establecido. Se escribe en redonda. Véase *partisano*.

mar. Utilícese como masculino salvo cuando se escriba en términos profesionales, en cuyo caso se empleará como palabra femenina. Ejemplos: 'los recursos del mar', 'ir a veranear al mar', pero 'la mar bravía' o 'echarse a la mar'.

mar, estado de la. Hay dos clases: la mar de viento, originada por el viento que sopla en ese momento, y la mar de fondo, originada por vientos constantes y lejanos. Para estudiar el estado de la mar se traza un mapa de olas, indicando su altura y la dirección que llevan. Se cifra en estos 10 puntos: 0, calma; 1, rizada; 2, marejadilla; 3, marejada; 4, fuerte marejada; 5, gruesa; 6, muy gruesa; 7, arbolada; 8, montañosa; 9, enorme.

Una regla sencilla y bastante aproximada es la que adjudica la cifra correspondiente en función de los metros de altura de la ola. Así, con olas de cinco metros se puede hablar de 'mar gruesa'.

maratón, no *marathon.* Es palabra masculina.

marcas. Véanse los apartados **8.18, 8.24, 8.25,** y **8.42** del Manual.

Marchesvan. Se debe escribir Marjeshvan. Véase **calendario judío.**

Mardi Gras. Tradúzcase por 'la fiesta de Carnaval'.

mare mágnum. Expresión **latina,** 'confusión de asuntos'. No debe emplearse en textos noticiosos.

maresciallo. Graduación militar italiana que, en contra de una traducción literal apresurada, corresponde al empleo de suboficial. El *maresciallo ordinario* y el *maresciallo capo,* en el Ejército de Tierra, o el *maresciallo di prima clase* y el *maresciallo di seconda classe,* en la Aviación, equivalen en las Fuerzas Armadas españolas a brigada. El *maresciallo maggiore,* en el Ejército de Tierra, o el *maresciallo di terza classe,* en la Aviación, equivalen a subteniente.

maría. En jerga, marihuana. También, asignatura poco importante. No debe emplearse en ninguno de los dos casos.

marihuana, no marijuana. **Droga** blanda.

Marina Española, plaza de la. Plaza madrileña donde se encuentra la sede del Senado y, por extensión, éste. No debe emplearse en este sentido.

marine (plural, *marines*). No debe traducirse por **marinero,** sino por **infante de marina.** La palabra inglesa puede emplearse, pero escrita en cursiva, y no como genérico, sino cuando se refiera a un miembro del **Marine Corps** de Estados Unidos.

Marine Corps. La Infantería de Marina de Estados Unidos, un ejército diferenciado de la Marina; el cuarto, pues, junto al de Tierra y al del Aire. Su distinción es relativamente fácil: las graduaciones del Marine Corps son similares a las del Ejército de Tierra, no a las de la Navy o Armada.

marinero. El hombre de mar. Miembro de la **tripulación** de un barco, en la Marina mercante, o de la tropa o **dotación,** en la de guerra. En este último caso, el 'marinero' es un 'militar', pero no un 'soldado'. Tampoco debe confundirse con un **infante de marina.**

marino. El oficial, tanto en la Marina de guerra como en la mercante.

Mariúpol. Ciudad rusa. Desde 1948 hasta 1989 se llamó Zhdánov, en honor a Andréi Zhdánov.

Marivent, palacio de. Residencia veraniega de los Reyes de España, en Palma de Mallorca.

marjeshvan. Véase **calendario judío.**

marketing. Se prefiere 'mercadotecnia'. Si se utiliza en un texto la palabra inglesa, debe situarse a continuación la traducción castellana. Esto no es obligatorio en los titulares.

marmitako. Véase el apartado **8.48** del Manual.

maronita, no maroní. Secta cristiana de **Oriente Próximo.**

marqués, marquesa. Se escribe todo en minúsculas salvo que la palabra forme parte de un nombre propio. Ejemplos: 'el marqués de la Ensenada', 'calle del Marqués de la Ensenada'.

Marrakech. El nombre español de esta ciudad marroquí es Marraquech.

marshal. En inglés, 'mariscal' (no debe confundirse con Marshall, palabra que corresponde a un apellido).

En Estados Unidos el *marshal* es un cargo judicial equiparable en las grandes ciudades al de *sheriff.* En este caso no debe traducirse, pero se explicará su significado y se escribirá en cursiva.

En el Reino Unido, la máxima graduación de su Ejército de Tierra es la de *field marshal,* sin equivalente en el español; debe traducirse, pues, por mariscal de campo. En las Fuerzas Aéreas, sin embargo, en las que no existen generales, sino mariscales, las distintas graduaciones deben traducirse a sus equivalentes en España. Son las siguientes: *marshal of the Royal Air Force,* o capitán general; *air chief marshal,* o teniente general; *air vice marshal,* o general de división (el general de brigada recibe el nombre de *air commodore).*

masacrar, masacre. Verbo y nombre sustantivo, provenientes del francés, admitidos por la Academia. Deben evitarse. Conviene emplear 'aniquilar', para el verbo; y 'matanza', para el sustantivo. En el caso de matanzas solemnes o rituales, el vocablo correcto es 'hecatombe'.

Mascat, no Mascate o Muscat. Capital del sultanato de Omán, en la península de Arabia.

Mass. Abreviatura utilizada en **Estados Unidos** para Massachusetts.

Massachusetts. Estado norteamericano cuya capital es Boston.

mass media. En inglés, los medios de masas o medios informativos. No debe emplearse.

masters. Debe evitarse el uso de esta palabra inglesa. Los torneos deportivos pueden ser denominados 'de maestros', salvo que *master* forme parte del nombre propio: 'el Master de Augusta'. En ese caso, se escribe con mayúscula y en redonda.

Se prefiere 'cursos de posgrado', o 'cursos para licenciados', a la denominación inglesa *masters*. Lamentablemente, el término castellano 'maestría' tiene distinta consideración académica y, por tanto, no puede utilizarse como sinónimo.

master sergeant. Graduación de los Ejércitos de Tierra y Aire norteamericanos equivalente en las Fuerzas Armadas españolas a brigada. Debe traducirse así.

match. Esta palabra inglesa no se debe emplear como sinónimo de encuentro o partido deportivo. No ha de confundirse con *mach*. Véase **tenis.**

match ball. Tradúzcase por 'bola de partido'.

Matignon, palacio de. Residencia del jefe del Gobierno francés.

Mauricio. Nombre que recibe el Estado constituido en isla Mauricio, en el océano Índico. Gentilicio, 'mauriciano'.

maxi single. Escríbase 'sencillo grande'.

Mayence. Nombre en francés de Maguncia (en alemán, Mainz).

Mayo del 68, Mayo Francés. Se escriben en redonda y con mayúsculas iniciales.

mayonesa. Véase **mahonesa.**

mayor. En Estados Unidos, el alcalde de una ciudad. No debe confundirse con *major,* graduación militar equivalente a comandante.

En España, graduación de un suboficial de la Armada, no de carrera, equiparable a la de subteniente. En este caso, la palabra 'mayor' se escribe en redonda. Véase **Fuerzas Armadas.**

mayúsculas. Véanse los apartados **11.114** a **11.121** del Manual.

McDonnell Douglas Corporation. Nombre completo de una empresa norteamericana fabricante de aviones. Puede utilizarse solamente 'McDonnell'. Su sede está en Saint Louis (Misuri).

McNamara, doctrina de. Véase **respuesta flexible.**

Md. Abreviatura utilizada en **Estados Unidos** para Maryland.

Me. Abreviatura utilizada en **Estados Unidos** para Maine.

mea culpa. Expresión **latina**, 'por mi culpa'. No debe emplearse en un texto noticioso.

Meca, La. El nombre de la ciudad santa del islam se escribe precedido del artículo con mayúscula inicial.

mechero. En la jerga policial, ladrón que aprovecha el descuido de los empleados de un establecimiento para robar artículos. Se escribe en cursiva, pero hay que explicar su significado. No debe confundirse con *merchero.*

medallas. Véase **condecoraciones.**

medianoche. Periodo de imprecisa extensión en torno a las doce de la noche. Sólo se debe emplear, por tanto, cuando se escriba de una hora no determinada claramente.

médicos descalzos. En China, los que ejercen la medicina tradicional. Sin pasar por la Universidad, se les forma en medicina y trabajan en el campo. Debe explicarse esta circunstancia la primera vez que se cite. Se escribe en cursiva.

mediodía. Periodo de imprecisa extensión en torno a las doce de la mañana. Sólo se debe emplear, por tanto, cuando se escriba de una hora claramente no determinada.

médium. Persona con facultades paranormales. Se escribe en redonda.

meeting. Debe escribirse 'mitin'.

megatón o megatonelada. Unidad para medir la potencia explosiva de los artefactos nucleares. Equivale a un millón de toneladas de **trilita.** Véanse **kilotón** y **gigatón.**

Méjico. Véase **México.**

Meknes. El nombre español de esta ciudad marroquí es Mequinez.

mêlée (plural, *mêlées*). Tradúzcase por 'pelea' o 'refriega'. Puede emplearse, aunque escrita en cursiva, cuando se refiera al rugby.

mellizos. Véase **gemelos.**

memorándum (plural, memorandos).

memorial. Es un anglicismo utilizar esta palabra con el significado de 'monumento'.

ménage. Tradúzcase por 'menaje' o 'ajuar'. Pero *ménage à trois,* en cursiva.

menú (plural, menús). Se escribe en redonda.

Mercado Común. No es nombre oficial (véase **Comunidad Europea),** pero puede usarse. Se puede escribir también 'Mercado Común europeo' *(europeo* con minúscula). Nunca deben utilizarse las siglas MC o MCE, sino las correspondientes a su nombre oficial: CEE.

mercado negro. Se escribe en redonda. Hay que tener cuidado cuando se habla, por ejemplo, de que un estupefaciente intervenido por la policía 'habría alcanzado en el mercado negro un precio de 30 millones de pesetas'. Resérvese esta expresión para productos que puedan ser distribuidos por las vías comerciales normales, y que entran en circuitos ilegales. La heroína, por ejemplo, no puede ser vendida en las tiendas, y no tiene un 'mercado blanco' y un 'mercado negro'. Escríbase, '... que habría alcanzado en la venta al consumidor un precio de 30 millones de pesetas'.

Mercalli, escala de. Véase **Richter.**

Mercat de les Flors. Se escribe siempre en catalán.

Mercat del Peix, y no 'mercado del Peix' ni 'del Pescado'. Radica en Barcelona.

Mercat del Ram, y no 'mercado del Ram'. Feria agrícola y ganadera que se celebra en Vic (Barcelona).

merchero (no debe confundirse con ***mechero).*** Individuo de determinada extracción socioétnica, generalmente de vida ambulante y vendedor de mercancías varias (quincalla). Se escribe en cursiva, pero hay que explicar su significado.

meridianos. Véase **latitud.**

Mers el Kebir. El nombre español de esta población argelina es Mazalquivir.

mesa camilla (plural, mesas camillas), no 'mesa de camilla'.

meses, nombres de los. Se escriben todo en minúsculas, salvo cuando formen parte de un nombre propio. Ejemplos: 'el Dos de Mayo', 'el Onze de Setembre'.

Messaggero, Il. Periódico romano.

Met. Abreviación utilizada en Estados Unidos y en el mundillo musical para designar al Metropolitan Opera House, el teatro de la ópera neoyorquino. No debe emplearse.

meteorología. No 'metereología'.

metro. Nunca se utilizará la abreviatura de esta unidad de medida (m), sea de longitud, superficie o volumen, salvo que figure en una tabla o cuadro estadístico. Como forma apocopada de metropolitano o ferrocarril urbano, 'metro' se escribe en redonda, vaya con mayúscula inicial, si se trata del nombre de una compañía, o todo en minúsculas, si se refiere al servicio. Ejemplos: 'Los trabajadores toman el metro' (suben al ferrocarril); 'los trabajadores toman el Metro' (invaden las oficinas de la compañía).

metrobús. Billete combinado para los transportes de metro y autobús. Se escribe en redonda.

Metro-Goldwyn-Mayer Incorporated. Nombre actual de la productora cinematográfica norteamericana anteriormente conocida como Metro Goldwyn Mayer Picture Corporation. Con el cambio, las tres palabras iniciales se escriben unidas por guiones. Su sede está en Culver City (California). Al citarla es suficiente con escribir 'Metro-Goldwyn-Mayer'; en las siguientes referencias cabe mencionarla simplemente como 'la Metro'.

metrópoli, no —salvo que se trate de un plural— 'metrópolis'.

metropolitano, no *metropólita.* Dignidad de la Iglesia ortodoxa. Se escribirá en redonda.

meublé (plural, *meublés*). Palabra francesa utilizada en Cataluña para 'casa de citas'. Es preferible no emplear esta expresión, poco conocida en el resto de España.

México. El nombre de este país latinoamericano y sus derivados se escribirán con *x,* aunque su pronunciación sea la de una *j.*

Mi. Abreviatura utilizada en **Estados Unidos** para Michigan.

Mich. Abreviatura utilizada en **Estados Unidos** para Michigan.

micro. Apócope de micrófono y, en un empleo más restringido, también de microordenador. Puede usarse, pero escrito en cursiva.

microfilme, no microfilm.

Midi-Pirinées. Escríbase así el nombre de este departamento francés.

midshipman. Tradúzcase por **guardia marina.**

Milán, Milan. Milán es el nombre en castellano de una ciudad italiana. Se escribe con acento, pero no así el nombre de su equipo de fútbol, el Milan, fundado por ingleses con el nombre de la ciudad en ese idioma. (Se respeta, pues, la grafía tradicional de origen, como también en los casos similares de clubes no británicos pero con nombre inglés: **Sporting, Racing, Athletic,** etcétera, que no se traducen). En italiano, la ciudad es **Milano.**

Milano. El nombre español de esta ciudad italiana es Milán. El nombre de su equipo de fútbol, el Milan AC, se escribe sin acento.

mili. Se escribe en cursiva y en femenino como forma apocopada de 'servicio militar'.

miliardo. En italiano, '1.000 millones'. (Véase **millardo**).

milímetro. Nunca se utilizará la abreviatura de esta unidad de medida (mm), sea de longitud, superficie o volumen, salvo que figure en una tabla o cuadro estadístico.

milis. Se aplica a los miembros de **ETA** Militar. No debe emplearse salvo como cita textual.

milla. Medida de longitud empleada en el mundo anglosajón, equivalente a 1,6093 kilómetros. La milla cuadrada es igual a 2,5898 kilómetros cuadrados. La milla marina, medida internacional, equivale a 1,852 kilómetros. Una milla tiene 1.760 yardas. Véanse tablas de conversión en el **Apéndice 2.**

millardo. Mil millones. La Academia aprobó esta palabra en diciembre de 1995, a propuesta del presidente de Venezuela, Rafael Caldera, quien después la utilizó en sus discursos y originó así infinidad de chistes populares y dibujos humorísticos en la prensa de su país. Se trata de un término sin tradición en español, que sí existe en francés *(milliard),* en italiano *(miliardo)* y en inglés *(billion).* En EL PAÍS se prefiere el uso de 'mil millones' en lugar de 'millardo'; y de 'miles de millones' por 'millardos'.

milliard. En francés, 'mil millones'. Véase **millardo.**

minarete. Es un galicismo. Escríbase 'alminar', palabra castellana para designar a la torre de una mezquita.

minelayer. En inglés, 'barco minador'.

minelaying cruiser. En inglés, 'crucero minador'.

minelaying submarine. En inglés, 'submarino fondeaminas'.

minesweeper. En inglés, 'dragaminas'.

minicumbre. No debe emplearse. Si la reunión se produce al más alto nivel, pero con carácter informal, no es **cumbre;** si no es al más alto nivel, por próximo que esté, tampoco es tal.

Minn. Abreviatura utilizada en **Estados Unidos** para Minnesota.

minusvalía. Situación desventajosa para un individuo, como consecuencia de una deficiencia o de una discapacidad, que limita o impide su normal desenvolvimiento.

Se considera deficiencia toda pérdida o anormalidad de una estructura o función, sea psicológica, fisiológica o anatómica. La discapacidad es toda restricción o ausencia —debida a una deficiencia— de la capacidad de realizar una actividad, en la forma o dentro del margen que se considera normal para un ser humano.

mir. En ruso, propiedad comunal de una población. No debe emplearse.

mise en scène. En francés, 'escenificación', 'puesta en escena'. No debe emplearse en textos noticiosos. Se escribe en cursiva.

misil (plural, misiles). Se escribe en redonda, sin acento en la primera *i* y sin doble *s.*

Se denomina misil al proyectil de guerra autopropulsado capaz de variar su trayectoria en vuelo —esta característica les diferencia de las balas, proyectiles, bombas o cohetes— para alcanzar el objetivo contra el que es lanzado.

De acuerdo con los lugares desde los que son lanzados y la situación de los blancos, ese tipo de armas se clasifican en misiles superficie-superficie, superficie-aire, aire-superficie y aire-aire. Por la trayectoria que describen, los misiles lanzados desde la superficie (tierra o mar) pueden ser balísticos (similar a una bala) o de crucero (navegan desplazándose en todas las direcciones según un programa previo). Por la distancia que cubren, los misiles pueden ser intercontinentales (de continente a continente), de largo alcance (por encima de los 5.000 kilómetros), alcance intermedio (entre 1.500 y 5.000 kilómetros), corto alcance (hasta 1.500 kilómetros) y muy corto alcance (por debajo de los 500 kilómetros).

La denominación habitual de los misiles combina los tres conceptos con sus siglas correspondientes a la definición en inglés.

Así, un misil SAM *(surface-to-air missile)* es un misil aire-superficie; un SLBM *(satellite-launched ballistic missile),* un misil balístico lanzado desde un submarino; un ALCM *(air launched cruise missile),* un misil de crucero lanzado desde el aire, y un SRAAM *(short range air-air misile),* un misil aire-aire de corto alcance.

Las partes fundamentales del misil son la planta autopropulsora o motor, el sistema de guiado, la cabeza de guerra y el fuselaje.

El sistema de guiado puede ser activo, pasivo o semiactivo.

– Misiles con guiado activo, como los Exocet o los Harpoon, son los que tienen incorporado su propio radar u otro sensor capaz de generar señales que le lleven por sí mismo al blanco.

– Misiles con guiado pasivo son aquellos que captan señales que emite el blanco y las utilizan para dirigirse a él. Es el caso de los misiles aire-aire Sidewinder, que disponen de unos sensores de rayos infrarrojos que captan el calor depedido por los motores de los aviones y se dirigen automáticamente hacia la zona con temperatura más elevada.

— Misiles con guiado semiactivo, como los Standard de la Armada española, son aquellos que se dirigen al blanco que les es señalado desde otro lugar. En este caso, por ejemplo, un barco lanza un Standard contra un avión, pero el propio radar del buque tiene que fijar el blanco mientras el misil recibe el eco y va corrigiendo su trayectoria.

misino, no *missino.* Perteneciente al Movimiento Social Italiano, partido ultraderechista. Véase **MSI-DN.**

Miss. Abreviatura utilizada en **Estados Unidos** para Misisipí.

miss (plural, *misses).* Esta palabra puede emplearse para referirse a las participantes en un concurso de belleza o similar ('las *misses',* pero 'Miss Universo'). Nunca, en cambio, como **tratamiento.** Véase **Ms.**

Mississippi. Escríbase 'Misisipí'.

Missouri. Escríbase 'Misuri'.

míster. No debe utilizarse como sinónimo de entrenador o técnico, ni, en general, como **tratamiento.**

Mitilene. El nombre castellano de esta isla griega es Lesbos.

Mn. Abreviatura utilizada en **Estados Unidos** para Minnesota.

mnemo. Las palabras formadas con este prefijo (del griego *mneme,* 'memoria') se escribirán sin la *m* inicial. Ejemplo: 'nemotécnica'.

Mo. Abreviatura utilizada en **Estados Unidos** para Misuri.

modisto. Debe escribirse 'el modista', como 'el periodista', 'el electricista'.

modus operandi. Expresión **latina,** 'modo de obrar'. No debe emplearse en un texto noticioso.

modus vivendi. Expresión **latina,** 'modo de vivir'. No debe emplearse en un texto noticioso.

Mogador. Nombre castellano de una ciudad llamada por los marroquíes Esauira.

moharrem. Véase *muharram.*

Moldavia. Antigua república soviética independiente desde el 27 de agosto de 1991. La capital es Chisinau, y el gentilicio, moldavo. Fue admitida en la ONU en 1992.

moldavo. Aunque diversas fuentes procedentes de la antigua Unión Soviética hablan del moldavo como idioma, en puridad lingüística se trata del rumano, un idioma que pasó a escribirse cuando la URSS se anexionó, en 1940, los territorios que luego formaron parte de la República Socialista Soviética de Moldavia, y que en 1989 volvió a emplear el alfabeto latino. (Véase **Moldavia).**

Moll de la Fusta, y no muelle de la Fusta (Barcelona).

Mólotov. Nombre que de 1940 a 1957 llevó la ciudad rusa de Perm, en honor a Viacheslav Mólotov. Véase *cóctel mólotov.*

Monaco di Baviera. En italiano, **Múnich.**

monarcas. Dos o más jefes de Estado coronados. Este plural es incorrecto si se refiere a un matrimonio real; el consorte no es monarca. Cuando se refiera al rey Juan Carlos, se escribe con mayúscula. La reina Sofía no es monarca.

Monarquía. Se escribe con mayúscula inicial cuando se refiera a la institución monárquica.

Moncloa, palacio de la. Sede de la Presidencia del Gobierno. Si se abrevia, se escribe La Moncloa.

Moneda, palacio de la. Residencia oficial del presidente de la República chilena. Si se abrevia, se escribe La Moneda.

monedas. Véase el apartado **2.25** del Manual.

Mongolia Interior. Nombre español de una región autónoma de China llamada en chino, según la transcripción **pinyin,** Nei Monggol.

monseñor. Este tratamiento no debe emplearse. Véase el apartado **7.1** del Manual.

monsieur. No se debe utilizar. Véase el apartado **7.1** del Manual.

Mont. Abreviatura utilizada en **Estados Unidos** para Montana.

montaña, monte. Se escribe todo en minúsculas salvo que la palabra forme parte de un nombre propio. Ejemplos: 'las montañas Rocosas', 'Caja de Ahorros y Monte de Piedad'

Montecitorio. Sede de la Cámara de los Diputados italiana.

Montenegro. República de la

anterior Yugoslavia. En la actualidad federada con Serbia en el marco de la **República Federal de Yugoslavia,** sin reconocimiento internacional. La capital es Titogrado, y el gentilicio, montenegrino. (Véase **Yugoslavia).**

Monte Santo. Nombre castellano de Aguion Oros, península griega.

Montjuïc, no Montjuich.

morgue. En francés, 'depósito de cadáveres'. No debe emplearse.

mormón. Perteneciente a la Iglesia de Jesucristo de los Santos de los Últimos Días.

moro. Natural de la parte septentrional de África. En este caso no es sinónimo de **musulmán.** Sin embargo, este adjetivo se aplica igualmente a los musulmanes de Mindanao (Filipinas) y de otras islas de **Malaisia.**

Mosad, no Mossad. El servicio secreto israelí. El nombre proviene de un grupo clandestino de judíos creado en Ginebra, Suiza, hacia 1937: la Organización para la Segunda Emigración (en hebreo, Mosas Lealiyah Beth). Si se emplea, debe explicarse que se trata del servicio secreto israelí.

mosén. Este tratamiento sólo puede usarse con carácter excepcional. Pero si es así, se escribirá en castellano y no en catalán *(mossèn),* salvo que forme parte de un nombre propio, en cuyo caso llevará mayúscula inicial. Por ejemplo, 'plaza de Mossèn Cinto Verdaguer'. Véase el apartado **7.1** del Manual.

Moskovski Komsomólets. Publicación de la antigua Unión Soviética que era órgano de la Unión de las Juventudes Comunistas moscovita.

Moskóvskiye Nóvosti. Publicación rusa conocida en castellano como *Novedades de Moscú.*

Mosoba. Véase **MSB.**

Mossos d'Esquadra. La policía autonómica de Cataluña. El nombre del cuerpo se escribirá con mayúsculas iniciales y en redonda. En cambio, para los individuos se emplearán las minúsculas y la cursiva. Una vez que se haya citado el nombre completo puede escribirse 'el *mosso'* o 'los *mossos',* sin necesidad de añadir *d'esquadra.*

Mostaganem. El nombre español de esta ciudad argelina es Mostagán.

motel. Se escribe en redonda.

motocross. Se escribe en redonda.

motu proprio, no *propio.* Expresión **latina,** 'por propia voluntad'. También un tipo de documento papal. En el primer caso no se debe utilizar, sobre todo en un texto noticioso. En el segundo hay que explicar en qué consiste. Se escribe en cursiva.

movida. Se escribe en redonda.

MP. Abreviatura utilizada, en inglés, para parlamentario *(member of Parliament)* y para Policía Militar (Military Police).

Mr., Mrs. Estas abreviaturas inglesas, correspondientes a *mister* y *mistress* ('señor' y 'señora'), no deben usarse en los textos noticiosos. La única excepción para su empleo es que se utilicen como recurso expresivo o de ambientación. Sea como fuere, a la hora de traducir hay que tener en cuenta que Mrs. nunca se usa precediendo al nombre de soltera, sino delante del nombre o del apellido del marido, o de ambos a la vez, en el sentido de 'señora de'. Así, por ejemplo, la ex primera ministra británica casada con Denis Thatcher, cuyo apellido utiliza, es 'Mrs. Thatcher', pero no 'Mrs. Roberts', su apellido de soltera. En cambio, la candidata en las elecciones norteamericanas de 1984 Geraldine Ferraro, puesto que ha preferido conservar su apellido de soltera, no es 'Mrs. Zaccaro' o 'Mrs. John Zaccaro' (su marido se llama así, John Zaccaro), y menos 'Mrs. Geraldine Ferraro', sino 'Ms. Geraldine Ferraro' o 'Ms. Ferraro'.

Véase **Ms.**

Ms. Abreviatura impuesta por el movimiento feminista norteamericano como **tratamiento** previo al nombre de una mujer, sea casada o soltera (en lugar de **Mrs.,** señora; **Miss,** señorita). Se escribe seguida de punto, pero no debe emplearse.

En **Estados Unidos** se emplea igualmente como abreviatura de Misisipí.

Msgr. Abreviatura utilizada en inglés para 'monseñor'.

Mt. Abreviatura inglesa de **megatón.** En **Estados Unidos** se emplea igualmente como abreviatura de Montana.

muecín, no *muezzín.* Almuédano, persona que desde el **alminar** de la mezquita convoca a los **musulmanes** a la oración. Es palabra castellana; por tanto, se escribe en redonda.

muerte súbita. Tradicionalmente, se ha denominado así al juego que decide una manga en un partido de **tenis** cuando los jugadores están empatados a seis juegos. Se prefiere el empleo de 'juego decisivo'. En inglés se utiliza la expresión *tie break,* pero ésta no debe emplearse en castellano.

muestra. Sustitúyase por 'exposición', siempre y cuando este italianismo no forme parte de un nombre propio.

muharram, no *moharrem.* Véase **calendario musulmán.**

mujer. Sólo se empleará en el caso de una mayor de 18 años. Véase **edad.** Ha de evitarse el uso de esta palabra como sinónimo de esposa. Debe escribirse 'su esposa' y no 'su mujer'.

mujik (plural, mujiks). Campesino ruso. El término (aunque castellanizado; por tanto, se escribe en redonda) está en desuso. Sólo se emplea literariamente.

Mukden. Véase **Manchuria.**

mulá (plural, *mulás),* no *mullah.* Clérigo musulmán. Se escribe en cursiva.

multidifusión. Esta palabra, que implica la idea de multiplicidad por el sufijo 'multi', significa 'difusión de muchas maneras' o 'difusión por muchos medios'. Se emplea mal si se refiere a la repetición de una película por una misma cadena televisiva. Para este caso, escríbase la palabra correcta: 'redifusión' o 'repetición'.

München. El nombre español de esta ciudad de Alemania es **Múnich.**

mundial, mundiales. Para referirse a los torneos o campeonatos en que se disputan títulos del mundo debe realizarse la matización del singular o el plural, según el número de títulos que se pongan en juego. En fútbol, por ejemplo, en 1990 se disputó en Italia el 'mundial', no los 'mundiales', pues sólo hubo un campeón. En yudo, en cambio, al existir varias categorías, cuando se celebran los campeonatos del mundo son los 'mundiales'.

Se debe escribir 'Mundial 90', y no 'Mundial-90'.

mundo libre. Salvo que se trate de una cita textual, debe escribirse 'mundo occidental' u 'Occidente'.

Múnich, no Munich. El adjetivo es 'muniqués'.

Murmansk. Base nuclear de Rusia. Se la considera la base estratégica más importante de este país. Fue creada en 1961 en la provincia de Kola, más allá del Círculo Polar Ártico, a unos 75 kilómetros de Noruega.

muro de Berlín, no 'muro de la vergüenza'.

music hall. No debe emplearse. Escríbase 'revista musical'.

musulmán. La persona que profesa la religión del **islam.** No es sinónimo de **árabe** ni de **moro.**

mutatis mutandis. Expresión **latina,** 'cambiando lo que se deba cambiar'. No debe emplearse en un texto noticioso.

muyahidin, no *muyahidines* (el singular es *muyahid).* Se escribe en cursiva. En árabe significa 'luchadores'.

Muyahidin Jalq. Grupo iraní opuesto al régimen del ayatolá Ruholá Jomeini. Literalmente significa 'luchadores del pueblo'.

muzak. Equivalente de música ambiental. No debe emplearse.

Myanmar. Véase **Birmania.**

N

nación, nacional. España se configura históricamente, y así se entiende en el debate constitucional, como una "nación de naciones". La expresión 'nacional' se aplicará principalmente a la cualidad de español: 'la selección nacional', 'la contabilidad nacional' (y no 'la selección estatal'), aunque es preferible usar directamente las palabras 'español' y 'española': 'la selección española', 'la economía española'. En otros casos, conviene especificar: 'la conciencia nacional vasca'.

nacionalidad. Dícese de "la condición y carácter peculiar de los pueblos e individuos de una nación", o "estado propio de la persona nacida o naturalizada en una nación". La Constitución española se refiere también, en otra acepción, a los derechos de "las nacionalidades y regiones", constituidas políticamente en comunidades autónomas. Se podrá, pues, utilizar tanto 'nacionalidad' como 'comunidad autónoma', o, más útilmente, 'país', pero debe evitarse en la medida de lo posible, a este respecto, la expresión 'la autonomía' o 'las autonomías'.

Nacionalistes d'Esquerra, no Nacionalistas de Izquierda.

nafta. Palabra de origen árabe que en algunos países de América es sinónimo de gasolina. En su acepción más precisa, 'fracción ligera del petróleo natural, que se obtiene en la destilación de la gasolina como una parte de ésta'. Sus variedades se usan como materia prima en la petroquímica, y algunas como disolventes.

Nagorni Karabaj. Véase **Alto Karabaj.**

naïf (plural, *naïfs*). En francés, 'ingenuo'. Puede emplearse, pero escrito en cursiva, para referirse a cierto estilo artístico. El femenino singular de esta palabra es *naïve,* y el plural, *naïves.*

nailon, no *nylon* ni nilon.

nalevo. En ruso, 'a la izquierda'. En sentido figurado, 'de forma ilegal', 'debajo del mostrador'. No debe emplearse en un texto noticioso.

Namibia. Escríbase así, y no África del Suroeste.

nanosegundo. Milmillonésima parte de un segundo.

napalm. Acrónimo formado con las palabras inglesas *naphtenic* a*cid and* palm*etate,* sustancia incendiaria de altas temperaturas. Se escribirá en redonda, y no es necesario explicar su desarrollo la primera vez que se utilice.

Napar Buru Batzar. No debe emplearse. Escríbase 'Consejo Ejecutivo de Navarra'. Es el órgano regional del Partido Nacionalista Vasco en Navarra.

Narbonne. El nombre español de esta ciudad francesa es Narbona.

narco (plural, *narcos).* Esta forma apocopada de 'narcotraficante' puede utilizarse, pero escrita en cursiva. Véase *capo.*

Naúka i Zhizn. En ruso, 'ciencia y vida'. Revista científica rusa.

Nauru. Gentilicio, 'nauruano'. La República de Nauru es independiente desde enero de 1968.

Naval Operations, chief of. Tradúzcase por 'jefe del Estado Mayor de la Armada'.

Navy. La Marina, uno de los cuatro ejércitos de Estados Unidos. Véase **Marine Corps.**

NCR Corporation. Nombre completo de la anterior National Cash Register Company, sociedad norteamericana con sede central en Nueva York.

Ndjamena. Escríbase Yamena.

Ne, Neb. Abreviaturas utilizadas en **Estados Unidos** para Nebraska.

neblina. Véase estado del **tiempo.**

neceser. Es palabra castellanizada; por tanto, se escribe en redonda.

neerlandés. Se prefiere el adjetivo 'holandés'. Véase **Holanda.**

negra, negrita. Véanse los apartados **4.40** y **4.41** del Manual.

negro. El hecho de que una persona sea de raza negra no debe citarse en las informaciones a no ser que ello constituya un elemento fundamental de la noticia. Podrá hablarse de la discriminación que sufre 'un barrio de negros', por ejemplo, o de que en una manifestación en Suráfrica 'han muerto dos negros'; pero nunca de que el protagonista de una información es negro, si ello no aporta un dato sin el cual perdería sentido la noticia o cambiaría radicalmente su significado. Tampoco se pueden emplear expresiones despectivas como 'esto es un trabajo de negros' o 'trabaja como un negro' o 'tiene un equipo de negros que le hacen el trabajo'. Igualmente, no debe utilizarse la expresión 'una persona de color'.

Nei Monggol. El nombre castellano de esta región autónoma de China es Mongolia Interior.

nemotecnia. Véase **mnemo.**

Neodestur. Partido nacionalista tunecino.

neoyorquino, no neoyorkino.

Neue Zürcher Zeitung. **Periódico** de Zúrich.

Nev. Abreviatura utilizada en **Estados Unidos** para Nevada.

New age. Literalmente, *nueva era.* Estilo de música que se ha desarrollado especialmente en la década de los ochenta. Pretende llevar la relajación a los oyentes mediante una fusión de diversos estilos, la utilización de pinceladas minimalistas y la eliminación de estridencias. Debe escribirse en cursiva.

Newark. Uno de los cuatro aeropuertos de **Nueva York.**

new deal. En inglés, 'nuevo trato'. Política del presidente Franklin D. Roosevelt para hacer frente a la crisis económica provocada en Norteamérica por la *gran depresión.* Si se utiliza, debe explicarse el significado.

New England. Véase **Nueva Inglaterra.**

Newfoundland. El nombre español de esta isla canadiense es Terranova.

New Jersey. Escríbase 'Nueva Jersey'.

new look. Expresión inglesa, nueva dimensión o concepto de la estética, nueva imagen. No debe emplearse en un texto noticioso.

New Mexico. Escríbase Nuevo México.

New Orleans. Escríbase Nueva Orleans.

New Providence. El nombre español de esta isla de las Bahamas es Nueva Providencia. Véase **Antillas.**

New York. Escríbase Nueva York.

New York Times, The. **Periódico** de Nueva York. Aunque los norteamericanos le llaman 'el *Times',* el título se escribe siempre completo.

Nezavisimaya Gazeta. Diario independiente ruso.

niebla. Véase estado del **tiempo.**

Níger. Estado africano. Gentilicio, 'nigerino'.

Nigeria. Estado africano. Gentilicio, 'nigeriano'.

night-club (plural, *night-clubs).* Escríbase 'club nocturno' o 'sala de fiestas'.

nihil obstat. Expresión **latina,** usada en el lenguaje eclesiástico, con el significado de 'nada se opone'. No debe emplearse, salvo cuando se mencione la autorización para publicar un libro. Se escribirá en cursiva. Véase *imprimátur.*

nimbostratos. Véase estado del **tiempo.**

Ninot, mercado del, y no Mercat del Ninot. Típico mercado de Barcelona.

niña, niño. Empléese solamente para referirse a menores con una **edad** comprendida entre uno y 12 años.

nisán. Véase **calendario judío.**

Nit del Foc. Literalmente, 'noche del fuego'. Es la noche de San José, en que se queman las fallas valencianas.

No Alineados. Países del **Tercer Mundo** que, desde la conferencia de Belgrado, en septiembre de 1961, han adoptado una política de distanciamiento respecto a las *grandes potencias* en cuestiones como la autodeterminación de los pueblos, la política militar de bloques y las materias primas. Se escribe con mayúsculas iniciales y en redonda.

no comment. Se debe emplear el castellano 'sin comentarios'.

no man's land. Escríbase 'tierra de nadie'. Territorio que divide, después de un armisticio, a las dos partes en lucha.

nombres. Véase el **capítulo 8** del Manual.

nominar. En castellano este verbo es sinónimo de nombrar. Por tanto, está mal empleado cuando, en una traducción literal del inglés, se dice que una película ha sido *nominada* para el Oscar o que alguien ha sido *nominado* candidato. Escríbase que fue designado o proclamado candidato, o que obtuvo la candidatura, o que fue propuesto.

non commissioned officers. Tradúzcase por 'suboficiales y clases de tropa'. En el Ejército de Estados Unidos pertenecen a este grupo las siguientes graduaciones: *corporal, sergeant, sergeant first class, master sergeant, first sergeant* y *warrant officer.*

non grata. Escríbase 'persona no grata'.

non plus ultra. Expresión **latina,** 'no más allá'. No debe emplearse en un texto noticioso.

noreste, no nordeste.

noroeste, no nordoeste.

Norte. Se escribe en mayúscula inicial como punto cardinal ('el Norte'), y todo en minúsculas como parte de una zona —no cuando figure en un nombre propio—, cuando indica dirección o empleado en forma adjetiva ('Corea del Norte', 'el norte de España', 'al norte de España', 'España norte').

norteamericano. Véase **americano.**

North Dakota. Escríbase 'Dakota del Norte'.

notas al pie. Véanse los apartados **3.47** y **3.48** del Manual.

Notre Dame, y no Nôtre Dame.

nouveau roman. Movimiento narrativo de vanguardia surgido en Francia en los años cuarenta y cincuenta. Se escribe en cursiva y todo en minúsculas. Esta expresión fue utilizada por primera vez por Jean-Paul Sartre en la introducción a *Portrait d'un inconnu,* de Nathalie Sarraute, 1948.

Nouvelle-Ecosse. Véase **Nueva Escocia.**

Nouvelle-Orléans. Escríbase Nueva Orleans.

nouvelle vague. En francés, 'nueva ola'. Puede emplearse en las referencias a una generación de cineastas, pero explicando su traducción. Se escribe en cursiva.

nova cançó. Movimiento de cantautores catalanes surgido en los últimos años del franquismo como oposición al régimen. Se escribe en cursiva.

Nova Scotia. Véase **Nueva Escocia.**

novela rosa. Se escribe en redonda.

novelística. Neologismo reprobable. Escríbase, sencillamente, 'novela'. Es preferible decir 'la novela latinoamericana' que 'la novelística latinoamericana'.

Novi Mir. En ruso, 'nuevo mundo'. Revista rusa literaria y sociopolítica.

Novosibirsk. Ciudad rusa, centro de la Siberia occidental.

Nóvosti. Agencia de prensa rusa (en ruso, Aguentstvo Pechati Nóvosti), para la que se emplean las siglas APN.

nóvoye mishlenie. Esta expresión rusa, cuyo significado es 'nueva mentalidad', no debe emplearse en un texto noticioso.

Nuakchot, no Nouakchot ni Nuakchott. La capital de la República de Mauritania.

nubosidad. Véase estado del **tiempo.**

nuclear. Se denomina con este término genérico toda liberación de energía provocada no por simples combinaciones químicas como sucede con los explosivos clásicos, los cuales nunca pierden su identidad molecular, sino por la propia transformación nuclear de los materiales empleados en cada caso. Esta transformación puede ocurrir por la escisión del núcleo, a lo que se llama fisión, o por la combinación de dos núcleos en un tercero, o fusión. La energía liberada por fisión se llama atómica (caso de la **bomba A);** la liberada por fusión (caso de la bomba H), termonuclear.

nudismo. Véase **desnudismo.**

nudo. La **milla** por hora. Se dice que una embarcación navega a 15 nudos cuando recorre 15 millas náuticas en una hora. Es un error escribir 'a 15 nudos por hora'.

Nueva Escocia, no Nova Scotia ni Nouvelle-Ecosse. Nombre de una península y de una provincia de Canadá.

Nueva Inglaterra. Área geográfica que comprende a los siguientes Estados norteamericanos: Connecticut, Maine, Massachusetts, New Hampshire, Rhode Island y Vermont.

Nueva Jersey. No 'New Jersey'.

Nueva Orleans, no New Orleans ni Nouvelle-Orléans.

Nueva Providencia, no New Providence. Pequeña isla de las Bahamas en la que se encuentra Nassau, capital del Estado. Véase **Antillas.**

Nueva York, no New York. Nombre de una ciudad y un Estado de Norteamérica. Cuando se escriba de este último, tal circunstancia habrá que precisarla siempre.

La ciudad cuenta con varios aeropuertos, razón por la que no es correcto escribir 'el aeropuerto neoyorquino' sin precisar cuál. Son estos cuatro: Kennedy y La Guardia, en el Estado de Nueva York, y Teterboro y Newark, en el de Nueva Jersey. Asimismo, tiene tres mercados bursátiles, de manera que también hay que precisar de cuál se habla: el New York

Stock Exchange, conocido con el sobrenombre de Big Board ('el gran tablero'), que es el principal; el American Stock Exchange, que utiliza el acrónimo Amex y en el que cotizan empresas menores o de menor solvencia, y una tercera Bolsa, denominada *over the counter* ('sobre el mostrador'), para los valores de pequeña entidad.

Nuevo México, no New Mexico.

Nuevo Testamento. Se escribe en redonda.

números. Véase el **capítulo 10** del Manual.

números rojos. Se escribe en redonda.

nuncio. Embajador del Papa en un Estado con el que el Vaticano mantiene relaciones diplomáticas. Véase **delegado apostólico.**

Núremberg, no Nürnberg. Ciudad de Alemania.

nurse. En inglés, 'niñera'. No debe emplearse.

Nv. Abreviatura utilizada en **Estados Unidos** para Nevada.

Nyamena. Escríbase siempre **Yamena.**

nylon. Debe escribirse siempre 'nailon'.

O

o. Esta conjunción disyuntiva no llevará acento cuando se utilice entre dos cifras. Ejemplo: 'fue en 1980 o 1981'. Aunque válida para un manuscrito, la norma sobre su acentuación huelga cuando tipográficamente, como en el caso de EL PAÍS, existe una clara diferencia entre un *0* y una *o,* incluso mayúscula: *O.*

oberbootsmann. Graduación de la Marina de Alemania equivalente en la española a sargento primero.

oberfeldwebel. Graduación de los Ejércitos de Tierra y del Aire de Alemania equivalente en los españoles a sargento primero.

oberleutnant. Graduación de los Ejércitos de Tierra y del Aire de Alemania Occidental equivalente en los españoles a teniente. No debe confundirse con ***oberstleutnant,*** o teniente coronel.

oberleutnant zur see. Graduación de la Marina de Alemania equivalente en la española a alférez de navío.

obermaat. Graduación de la Marina de Alemania equivalente en la española a cabo primero.

oberst. Graduación de los Ejércitos de Tierra y del Aire de Alemania equivalente en los españoles a coronel.

oberstleutnant. Graduación de los Ejércitos de Tierra y del Aire de Alemania equivalente en los españoles a teniente coronel. No debe confundirse con *oberleutnant,* o teniente.

Obi. Río asiático de Rusia.

obispo. Dignidad eclesiástica. Se escribe todo en minúsculas.

obkom (plural, *obkomi).* Contracción de las palabras rusas *oblastnói* y *komitet.* Comité provincial del partido comunista soviético. No debe utilizarse.

óblast (plural, *óblasti).* En Rusia y otras repúblicas de la antigua URSS, división administrativa equivalente a una provincia. Tradúzcase así, pero no por 'región'.

obscuro. Véase **oscuro.**

obús (plural, obuses). En uso no técnico, designa cualquier proyectil disparado por una pieza de artillería. En uso técnico, significa 'pieza de artillería para disparar granadas'.

Occidente. Se escribirá con mayúscula inicial cuando se refiera al bloque de naciones conocido con este nombre.

océano. Se escribe todo en minúsculas cuando preceda al nombre propio. Ejemplos: 'el océano Atlántico', 'la mar océana'.

Octubre Polaco. Se sitúa en 1956, cuando Wladislaw Gomulka, quien había sido perseguido bajo el estalinismo, llegó al poder tras la rebelión obrera de Poznan. No debe emplearse en un texto noticioso, salvo que se explique su significado. Se escribirá en redonda y con mayúsculas iniciales.

Oeste. Se escribe en mayúscula inicial como punto cardinal ('el Oeste'), y todo en minúsculas como parte de una zona —no cuando figure en un nombre propio—, cuando indica dirección o empleado en forma adjetiva ('Alemania del Oeste', 'el oeste de Alemania', 'al oeste de Alemania', 'Alemania oeste').

ofertar. Se confunde la mayoría de las veces con 'ofrecer'. Sólo es admisible cuando signifique 'proponer para contratar', 'ofrecer en venta un producto' o 'vender un producto con precio rebajado'.

office. Escríbase, según los casos, 'despacho', 'consultorio', 'cargo', 'función' o 'antecocina'.

officers. Tradúzcase por 'oficiales'. En el Ejército de Estados Unidos pertenecen a este grupo las siguientes graduaciones: *second lieutenant, first lieutenant, captain, major, lieutenant colonel* y *colonel.* Véase *field grades.*

official. El significado de esta palabra inglesa es 'funcionario civil', y no 'oficial'.

off the record. En inglés, 'extraoficialmente, confidencialmente'. No debe emplearse en un texto noticioso.

oficial. En los Ejércitos de Tierra y Aire, el capitán, el teniente y el alférez. En la Armada, el teniente de navío, el alférez de navío y el alférez de fragata. Véanse **comandante, jefes** y **general.**

Ogoniok. Semanario ruso.

Oh. Abreviatura utilizada en **Estados Unidos** para Ohio.

ojear. Significa 'dirigir los ojos y mirar con atención a determinada parte' o 'espantar la caza'. 'Hojear', en cambio, es no sólo 'pasar las hojas de un libro', sino hacerlo 'leyendo deprisa algunos pasajes para tomar de él un ligero conocimiento'.

OK. Esta abreviatura de la palabra inglesa *okay* sólo podrá utilizarse en las citas textuales o cuando —sin olvidar su carácter excepcional— el relato gane en expresividad. Por ejemplo, en el siguiente caso: 'El policía, masticando chicle, se limitó a responder: OK'.

Ok, Okla. Abreviaturas utilizadas en **Estados Unidos** para Oklahoma.

Oktiabr. Revista literaria y sociopolítica rusa.

olimpiada, no olimpíada. Véase **Juegos Olímpicos.**

Olympic Airways. Líneas aéreas griegas.

Omán. Sultanato de la península de Arabia antes conocido como Mascat y Omán. El nombre de Mascat (no Mascate o Muscat) ha quedado para la capital del país. Gentilicio, 'omaní'.

ombudsman. Palabra de origen nórdico que se utiliza como denominación de un cargo oficial cuya misión es investigar las acusaciones privadas contra las autoridades o los organismos oficiales; su acción es de consejo, mas no decisoria. En España, de acuerdo con la Constitución, se llama **Defensor del Pueblo.**

El cargo similar estatuido en EL PAÍS se denomina Ombudsman (en redonda) o Defensor del Lector.

omóplato, no omoplato.

onorevole. No debe emplearse este tratamiento italiano.

ONU. Utilícense estas siglas, y no NN UU, para la Organización de las Naciones Unidas. Por su extendido uso pueden utilizarse como primera referencia, sin necesidad de que vayan precedidas del nombre completo.

onza. Medida de peso empleada en el mundo anglosajón. En el sistema llamado Avoirdupois, el más frecuente, equivale a 28,3495 gramos; en el sistema Troy, usado para las piedras preciosas, a 31,1035 gramos. Véase tabla de conversión en el **Apéndice 2.**

Onze de Setembre, no Once de Septiembre. Fiesta catalana. Conmemora la derrota de Cataluña, en 1714, frente a las tropas borbónicas franco-españolas. Se escribe con mayúsculas iniciales y en redonda. Véase *diada.*

open. No debe emplearse esta palabra inglesa, fácilmente sustituible por 'abierto'; 'torneo o campeonato abierto'. El término deportivo procede de finales de los sesenta, cuando se organizaban campeonatos sólo para aficionados (teóricamente aficionados) y otros sólo para profesionales. En los abiertos podían participar ya jugadores de las dos categorías. Para utilizar ahora *open* —cuando casi todos los torneos son abiertos— sólo cabe como excepción que forme parte del nombre propio de un campeonato.

Òpera de Cambra de Catalunya. Escríbase en catalán el nombre de este conjunto instrumental.

opinion maker. En inglés, 'creador de opinión', calificativo utilizado en el mundo anglosajón para los **periódicos** de gran influencia en la opinión pública. No debe emplearse.

Opus Dei. En latín, 'obra de Dios'. Prelatura personal reconocida por la Iglesia católica y cuyos socios se reparten por todo el mundo. De ella forman parte tanto sacerdotes como seglares. Su fundador fue el sacerdote español Josemaría Escrivá de Balaguer. Deberá escribirse siempre el nombre completo. Ejemplo: 'un miembro del Opus Dei', pero no 'un miembro del Opus'.

Or. Abreviatura utilizada en **Estados Unidos** para Oregón.

Orcadas. Nombre español de

unas islas del Reino Unido conocidas en inglés por Orkney, y en francés por Orcades. Véase **islas Británicas.**

ordenanza. Empleado subalterno en las oficinas, y también el soldado que cumple funciones similares en el Ejército (en este último supuesto no hay que confundirlo con el asistente, que es el soldado puesto al servicio personal de un jefe u oficial). El genérico 'ordenanza' no se debe emplear si tales tareas, unidas a las de policía, se realizan en estrados (tribunales de justicia, cámaras parlamentarias, etcétera), para lo que existe la palabra 'ujier', o en establecimientos de enseñanza, en cuyo caso la palabra correcta es 'bedel'.

Ordinance Corps. En la terminología militar norteamericana, 'Servicio de Armamento'.

ordinary seaman. Graduación de la Marina británica equivalente en la española a marinero de segunda clase. Debe traducirse así.

Ordzhonikidze. Anterior nombre de Vladikavkaz, capital de Osetia del Norte, una de las repúblicas de la Federación Rusa. Hasta 1931 se llamó con su actual nombre, y de 1944 a 1954, Dzaudzhikau. El nombre de Ordzhonikidze se le impuso en honor al político georgiano Grigori Ordzhonikidze.

Ore. Abreviatura utilizada en **Estados Unidos** para Oregón.

Oregón, no Oregon. Uno de los 50 Estados de EE UU.

orfelinato. Es un galicismo. Escríbase 'orfanato'.

Orfeó Català, no Orfeón Catalán.

Oriente Próximo, no Oriente Medio. Área geográfica que incluye Arabia Saudí, Bahrein, Chipre, Egipto, Emiratos Árabes Unidos, Irak, Irán, Israel, Jordania, Kuwait, Líbano, Libia, Omán, Qatar, Siria, Sudán y Yemen. Véase **Extremo Oriente.**

En Estados Unidos se llama Middle East (Oriente Medio) a lo que para nosotros es Oriente Próximo. Los topónimos que incluyen palabras como oriente y occidente, próximo o lejano, dependen del país en el que se ha adoptado el nombre. No hay razón para que al Oriente próximo a España se le denomine *visto* desde Estados Unidos. Para un español, el Oriente Medio es geográficamente la zona de Afganistán, Pakistán, India o **Malaisia.**

Para la Agencia de Noticias del Oriente Próximo, véase en el apartado de siglas **MENA.**

Orilla Occidental. Con mayúsculas iniciales cuando se refiera a **Cisjordania,** el territorio al oeste del río Jordán, actualmente ocupado por los israelíes.

Orkney. Véase **Orcadas.**

Orly. Aeropuerto de París. Véanse **Charles de Gaulle** y **Le Bourget.**

Ormuz, estrecho de; no 'estrecho de Hormuz'.

orvallo. Véase estado del **tiempo.** Se escribe en redonda.

Osasuna. El nombre de este equipo de fútbol de Navarra nunca irá precedido de artículo, como excepción, puesto que la *a* final es ya el artículo en vascuence. Tan incorrecto es escribir 'el Osasuna' como poner 'el *The Times*'.

Oscar (plural, *oscars*). Premios que concede anualmente la Academia de Ciencias y Artes Cinematográficas, con sede en Hollywood, Estados Unidos (en inglés, Academy of Motion Picture Arts and Sciences).

Se escribirá 'el Premio Oscar a la mejor dirección se ha concedido este año a...', con mayúscula inicial y en redonda, pero 'película galardonada con tres *oscars',* en minúsculas y cursiva. En ambos casos, sin acento en la *o.*

Véase **nominar.**

oscuro, no obscuro. Esta palabra y las derivadas de ella se escribirán sin *b.*

ósmosis, no osmosis.

Osservatore Romano, L'. Vespertino que, aun cuando publica documentos oficiales, no puede considerarse órgano oficial de la Ciudad del Vaticano o de la Santa Sede. Esa función es de *Acta Apostolicae Sedis. L'Osservatore Romano* puede calificarse como órgano oficioso. Nunca debe escribirse abreviadamente *L'Osservatore* porque se presta a confusión con un tercer periódico vaticano: *L'Osservatore della Domenica,* semanario que, no obstante su título, aparece los jueves.

ostentar. No es sinónimo de 'desempeñar' o 'ejercer un cargo'. Significa 'mostrar o hacer patente una cosa', 'hacer gala de grandeza, lucimiento y boato'.

ostpolitik. Política de apertura a los países socialistas del Este europeo iniciada en el otoño de 1969 por el entonces canciller de la República Federal de **Alemania,** Willy Brandt. Se escribe todo en minúsculas y en cursiva, y debe quedar claro su significado.

OTAN. Siglas de la Organización del Tratado del Atlántico Norte. Por su extendido uso pueden utilizarse como primera referencia, sin necesidad de que vayan precedidas o seguidas del nombre completo. No así las siglas o acrónimos empleados para sus diversos organismos y mandos, cuya denominación habrá que escribir completa en la primera cita.

La OTAN es una alianza surgida del Tratado del Atlántico Norte, firmado el 4 de abril de 1949. Sus miembros son: Bélgica, Canadá, Dinamarca, Estados Unidos, Francia, Islandia, Italia, Luxemburgo, Noruega, Países Bajos, Portugal y Reino Unido —sus fundadores—, más **Alemania,** Grecia, Turquía y España. En 1966 Francia abandonó la estructura militar.

Los grandes organismos de la OTAN son el Consejo del Atlántico Norte, el Comité de Planes de Defensa, el Comité Militar y los tres mandos principales: Europa, el Atlántico y el Canal (el canal de la Mancha y el sur del mar del Norte).

1. Al frente del Mando Aliado en Europa, al que corresponden las siglas ACE (del inglés Allied Command Europe), está el comandante supremo aliado en Europa, conocido por el acrónimo Saceur (Supreme Allied Commander Europe). Este cargo recae siempre en un general estadounidense. Su cuartel general, al que se conoce por las siglas SHAPE (Supreme Headquarters

Allied Powers in Europe), se encuentra en la localidad belga de Casteau. El ACE cuenta con tres grandes mandos subordinados:

— El de las Fuerzas Aliadas del Norte de Europa, o Afnorth (Allied Forces Northern Europe), con cuartel general en Kolsaas, Noruega.

— El de las Fuerzas Aliadas de Europa Central, o Afcent (Allied Forces Central Europe), con cuartel general en Brunssum, Holanda.

— El de las Fuerzas Aliadas del Sur de Europa, o Afsouth (Allied Forces Southern Europe), con cuartel general en Nápoles, Italia.

2. Al frente del Mando Aliado para el Atlántico, o Aclant (Allied Command Atlantic), figura el comandante supremo aliado para el Atlántico, o Saclant (Supreme Allied Commander Atlantic). Su cuartel general se encuentra en Norfolk, en el Estado norteamericano de Virginia.

3. Al frente del Mando Aliado para el Canal, o Acchan

(Allied Command Channel), está el **comandante general** aliado para el Canal, o Cincchan (Commander in Chief Allied Channel). Tiene su cuartel general en Northwood, en el Reino Unido.

Otras siglas y acrónimos utilizados por la OTAN son los siguientes, citados por orden alfabético:

— Afmed (Allied Forces Mediterranean), Fuerzas Aliadas del Mediterráneo.

— AFNE (Allied Forces Northern Europe), Fuerzas Aliadas del Norte de Europa.

— Afnorth (Allied Forces of North Europe), Fuerzas Aliadas del Norte de Europa.

— Aircent (Allied Air Forces in Central Europe), Fuerzas Aéreas Aliadas en Europa Central.

— Baltap (Baltic Allied Power), Mando Aliado para el Báltico.

— Cincafmed (Commander in Chief Allied Forces Mediterranean), comandante general de las Fuerzas Aliadas del Mediterráneo.

— Cincair North (Commander in Chief Allied Air Forces in Northern Europe), comandante general de las Fuerzas Aéreas Aliadas del Norte de Europa.

— Cinceaslant (Commander in Chief Eastern Atlantic Area), comandante general de la Región Oriental del Atlántico.

— Cincent (Commander in Chief Allied Forces Central Europe), comandante general de las Fuerzas Aliadas de Europa Central.

— Cinceur (Commander in Chief in Europe), comandante general en Europa.

— Cinclant (Commander in Chief Atlantic Fleet), comandante general de la Flota del Atlántico.

— Cincmed (Commander in Chief British Naval Forces in the Mediterranean), comandante general de las Fuerzas Navales Británicas en el Mediterráneo.

— Cincnelm (Commander in Chief United States Naval Forces in Europe, the East Atlantic and the Mediterranean), comandante general de las Fuerzas Navales de Estados Unidos en Europa, el Atlántico Oriental y el Mediterráneo.

— Cincnorad (Commander in Chief North American Air Defense), comandante general de la Defensa Aérea de América del Norte.

— Cincnorth (Commander in Chief Allied Forces in Northern Europe), comandante general de las Fuerzas Aliadas del Norte de Europa.

— Cincpac (Commander in Chief Pacific Fleet), comandante general de la Flota del Pacífico.

— Cincsouth (Commander in Chief Allied Forces Southern Europe), comandante general de las Fuerzas Aliadas del Sur de Europa.

— Cincus (Commander in Chief United States Armed Forces), comandante general de las Fuerzas Armadas de Estados Unidos.

— Cincwestlant (Commander in Chief Western Atlantic Area), comandante general de la Región Atlántica Occidental.

— Comaircent (Commander Allied Air Forces in Central Europe), Fuerzas Aéreas Aliadas en Europa Central.

— Comaircentlant (Air Commander Central Atlantic Subarea), Sector Aéreo de la Subregión del Atlántico Central.

— Comaireastlant (Air Commander Eastern Atlantic Area), Sector Aéreo de la Región del Atlántico Oriental.

— Comairnorlant (Air Commander Northern Atlantic Subarea), Sector Aéreo de la Subregión del Atlántico Norte.

— Combislant (Commander Bay of Biscay Atlantic Subarea), Subregión Atlántica del Golfo de Vizcaya.

— Comcanlant (Commander Canadian Atlantic Sub-area), Subregión Atlántica Canadiense.

— Comcentlant (Commander Central Atlantic Sub-area), Subregión Atlántica Central.

— Hafmed (Headquarters Allied Forces Mediterranean), Cuartel General Aliado de las Fuerzas Mediterráneas.

— Iberlant (Iberian Command Atlantic), Mando del Atlántico Ibérico.

OTI. Siglas de Organización de Televisiones Iberoamericanas.

otomano. Este adjetivo no debe aplicarse para lo referente a la actual Turquía.

Ottawa, no Otawa. La capital federal de Canadá.

Ouarzazat. Nombre en francés de una ciudad marroquí que en español debe escribirse Uarzazat.

Oujda. El nombre castellano de esta población marroquí es Uchda.

output. Tradúzcase por 'salida' o 'producto'. Véase **input.**

Oval Office. Despacho de forma ovalada que tiene el presidente de Estados Unidos, en la Casa Blanca. Escríbase 'el Despacho Oval', con mayúsculas iniciales.

overbooking. Tradúzcase por 'sobreventa', 'sobrevendido', 'sobrecontratación' o 'saturación'.

ovni (plural, ovnis). Esta palabra fue formada con las primeras letras de la expresión 'objeto volante no identificado'. Se escribe toda en minúscula y en redonda. No obstante, en informaciones no técnicas se puede utilizar también la expresión 'platillo volante'.

No deben emplearse las siglas inglesas UFO (de *unidentified flying object*). Sin embargo, se escribirá 'ufología' o 'ufólogo' para el estudio o estudioso de los ovnis.

P

Pa. Abreviatura utilizada en **Estados Unidos** para Pensilvania.

pabellón de conveniencia. Bandera que arbola y a la que se acoge un barco para evitar el pago de impuestos en su verdadero país.

pachá. Véase **bajá.**

Pacto de Varsovia. Tratado de amistad, cooperación y asistencia mutua suscrito en mayo de 1955 por algunos países de Europa del Este. Se disolvió el 1 de julio de 1992. Sus miembros eran Bulgaria, Checoslovaquia, Hungría, Polonia, Rumania, República Democrática Alemana y la Unión Soviética.

paddle. Escríbase 'padel'. Este deporte de raqueta se inventó en México, entró después en España y finalmente se implantó en la mayoría de los países suramericanos. Posteriormente, empieza a desarrollarse en Australia, Canadá, Francia e Italia. Debe mantenerse la expresión original, y no la sajonizada 'paddle'.

paddock. Aparcamiento donde se instalan los camiones y carpas de los pilotos en los circuitos de carreras. Debe escribirse 'aparcamiento' o 'parque'. En los hipódromos, el 'prado' o 'lugar de ensillaje'. La palabra inglesa no debe utilizarse.

Padova. El nombre español de esta ciudad italiana es Padua.

padre. Como **tratamiento** eclesiástico sólo puede emplearse en casos excepcionales; se prefiere escribir el nombre y apellido, y a continuación indicar a qué orden o congregación pertenece. Por ejemplo: 'Mariano González, dominico'. No obstante, conviene recordar que únicamente es correcto emplearlo para los miembros de ciertas órdenes religiosas, pero no para los sacerdotes seculares. Se escribe todo en minúsculas.

paellera. Para el recipiente en que se elabora la paella pueden emplearse, indistintamente, las palabras 'paella' o 'paellera'.

paer en cap. No debe emplearse. Escríbase 'alcalde'.

Pagalu. Nombre actual de Annobón, islote de Guinea Ecuatorial.

pagès. No hay razón para usar esta palabra catalana. Escríbase en su lugar la castellana 'payés'.

Países Bajos. Véase **Holanda.**

País Valenciano, no País Valencià. Véase **Comunidad Valenciana.**

pájara. Desfallecimiento de un ciclista provocado por falta de alimentación adecuada. Se escribe en redonda.

Pakistán, no Paquistán. Pero 'paquistaní' (plural, paquistaníes) para lo relativo o perteneciente a Pakistán. Este nombre se formó en 1930 con las letras iniciales de los territorios que comprendía (Punjab, Afgán, Kashmir y Sind, en este caso invirtiendo las dos primeras letras para facilitar su pronunciación), más la partícula *stan,* que en persa significa 'tierra'.

pal. Siglas de 'línea de fase alternante' (en inglés, *phase alternating line)* con las que se conoce el sistema alemán de televisión en color. El uso las ha convertido en palabra común: pal.

palabrotas. Véanse los apartados **1.39, 1.40** y **1.41** del Manual.

Palais Bourbon. La sede de la Asamblea Nacional o **Parlamento** francés y, por extensión, éste. Puede emplearse, pero siempre que en la primera referencia quede bien claro lo que es.

Palau Blaugrana. Escríbase siempre en catalán.

Palau de la Generalitat. Escríbase siempre en catalán.

Palau de la Música, y no Palacio de la Música.

Palau dels Esports. Escríbase 'Palacio de los Deportes' para referirse al de Barcelona.

Palos de Moguer. El nombre de esta población de Huelva es Palos de la Frontera.

pamplonica. Es un adjetivo del lenguaje familiar. Los naturales de Pamplona son pamploneses.

pan. Prefijo utilizado para expresar totalidad. Se escribe sin guión de separación. Ejemplos: 'panruso', 'panárabe'.

Panadería, Casa de la. Edificio de la plaza Mayor de Madrid, sede de una tenencia de alcaldía. Por tratarse de un localismo, sólo podrá emplearse cuando se haya explicado previamente su significado.

panty (plural, *panties*). Se escribe en cursiva. La palabra castellana correspondiente es 'calza' o 'calzacalzón', pero, lamentablemente, ha sido desplazada por la inglesa. Estas palabras del español no deben olvidarse como recurso estilístico. Cuando se pueda, *panty* debe sustituirse por 'medias'. Precisamente, 'medias' es una palabra que procede de la expresión 'medias calzas'; es decir, las calzas que sólo llegaban hasta la rodilla.

pañol. Véase **bodega.**

Papa. Se escribirá con mayúscula inicial cuando no preceda a su nombre. Ejemplos: 'el Papa dijo', pero 'el papa Juan Pablo II'. La palabra 'papa' se prefiere a los otros títulos o tratamientos, como 'romano pontífice', 'santo padre', 'sucesor de Pedro', 'vicario de Cristo', 'obispo de Roma', etcétera.

paparazzi. Reporteros italianos de la *prensa del corazón.* Es una redundancia escribir 'los *paparazzi* italianos'. Si se utiliza *paparazzi* es evidente que se refiere a periodistas de aquel país. Sólo puede emplearse si queda claro su significado.

paperback. Tradúzcase por 'libro en rústica' o 'encuadernado en rústica'.

Paquistán. Véase **Pakistán.**

paraca. Apócope de paracaidista. No debe emplearse.

parachutista. Debe escribirse 'paracaidista'.

paradisíaco, no paradisiaco.

parafernalia. Esta palabra ha sido incluida en la última edición del Diccionario de la Real Academia (1992) —hasta entonces no figuraba— sin especificar su etimología y definida como "conjunto de cosas o ritos que rodean determinados actos o ceremonias". No deben olvidarse otras palabras más castellanas como 'montaje', 'utillaje', 'intendencia', 'impedimenta'. En terminología jurídica, "bienes parafernales" (del griego, *paráferna*) son "los que lleva la mujer al matrimonio fuera de la dote y los que adquiere durante él por título lucrativo, como herencia o donación".

paraguas atómico. Expresión acuñada para la defensa **nuclear** prometida por Estados Unidos a sus aliados europeos. Se escribe en cursiva. Véase **respuesta flexible.**

Paralelo. Escríbase en castellano cuando se trate de esta zona barcelonesa, y en catalán (Paral·lel) cuando corresponda al nombre de una avenida de la capital catalana.

paralelos. Véase **latitud.**

parapente. Modalidad deportiva que consiste en arrojarse en paracaídas desde una montaña, un precipicio, un acantilado o una pendiente.

paréntesis. Sobre el uso de este signo, véanse los apartados **11.14, 11.35, 11.41** y siguientes del Manual.

París, no Paris.

parisiense, no parisién o parisino.

parking. Debe emplearse 'aparcamiento subterráneo' o, simplemente, 'subterráneo'. Ejemplo: 'Dejé el coche aparcado en el subterráneo'. Si se trata de un aparcamiento al aire libre, utilícese 'aparcamiento'. Véase **aparcar.**

Parlament. El nombre del órgano legislativo de la **Generalitat** de Cataluña se escribirá en castellano. 'Parlamento de la Generalitat' o 'Parlamento de Cataluña'. En las ediciones de Cataluña y la Comunidad Valenciana, puede utilizarse 'el Parlament' por vía de antonomasia.

Parlamento. Se escribe con mayúscula inicial aun cuando no sea éste el nombre oficial de la cámara. Ejemplo: 'el Majlis, Parlamento iraní'. También con mayúsculas iniciales en el caso del 'Parlamento Europeo' o 'Parlamento de Estrasburgo'.

paro cardiaco. Casi todas las muertes se producen, en última instancia, por paro cardiaco (originado a su vez por una insuficiencia renal, un problema hepático, una gran pérdida de sangre, etcétera). Por tanto, en la mayoría de los casos no tiene sentido escribir 'murió de un paro cardiaco', sino que ha de explicarse la circunstancia que lo ha causado. En muchas ocasiones, 'paro cardiaco' se confunde con un infarto mortal.

parqué (plural, parqués), no *parquet*. Un tipo de entarimado. También, situación central y elevada que ocupan los agentes de cambio dentro del patio de operaciones de la Bolsa.

partenaire, partner. Debe escribirse, según el caso, 'socio' o 'pareja'.

partido. Con mayúscula inicial cuando forme parte de un nombre propio. Ejemplos: 'Partido Comunista de España', pero 'el partido comunista de Yugoslavia' (el nombre oficial de este último es Liga de los Comunistas Yugoslavos).

Partido Comunista de España, no 'español'.

partigiano. Véase *partisano*.

partisano. Italianismo *(partigia-no)* que se emplea para referirse a los patriotas que combatieron en la guerrilla a Hitler o a sus aliados. Debe escribirse en cursiva. Véase **maquis.**

part time. Deben usarse sus equivalentes castellanos 'trabajo por horas' o 'a tiempo parcial'. Si se utiliza esta expresión inglesa en una cita textual en español, escríbase en cursiva. Véase *full time*.

party. Tradúzcase por 'fiesta'.

parvenu. Deben emplearse las palabras castellanas 'advenedizo', 'nuevo rico', 'rico improvisado', 'recién llegado'.

Pascua judía. Véase **calendario judío.**

pasdaran (singular, *pasdar)*, no *pasdaranes*. En lengua persa, 'guardianes de la revolución'.

pasma. En jerga, policía. No debe emplearse, salvo en reportajes de ambiente.

pasota. Individuo que, vitalmente, pasa de todo. Se escribe en redonda.

passing shot. Tradúzcase, según el caso, por 'golpe paralelo' o 'golpe cruzado'. Véase **tenis.**

pasteurizar, y no pasterizar aunque esté aceptado también por la Academia. Esterilizar, higienizar la leche u otro líquido según el método establecido por Pasteur. Se escribe en redonda.

patchwork. Tejido hecho con trozos de distintas telas. Puede usarse, pero en cursiva. Debe explicarse su significado si no está claro en el contexto.

paté (plural, patés). Se escribe en redonda.

patrol torpedo boat. En inglés, 'lancha torpedera'. Debe traducirse así.

payés, no *pagès.* Campesino de Cataluña. Se escribe en redonda.

payo. Es palabra castellana. Se escribe en redonda.

Pct. Abreviatura utilizada en inglés para porcentaje o tanto por ciento. No debe emplearse.

Pearl Harbour, no 'Pearl Harbor'. Véase *harbour.*

peatonal. Adjetivo admitido por la Academia como relativo o perteneciente al peatón. Ejemplo: 'calle peatonal'.

peccata minuta. Expresión **latina,** 'error, falta o vicio leves'. No debe emplearse en un texto noticioso.

pedigrí, no *pedigree.* Genealogía de un animal. No es sinónimo de alcurnia, ascendencia o linaje.

Peinik. Nombre antiguo de Dimitrovo, ciudad búlgara.

Peix, Mercat del, y no 'mercado del Peix' ni 'del Pescado'. Se celebra en Barcelona.

Pekín, no Beijing. El adjetivo es 'pequinés'. Véase **pinyin.**

peligrosidad. 'Calidad de peligroso'. Se utiliza incorrectamente muchas veces cuando sustituye a 'peligro'. Ejemplo de uso incorrecto: 'fue una acción con mucha peligrosidad'. Ejemplo de uso correcto: 'la peligrosidad de la acción era indudable'. Este error se suele dar también con la palabra **intencionalidad.**

pelotari (plural, pelotaris). Se escribe en redonda, por ser palabra también castellana.

pelouse, no pelousse. En los hipódromos, el 'prado' o 'lugar de ensillaje'. En los circuitos de carreras automovilísticas o de motos, la zona de los talleres. La palabra inglesa no debe utilizarse.

penalti (plural, penaltis).

Penghu. Véase **Pescadores.**

península. Se escribe con minúscula inicial, salvo cuando se refiera a la Ibérica sin citarla. Ejemplos: 'la Península', pero 'la península Ibérica'.

Pensilvania, no Pennsylvania. Pero 'Pennsylvania Avenue', calle de Washington donde se encuentra la Casa Blanca.

pentagrama, no pentágrama.

Pentateuco. Nombre que reciben los cinco libros escritos por Moisés: el *Génesis,* el *Éxodo,* el *Levítico,* los *Números* y el *Deuteronomio.*

Peñón. Se escribe con mayúscula inicial cuando se refiera al de **Gibraltar** pero sin citar este nombre. Ejemplos: 'el peñón de Gibraltar', pero 'el Peñón'. En cambio, nunca debe escribirse 'la **Roca'.**

pepito. Bocadillo que tiene dentro un filete de carne. Se escribe en redonda.

peppermint. Véase **pipermín.**

Pepsi-Cola. Una marca registrada; por tanto, se escribe con mayúsculas iniciales y en redonda.

Pero cuando se refiera a este refresco ha de escribirse 'se tomó una *pepsi-cola'* o 'una *pepsi',* en minúsculas y en cursiva.

per áccidens. Expresión **latina,** 'accidentalmente'. No debe emplearse en un texto noticioso.

per cápita. Expresión **latina.** Debe escribirse en cursiva.

perestroika. Esta palabra rusa equivale a 'reestructuración', 'reorganización' o 'cambio radical'. Puede emplearse, pero escrita en cursiva.

per fas et per nefas. Expresión **latina** cuyo significado es 'por las buenas y por las malas'. No debe emplearse en un texto noticioso.

performance. No debe emplearse. Sustitúyase, según los casos, por 'actuación' o 'hazaña'.

periodo, mejor que período.

perista. Comprador, de mala fe, de artículos producto de un delito. Se escribe en redonda, pero hay que explicar su significado.

Perm. Véase **Mólotov.**

Perpiñán, no Perpinyá (en catalán) ni Perpignan (en francés).

persa, no *farsi.* Idioma que se habla en Irán, la antigua **Persia.**

per saécula saeculórum. Expresión **latina,** 'por los siglos de los siglos'. No debe emplearse en un texto noticioso.

per se. Expresión **latina,** 'por sí mismo'. No debe emplearse en un texto noticioso.

Persia. Nombre de Irán hasta el año 1935.

Perusa. Denominación castellana de la población italiana de Perugia.

Pésaj, no Pesah. Véase **calendario judío.**

Pescadores. Nombre español de un archipiélago próximo a las costas chinas. Debe usarse este nombre y no el chino, Penghu. Véase **China.**

peseta. La abreviatura correspondiente a esta moneda (Pta.), que no tiene plural, sólo se puede emplear en las tablas o cuadros estadísticos; en un texto noticioso hay que escribir esta palabra con todas sus letras.

petit bourgeois. En francés, 'pequeño burgués'. No debe emplearse.

petrodólares. Dólares obtenidos por la venta de petróleo fuera de Estados Unidos. Se escribe en redonda.

Petrogrado. Nombre anterior a Leningrado de la ciudad rusa de San Petersburgo.

petrolífero. Significa 'que contiene o produce petróleo'. No debe emplearse en el sentido de 'relativo al petróleo', para lo que existe el adjetivo 'petrolero'. Hay países, yacimientos y pozos petrolíferos, e industrias, precios y barcos petroleros.

Phnom Penh. La capital de **Camboya.**

piatiletka. En ruso, 'quinquenio'. Por extensión, plan quinquenal. No debe usarse.

pica. Medida tipográfica anglosajona. Es igual a la sexta parte de una **pulgada,** lo que equivale a 4,233 milímetros. Como el **cícero,** está subdividida en 12 puntos.

pick-up. Escríbase 'tocadiscos'.

pic-nic. Debe emplearse la palabra castellana 'jira' (añadir 'campestre' es una redundancia).

pico. En jerga, pinchazo de heroína o morfina. Sólo puede emplearse en crónicas o reportajes de ambiente, y después de haber explicado su significado. Se escribe en cursiva.

pie. Medida empleada en el mundo anglosajón. En longitud equivale a 0,3048 metros; en superficie, el pie cuadrado son 0,0929 metros cuadrados; en volumen, el pie cúbico equivale a 0,0283 metros cúbicos; en capacidad, a 28,3205 litros. Véanse tablas de conversión en el **Apéndice 2.**

pie de autor. Véanse los apartados **3.45** y **3.46** del Manual.

pie de foto. Véase el **capítulo 5** del Manual.

pied-noir (plural, *pied-noirs*). Persona de origen europeo, por lo general de ciudadanía francesa, nacida en Argelia antes de la descolonización.

pilot officer. Graduación del Ejército del Aire británico. Se puede traducir, indistintamente, por alférez o subteniente.

pinchadiscos. Se escribe en redonda.

ping-pong. Debe escribirse 'pimpón' o 'tenis de mesa'.

pinta. Medida de capacidad empleada en el mundo anglosajón. En el caso de los líquidos equivale a 0,4732 litros; en el de los áridos, a 0,5506 litros.

pin-up. Tradúzcase por 'guapa'.

pinyin. En chino, 'unificación de sonidos'. Sistema de escritura fonética del chino puesto en vigor por las autoridades de Pekín el 1 de enero de 1979. Se escribe en redonda. Véase el apartado **8.56** del Manual.

pioneer. En inglés, 'precursor'. En la terminología militar, 'zapador'.

pipa. Esta palabra, según cada jerga, se utiliza como sinónimo de pistola o con el significado de ayudantes de músico, mozo de carga o utillero. No debe emplearse en un texto noticioso.

pipeline. Tradúzcase por 'oleoducto' o 'gasoducto'.

pipermín, no *peppermint.* Licor de menta.

pirámide invertida. Técnica de relato periodístico que estructura la noticia partiendo de lo más importante y concluyendo en lo de menos importancia. Así, en caso de exceso de original, la información puede cortarse empezando por abajo. Véase el apartado **2.31** del Manual.

Pirulí. Se escribirá en cursiva como denominación popular dada a determinados edificios. Por ejemplo, Torrespaña, en Madrid, o la Residencia Almirante Vierca, en Vigo.

pista. Es el terreno especialmente acondicionado para el despegue y aterrizaje de aviones. Los buques no tienen pistas, sino una plataforma en la cubierta de vuelo, o una plataforma de vuelo.

pistola. Arma de fuego corta. Se diferencia del **revólver** en que lleva el cargador en la culata.

pitcher. En béisbol, 'lanzador'. Si se usa en inglés, debe añadirse 'lanzador' entre paréntesis en la primera referencia.

pívot. Escríbase 'pivote' para las informaciones de balonmano. En las de baloncesto, puede escribirse *pívot,* en cursiva y con acento.

pizza, pizzería. Se escriben en redonda.

plácet. Palabra **latina** empleada en el lenguaje diplomático. Se escribe en redonda y no tiene plural. Está admitida por la Academia con el significado de 'aprobación, opinión favorable'

planning. Tradúzcase por 'planificación' o también 'plan', según cada caso.

plataforma reivindicativa. Expresión no recomendable, salvo que se trate de una cita textual; sustitúyase por 'las reivindicaciones'. En sentido figurado, está incorporada al *Diccionario de la Lengua Española* con el significado de programa o conjunto de reivindicaciones o exigencias que presenta un grupo político, sindical, profesional, etcétera, o conjunto de personas, normalmente representativas, que dirigen un movimiento reivindicativo.

plató (plural, platós), no *plateau.*

platoon (plural, *platoons).* Unidad militar equivalente en el Ejército español a 'sección'.

platos. Véase nombres de **alimentos.**

plausible. Digno de aplauso. Académicamente está admitido en el sentido de 'atendible', 'admisible', 'recomendable'. No debe emplearse como sinónimo de 'posible'.

play back. En vez de esta palabra inglesa, que significa 'sonido grabado anteriormente', utilícense las españolas 'previo', 'pregrabado' o, simplemente, 'grabado'.

Playboy. Como marca registrada, se escribe con mayúscula inicial y en redonda, salvo en el caso del título de la revista, en el que se empleará cursiva. En los restantes casos irá todo en minúscula y en cursiva si se trata de una cita textual. Siempre que se pueda, empléese 'un donjuán' o 'un conquistador'.

play off. No debe emplearse. Sustitúyase, según cada caso, por 'liguilla', 'eliminatoria', 'fase final', 'segunda fase', 'serie final', 'serie semifinal', 'series finales' y, en el caso del golf, por 'desempate'.

plaza. Se escribe en minúsculas, salvo cuando forme parte de un nombre. Ejemplos: 'plaza de Cataluña', 'Hotel Plaza'. Excepto cuando lo forma un adjetivo, el nombre de la plaza debe ir precedido de la preposición correspondiente. Ejemplos: 'plaza de Santa Ana', 'plaza Mayor'.

Plovdiv. Ciudad búlgara antes llamada Filipópolis.

plural. Véanse el apartado **12.31** y **12.34** del Manual.

Poblenou, y no Poble Nou ni Pueblo Nuevo.

Poble Sec, y no Poblesec ni Pueblo Seco.

pocket battleship. En inglés, 'acorazado de bolsillo'.

poetisa. Femenino correcto de poeta.

pogromo (plural, pogromos). Del ruso, *pogrom*. Aunque admitida por la Academia, se trata de una palabra poco conocida. Sustitúyase por 'matanza', 'asalto', 'devastación', 'aniquilamiento'.

Polaroid. Una marca registrada. Por tanto, se escribe con mayúscula inicial y en redonda. Pero todo en minúscula y en cursiva cuando se refiera a una máquina fotográfica con la que se obtiene en segundos una copia en positivo.

pólder (plural, pólderes). En los Países Bajos, terreno ganado al agua. Esta palabra de origen holandés, que figura en el diccionario de la Academia, se escribe en redonda.

polemología. Ciencia que estudia las causas, formas, efectos y funciones de la guerra como fenómeno social.

pole position. Tradúzcase por 'primera posición' o 'posición de cabeza'. Es un error escribir *pool position,* que sería 'posición de piscina' o 'posición de billar'.

policía. Se escribe con minúscula salvo que forme parte de un nombre completo: 'La Policía Municipal incrementó el número de multas'. 'Será reestructurado el Cuerpo Nacional de Policía'. Pero 'la policía no puede resolver todos los delitos'. Véase **Cuerpo Nacional de Policía.**

policiaco, no policíaco.

Policía Nacional. Véase **Cuerpo Nacional de Policía.**

poliéster. Se escribe en redonda.

políglota. No es un adjetivo invariable. Su forma masculina es 'polígloto'; y la femenina, 'políglota'.

polimili (plural, *polimilis).* Apócope de las palabras 'político' y 'militar', que se emplea para designar a los miembros de una de las ramas de **ETA** ya disuelta. Se escribe en cursiva.

polio. Puede emplearse como expresión familiar y forma apocopada de poliomielitis o parálisis infantil, siempre que no resulte confundible con la plata arborescente 'polio'.

Polisario. Acrónimo del Frente *Po*pular para la *Li*beración de *Sa*guia el Hamra y *Río* de *Oro,* convertidas por el uso en palabra común: Polisario. Puede escribirse, indistintamente, 'el Polisario' o 'el Frente Polisario', pero no hacer unas siglas de otras siglas: FP. Los miembros de esta organización son 'polisarios', en redonda y singular o plural según el caso.

Politburó. Contracción de las palabras rusas Politícheskoye Buró o Buró Político. Era el máximo organismo del Partido Comunista de la antigua Unión Soviética entre dos sesiones plenarias de su Comité Central. Desde octubre de 1952 hasta abril de

1966, este organismo se llamó **Presídium**. Se escribe con mayúscula inicial y en redonda.

poney. Véase **poni**.

poni (plural, ponis), no *poney*. Caballo de poca alzada.

pool position. Véase *pole position.*

pop, música o arte. Por su uso generalizado, esta palabra inglesa se escribirá en redonda.

popa. Parte posterior de una embarcación.

popurrí (plural, popurrís), no *pot-pourri*. Se escribe en redonda.

póquer, no *poker*.

porno. Apócope de pornografía. Admitida por la Academia. Escríbase en redonda.

por otra parte. No conviene abusar de este latiguillo. Si se emplea, deberá introducir un párrafo o noticia relacionada directamente con la frase anterior.

porque, porqué. Se escribe junto y sin acento cuando es conjunción causal y puede sustituirse por 'a causa de' o 'por razón de'. En cambio, se acentúa cuando es sustantivo y sinónimo de la causa o la razón. Ejemplos: 'lo hago porque es necesario', 'los ciudadanos quieren saber el porqué de la dimisión'. Cuando es interrogativo o dubitativo —aunque no figure expresamente entre interrogaciones—, va separado y con acento en *qué*. Ejemplo: 'no me explico por qué no vino'.

porro. Cigarrillo de **droga**. Se escribe en redonda, pero debe quedar claro su significado.

portaaeronaves. Véase **buques de guerra**.

portaaviones, no portaviones. Véase **buques de guerra**.

por tanto, no 'por lo tanto'.

Porto. El nombre español de esta ciudad portuguesa es Oporto.

portorriqueño. Escríbase 'puertorriqueño'.

pos, no post. Prefijo para indicar 'detrás' o 'después de'. Se escribirá sin guión de separación y unido a la palabra, salvo que ésta comience por la letra *s*. Ejemplos: 'posguerra', 'pos-socialismo'.

pose. Galicismo incorporado al *Diccionario de la Lengua Española* que significa 'afectación en la manera de hablar y comportarse', 'postura poco natural'. Debe sustituirse por estas palabras castellanas. La Academia ha admitido para el verbo 'posar' la acepción, de origen francés, de "permanecer en determinada postura para retratarse o servir de modelo a un pintor o escultor".

posgraduado. Escríbase 'graduado'. En cambio, es correcto 'estudios de posgrado' o 'curso de posgrado'.

Posicionamiento, posicionar. Palabras admitidas por la Real Academia Española. Es preferible emplear 'situar', 'colocar', 'definirse', 'tomar posición'.

póster (plural, pósteres). Cartel que se cuelga en la pared como elemento deorativo.

post merídiem. No debe emplearse esta expresión **latina.** Escríbase 'después del **mediodía'.**

potencia. Estado, persona o entidad poderosa o influyente. Se escribe en redonda.

pot-pourri. Véase **popurrí.**

Potsdam, no Postdam. Del 17 de julio al 2 de agosto de 1945, esta localidad alemana oriental fue escenario de la tercera y última conferencia de los tres **grandes:** Truman, Stalin y Churchill (este último sustituido al final por Clement Attlee).

Pravda. En ruso, 'verdad'. Periódico ruso independiente en la actualidad. Fue el órgano del Comité Central del Partido Comunista de la desaparecida URSS.

precarización. No debe emplearse, salvo en una cita textual y, en ese caso, escrita en cursiva. Sus equivalentes correctos pueden ser 'deterioro', 'desgaste', 'inseguridad'.

preferentemente. Este adverbio no es sinónimo de 'especialmente' o 'destacadamente'.

premier. Esta palabra, escrita en cursiva, sólo debe emplearse en el caso del primer ministro del Reino Unido o de otro país de habla inglesa en el que el cargo reciba esta denominación. En los restantes casos, empléese 'primer ministro', 'jefe de Gobierno' o **canciller,** según lo que corresponda.

première. No debe emplearse esta palabra francesa para referirse al estreno, primera exhibición o presentación de una obra cinematográfica o teatral.

premios. Se escriben con mayúscula inicial cuando se trata del nombre oficial, y todo en minúsculas cuando se refiera al premiado. Ejemplos: 'el Premio Nobel de Literatura'; 'Camilo José Cela, premio Nobel de Literatura'.

prensa. Se escribe con minúscula inicial aunque se refiera al conjunto de medios periodísticos. Ejemplos: 'La prensa británica', 'una conferencia de prensa', 'radio, prensa y televisión' o *prensa del corazón* (esta última, escrita en cursiva).

president. El presidente del Gobierno de la Generalitat de Cataluña. Se escribe en castellano: 'presidente'.

Presídium. En ruso, 'presidencia', 'junta directiva', 'mesa'. Se escribe con mayúscula inicial y en redonda.

El Presídium por antonomasia es el del Sóviet Supremo (Pre-sídium Verjóvnogo Sovieta SSSR), máximo órgano estatal de la extinta Unión Soviética. El Sóviet Supremo estaba dividido en dos cámaras: el Sóviet de las Nacionalidades y el Sóviet de la Unión. De 1952 a 1966, el Buró Político del Comité Central del **PCUS** no se llamó Politburó, sino Presídium. En la actualidad se entiende como la 'mesa' o junta directiva del Congreso de los Diputados (ex Sóviet Supremo), con muchas menos competencias.

presionar. No se 'presiona' la dimisión de nadie; se le obliga a dimitir o se fuerza su dimisión. En cambio, este verbo se emplea correctamente en frases como la siguiente: 'presionar a la empresa para obtener un aumento'.

pressing. No debe emplearse. Escríbase 'presión'.

press release. Tradúzcase por 'comunicado'.

prêt-à-porter (plural, *prêts-à-porter*). En francés, 'listo para llevarse'. Se puede emplear, referido a la moda en el vestir, pero escrito en cursiva.

pretencioso. Es preferible sustituir este galicismo por 'presuntuoso'.

Preveer. Lo correcto es prever.

prima donna (plural, *prime donne).* Sólo se debe emplear para la música.

Primavera de Praga. Con mayúscula inicial y en redonda.

primera ministra, no primer ministra.

primo. También, persona que se deja engañar o explotar fácilmente. Se escribe en redonda.

primo aviere. Graduación de las Fuerzas Aéreas italianas equivalente en las españolas a cabo primero. Debe traducirse así.

príncipe. Véanse el apartado **7.4** y siguientes.

prior. Se escribe siempre en minúsculas.

privacidad. Es un barbarismo. Escríbase 'intimidad' o 'vida privada'.

private o *private soldier.* Tradúzcase por soldado raso.

private first class. En el Ejército de Tierra norteamericano, soldado especialista o soldado de primera. Ha de traducirse así.

proa. Parte delantera de una embarcación.

Problemática. Además de adjetivo ('dudoso, incierto, o que se puede defender por una y otra parte'), la Academia ha admitido esta palabra con el significado de 'conjunto de problemas pertenecientes a una ciencia o actividad determinadas'. En este último caso es preferible emplear 'los problemas', 'las dificultades' o 'el conjunto de problemas'.

procedimental. Escríbase en su lugar 'procesal' o 'de procedimiento'.

pro domo sua. Expresión **latina** traducible al castellano por 'barrer para casa'. No debe utilizarse en un texto noticioso.

profesor. No se debe emplear como tratamiento honorífico.

profundizar. Se abusa de esta palabra en lugar de 'ahondar', 'examinar detenidamente', etcétera.

progre. Apócope de progresista. Tiene cierto sentido irónico. No debe utilizarse en un texto noticioso. Se escribe en cursiva.

proletkult. Contracción de las palabras rusas *proletárskaya kul-*

tura, o cultura proletaria. De 1917 a 1932, organización voluntaria de la Rusia soviética que se ocupaba de literatura y teatro. No se debe utilizar en un texto noticioso.

proliferación. En la terminología diplomático-militar, el aumento de países capacitados para la fabricación de armamento **nuclear.** Véase **diseminación.**

pronunciamiento. Alzamiento militar, o declaración de un juez. No debe emplearse en otros supuestos.

pronunciar un mitin. Expresión incorrecta. Sustitúyase, según el caso, por 'pronunciar un discurso' o 'celebrar un mitin'.

propuesta de providencia. Decisión del secretario de un tribunal sobre asuntos de trámite que propone al juez. No debe emplearse en un texto noticioso. Es mejor ir al grano y escribir que 'el secretario propuso' lo que sea. Véase **providencia.**

protagonizar. Significa 'representar un papel en calidad de protagonista'; y 'protagonista' es el 'personaje principal' de una obra o de un suceso. Por tanto, no se puede escribir 'decenas de personas *protagonizaron* una manifestación', puesto que todas a la vez no desempeñan el papel principal. Análogamente, en una obra literaria o escénica sólo hay un protagonista (o uno masculino y otro femenino). Puede haber varios actores principales, pero no varios protagonistas. La etimología en castellano deriva del griego *protos,* primero, y *protos, agonystés,* actor. En cambio el *protos, starring* inglés, que es lo que induce a confusión, procede de *protos, star,* y por tanto implica una lógica distinta.

protocolo. Véase el **capítulo 7** del Manual.

Provenza, no Provence. Nombre castellano de una región de Francia.

providencia. Resolución de un juez sobre cuestiones no de fondo, sino de trámite. Para dar traslado a una parte, se emplea la 'providencia', mientras que para decidir sobre una incidencia se utiliza el **auto.** En los textos periodísticos debe eliminarse este término, de resonancias divinas, y sustituirlo por 'resolución' o 'decisión'. Y mejor que sustituir, decir cuál fue la decisión tomada; en vez de 'el juez dictó providencia mediante la que ordenó el traslado de la causa al fiscal', escríbase sencillamente 'trasladó la causa al fiscal'. Véase **propuesta de providencia.**

provocar. No es sinónimo de causar, sino de 'excitar' o 'inducir'. Se causa algo cuando la acción recae directamente en la persona o cosa. Y se provoca cuando esa causa genera otra acción de la persona o cosa. Se provoca una reacción, pero se causa un daño. Es incorrecto escribir, por ejemplo: 'La bala le provocó una herida en la pierna'. Para comprender mejor la diferencia entre causar y provocar, analícense los sustantivos: 'causa' y 'provocación'.

Igualmente, no debe hablarse de "incendio provocado" cuando se pretenda expresar que se trata de un fuego intencionado. Todos los incendios son provocados por algo, ya sea un rayo, un cortocircuito o la cerilla de una persona.

provost marshal general. En Estados Unidos, el jefe superior de la Policía Militar.

pseudo. Sustitúyase este prefijo por 'seudo', sin *p*. Ejemplos: 'seudónimo', y no 'pseudónimo'.

psico. Todas las palabras derivadas del griego *psyjé* ('alma') se escribirán con *ps*.

psicodelia. Movimiento que nació en California, Estados Unidos, en torno a las experiencias del **LSD.**

Pta. (no tiene plural). Esta abreviatura sólo se puede emplear en las tablas o cuadros estadísticos; en un texto hay que escribir 'peseta' o 'pesetas' con todas sus letras.

pub (plural, *pubs*). Puede emplearse, pero en cursiva. No obstante, se prefiere el uso de equivalentes castellanos, como 'bar' o 'taberna'.

publisher. Tradúzcase por **editor.**

pudin (plural, pudines), no *pudding*. La Academia admite 'pudín' y también 'budín', en ambos casos como derivados de *pudding*. No obstante, se utilizará 'pudin', con la acentuación llana de la palabra de origen.

puente. Se escribe en redonda con el significado de día o días que entre dos festivos o sumándose a uno festivo se aprovechan para vacación.

En la Armada, la estructura en la que se encuentra el puesto de mando.

puente aéreo. Se escribe en redonda.

puenting. Escríbase 'puentismo'. Deporte no federado que consiste en arrojarse desde un puente de gran altura, atado con cuerdas a la barandilla, para quedar colgando a pocos metros del agua o del suelo.

puertorriqueño, no portorriqueño.

pulgada. Medida empleada en el mundo anglosajón. En longitud equivale a 2,5400 centímetros; en superficie, la pulgada cuadrada son 6,4516 centímetros cuadrados; en volumen, 16,3872 centímetros cúbicos; en capacidad, 0,01639 litros.

Véanse tablas de conversión en el **Apéndice 2.**

Pulitzer, premios. Galardones que se conceden anualmente en Estados Unidos en el campo del periodismo y las artes de aquel país. Fueron instituidos por Joseph Pulitzer (1847-1911), editor del **periódico** neoyorquino *protos, The World.* El primero se concedió en el año 1917. Actualmente los otorga la Universidad de Columbia (Nueva York).

pullman. Escríbase 'autobús'.

pull-over. Escríbase **jersei.**

punch. En el boxeo, puñetazo. Se escribe en cursiva.

punki (plural, punkis), no *punk.* Se escribe en redonda al estar castellanizada.

punto. Sobre el uso de este signo ortográfico, véanse los apartados **11.12** y siguientes del Manual.

puntos, dos. Sobre el uso de este signo ortográfico, véanse los apartados **11.24** y siguientes del Manual.

puntos suspensivos. Sobre el uso de este signo ortográfico, véanse los apartados **11.35, 11.72** y siguientes del Manual.

punto tipográfico. Doceava parte de la **pica** o del **cícero.**

punto y coma. Sobre el uso de este signo ortográfico, véanse los apartados **11.18** y siguientes del Manual.

puntual. Se suele hablar de propuestas o aspectos *puntuales*, en lugar de citar aspectos 'concretos'. Esa acepción de 'puntual' no es castellana.

purga. Se escribe en redonda cuando se use como sinónimo de 'depuración'.

Purim. Véase **calendario judío.**

putsch. Tradúzcase por 'intentona golpista' o 'revuelta fracasada'.

putt. Golpe que, en el **golf,** se produce cerca del hoyo. Se prefiere 'falló en los golpes cortos' a 'falló en el *putt*'. En realidad, *putt* es el golpe corto, no el palo; éste se llama *putter* en inglés.

puzzle. Es un anglicismo. Utilícese 'rompecabezas'.

PVP. Nunca debe emplearse esta abreviatura de 'precio de venta al público'.

Q

Qantas Airways. Líneas aéreas australianas.

Qatar (no Quatar ni Katar). Emirato árabe independiente situado en una península de la costa meridional del golfo Pérsico. Es miembro de la Organización de Países Exportadores de Petróleo (OPEP). Tiene su capital en Duhá. EL PAÍS asume la transcripción con la letra *q* por ser la adoptada internacionalmente y por el diferente matiz de sonido respecto a la letra *k* en el nombre árabe, al estar situada a principio de palabra.

Quai d'Orsay. Malecón del Sena, en París, en donde tiene su sede el Ministerio de Asuntos Exteriores francés y, por extensión, éste. Si se usa, debe explicarse.

qualunquismo. Movimiento derechista creado en la Italia de la posguerra por el periodista y comediógrafo Guglielmo Giannini (el nombre se lo debe a su órgano de expresión, la revista *L'Uomo Qualunque,* cuya traducción no literal sería 'el hombre de la calle'). El *qualunquismo,* al que rápidamente prestaron su apoyo los descontentos, pero moderados, de la clase media, aquellos que habían sido fascistas no por convicción, sino por conformismo, desapareció de la escena política a los pocos años. No obstante, en Italia sigue empleándose la palabra para designar al magma electoral que, en términos más actuales, se conoce como 'la mayoría silenciosa'. No debe usarse en castellano.

quart (plural, *quarts*). Un cuarto de **galón.**

quarterback. En rugby americano, el director del juego de un equipo. Es el principal lanzador de balones para que sus compañeros consigan un ensayo. En México se le denomina 'mariscal de campo'. Puede emplearse *quarterback,* en cursiva, si se explica su significado en la primera referencia.

Quartermaster Corps. En el Ejército de Estados Unidos, el Cuerpo de Intendencia. Debe traducirse así.

que. El pronombre 'que' se emplea preferentemente detrás de nombres de cosas. Detrás de nombres de personas hay que usar 'quien'. No es correcto 'es el Congreso de los Diputados quien debe decidir', sino 'es el Congreso de los Diputados el que debe decidir'. Pero sí 'es el presidente quien debe decidir'.

Quebec, no Québec. El adjetivo es 'quebequés'.

quebrados, números. Véase el apartado **10.2** del Manual.

quemado. Se escribe en cursiva con el significado de artista o político que ha perdido prestigio o influencia.

Quemado, palacio. Residencia del presidente de la República boliviana.

Quemoy. Véase **Jinmen.**

querella criminal. Es una redundancia, puesto que no hay querellas civiles, sino demandas.

quermés, no kermés. Se escribe en redonda, pero se prefiere 'fiesta popular'.

queroseno, no keroseno. Producto derivado del petróleo.

quid pro quo. Expresión **latina,** 'una cosa por la otra'. No debe emplearse en un texto noticioso.

quien. Este pronombre sólo puede usarse como relativo de una persona. Ejemplos: 'Es el ministro quien estudia el caso'; pero no 'es el ministerio quien estudia el caso', sino 'es el ministerio el que estudia el caso'.

quif, no *kif.* **Droga** blanda más conocida por el nombre de **hachís.**

quilla. Pieza longitudinal sobre la que descansa el armazón de un buque. Es su espina dorsal.

quimono, no kimono.

Quince, los. Los miembros de la Unión Europea (véase **Unión Europea, Tratado de la)**, que son: Alemania, Austria, Bélgica, Dinamarca, España, Finlandia, Francia, Grecia, Irlanda, Italia,

Luxemburgo, Países Bajos, Portugal, Reino Unido y Suecia.

quinqui (plural, quinquis). Individuo de una determinada extracción socioétnica, generalmente de vida ambulante y vendedor de mercancías varias (quincalla). El vocablo ha sido admitido por la Academia con el significado de 'persona que pertenece a cierto grupo social marginado de la sociedad por su forma de vida'. Se le conoce también con el nombre de *merchero* (no debe confundirse con *mechero*). Aplicado en principio a los *mercheros* delincuentes, hoy su uso se ha generalizado para nombrar a cualquier tipo de delincuente. Se escribe en redonda.

quintacolumna, quintacolumnista. Grupo que coopera con acciones de sabotaje, intoxicación o resistencia en los objetivos de un agresor exterior. Se escribe en minúsculas, todo junto y en redonda.

quiosco, no kiosco ni kiosko.

Quirinal, no Quirinale. Palacio romano donde tiene su sede la Presidencia de la República de Italia.

quizá, o quizás. Ambas fórmulas son igualmente válidas, si bien etimológicamente es más correcta la primera de ellas.

Quneitra, no Kuneitra. Ciudad siria, capital del distrito del mismo nombre.

quórum (no tiene plural). Número de individuos necesario para que un cuerpo deliberante tome un acuerdo válido. Se escribe en redonda.

R

r. Las palabras que comienzan con esta letra la duplican cuando pasan a formar parte de una compuesta. Ejemplos: 'contrarrevolucionario', 'ultrarrápido', 'extrarradio', 'publirreportaje'. No sucede así cuando se trata de una expresión formada por dos palabras a las que une un guión ('Biriukov, el jugador hispano-ruso'), ni cuando en la división silábica de partición de línea el guión coincide delante de la *r*.

rabi. Véase **calendario musulmán.**

rabí (plural, rabíes). Conocedor e intérprete de las leyes hebraicas: maestro.

rabino. Sacerdote judío.

Racing (no Rácing). Sirve como única referencia para el club de fútbol Racing de Santander. En otro caso, debe escribirse completo en la primera referencia. Ejemplo: 'Racing de Malinas'. Véase **Milán.**

radar (plural, radares). Término formado con las letras iniciales de las palabras inglesas r*adio detecting* a*nd* r*anging* (descubrimiento y medición por radio). Se escribe en redonda.

radiactividad, no radioactividad.

radio. Se escribe con mayúscula inicial cuando forme parte del nombre de una emisora concreta. Ejemplos: 'emisiones de radio captadas en Beirut', 'Radio Tirana'.

Radiotelevisión Española. El **Ente** Público Radiotelevisión Española, al que corresponden las siglas RTVE, está constituido por dos sociedades anónimas: Radio Nacional de España (RNE) y Televisión Española (TVE).

Cuando se haga referencia a uno de los canales de Televisión Española o a una de las emisoras de Radio Nacional, el número que le siga irá unido por un guión si se trata de una sigla y, en caso contrario, con un blanco de separación. Ejemplos: 'TVE-1', 'Radio 5'.

Radio Vaticana, no Radio Vaticano.

Ragusa. Nombre anterior de Dubrovnik, en Bosnia.

raid (plural, *raids*). Escríbase 'incursión'.

ralentí. Galicismo admitido por la Academia con el significado de 'número de revoluciones por minuto a que debe funcionar un motor de explosión cuando no está acelerado'. Puede sustituirse por 'motor a baja revolución'. En cinematografía significa a 'cámara lenta'.

ralentizar. En castellano debe escribirse 'lentificar'.

rally (plural, rallies), no *rallye*. Por su extendido uso, esta palabra inglesa se escribirá en redonda y con un plural castellanizado.

Ram, Mercat del, y no 'mercado del Ram'. Feria agrícola y ganadera que se celebra en Vic (Barcelona).

Ramadán. Con mayúscula inicial y en redonda cuando se trate de la fiesta del ayuno; en cursiva y todo de minúsculas, para el nombre de uno de los meses del **calendario musulmán.**

Raniero de Mónaco, no Rainiero.

ranking. Debe sustituirse por 'clasificación' o 'lista'. Véase *rating.*

rapport. En francés, 'relación'. Debe emplearse la palabra 'informe'.

rapprochement. Palabra francesa frecuente en el lenguaje diplomático. Debe traducirse siempre por 'acercamiento' o 'reconciliación'.

rapto. Secuestro con móvil sexual o de una persona menor de edad. Por tanto, no siempre es sinónimo de 'secuestro'.

Ras al Jaima. Véase **emiratos árabes.**

ratero. En la jerga policial, un ladronzuelo. Se escribe en redonda.

rating. Cantidad de telespectadores que en determinado momento del día tienen conectado su aparato de televisión. Siempre que se pueda, debe obviarse el uso de esta palabra. Si se usa, debe explicarse y se escribe en cursiva. No ha de confundirse con *ranking.*

Ratisbona. Nombre español de Regensburg (en francés, Ratisbonne), ciudad de Alemania.

Ravenna. El nombre de esta ciudad italiana se escribe en español con una sola ene y sin acento: 'Ravena'.

ravioles, no *ravioli.*

raya. Sobre el uso de este signo ortográfico, véanse los apartados **11.42, 11.43, 11.44, 11.48** y siguientes del Manual.

rayab, no *reyeb.* Véase **calendario musulmán.**

rayón (plural, *rayoni).* División administrativa soviética. Debe traducirse por 'distrito'.

razia (plural, razias), no *razzia.* Incursión, correría, batida o redada.

reajuste. Evítese el eufemismo económico de llamar 'reajuste' a una subida de precios. Máxime cuando tal palabra nunca se emplea en sentido contrario: se habla de 'reajuste de precios' si sube la gasolina; pero esta palabra no se utiliza si la gasolina baja.

real decreto. Como genérico, se escribe en minúsculas, y con mayúsculas iniciales cuando se trata de uno concreto. Ejemplos: 'el citado real decreto', pero 'Real Decreto 125/1983'.

reality show. 'Programa de sucesos', generalmente aplicado a la televisión. Se prefiere esta segunda fórmula.

realizar. Se abusa de este verbo cuando no han desaparecido del diccionario estos otros: 'hacer', 'practicar', 'obrar', 'ejecutar', 'efectuar', 'perpetrar', 'producir', 'llevar a cabo', 'elaborar', 'cometer', etcétera. Se escriben frases como éstas: 'El ministro *realizó* un discurso', 'Fulano *realizó* una exposición'. Escríbase en su lugar 'el ministro *pronunció* un discurso' y 'Fulano *expuso'.*

realpolitik. En alemán, política positiva, realista. No debe emplearse en un texto noticioso.

rear admiral. Graduación militar de las fuerzas navales de Estados Unidos y el Reino Unido equivalente en la española a contralmirante. Véase *admiral.*

receso. Es un americanismo utilizar esta palabra con el significado de descanso o suspensión temporal. En correcto castellano, significa 'separación, apartamiento, desvío'.

reciclaje. No se debe emplear. Escríbase, según el caso, 'reciclamiento' o 'reconversión'. En el primer supuesto, cuando suponga 'acción o efecto de **reciclar**'; en el segundo, con el significado de 'adaptación a nuevas actividades'.

reciclar. Significa 'someter repetidamente una materia a un mismo ciclo, para ampliar o incrementar los efectos de éste'.

recital. Esta palabra debe reservarse para la canción y la poesía, y utilizar 'concierto' para la música cuyo mayor interés sea el instrumental.

reclamarse. Se emplea inadecuadamente con el significado de 'proclamarse', 'invocar', 'apelar a', 'apoyarse moral o ideológicamente en' o 'tomar como punto de referencia'.

recomenzar. Significa volver a empezar, lo que retorna a su punto cero. En el segundo tiempo de un partido de fútbol, por ejemplo, no *recomienza* el juego; se *reanuda*.

recompas. Militares sandinistas nicaragüenses desmilitarizados, organizados y armados.

recontras. Excombatientes de la **Contra** nicaragüense que no entregaron sus armas.

récord (plural, récords). Puede emplearse siempre que no sea sustituible por 'marca' o 'plusmarca'. Se escribirá con acento en la *e* y en letra redonda. Es una redundancia escribir 'un nuevo récord'.

No es lo mismo récord que 'mejor marca'. Generalmente se utiliza esta segunda expresión cuando la marca realizada no puede ser homologada como récord. Una prueba de natación en piscina de 25 metros invalida el récord; un salto de longitud con más viento favorable del permitido, también.

recordman, recordwoman. No deben emplearse. Escríbase 'plusmarquista'.

recorrer. En tipografía, pasar letras de una a otra línea para ajustarlas bien o pasar líneas de una a otra columna con el mismo fin.

recruit. Tradúzcase por 'recluta'.

Redacción. Se escribe con mayúscula inicial cuando se refiera al conjunto de los redactores de un periódico o a su lugar de trabajo.

redactado. Es incorrecto escribir 'el redactado de la ley'. En todo caso, es correcto el participio en 'lo redactado'; o bien 'la redacción de la ley'.

redactor jefe, no redactor-jefe.

Red Crescent. Se debe traducir por Media Luna —equivalente de la Cruz Roja en la mayoría de los países musulmanes—, pero no literalmente como 'Creciente Rojo'.

referéndum (plural, referendos).

refugiado. Los activistas o simpatizantes de **ETA** que residen en el sur de Francia no son refugiados, sino exiliados. Solamente una docena de ellos dispone del estatuto de refugiado —concedido hace muchos años en la mayoría de los casos—, y en estos supuestos sí se puede utilizar esa palabra para referirse a tales personas, ya que han sido objetivamente refugiadas por el Estado francés. El término 'refugiado' tiene una connotación política, y en la mayoría de estos casos se trata simplemente de fugitivos.

Regensburg. El nombre español de esta ciudad de Alemania es Ratisbona.

regidor. Escríbase 'concejal' cuando se refiera a un cargo municipal. Puede servir como recurso estilístico para referirse al alcalde.

régimen (plural, regímenes).

regiment (plural, *regiments*). Unidad militar equivalente en el Ejército español a 'regimiento'.

regimiento. Se escribe con minúsculas, salvo que la palabra forme parte del nombre propio de una unidad militar.

regió. Escríbase 'región' incluso cuando se refiera a la división territorial catalana.

regiones militares. Véase **Fuerzas Armadas.**

reglamentario, tiempo. La duración reglamentada para un partido de fútbol es de 90 minutos. Si el árbitro lo prolonga en atención a las pérdidas de tiempo registradas durante el juego, deberá hablarse de que se ha superado el 'tiempo reglamentado', pero no el 'tiempo reglamentario' puesto que las normas del fútbol prevén precisamente esa prolongación del tiempo, que sigue siendo, por tanto, reglamentario.

regletear. En tipografía, espaciar las líneas o párrafos con más blanco del que, por su diseño de fábrica, corresponde al tamaño del tipo en que se componen.

Reikiavik. La capital de Islandia.

reina. Véase el **capítulo 7** del Manual.

reino. Se escribe con mayúscula inicial cuando ésa sea o haya sido la forma política de un Estado. Ejemplos: 'el Reino de España', pero 'dijo que su reino no es de este mundo'.

Reino Unido. Inglaterra, Gales y Escocia forman Gran Bretaña; y junto a Irlanda del Norte, el Reino Unido de Gran Bretaña e Irlanda del Norte, nombre oficial del país. Por tanto, se escribirá 'Reino Unido', por ser una denominación más completa, cuando se trate de una referencia a esta nación y no a alguna de sus partes. No obstante, los ciudadanos del Reino Unido son 'británicos'.

En el empleo de estos términos hay que tener sumo cuidado con las referencias geográficas o las históricas. El 'norte de Inglaterra' no se corresponde con 'el norte del Reino Unido', que es donde está Escocia. No es lo mismo escribir que 'la *leyenda negra* fue creada por Inglaterra hace 400 años, a raíz de la intentona de la Armada Invencible', que atribuírsela al Reino Unido, pues no es hasta el año 1707 cuando ingleses y escoceses acuerdan (Act of Union) constituir un Parlamento único.

Los mismos criterios, e idénticas precauciones, valen para los adjetivos 'anglo', 'inglés' o 'británico'. Véase **islas Británicas.**

reinsertado. Lo correcto es 'reinserto'.

reivindicar. Significa reclamar

algo a lo que se tiene derecho. Por extensión, peticiones de los trabajadores o de un colectivo. Así pues, no se reivindica un atentado; todo lo más, la responsabilidad del atentado. En tales casos, sustitúyase por 'atribuirse'.

relais. Escríbase **relé.**

relanzar. 'Reunir' no es unir dos veces, ni volver a unir; 'rematar' no significa 'volver a matar' (sería imposible entonces rematar a una persona, teniendo, como tenemos, una sola vida); 'recoger' no es coger dos veces... Y 'relanzar' no significa 'volver a lanzar', sino 'rechazar, repeler'. Lo correcto es decir 'reactivar la economía', 'impulsar el comercio'.

relax. Palabra admitida por la Academia con el significado de 'relajamiento físico o psíquico producido por ejercicios adecuados o por comodidad, bienestar, o cualquier otra causa'. Puede sustituirse por 'descanso' o 'relajación'.

relé (plural, relés), no *relais*. Aparato de electrónica destinado a producir una modificación en un circuito.

remake. No debe utilizarse. Sustitúyase, según el caso, por 'versión' o 'remedo'.

remarcable. Es un extranjerismo. Escríbase, en sustitución, 'notable', 'señalado', 'interesante', 'conspicuo', 'sobresaliente', 'digno de atención', 'digno de observación', 'importante', 'peculiar', 'singular', 'significativo', 'excepcional' o 'sugestivo'.

remarcar. Este verbo significa 'volver a marcar', pero no 'subrayar', 'recalcar', 'advertir', 'apuntar', 'hacer hincapié', 'reparar', 'manifestar','poner de manifiesto', 'poner de relieve' o 'llamar la atención'. Utilícense, pues, estos verbos cuando se quiera escribir en ese sentido.

remodelación. No es palabra castellana, sino inglesa y francesa. En castellano existen 'reforma', 'reajuste', 'reestructuración', 'mejora', 'modificación', 'reordenación', 'remoción'. Igualmente, en vez de 'remodelar' deben usarse los verbos correspondientes a estas palabras (a 'remoción' corresponde 're-mover').

rendez-vous. Existe en castellano la palabra 'rendibú', con el sentido de 'manifestación obsequiosa de cortesía'. En su otra acepción, escríbase 'cita'.

Renfe. Acrónimo de la Red Nacional de los Ferrocarriles Españoles. Se escribirá con mayúscula inicial y en redonda.

Renmin Ribao (en chino, 'diario del pueblo'). **Periódico** de China.

rentrée. No debe utilizarse. Escríbase 'regreso', 'vuelta' o 'retorno'.

repair ship. En inglés, 'buque taller'.

reportero, no *repórter.*

reprise. No debe emplearse. Escríbase 'recuperación', 'aceleración'.

Repubblica, La. **Periódico** romano.

república. Se escribe con mayúscula inicial cuando ésa sea o haya sido la forma política de un Estado. Ejemplos: 'la República Popular China', 'la Segunda República Española', pero 'la república de las letras'.

República Checa. Denominacion oficial de una de las dos repúblicas en que se dividió Checoslovaquia el 1 de enero de 1993. La capital es Praga, y el gentilicio, checo.

República Centroafricana. Hasta 1958 se llamó Ubangui-Shari. Y desde diciembre de 1977 hasta septiembre de 1979 fue un imperio.

República Dominicana. Denominación oficial del Estado que comparte con Haití la isla de Santo Domingo, en las **Antillas,** y cuya capital se llama Santo Domingo.

respirador, no *respirator.*

respuesta flexible, estrategia de la. O doctrina de McNamara. Expuesta inicialmente por el general Maxwell Taylor, y patrocinada luego por el presidente John F. Kennedy y su secretario de Estado, Robert McNamara, esta doctrina diplomático-militar es consecuencia de la igualdad de fuerzas alcanzada por la Unión Soviética respecto a Estados Unidos a principios de los sesenta. Sostiene que, en caso de agresión, las represalias serán proporcionales a ésta. Con armas convencionales si no se traspasa ese umbral, luego con armas **nucleares,** pero sin atacar centros urbanos, sólo objetivos militares, y así sucesivamente, de modo que el adversario pueda reflexionar ante el siguiente paso y, en el mejor de los casos, desistir. Corolario de esta teoría fueron, en lo militar, el concepto de *escalada,* y en lo diplomático, el *teléfono rojo* establecido entre la Casa Blanca y el Kremlin. Al exigir un único centro de decisión en el que graduar la flexibilidad de la respuesta, que estaría en Estados Unidos, y al prometer no atacar las ciudades soviéticas, para evitar actos del mismo género contra poblaciones norteamericanas, el *paraguas atómico* dejó prácticamente de proteger a los aliados europeos de Washington.

respuesta masiva, estrategia de la. Doctrina mantenida por John Foster Dulles cuando la superioridad armamentista de Estados Unidos era manifiesta.

Sostenía que toda agresión, por mínima que fuese, sería repelida con todas las armas en juego, incluidas las **nucleares.**

restaurante, no restorán ni *restaurant.*

retransmitir. Transmitir desde una emisora de radiodifusión lo que se ha transmitido a ella desde otro lugar. Por tanto, es válido para la gran mayoría de los acontecimientos deportivos, pero no para los programas producidos en los mismos estudios de la emisora. Así, no podría hablarse de 'la retransmisión del telediario', pero sí de 'la retransmisión de la final de Wimbledon'.

reúma, no reuma.

Reuters Limited. Agencia de prensa constituida en propiedad cooperativa por todos los **periódicos** británicos (excepto el comunista *Daily Worker),* en la que participan como agentes fiduciarios organizaciones de prensa del antiguo Imperio Británico. La *s* final desaparece cuando se emplea Reuters como adjetivo: 'un despacho de Reuter'.

reverendísimo, reverendo. No se deben emplear estos tratamientos. Véase el apartado **7.1** del Manual.

revival. No puede utilizarse. Empléense 'evocación' o *'resucitación'* en cursiva.

revolución. Se escribe con mayúscula inicial sólo cuando se refiera a un hecho de trascendencia histórica, determinante, acuñado como nombre propio. Ejemplos: 'Revolución de Octubre', 'Revolución Francesa', la 'Revolución Cultural china', pero 'la revolución sandinista, en Nicaragua'.

Revolución de Octubre. La revolución soviética. Se conmemora el 7 de noviembre desde que el Gobierno de Moscú abandonó, en febrero de 1918, el calendario juliano y adoptó el gregoriano. Se escribe en redonda y con mayúsculas iniciales.

revolución verde. Expresión acuñada para cierto programa y experiencia agrícolas que pretenden multiplicar las cosechas de cereal y paliar de ese modo los problemas alimenticios del Tercer Mundo. Se escribe todo en minúsculas y en cursiva.

revólver (plural, revólveres). Arma de fuego corta. Se diferencia de la **pistola** por su recámara múltiple dispuesta en un cilindro giratorio.

rey. Véanse **monarca** y el **capítulo** 7 del Manual.

reyeb. Véase *rayab.*

Rh, factor. Véase **grupos sanguíneos.**

Rhein, Rhin. Véase **Rin.**

Rhodesia. Véase **Rodesia.**

Rhône. El nombre en español de este río francés es Ródano.

rhythm and blues. Música derivada del *blues* y directo antecedente del **rock.** Se escribe en cursiva.

Riad, no Riyadh. La capital de Arabia Saudí.

Richter, escala de. Los **seísmos** pueden ser medidos mediante dos escalas diferentes: la escala de magnitud (o de Richter) y la escala de intensidad (MSK 1964, anteriormente Mercalli). La primera mide la energía liberada en el foco; por tanto, cada seísmo tiene un único valor de magnitud. La segunda, en cambio, mide los daños producidos; la evaluación variará, por tanto, según a qué distancia del epicentro se mida.

La escala de Richter comprende nueve grados (el único terremoto al que se ha adjudicado la magnitud 9 fue el registrado en Lisboa en 1755, pero nada impide en teoría que pueda producirse otro de magnitud superior). La escala MSK 1964, adoptada en sustitución de la Mercalli, comprende 12 cifras, que se escriben en números romanos. Es sumamente técnica: utiliza tres tipos de definición de edificios (A, B y C, en función de su resistencia a los temblores de tierra), tres tipos de variedad de daños (algunos, 5%; muchos, 50%; la mayor parte, más del 75%) y cinco grados de destrucción de edificios (primer grado, daños serios; segundo, moderados; tercero, serios; cuarto, destrucción parcial; quinto, destrucción total).

Es evidente que por tratarse de un valor único para cada seísmo y por simplicidad de manejo, la que se debe emplear es la escala de Richter. Entre 0 (no seísmo) y 9 (máximo terremoto conocido en la historia), el lector podrá evaluar con suficiente conocimiento las proporciones del seísmo a que se refiere la noticia.

rifleman. Tradúzcase por 'fusilero'.

rímel, no *rimmel.* Cosmético para ennegrecer y endurecer las pestañas. Aunque procede de un nombre comercial, es ya palabra común.

Rin. Nombre castellano del río europeo denominado Rhein en alemán y Rhin en francés.

ring (plural, *rings).* Sustitúyase por 'cuadrilátero', en las informaciones sobre boxeo. Véase el apartado **1.4** del Manual.

río. Se escribe en minúscula, salvo que forme parte de un nombre propio. Ejemplos: 'el río Genil', 'la ciudad de Río de Janeiro', 'Explosivos Río Tinto'.

Río de Oro. Véase **Ued Dahab.**

Rioja, La. Estas dos palabras se escriben con mayúscula inicial.

ritornelo, no *ritornello.* Trozo

musical antes o después de una parte cantada. Repetición, estribillo. Se escribe en redonda.

Riyadh. Véase **Riad.**

robot (plural, robots). Palabra que inventó el dramaturgo **checo** Carel Kapek, derivada de la raíz eslava para 'trabajo' *(robota)*. Se escribe en redonda. No debe olvidarse la palabra 'autómata'.

Roca. Nunca debe emplearse este anglicismo como sinónimo de **Gibraltar,** pues se trata de una traducción literal e incorrecta de 'the Rock'. Escríbase 'el **Peñón'.**

rock. Tipo de música bien definida, propia de los años cincuenta. Por su extendido uso, va en redonda. Irá en cursiva cuando se escriba su nombre completo en inglés *(rock and roll,* nunca *rock 'n' roll)* o cuando acompañe a otra palabra que sí se escribe en cursiva. Ejemplos: *'country rock',* pero 'jazz rock' o 'rock sinfónico'.

rockero, no *rocker.* Joven a quien le gusta el **rock** y la forma de vida que se ha ido creando en torno a este tipo de música. Se escribe en redonda.

rocket. Debe traducirse por 'cohete'.

Rocky Mountains. Tradúzcase por 'montañas Rocosas'.

Rodesia, no Rhodesia. Antigua colonia británica compuesta por lo que hoy son Zimbabue, Zambia (Rodesia del Norte) y Malaui (hasta 1964, Niasalandia). El nombre Rodesia sólo se debe emplear para las referencias históricas anteriores a febrero del año 1980.

roentgen. Unidad radiológica que debe su nombre al descubridor de los rayos X, el físico alemán Wilhelm Conrad von Roenthgen.

rol. No debe utilizarse. Debe escribirse 'papel' o 'función'.

rollo. Esta palabra, en el sentido de 'asunto', sólo puede emplearse en crónicas o reportajes de ambiente **pasota.** Aun así, no puede utilizarse genéricamente, sino aplicada a una actividad concreta o en relación con ella. En estos casos se escribe en cursiva.

Rolls-Royce, no Rolls Royce.

romano pontífice. Véase **Papa.**

röntgen. Escríbase **roentgen.**

rosbif. Se escribe siempre en redonda.

Rosh Hashaná. Véase **calendario judío.**

Rossiyskaya Gazeta. Periódico ruso que edita el Sóviet Supremo de la Federación de Rusia.

Rossiyskie Vesti. Diario ruso fundado por el Gobierno de Rusia.

Rouen. El nombre español de esta ciudad francesa es Ruán.

rough. Tradúzcase por 'matojos'. Véase **golf.**

roulotte. Escríbase **caravana** o 'remolque', según sea el caso.

round (plural, *rounds*). Empléese la palabra española 'asalto'.

royalty (plural *royalties*). No debe utilizarse. Ha de ser traducida por 'patente' o 'canon'.

Ruán. Nombre español de Rouen, ciudad francesa.

Ruanda, no Rwanda. Estado africano. El gentilicio es 'ruandés'.

rueda de prensa. Expresión admitida por la Academia Española. Véase **prensa.**

Rue de Rivoli. Calle de París donde tiene su sede el Ministerio de Finanzas francés. Por extensión, este ministerio. No debe utilizarse como sinónimo si no se explica.

Rumania, no Rumanía. Véase **Moldavia.**

Rusia. Antigua república soviética. La capital es Moscú, y el gentilicio, ruso. En diciembre de 1991 la Unión Soviética dejó de existir y Rusia se declaró heredera de su escaño en el Consejo de Seguridad de la ONU. Rusia es una federación compuesta por 16 repúblicas: Tartaria (capital Kazán); Baskortostán, antes llamada Bashkiria (capital, Ufa); Chuvasia (capital, Cheboksari); Maris (capital, Ioskar Olá); Mordovia (capital, Saransk); Karelia (capital, Petrozavodsk), Komi (capital, Sikrivkar); Udmurtia (capital, Ijevsk); Yakutia (capital, Yakutsk); Buratia (capital, Ulan Ude); Tuva (capital, Kizil); Daguestán (capital, Majachkalá); Chechenia-Ingusetia (capital, Grozni); Kalmikia (capital, Elista); Kabardia-Balkaria (capital, Nalchik); Osetia del Norte (capital, Vladikavkaz).

rutinario. Lo que se hace sin saber muy bien por qué, hacer las cosas sin razonarlas. A veces se utiliza erróneamente esta palabra en lugar de 'habitual', 'ordinario': 'Un registro rutinario' debe ser sustituido por 'un registro ordinario', a no ser que se cumpla precisamente como una rutina ("hábito de hacer las cosas por mera práctica y sin razonarlas"). Este último concepto es, por tanto, peyorativo.

S

SA. No es necesario emplear la abreviatura de 'sociedad anónima' cada vez que se cite una empresa. Es más: como norma general, se prefiere obviar su uso. No obstante, como excepción a la norma sobre abreviaturas, puede utilizarse, escrita en mayúsculas y sin puntos de separación.

Sabena. Siglas de las líneas aéreas belgas (en francés, Société Anonyme Belge d'Exploitation de la Navigation Aérienne). Estas siglas se han convertido con el uso en nombre comercial y palabra común: Sabena. Se escriben en redonda y con mayúscula inicial.

sabra (plural, *sabras*). En hebreo, 'higo chumbo'. Por extensión, israelí nacido en Palestina, no inmigrante. Se escribe en cursiva.

Saceur. Véase OTAN.

Sachsen. El nombre español de esta región de Alemania es Sajonia.

Saclant. Véase OTAN.

safar, no *zafar.* Véase **calendario musulmán.**

Saga. Esta palabra significa, en su primera acepción, 'cada una de las leyendas poéticas contenidas en su mayor parte en las dos colecciones de primitivas tradiciones heroicas y mitológicas de la antigua Escandinavia'. En su segunda acepción, admitida en la última edición del *Diccionario de la Lengua Española* (1992), significa 'relato novelesco que abarca las vicisitudes de dos o más generaciones de una familia'; no es, por tanto, sinónima de familia. *La saga de los Rius* es 'la aventura de los Rius', igual que *La saga de los Porretas* y demás títulos semejantes.

Saguia el Hamra, no Seguiet el Hamra. La parte norte del Sáhara occidental. Véanse **Polisario** y **Ued Dahab.**

Sáhara, no Sahara.

Sahel. Escríbase 'región subsahariana'.

Saigón. Nombre de la que fue capital de Vietnam del Sur, hoy llamada Ciudad Ho Chi Minh. Saigón sólo se debe emplear en las referencias históricas anteriores a abril de 1975. No obstante, cuando se cite Ciudad Ho Chi Minh en la primera referencia debe añadirse, entre paréntesis, que se trata de la antigua Saigón.

Saint Christopher. El nombre castellano de esta isla de las **Antillas** es San Cristóbal. En inglés se llama indistintamente Saint Christopher o Saint Kitts, pero el nombre oficial es el primero.

Saint Kitts. Véase **Saint Christopher.**

saliut, no *salyut* (plural, *saliuti).* En ruso, 'saludo', 'salva'. Nombre con el que se conoce una serie de naves espaciales de la antigua Unión Soviética. Se escribe en cursiva. Pero 'el programa Saliut', en redonda y con mayúscula inicial.

Saló de Cent. Salón del Ayuntamiento de Barcelona. Debe su nombre a ser el lugar donde se reunía el **Consell de Cent.**

Sam, tío. Nombre con el que los norteamericanos designan familiarmente al Gobierno y a la Administración en su conjunto. El apelativo proviene de Samuel Wilson, quien en la guerra contra los ingleses (1812-1815) obtuvo la contrata del suministro de carne y otros alimentos a las tropas norteamericanas. A su fama contribuyó grandemente el hecho de que las iniciales de *tío Sam* en inglés (U. S., *uncle Sam),* pues así era conocido popularmente, coincidieran con las de Estados Unidos (United States), pintadas durante la campaña en los carromatos de aprovisionamiento. No se debe emplear en un texto noticioso.

Samarcanda, no Samarkanda. Ciudad de la república de Uzbekistán.

Samoa Occidental, no Samoa occidental. Archipiélago del Pacífico, constituido en Estado independiente desde 1962. Nueva Zelanda le asiste en las relaciones internacionales. Gentilicio, 'samoano'.

Las Samoa Orientales, llamadas Samoa norteamericanas, son posesión de Estados Unidos.

sampán. Véase **champán.**

san. Se escribe todo en minúsculas, salvo que forme parte de un nombre propio. Ejemplos: 'san Blas', pero 'el barrio de San Blas'.

Saná, no Sanaa. La capital de **Yemen** del Norte.

San Bento, palacio de. Residencia del jefe del Estado portugués.

San Carlos. Nombre anterior de Luba, ciudad de Guinea Ecuatorial.

San Cristóbal, isla de; no Saint Christopher. Véase **Antillas.**

sanctasanctórum, no *sancta sanctórum.* Aquello que para una persona es de singularísimo aprecio, lo muy reservado y misterioso. No debe emplearse en un texto noticioso.

sandinista. Los miembros o partidarios del Frente Sandinista de Liberación Nacional (FSLN), que tomó el poder en Nicaragua en 1979 tras derrotar al dictador Anastasio Somoza. El nombre se debe al revolucionario nacionalista Augusto César Sandino (1893-1934).

sándwich (plural, sándwiches). Palabra inglesa incorporada al *Diccionario de la Lengua.* Se prefiere 'emparedado'.

Sandwich, islas. Debe escribirse 'islas Hawai'.

San Fermín. Si se refiere al santo, se escribe 'san Fermín'. Si se refiere a las fiestas de Pamplona, 'San Fermín'. Y si se utiliza la denominación popular de éstas, *'sanfermines'.*

San Isidro. Si se refiere al santo, se escribe 'san Isidro'. Si se refiere a las fiestas de Madrid, 'San Isidro'. Y si se utiliza la denominación popular de éstas, 'los *isidros'.*

San Marino. Gentilicio, 'sanmarinense'.

San Martín, isla de; no Saint Martin. Véase **Antillas.**

San Petersburgo. Ciudad rusa que antes se llamaba Leningrado. (Véase **Leningrado** y **Petro-**

grado). No confundir con Saint Petersburg, ciudad de Florida, en Estados Unidos.

santa, santo. Se escriben todo en minúsculas, salvo que formen parte de un nombre propio. Ejemplos: 'el día de santa Clara', 'santa Bárbara, patrona de la Artillería', pero 'la parroquia de Santa Clara' o 'los habitantes de Santo Domingo'.

santabárbara. Véase **bodega**.

Santa Caterina, mercado de; no 'mercado de Santa Catalina', ni 'Mercat de Santa Caterina'.

Santa Cruz, palacio de. La sede del Ministerio de Asuntos Exteriores español y, por extensión, éste. No debe emplearse como sinónimo si no queda clara la referencia.

Santa Isabel. Nombre anterior de Malabo, ciudad de Guinea Ecuatorial.

Santa Lucía, no St. Lucia ni Sainte-Lucie. Estado de las **Antillas**. Gentilicio, 'santalucense'.

Santa Sede. Se prefiere esta expresión, y no **Vaticano,** cuando se refiere al poder o magisterio espiritual del Papa.

Sant Esteve, Diada de; no *'diada de San Esteban'*.

Sant Jaume. Nombre de la plaza de Barcelona en la que tiene su sede la Generalitat de Cataluña y, por extensión, ésta. No podrá emplearse sin haber explicado antes su significado.

Sant Jordi, Diada de; no *'diada de San Jorge'*.

Santo Domingo. Isla de las **Antillas** dividida entre Haití y la República Dominicana. También, la capital de este último Estado. No puede emplearse como sinónimo de República Dominicana.

santuario. En su acepción de refugio se escribe en cursiva.

San Vicente, isla de; no St. Vincent ni Saint-Vicent. Véase **Antillas**.

sapper. En la terminología militar norteamericana, zapador (también llamado *pioneer*).

Sarh. Nombre actual de Fort Archambault, ciudad de Chad.

sasmizdat (no tiene plural). En ruso, 'editado por uno mismo'. Nombre que se empleaba para las publicaciones clandestinas que circulaban en la antigua Unión Soviética, mecanografiadas o a multicopista, y de las que cada lector, a su vez, hacía nuevas copias.

Sat. Abreviatura usada en inglés para *saturday,* o sábado.

satélite. Esta palabra no se debe emplear como sinónima de perteneciente a la esfera de otra persona, otro país o cualquier otro colectivo.

satélites espaciales. Véanse los apartados **8.24, 8.39** y siguientes del Manual.

saudade. Palabra de origen portugués admitida con el significado de 'soledad, nostalgia, añoranza'. Se escribe en redonda.

saudí, no saudita.

sauerkraut. Véase **chucrú.**

savoir-faire. Se prefieren las palabras castellanas 'habilidad' y 'destreza'.

Saxe. Nombre francés de Sajonia (en alemán, Sachsen), región de la Alemania del Este.

saxo. Esta forma apocopada de **saxófono** puede emplearse, escrita en redonda.

saxófono, no saxofón.

scalextric. Escríbase 'paso elevado'.

escáner (plural, escáneres), no *scanner.* Escríbase en redonda.

scoop. En inglés, 'buena ganancia'. En la jerga periodística, primicia o exclusiva informativa. No debe emplearse.

scooter. Debe escribirse 'escúter' (plural, escúteres).

Scotland Yard. Se escribe en redonda y con mayúsculas iniciales.

Scouts. El nombre de esta organización juvenil se escribe con mayúscula inicial y en redonda (Boy Scouts, Girl Scouts). Sin embargo, cuando se haga referencia a sus miembros se escribirá en cursiva y todo en minúsculas (un *scout,* tres *girl scouts).* Adviértase que en el caso del plural sólo lleva *s* la palabra *scout,* pero no los sustantivos *boy* (chico) o *girl* (chica).

script, script-girl. Sustitúyanse por 'anotador' y 'anotadora'.

scudetto. Título nacional de la Liga de fútbol italiana; escudo que lucen en su camiseta los jugadores del equipo ganador de la

Liga. Si se usa, debe quedar claro su significado.

sea mile. En inglés, 'milla náutica'.

seaplane. En inglés, 'hidroavión' (también llamado *flying boat*).

Seat. Siglas de la Sociedad Española de Automóviles de Turismo, convertidas por el uso en palabra común: Seat.

secam. Siglas en francés *(séquenciel couleur à mémoire)* de 'color secuencial de memoria', con las que se conoce el sistema francés de televisión en color. El uso las ha convertido en palabra común: secam.

second in command. Debe traducirse por 'segundo jefe'.

second lieutenant. Graduación del Ejército de Tierra británico equivalente en España a alférez. Debe traducirse así.

secondo capo. Graduación de la Marina italiana equivalente en España a sargento primero. Véase *capo.*

section (plural, *sections*). Unidad militar equivalente en el Ejército español a 'pelotón'. (No debe traducirse por 'section', cuyo equivalente es *platoon*).

sefardí (plural, sefardíes), no sefardita. Judío oriundo de España. En hebreo, Sefarad es España.

segadors, Els. El himno oficial de Cataluña.

segregación. En el lenguaje político, separación racial.

Seguiet el Hamra. Véase **Saguia el Hamra.**

según. No se puede empezar ningún texto informativo con esta preposición.

Seguridad Social. Se escribe con mayúsculas iniciales cuando se refiera a un organismo, y en minúsculas en los restantes casos. Ejemplos: 'afiliado a la Seguridad Social', pero 'la seguridad social en Francia'.

Seichelles, islas. Escríbase 'islas Seychelles'.

Seine. El nombre español de este río francés es Sena.

seísmo, no sismo. Se prefiere la primera, aun cuando todas las demás relacionadas con terremotos ('sismógrafo', 'sísmico', 'sismólogo') se deriven de la segunda.

self-control. Debe escribirse 'autocontrol'.

self-service. Escríbase 'autoservicio'.

sello. Es un anglicismo emplear esta palabra como sinónima de etiqueta, marca o firma discográfica.

Seltz, agua de. Escríbase 'agua carbónica'.

Semana Santa. Se escribe con mayúsculas iniciales lo mismo que sus siete días ('Lunes Santo', 'Sábado de Gloria', 'Domingo de Resurrección').

sendos. Este adjetivo, que significa 'uno cada uno', no es sinónimo de 'ambos'.

senior aircraftsman. Graduación del Ejército del Aire británico equivalente en el español a cabo segundo. Debe traducirse así.

seny. Palabra catalana con la que se expresa el sentido de ponderación, de orden mental, de prudencia en el juicio y en la acción. Se escribe en cursiva.

senyera (plural, *senyeres*). En catalán, 'bandera'. Al pasar a un contexto castellano, significa 'bandera catalana', y, por extensión, la bandera de Cataluña. Puede emplearse, escrita en cursiva.

señor, señora. Véase el apartado **7.1** del Manual.

septiembre, mejor que setiembre. En el calendario romano, el séptimo mes; de ahí su nombre y la mejor coherencia etimológica de la primera grafía.

SER. Siglas de la Sociedad Española de Radiodifusión. Por su uso generalizado, estas siglas se pueden emplear como única referencia, sin necesidad de hacerlas preceder del nombre completo. Se escribirá 'la cadena SER', pero no 'la Cadena SER'.

serbio, no servio. Natural de Serbia.

sergeant. Esta graduación militar no puede traducirse literalmente. En el Ejército de Tierra norteamericano equivale al cabo primero de las Fuerzas Armadas españolas; en los de Tierra y Aire británicos, a sargento.

Véanse *first sergeant, flight sergeant, lance sergeant, master sergeant, sergeant first class, staff sergeant* y *technical sergeant.*

sergeant first class. Graduación del Ejército de Tierra norteamericano equivalente en las Fuerzas Armadas españolas a sargento.

sergente. Graduación militar de las Fuerzas Armadas italianas equivalente en las españolas a sargento.

sergente maggiore. Graduación de los Ejércitos de Tierra y Aire italianos equivalente en las Fuerzas Armadas españolas a sargento primero.

sería. Véase **habría.**

serial. La obra emitida o publicada por entregas. Véase **serie.**

serie. El conjunto de textos, programas o películas con un denominador común (por ejemplo, un mismo personaje), aunque cada una de sus partes constituya una pieza independiente (por ejemplo, distintas aventuras de ese personaje). Véase **serial.**

serpiente monetaria. Denominación no oficial de un acuerdo suscrito por los bancos centrales de Alemania Occidental, Bélgica, Dinamarca, Francia, Luxemburgo, Noruega, Países Bajos y Suecia, en 1972, a fin de mantener una fluctuación conjunta de los tipos de cambio de sus respectivas monedas, de modo que los márgenes no excedieran del 4,5%. No debe emplearse.

servio. Escríbase **serbio.**

sesquicentenario. No debe emplearse. Escríbase '150º aniversario'.

set (plural, *sets*). Sólo puede utilizarse esta palabra en informaciones de **tenis,** y en todo caso combinada con la palabra española 'manga'. Para los otros supuestos, utilícese 'plató' o 'estudio'.

seudónimo, no pseudónimo.

sex appeal. No debe usarse. Su traducción castellana es 'atracción sexual' o 'atractivo sexual'.

sex symbol (plural, *sex symbols*). Sustitúyase por 'símbolo sexual'.

sexy. Se prefiere 'erótico' o, como recurso de estilo, 'sicalíptico'. Puede usarse, pero escrita en cursiva.

Seychelles, islas; no 'islas Seychelles'.

S'Gravenhage. Nombre antiguo, en holandés, de La Haya.

shaabán, no *chabán.* Véase **ca-lendario musulmán.**

Shaanxi, Shanxi. No es un mismo nombre. Se trata de dos provincias chinas, ambas colindantes con Mongolia Interior, cuya denominación sólo varía por la doble *a* de una de ellas.

Shaba. Región minera de **Zaire** conocida hasta enero de 1972 como Katanga *(shaba* significa 'cobre'). Cuando se mencione, conviene añadir, entre paréntesis, su anterior denominación. No debe confundirse Shaba con Sabah, en la isla de Borneo, o con Sabaa, en la península del Sinaí.

shadow cabinet. En inglés, gabinete fantasma o en la sombra; la directiva del partido de la oposición en el Reino Unido. No debe utilizarse en un texto noticioso sin explicar su significado. Se escribe en cursiva.

shampoo. Escríbase 'champú' (plural, champúes).

Shanghai. El nombre de esta ciudad china no ha cambiado con el **pinyin.**

Sharya, no Sharja. Véase **emiratos árabes.**

shaual. Se debe escribir *shawal.*

Shavuot. Véase **calendario judío.**

shawal, no *shaual.* Véase **calendario musulmán.**

shebath. Véase *shevat.*

sheik (o *sheij). Tradúzcase siempre por 'jeque'.

Sheremiétievo. Aeropuerto internacional de Moscú. Véase **Vnúkovo.**

sherpa (plural, sherpas). Nombre de una **etnia** nepalí, habituada a las grandes alturas del Himalaya, que se aplica en montañismo, como nombre genérico, para designar a los porteadores de altura o guías especializados en escaladas, sean o no de esa etnia. En tal caso, se escribe en cursiva. Véase también **culi.**

shevat, no *shebath.* Véase **calendario judío.**

shiíes (singular, shií), no 'chií' ni 'chiíta'. **Musulmanes** predominantes en Irán y en otras regiones del mundo islámico.

ship's boat. En inglés, 'lancha'.

shock. Escríbase 'choque'.

shorts. Empléese su equivalente castellano: 'pantalones cortos'.

show (plural, *shows).* No debe

emplearse. Sustitúyase siempre por 'espectáculo', 'exhibición' o 'exposición', salvo que esta palabra inglesa forme parte de un nombre propio.

Siam. Nombre con el que se conoció, hasta 1939, a Tailandia. No debe confundirse con Xi'an, ciudad china.

siameses. Véase **gemelos.**

sic. Este adverbio latino se empleará en las citas, escrito en cursiva y entre paréntesis, cuando se quiera indicar que una palabra o una frase, que pudiera parecer o ser inexacta, es textual.

sicología. Véase **psico.**

sida. Siglas de 'síndrome de inmunodeficiencia adquirida'. El uso las ha convertido en palabra común. Por tanto, se escribirá toda en minúsculas y en redonda: 'sida'. Pueden utilizarse igualmente 'sídico', como adjetivo relativo al sida, y 'sidoso' para referirse a un afectado por esta enfermedad.

sidecar (plural, sidecares).

Sidney, no Sydney.

sierra. Se escribe todo en minúsculas cuando es un genérico, y con mayúscula inicial si forma parte del nombre propio. Ejemplos: 'la sierra de Gredos', 'Sierra Nevada'.

Sierra Leona. Gentilicio, 'sierraleonés'.

Sierra Nevada, no sierra Nevada.

siete grandes. Véase **Grupo de los Siete.**

siete hermanas, las. Se llama así a las más importantes compañías petroleras del mundo, que son las siguientes:

1. British Petroleum Company, con sede en Londres. Utiliza las siglas BP. 'British Petroleum' vale como única referencia.

2. Exxon Corporation, llamada anteriormente Esso (en Europa todavía se la conoce por este nombre), y aún antes, Standard Oil Company of Nueva Jersey. Su sede está en Nueva York. Como única referencia debe escribirse 'Esso'.

3. Gulf Oil Corporation, con sede en Pittsburgh, en el Estado norteamericano de Pensilvania. En este caso basta con escribir 'Gulf'.

4. Mobil Corporation, con

sede en Nueva York. La Mobil Oil Corporation, con la que no hay que confundir, es subsidiaria suya. Puede escribirse 'Mobil' sólo.

5. Royal Dutch-Shell Group of Companies, de capital anglo-holandés y con sedes en Londres y La Haya. Se presenta como una federación de compañías relativamente modestas como la norteamericana Shell Oil Company, la Deutsche Shell, la Shell Italiana o Shell Senegal, entre otras. Escríbase 'Shell' simplemente.

6. Standard Oil Company of California, más conocida por el acrónimo Socal, con sede en San Francisco. Chevron es una marca registrada de esta multinacional. Para no confundirla con sus homónimas de Indiana (Amoco), de New Jersey (Esso) o de Ohio (Sohio), escríbase 'la **Standard Oil** de California' o 'la Standard Oil (Socal)'.

7. Texaco Incorporated, con sede en Nueva York. Basta con escribir 'Texaco'.

siglas. Véanse los apartados **9.17** y siguientes.

siglos. El número de cada centuria se escribirá con romanos. Para referirse a un siglo no se debe emplear la palabra que expresa las centenas. Ejemplos: 'en el siglo XIX' y no 'en el ochocientos'.

Signal Corps. En el Ejército norteamericano, Cuerpo de Transmisiones.

signor. No se debe emplear este tratamiento italiano. Véase el apartado **7.1** del Manual.

sij (plural, sijs), no *sik* ni *sikh*. Que profesa esta religión. Se escribe en redonda.

Simca. Siglas de la Sociedad Industrial de Mecánica y Carrocería Automóvil, empresa automovilística francesa (en francés, Société Industrielle de Mécanique et de Carrosserie Automobile). Actualmente, esta sociedad está integrada en el grupo Talbot. Las siglas Simca se han convertido por el uso en palabra común. Por tanto, se escribirán en redonda y sólo con mayúscula inicial.

Simjat Torah, no Simhath Torah. Véase **calendario judío.**

simpatizar. Este verbo, o no lleva complemento directo (sí puede decirse 'simpatizamos rápidamente'), o lo lleva con la preposición *con*. Es incorrecto, por tanto, escribir 'simpatizarle' o 'le simpatiza'.

simposio, no *symposium* ni *simposium* (por tanto, el plural será el castellanizado, 'simposios', y no el latino *simposia*). Reunión de carácter científico.

Síndic de Greuges. Puede utilizarse en un texto, pero explicando que se trata del cargo de defensor del pueblo en la comunidad de Cataluña. Se escribirá con mayúscula y en redonda si se habla de la institución; y en cursiva y con minúsculas si va acompañado del nombre del titular del cargo.

sine die. Expresión **latina,** 'sin fecha determinada'. No debe emplearse en un texto noticioso.

sine qua non. Expresión **latina,** 'condición sin la cual no'. No debe emplearse en un texto noticioso.

sinfín, sin fin. Como sustantivo, se escribe junto ('un sinfín de comentarios'), y separado cuando se usa con valor adverbial o como adjetivo ('correa sin fin').

Singapur. Gentilicio, 'singapurense'.

singer. Escríbase 'cantante' o 'vocalista'.

singladura. La distancia recorrida por una nave en 24 horas. Por tanto, es una incorrección hablar de 'una larga singladura' para referirse a una trayectoria profesional.

single (plural, *singles*). Se prefiere el uso de 'disco sencillo'. En todo caso, se escribe en cursiva.

Sinkiang. Véase **Xinjiang.**

Sinn Fein. En gaélico, 'nosotros solos'. Partido de Irlanda del Norte considerado generalmente la rama política del **IRA.**

sinólogo, no chinólogo. Experto en cuestiones chinas.

sionista. Partidario del establecimiento de una comunidad judía autónoma en Palestina, en la *tierra prometida* del monte Sión, lugar donde estuvo el antiguo templo de Jerusalén. Véanse **askenazi, hebreo, israelí, israelita, judío,** *sabra* y **sefardí.**

sir (plural, sires). Si se usa este tratamiento honorífico inglés (véase el capítulo 7), hay que tener en cuenta que se antepone al nombre, nunca al apellido. Se escribe con minúscula y en redonda. Véase **lord.**

sismo. Véase **seísmo.**

siván. Véase **calendario judío.**

sketch (plural, *sketches*). Sustitúyase por 'apunte', 'chiste escenificado' o 'escena cómica'.

ski. Véase **esquí.**

slalom. Véase **eslalon.**

slice (plural, *slices*). Véase **golf.**

slide. Escríbase 'diapositiva' o 'filmina'.

slip (plural, *slips*). No debe emplearse. Sustitúyase por 'calzón corto' o 'calzoncillos'.

slogan. Véase **eslogan.**

smash. Tradúzcase por 'mate'. Véase **tenis.**

smog. Tradúzcase por 'niebla tóxica'. Es una contracción de las palabras inglesas *smoke* (humo) y *fog* (niebla).

smoking. Escríbase 'esmoquin' (plural, esmóquines).

snack-bar. Utilícese 'cafetería'.

snifada. Véase **esnifada.**

snob. Escríbase **esnob,** en redonda. Persona de exagerada admiración por lo que es de moda. En el origen inglés, persona altiva con sus iguales y servil con sus superiores.

soberanía limitada, doctrina de la. Véase **doctrina Bréznev.**

sofá (plural, sofás).

software. Se prefiere el uso de su traducción castellana: 'soporte lógico'. La palabra inglesa sólo puede emplearse, escrita en cursiva, cuando previamente se ha explicado su significado. Véase *hardware.*

Soho. Nombre que reciben dos barrios, uno en Londres y el otro en Manhattan, Nueva York. En este último caso se trata de un acrónimo *(So*uth of *Ho*uston Street).

Sol. Con mayúscula inicial cuando se refiera al astro; con minúscula en los restantes casos.

Solidarnosc. Escríbase 'Solidaridad' para designar a esta organización polaca que nació como sindicato.

sólo. Este adverbio —no confundir con el adjetivo 'solo'— es el único que se puede emplear al comienzo de una información, y siempre que su traslado a otro lugar de la primera oración implique un cambio en el sentido de la frase. Ejemplo: 'sólo Fidel Castro puede salvar la vida de un condenado a muerte'. El significado cambiaría si 'sólo' figurase tras el verbo: 'Fidel Castro puede salvar sólo la vida de un condenado a muerte'.

'Sólo' lleva acento cuando se puede sustituir por 'solamente' (en este caso sin acento) o 'únicamente'. Ejemplo: 'Sólo estoy yo', pero 'yo estoy solo'.

Somalia. Gentilicio, 'somalí'.

somier (plural, somieres), no *sommier*.

sommelier. Escríbase, en redonda, **sumiller.**

sonar (no tiene plural). Siglas para 'exploración náutica del sonido' (en inglés, s*ound* n*avigation* a*nd* r*anging*). Estas siglas se han convertido con el uso en palabra común: sonar. Se escriben, por tanto, en redonda y todo en minúscula.

sondeos de opinión. Véase el apartado **1.38** del Manual.

sonotone. Tradúzcase por **audiófono.**

sor. Este **tratamiento** únicamente se empleará en casos excepcionales, como recurso expresivo o de ambientación. Lo preferible es escribir el nombre y apellido de la religiosa y a continuación indicar a qué orden o congregación pertenece. Por ejemplo: 'Eugenia González, religiosa carmelita'. Si se usa, en cuyo caso va en minúsculas, hay que tener en cuenta que no es un tratamiento general para todas las monjas, sino sólo a las de determinadas órdenes o congregaciones.

sorprendente, sorpresivo. Lo que causa sorpresa es sorprendente; lo que se produce por sorpresa, sorpresivo.

SOS. Señal radiotelegráfica de gran peligro adoptada por una conferencia internacional reunida en Londres en 1912. Por extensión, llamada de socorro en general. Estas letras no corresponden a ninguna inicial, aunque se han relacionado con la frase inglesa *save our souls* ('salvad nuestras almas').

Sotavento, islas de. Véase **Antillas.**

sottocapo. Graduación de la Marina italiana equivalente en la española a cabo primero.

sottotenente. Graduación militar italiana equivalente en las Fuerzas Armadas españolas a la de alférez.

sottotenente di vascello. Graduación de la Marina italiana equivalente en la española a la de alférez de navío.

sottovoce. Palabra italiana, 'en voz baja'. No debe emplearse en un texto noticioso.

Sous-le-Vent, Îles. Véase **Antillas.**

South Dakota. Escríbase 'Dakota del Sur'.

souvenir (plural, *souvenirs*). Debe emplearse la palabra 'recuerdo' aunque se trate de un objeto turístico.

sóviet (plural, *sóviets*). En ruso, 'consejo, asamblea'. Los *sóviets* locales corresponden a los ayuntamientos. Se escribe en cursiva. No es sinónimo de soviético.

sovjós (plural, sovjoses). Acrónimo formado con las palabras rusas *soviétskoye joziaistvo,* o hacienda soviética. Por extensión, granja bajo administración estatal en la antigua URSS. Si se emplea, hay que explicar su significado. Se escribe en redonda por ser palabra ya castellanizada.

soyuz (plural, soyuzi), no soiuz. En ruso, 'unión'. Nombre con el que se conoce a una serie de naves espaciales de la antigua URSS. Escríbase, sin embargo 'el programa Soyuz', en redonda y con mayúscula inicial.

SpA. Abreviatura utilizada en italiano para las sociedades anónimas. Literalmente, *società per azioni.* Como las españolas SA, no debe emplearse.

space shuttle. Escríbase 'lanzadera espacial', y no 'transbordador espacial'.

spaghetti. Tradúzcase por **espaguetis.**

sparring. No debe emplearse. Empléense 'entrenamiento', 'contrincante previo' o 'adversario de prueba'.

speaker (plural, *speakers*). No

debe usarse como sinónimo de locutor. Pero sí, escrita en cursiva, cuando se trate del título que reciben los presidentes de las cámaras legislativas del Reino Unido y de Estados Unidos. En este caso, en la primera cita debe añadirse 'presidente' entre paréntesis.

speech. No debe emplearse. Escríbase 'discurso', 'conferencia', 'arenga', **alocución** o 'parlamento', según los casos.

speed. En inglés, 'velocidad'. En el caso de referirse a la **droga**, tradúzcase siempre por 'anfetamina'.

Speyer. El nombre español de esta ciudad de la Alemania del Oeste es Espira (en francés, Spire).

Spitzberg, no Spitzbergen. Nombre empleado en español para unas islas noruegas del océano Glaciar Ártico también llamadas Svalbard.

sponsor. Nunca debe emplearse. Escríbase en su lugar 'patrocinador'.

sport. En inglés, 'deporte'. Típico ejemplo de palabra que cambia de significado al incluirse en un contexto idiomático distinto. Así, la ropa de *sport* no es propiamente la ropa para practicar un deporte, sino un estilo de vestimenta cómoda o informal. Puede emplearse sólo cuando se refiera a este caso, y en cursiva.

Sporting (no Spórting). Sirve como única referencia para el club de fútbol Sporting de Gijón. En otro caso, debe escribirse completo en la primera referencia. Ejemplo: 'Sporting de Lisboa'. Véase **Milán.**

spot (plural, *spots*). Tradúzcase por 'anuncio', 'espacio publicitario' o 'publicidad' o 'cuña' (incluso para la televisión).

spray. No debe emplearse. Escríbase en su lugar 'pulverizador', 'nebulizador', 'aerosol' o 'vaporizador'.

sprint. Puede utilizarse en cursiva; pero, cuando lo permita la lógica del caso, han de escribirse expresiones como 'llegada en pelotón', 'llegada en grupo', 'llegada masiva' (no 'llegada al *sprint')* o 'aceleración final'. En el caso de *'esprintar',* que no puede emplearse, debe traducirse por 'acelerar'.

sprinter. No debe emplearse. Tradúzcase por 'velocista' o 'llegador'.

squad (plural, *squads*). Unidad militar norteamericana equivalente en el Ejército español a 'escuadra'.

squadron leader. Graduación del Ejército del Aire británico equivalente en el español a comandante.

squash. Palabra no castellana empleada para designar una modalidad deportiva. Se escribe en redonda.

squatter (plural, *squatters*). Ocupante ilegal de una vivienda. Debe evitarse el uso de esta palabra.

Sr. Véase **señor.**

sr. Abreviatura de *senior,* utilizada en inglés para 'padre'. No debe emplearse. Se escribirá 'John Kennedy, padre', pero no 'John Kennedy sr.'.

Sri Lanka. Nombre del Estado constituido en una isla del océano Índico, Ceilán, habitada por dos etnias: la cingalesa, con *c* ini-

cial, y la tamil. Sus ciudadanos son esrilanqueses (singular, esrilanqués). El idioma hablado en la isla es el singalés, con *s* inicial.

SS MM. Nunca se usarán estas abreviaturas, correspondientes a 'sus majestades'. Véanse los apartados **7.4** y **7.7** del Manual.

St. Abreviatura utilizada en inglés para calle *(street)* y santo *(saint).*

stabsunteroffizier. Graduación de los Ejércitos de Tierra y del Aire de Alemania equivalente en los españoles a cabo primero.

staff. Tradúzcase, según los casos, por 'equipo directivo', 'plana mayor' o 'estado mayor'.

staff sergeant. Graduación militar. En el Ejército de Tierra británico equivale a la española sargento de primera; en la Aviación estadounidense, a cabo primero. Véase ***sergeant.***

stage. Tradúzcase, según el caso, por 'prácticas', 'periodo de formación', 'pasantía' o 'estadía'.

stagflation. No debe emplearse esta palabra inglesa, sino la castellana **estanflación.**

stagnation. Estancamiento en la actividad productiva. No debe emplearse.

Stalin. Nombre anterior de Varna, ciudad búlgara.

Stalingrado. Véase **Volgogrado**.

Stampa, La. Periódico de Turín, Italia.

stand (plural, *stands*). Tradúzcase por 'puesto', 'caseta' o 'pabellón'.

standard. Tipo clásico de canciones norteamericanas de los años veinte y treinta susceptible de múltiples adaptaciones, sobre todo en jazz. Véase **estándar**.

Standard Oil. Nombre con el que se conoce a varias compañías petroleras norteamericanas que tienen su origen en la Standard Oil Company, fundada por el primer John D. Rockefeller en 1870. Las leyes antimonopolio obligaron a independizarse a las 38 compañías que había llegado a controlar Rockefeller, quien pudo conservar hasta un cuarto de sus acciones en cada una de ellas. Tres de éstas se cuentan actualmente entre las *siete hermanas:* Exxon Corporation (Esso en Europa), antes llamada Standard Oil Company of New Jersey; Mobil, cuyos anteriores nombres fueron Socony y, antes, Standard Oil Company of New York, así como la Standard Oil Company of California, que emplea el acrónimo Socal. Al grupo inicial pertenecieron también la Standard Oil Company of Indiana (conocida por el acrónimo Amoco) y la Standard Oil Company of Ohio (o Sohio).

standing. Tradúzcase por 'categoría' o 'nivel'.

Stanleyville. Nombre anterior de Kinsangani, ciudad de **Zaire**.

statu quo, no *status quo*. Expresión **latina,** 'en el estado actual'. No debe emplearse en un texto noticioso.

status. Escríbase, según cada caso, 'estatuto', 'situación', 'posición' o 'estado', sea éste económico, social, etcétera.

stock (plural, *stocks*). Se prefiere el uso de 'surtido', 'existencia', 'reservas' o 'almacenado'. En todo caso, se escribe en cursiva.

storeship. En inglés, buque para

el transporte de víveres o buque de aprovisionamiento.

Stradivarius. Valiosísima serie de violines fabricados por el italiano Antonio Stradivari (nacido en torno a 1643 y fallecido en 1737). Se escribe en redonda y con mayúscula inicial.

Strasbourg, Strassburg. El nombre castellano de esta ciudad francesa es Estrasburgo.

Strategic Air Command. En las Fuerzas Aéreas norteamericanas, Mando Aéreo Estratégico.

stress. Véase **estrés.**

stringer (plural, *stringers*). Término usado solamente en periodismo, como referencia a un colaborador o corresponsal que no es de plantilla.

strip-tease. Puede usarse si se refiere a un tipo de espectáculo erótico, pero escrita en cursiva. En los demás casos, sustitúyase por el verbo 'desnudarse' y sus derivados. No debe escribirse 'un joven hizo *strip-tease* en el centro del estadio', sino 'se desnudó en el centro del estadio'. Pero sí 'ayer fuimos a ver un *strip-tease* en un club muy concurrido'.

suajili. Lengua hablada en varios países de África oriental.

Suazilandia, no Swazilandia. Estado africano, independiente desde 1968, cuya capital es Mbabane. El adjetivo es 'suazi'.

sub 21, sub 16. Selecciones nacionales de un deporte en las que se establece una limitación de edad para sus jugadores. Se escribe en redonda y con la cifra separada por un cuarto de cuadratín.

subcommittee. Cuando se refiera a un grupo parlamentario debe traducirse por 'subcomisión', y no por 'subcomité'.

subcontinente asiático. Véase **sur de Asia.**

súbdito. Esta palabra, dadas sus claras connotaciones políticas, no debe emplearse como sinónimo de ciudadano.

sub júdice. Expresión **latina,** 'pendiente de resolución'. No debe emplearse en un texto noticioso, salvo cita textual que ha de ser explicada entre corchetes.

sub lieutenant. Graduación militar de la Marina británica equivalente en la española a alférez de navío.

submachine gun. Tradúzcase por 'ametralladora ligera' o 'metralleta'.

submarine chaser. En inglés, 'buque cazasubmarinos'.

submarino, misil. El **UUM** (en inglés, *underwater-to-underwater missile*) no es un torpedo, ni tampoco propiamente un **misil** submarino. Lanzado por un submarino, sale a la atmósfera y vuelve a entrar en el mar para dirigirse a su objetivo bajo el agua. Se escribe en cursiva.

subscribir. Esta palabra y las derivadas de ella se escribirán sin *b*.

substancia. Esta palabra y todas las de su familia se escribirán sin *b*.

substituir. Debe suprimirse la *b* en esta palabra y las de su familia.

substraer. Elimínese la *b* en esta palabra y en todas las derivadas de ella.

substrato. Esta palabra y todas las de su familia deberán escribirse sin *b*.

Sucot. Véase **Sukot.**

sucursalista. Esta palabra no se podrá emplear como sinónima de persona o entidad afecta al Gobierno central, salvo que se trate de una cita textual.

Süddeutsche Zeitung. **Periódico** de Múnich, en Alemania.

suéter (plural, suéteres), no *sweater.*

suicidio. Darse muerte a sí mismo. La persona que atenta contra su vida, pero sobrevive, no es suicida. Véanse **asesinato, homicidio** y el apartado **1.6** del Manual.

sui géneris. Expresión **latina,** 'muy especial'. No debe emplearse en un texto noticioso.

suite (plural, *suites).* Palabra francesa que significa 'serie', pero que en el contexto castellano ha adoptado dos significados muy concretos: 'obra musical constituida por una serie de piezas' y 'conjunto de habitaciones, a manera de apartamento, que se alquila en un hotel'. Puede usarse, pero en cursiva.

suk. Palabra árabe que significa 'mercado'. Escríbase en su lugar 'zoco'.

Sukot, no Sucot. Véase **calendario judío.**

sumarios. Véanse el apartado **3.7** y siguientes del Manual.

sumiller (plural, sumilleres), no *sommelier.* El encargado del servicio de bebidas en los grandes restaurantes.

suní (plural, suníes), no sunita. **Musulmán** ortodoxo.

superávit (no tiene plural).

suplicatorio. El suplicatorio es la instancia que uno de los tres poderes clásicos dirige a otro de ellos para pedirle algo. Por tanto, es el continente de una petición, no el contenido. Así pues, no se puede decir 'el Supremo solicita el suplicatorio de Pablo Castellano' o 'si el Senado concede el correspondiente suplicatorio...' (casos que serían un absurdo a la vez que una redundancia). El suplicatorio se presenta, se redacta, se expone, pero no se otorga o se concede, ni se aprueba o se rechaza. En todo caso, se aprueba conceder lo solicitado en el suplicatorio.

supporter. Tradúzcase por 'hinchas'. Puede emplearse en crónicas de ambiente referidas a hinchas británicos, siempre que quede claro su significado.

Sur. Se escribe en mayúscula inicial como punto cardinal ('el Sur'), y todo en minúsculas como parte de una zona —no cuando figure en un nombre propio—, cuando indica dirección o empleado en forma adjetiva ('Corea del Sur', 'el sur de Corea', 'al sur de Corea', 'Corea sur').

sura, no *azora.* Capítulo del Corán. Es palabra castellana; por tanto, se escribe en redonda.

Suráfrica, no Sudáfrica.

Suramérica, no Sudamérica. Geográficamente la componen los siguientes países: Argentina, Bolivia, Brasil, Chile, Colombia, Ecuador, Paraguay, Perú, Uruguay y Venezuela, más la República de Guyana (anterior posesión británica), Surinam (antes posesión holandesa) y la Guyana francesa. Políticamente, sin embargo, estos tres últimos son asimilados al grupo de las Pequeñas **Antillas.**

Véase **Latinoamérica.**

sur de Asia. Área geográfica que comprende a Afganistán, Bangladesh, India, Maldivas, Nepal, Pakistán y Sri Lanka. Véanse **Extremo Oriente** y **sureste asiático.**

sureste, no sudeste.

sureste asiático. Área geográfica que abarca a **Camboya,** las Filipinas, Indonesia, Laos, **Malaisia, Myanma** (antes Birmania), Singapur, Tailandia y Vietnam. Véanse **Extremo Oriente, Indochina** y **sur de Asia.**

surf. Palabra no castellana empleada para designar una modalidad deportiva. Se escribe en redonda.

surgeon general. En inglés, 'cirujano jefe'. Sin embargo, en Estados Unidos recibe este nombre un cargo público: el jefe de la Oficina para la Salud Pública.

Surinam. Nombre de la antigua **Guyana** holandesa. Gentilicio, 'surinamés'

surmenage. Escríbase 'agotamiento' o 'sobrefatiga'.

suroeste, no sudoeste.

Sur Profundo. Véase **Deep South.**

surrealismo. Del francés *surréalisme,* que fue mal traducido al español como 'surrealismo'. El prefijo francés '*sur*' corresponde en castellano a 'supra', 'super' o 'sobre' (en francés, 'debajo' corresponde a la partícula *sous*). Por tanto, *surréalisme* quiere expresar en francés algo que está por encima de lo real. Así pues, lo correcto en español sería 'suprarrealismo' o 'superrealismo', términos éstos que no hay que desechar aunque el uso haya impuesto 'surrealismo'.

súrsum corda. Expresión **latina,** 'arriba los corazones'. No debe emplearse en un texto noticioso. No hay que confundirla con la palabra castellana derivada de ella, 'el sursuncorda' (supuesto personaje anónimo de mucha importancia), que se escribe en redonda.

surveying ship. En inglés, 'buque hidrográfico'.

susceptible. Este adjetivo supone capacidad de recibir, no de hacer.

suspense. Esta palabra inglesa, incorporada al castellano por la

Academia, puede emplearse con el significado de 'impaciencia o ansiedad por el desarrollo de una acción o suceso'. Escríbase en redonda.

Svalbard. Véase **Spitzberg.**

Sverdlovsk. Nombre anterior de la ciudad rusa de Ekaterimburgo.

swahili. Escríbase **suajili.**

Swazilandia. Véase **Suazilandia.**

sweater. Escríbase **suéter.** Se prefiere **jersei.**

Sydney. No 'Sidney'.

symposium. Véase **simposio.**

T

Tabernáculos. Véase **calendario judío.**

tabú (plural, tabúes).

tábula rasa. Escríbase 'tabla rasa'.

tacos. Véase el apartado **1.39** del Manual.

tácticas, armas nucleares. Bombas nucleares miniaturizadas, de pequeña y mediana potencia, cuyos efectos mecánicos de destrucción no serían muy superiores —según los expertos— a los causados con los explosivos clásicos más potentes. Véase armas **estratégicas.**

Tadjikistán, Tadzhikistán. Véase **Tayikistán.**

Taibei. Véase **Taipei.**

Tailandia, no Thailandia. País del sureste asiático conocido hasta 1939 como Siam. El adjetivo es 'tailandés'.

Taipei, no **Taibei** ni Taipeh. La capital de Taiwan. Véase **China.**

Taiwan, no Taiwán. El nombre de esta isla china no ha cambiado con el **pinyin.** La grafía china Taiwan se acepta para denominar al régimen instaurado en ella y en otras islas adyacentes, pero no para la isla ni para el estrecho que la separa del continente, que se seguirán llamando de Formosa. Véanse **China** y **Taipei.**

taled. Chal utilizado por los **judíos** para la oración.

Talgo. Siglas de Tren Articulado Ligero Goicoechea-Oriol. Estas siglas las ha convertido el uso en palabra común: Talgo. Se escribe, por tanto, sólo con mayúscula inicial y en redonda.

Tallin, no Tallinn. La capital de Estonia, antigua república de la extinta **URSS,** hoy independiente.

tamuz. Véase **calendario judío.**

tándem (no tiene plural). Se escribe en redonda.

Tanganica. Véase **Tanzania.**

tanque. Puede emplearse con el

significado de 'carro de combate' siempre que no se trate de informaciones especializadas. Véase **cisterna.**

tanqueta. Vehículo blindado de poco tonelaje y ligero.

Tanzania. Estado africano constituido en 1964 por Tanganica y Zanzíbar. El adjetivo es 'tanzano'.

task force. En la terminología militar, agrupación temporal de fuerzas a las órdenes de un jefe para una misión determinada. Se debe traducir por 'fuerza expedicionaria' o por 'fuerza operativa'.

Tass. Véase **Itar-Tass.**

Tayikistán. Antigua república soviética independiente desde el 9 de agosto de 1991. La capital es Dushanbé, y el gentilicio, tayik (plural, tayikos). Fue admitida en la ONU en el año 1992.

Tbilisi. Nombre en castellano de la capital de Georgia. Anteriormente se llamó **Tiflís,** versión rusa del nombre georgiano.

Teatre Lliure. Se escribe siempre en catalán.

teatro. En el lenguaje de la estrategia militar se utiliza, equivocadamente, con el significado sajón. En castellano es más lógico emplear la palabra 'escenario', en sentido figurado, o alguna otra expresión como 'campo de operaciones'. No es correcto decir 'armas de teatro europeo'.

tebeo (plural, tebeos). Aunque la Academia admite el significado de 'historieta contada en imágenes', es más adecuada la palabra 'historieta' con ese sentido y respetar 'tebeo' para la revista de historietas.

tebet. Escríbase *tévet.* Véase **calendario judío.**

technical sergeant. Graduación de las Fuerzas Aéreas norteamericanas, equivalente en las españolas a sargento.

tecnicolor, no *technicolor.*

tedéum. Cántico religioso. Recibe el nombre de sus primeras palabras en latín: *Te Deum.*

tee. Véase **golf.**

teen-ager (plural, *teen-agers).* Esta expresión inglesa, empleada como sinónimo de 'adolescente' o 'quinceañero', se refiere sólo a quienes tienen de 13 a 19 años, por tratarse de números que terminan en *teen*. No debe utilizarse en un texto noticioso. En todo caso, se escribe en cursiva.

Teherán, no Teheran.

tejanos. Debe usarse esta palabra —o también 'pantalones vaqueros'—, y no la inglesa *jeans*.

Tejas, no Texas.

Tel Aviv, no Tel-Aviv.

tele. En sentido familiar, 'televisión'. No debe emplearse en un texto noticioso, salvo que se trate de una cita textual. Se escribe en redonda.

Tele 5, no 'Telecinco'. Cadena de televisión privada española.

telefilme (plural, telefilmes), no telefilm.

teléfono, números de. Véanse los apartados **10.24** a **10.27** del Manual.

teléfono rojo. En realidad se trata de una línea doble teléfono-teletipo, vía satélite, tendida entre la Casa Blanca y el Kremlin. Se escribe en cursiva. Véase **respuesta flexible.**

telespectador, no teleespectador.

televisión. No se debe confundir con el aparato ('televisor'). Signi-fica al mismo tiempo el sistema y el acto de transmitir con dicho sistema. Nunca se deben emplear las abreviaturas TV en sustitución de la palabra. Distinto es que formen parte de una sigla.

Televisión Española. Véase **Radiotelevisión Española.**

télex. Contracción de los vocablos ingleses *teleprinter exchange*. Es palabra castellanizada; se escribe en redonda, con acento en la primera *e,* y no tiene plural.

telón de acero. Expresión acuñada por Winston Churchill en un discurso pronunciado en marzo de 1946 en Fulton, Misuri (Estados Unidos). El ex *premier* del Reino Unido dijo: "Desde Sittin, en el Báltico, hasta Trieste, en el Adriático, una cortina de hierro *[iron curtain]* ha caído sobre el continente ". Sin embargo, en español ha prevalecido como telón de acero.

Es una expresión que sólo puede utilizarse en las referencias históricas a los tiempos de la **guerra fría.** Se escribe todo en redonda.

telonero. Músico o grupo que interviene en la primera parte de un espectáculo y precede al artista principal. Por extensión, se aplica al primer orador en un acto público. Se escribe en redonda.

tema. Esta palabra se lleva la palma entre los tópicos más usados. Pero no es *tema* (asunto de un escrito, de una conversación o de una obra de arte) todo lo que llamamos *tema*. La mayoría de las veces se trata de 'asunto', 'cuestión', 'materia', 'problema', 'objeto', 'negocio', 'propósito', etcétera.

temporal. Véase fuerza del **viento.**

tender. En inglés, 'buque nodriza'.

tenente. Graduación militar italiana equivalente en las Fuerzas Armadas españolas a la de teniente.

tenente colonnello. Graduación militar italiana equivalente en las Fuerzas Armadas españolas a la de teniente coronel.

tenente di vascello. Graduación de la Marina italiana equivalente en la española a teniente de navío.

tener lugar. Es un galicismo. Debe sustituirse por 'celebrarse', 'desarrollarse', 'ocurrir', 'producirse'...

teniente de alcalde, no 'teniente alcalde'.

tenis. Palabra de origen inglés *(lawn-tennis)* adoptada ya en el idioma castellano con una sola *n*. El vocabulario de este deporte contiene muchas expresiones inglesas que deben ser traducidas.

A continuación se ofrecen algunas explicaciones que incluyen en cursiva la expresión anglosajona y, entre paréntesis, el equivalente castellano que debe utilizarse. De las expresiones inglesas, solamente se podrá emplear el término *set,* en cursiva, pero combinado con el uso de 'manga'.

El tenis es un deporte sin límite concreto de tiempo, por lo que habrá de especificarse en las informaciones amplias (no así en los *breves* o *cuñas*) la duración del partido, que viene dada por la igualdad o desigualdad de los contrincantes. Se trata, por tanto, de un dato de interés.

Los partidos se suelen disputar al mejor de cinco *sets* o mangas, o al mejor de tres mangas. Es decir, en el primer caso obtiene la victoria quien antes gane tres mangas; y en el segundo, quien antes gane dos.

Gana cada manga el jugador (o los jugadores, en el caso de que se juegue un doble) que obtenga antes seis *games* (juegos), siempre que lo haga por una diferencia de dos. Esto se debe a que en cada juego hace el saque (tiene el servicio) un jugador, alternativamente, y se considera que quien pone la bola en juego tiene por ello cierta ventaja, a veces determinante. Cuando un jugador gana un juego frente al saque del contrario, consigue un *break* (ruptura, romper el servicio).

Aunque las normas varían según los torneos, si los dos contendientes alcanzan la igualdad a seis juegos, la manga se resuelve con un *tie break* (juego decisivo), en el que el saque ya no corresponde a un solo jugador, sino que se van alternando: el primer saque lo hace uno; los dos siguientes, el otro, y se van cambiando el servicio sucesivamente cada dos puntos. Quien logra el séptimo tanto, o un número superior a éste, siempre con dos puntos de diferencia, gana el juego decisivo y, por tanto, el *set*.

Para ganar cada juego, es preciso hacer cuatro tantos o más de cuatro, y siempre con una diferencia de dos sobre el contrario. La costumbre de este deporte ha impuesto que el primer tanto se denomine 15; el segundo, 30; el tercero, 40; y el cuarto, juego. Si se produce empate a 40, se da un *deuce* (iguales). A partir de ese momento, el siguiente tanto se llama *advantage* (ventaja), ya sea del servicio (el jugador que hace el saque) o del resto (el jugador que devuelve el saque). Si el jugador que lleva ventaja hace el siguiente punto, obtiene el juego. Si no, se produce de nuevo igualada, que vuelve a llamarse iguales. Así, pueden irse sucediendo las igualadas y las ventajas hasta que un jugador logra los dos tantos seguidos que son necesarios para obtener el juego.

Un tanto puede terminar de tres maneras: con un error (arrojar una bola fácil a la red, o lanzarla fuera del campo), un error forzado (la dificultad de una bola propicia el fallo) o con un *winner* (tanto ganador), golpe con el que un jugador hace imposible la respuesta del contrario.

Algunos tipos de golpes son los siguientes: *lob* (globo), *passing shot* (golpe paralelo o golpe cruzado, según el caso), ***drive*** (natural), revés, *ace* (saque ganador), *smash* (mate), ***liftado*** (efecto acelerado, lo contrario de cortado o cortada), dejada y volea.

Cuando un jugador tiene la oportunidad de adjudicarse un juego, una manga o un *match* (partido) ganando la siguiente bola, dispone de una 'bola de juego', 'bola de manga' o 'bola de partido'. Si la 'bola de juego' corresponde al saque del contrario, se denomina 'bola de *break*' (bola de ruptura).

Tenn. Abreviatura utilizada en **Estados Unidos** para Tennessee.

tercermundismo, tercermundista. Se escriben en redonda.

Tercer Mundo. Los países subdesarrollados de Asia, África y Latinoamérica. La expresión refleja una situación de hecho, mientras que **No Alineados** tiene cierto matiz de militancia. La utilizaron por vez primera, en 1956, los sociólogos franceses Alfred Sauvy y Georges Balandier.

terminal. Tiene género variable: masculino como extremo de un conductor eléctrico, y femenino como el extremo de la línea de transportes. Ejemplos: 'el videoterminal', 'la terminal de Barajas'.

termita. Mezcla inflamable y también equivalente a 'térmite' u hormiga blanca.

termonuclear. Véase **nuclear.**

Terra Lliure. Se escribe siempre en catalán.

terremotos. Véase **seísmo** y 'escala de **Richter'.**

test. Se deben usar 'prueba', 'cuestionario', 'examen' o 'experimento', según cada caso.

Tet. El nuevo año lunar vietnamita.

tête-à-tête. Sustitúyase siempre por 'conversación a solas' o 'cara a cara'.

Teterboro. Uno de los cuatro aeropuertos de **Nueva York.**

Tevere. El nombre español de este río italiano es Tíber.

tévet, no *tebet.* Véase **calendario judío.**

Thames. El nombre español de este río inglés es Támesis.

Thanksgiving Day. Tradúzcase por 'Día de **Acción de Gracias'.**

thesaurus. Escríbase 'tesauro', en redonda. Tesoro, nombre dado a algunos catálogos, diccionarios o analogías.

thriller. Género cinematográfico que procede de la novela policiaca popular norteamericana. Puede escribirse en cursiva. No debe confundirse con **tráiler.**

Tíbet, no Tibet. Nombre español de una región autónoma de China, llamada en **pinyin** Xizang.

tiburón. En la jerga bursátil, el comprador silencioso de grandes paquetes de un determinado valor, que actúa sigilosamente para hacerse con el control de una empresa. Se escribe en cursiva, pero el contexto debe dejar claro su significado.

tic (plural, tics). Es palabra castellana y, por tanto, se escribe en redonda.

ticket. Véase **tique.**

tictac, no tic-tac. No tiene plural.

tie break. En el **tenis,** el sistema de desempate mediante el 'juego decisivo'. Utilícese esta expresión, y no 'muerte súbita'. No debe confundirse con el *tea break,* que es el descanso para tomar el té.

tiempo, estado del. Para los meteorólogos existen tres tipos de estados del tiempo: pasado (las últimas 24 horas), presente (mientras se realizan las medidas) y previsto (previsión). A su vez, el tiempo previsto puede ser a corto plazo (de 24 a 48 horas), a medio plazo (entre una semana y 10 días) y a largo plazo (un mes). Más allá de un mes no se realizan predicciones científicamente fiables.

Para describir el estado del

tiempo se emplean diversos términos técnicos, en función de los fenómenos a que se refiera. Son los siguientes:

1. Nubosidad. Las nubes pueden ser líquidas, de cristales de hielo, heladas o mixtas, y son locales (se forman en el sitio) o emigrantes (se trasladan con el viento).

Hay 10 géneros de nubes internacionalmente aceptados: cirros, cirrocúmulos y cirrostratos (nubes altas); altocúmulos, altostratos y estratocúmulos (nubes medias); nimbostratos y estratos (nubes bajas); cúmulos y cumulonimbos (nubes de desarrollo vertical). En las informaciones no especializadas se preferirá una denominación menos técnica y precisa, como son las encerradas entre paréntesis, al término científico.

En cada uno de los 10 géneros mencionados pueden darse diferentes variedades. Por ejemplo, altocúmulos lenticulares; es decir, en forma de lenteja o platillo volante. En las cordilleras con viento pueden formarse nubes de estancamiento, o de cortina, o humeantes, o en forma de toca.

La cantidad de nubes, nubosidad o nebulosidad, se mide en octavos de cielo cubierto. Así, cuatro octavos supone que hay igual número de claros que de nubes. Se habla de cielo despejado cuando la nubosidad es menor de 1,33 octavos; de cielo nuboso, cuando oscila entre 1,33 y 6,66 octavos; de cielo cubierto, cuando es superior a los 6,66 octavos.

2. Viento. Siempre se denomina al viento según la dirección de donde sopla. Así, viento del Noroeste es aquel que va desde el Noroeste hacia el Sureste. La fuerza, intensidad o velocidad del viento (todos son sinónimos) se mide en **nudos.** El viento puede ser racheado: cuando la velocidad varía constantemente alrededor de un valor más o menos fijo, que se toma como viento medio, aunque también suele darse la racha máxima.

Los meteorólogos tienen establecida la siguiente escala para medir la fuerza del viento: 0, calma; 1, ventolina; 2, flojito; 3, flojo; 4, bonancible; 5, fresquito; 6, fresco; 7, frescachón; 8, duro; 9, muy duro; 10, temporal; 11, borrasca; 12, huracán.

3. Visibilidad. Hay 10 grados de visibilidad. El grado 0, niebla densa, va de 0 metros a 50 (los objetos dejan de verse a esa distancia); el 1, niebla moderada, hasta 200 metros; el 2, niebla moderadamente débil, hasta 500 metros; el 3, niebla débil, hasta 1.000 metros; el 4, neblina, hasta 2.000 metros, y así hasta el grado 9, en el que los objetos dejan de verse a más de 50 kilómetros.

La calima es una niebla seca, no formada por gotitas, sino por polvo en suspensión: polvaredas, arena del desierto, contaminación, humos, etcétera.

4. Meteoros. Los más frecuentes son los que siguen: lluvia, llovizna (orvallo en el Noroeste, sirimiri en el País Vasco y Navarra, calabobos, etcétera), chubasco (de agua o de nieve), nevada, nieve granulada, cinarra, aguanieve, hielo granulado, granizo, pedrisco, agujas de hielo, lluvia helada, niebla helada, helada, rocío, escarcha, rociones, tromba, tornado, turbonada, ciclones tropicales, rayos, relámpagos, halos, arco iris, trueno, aurora polar, etcétera.

Tiananmen, no Tian Anmen. En chino, según la transcripción **pinyin,** 'paz celeste'. Plaza de Pekín escenario de la grandes concentraciones y desfiles conmemorativos. En esta plaza se encuentran, frente a frente, el Palacio del Pueblo y el Museo de la Revolución.

Tiflís. Véase **Tbilisi.**

tifón (también llamado ciclón tropical o baguío). Fenómeno atmosférico caracterizado por una intensa depresión, con vientos muy fuertes que giran alrededor de un *ojo* central. Es comparable con una pequeña borrasca muy energética, con espesas masas nubosas que giran en espiral y provocan lluvias y tormentas frecuentemente devastadoras. Los tifones tienen trayectorias muy aleatorias, pero siempre nacen sobre el mar cálido de los trópicos. Mueren cuando llegan a tierra, tras devastar la zona costera, o bien cuando su trayectoria errática les lleva a mares de aguas más frías, donde pierden su actividad de forma gradual.

No se debe emplear 'huracán', que debe reservarse para el caso de un viento muy fuerte.

tifosi (singular, *tifoso*), con una sola *f.* Palabra italiana aplicada a los hinchas o forofos de un equipo. No debe emplearse, salvo —a título excepcional— cuando se escriba de un club de fútbol italiano. En cualquier caso, nunca debe escribirse *'tifosi* italianos', puesto que en un contexto de castellano es una redundancia.

tildar. Este verbo se emplea incorrectamente cuando se le da el significado de llamar o calificar. En su tercera acepción, la Academia lo define así: 'Señalar con alguna nota denigrativa a una persona'.

Times, The. **Periódico** de Londres. No debe llamarse de este modo al neoyorquino *The New York Times,* aunque así lo hagan los norteamericanos, pues se presta a confusión.

tipográficas, normas. Véase el **capítulo 4** del Manual.

tique. Castellanización de la palabra inglesa *ticket.* No obstante, se deben emplear las palabras 'billete', 'boleto', 'bono', 'entrada' o 'recibo'.

Tiris el Garbia. Véase **Ued Dahab.**

tirón. Robo por el procedimiento de arrancar el bolso a la víctima de un tirón, bien a pie o desde algún vehículo, generalmente una motocicleta. Se escribe en redonda.

tishri. Véase **calendario judío.**

titismo, no titoísmo. Concepción política del mariscal yugoslavo Josip Broz Tito. El seguidor de éste o partidario de su sistema es 'titista', no 'titoísta'.

titulares. Véase el **capítulo 3** del Manual.

Tlemcen. El nombre español de esta ciudad argelina es Tremecén.

Tn. Abreviatura utilizada en **Estados Unidos** para Tennessee.

tocomocho. Timo del billete de lotería falsificado, con un número premiado realmente, que se ofrece al **primo** por una cantidad inferior a la del premio. Por regla general, se alega el pretexto de tenerlo que cobrar en seguida ante la inminencia de un viaje, o de ignorar el valor del premio (el nombre, que se escribe en cursiva, proviene de la tradicional pregunta del timador: '¿Tocó mucho?'). Véanse **gancho** y *grupo.*

todoterreno. Se escribe junto y en redonda, tanto si se refiere a un tipo de vehículo como si, en sentido figurado, se aplica a una persona.

Togo. Estado africano. El adjetivo es 'togolés'.

toilette (plural, *toilettes*). No debe emplearse esta palabra francesa. Es fácilmente sustituible por 'retrete', 'cuarto de baño' o por 'tocador', según los casos.

Tokio, no Tokyo.

Tomahawk. Véase *cruise.*

tonelada. Medida de peso. La tonelada norteamericana, también llamada corta, equivale a 0,9072 toneladas métricas; la inglesa, o larga, a 1,0160 toneladas métricas. Véase tabla de conversión en el **Apéndice 2.**

Tonga. El adjetivo es 'tongano'.

tope. Procedimiento empleado por el *topero.*

topero. En la jerga policial, ladrón que utiliza palanqueta para forzar puertas. Se escribe en cursiva, pero hay que explicar su significado.

top less. Debe obviarse su uso, con expresiones como 'pechos al aire', 'pechos desnudos', 'sin la pieza superior', o 'sin sujetador'. En citas textuales, se escribe en cursiva.

top secret. Alto secreto. No debe utilizarse.

top spin (plural, *top spins*). Véase **golf.**

Torino. El nombre español de esta ciudad italiana es Turín.

tornado. Véase estado del **tiempo.**

torpedo boat. En inglés, 'buque torpedero'.

Torrespaña, no Torre España. La sede de los Servicios Informativos de Televisión Española en Madrid.

tory (plural, *tories*). Miembro del Partido Conservador británico. Se puede escribir en cursiva, pero debe explicarse.

tótem (plural, tótemes). Se escribe en redonda.

Tour. Puede emplearse —con mayúscula inicial y en redonda— pero sólo en el caso de la carrera ciclista francesa. 'Tour' o 'Vuelta a Francia', pero no 'Tour de Francia'. Siempre que se escriba simplemente 'Tour' se referirá a la ronda francesa. En los demás casos de pruebas de ciclismo, debe traducirse. 'Vuelta a Normandía', pero no 'Tour de Normandie'.

tour de force. En francés, 'proeza', 'acción difícil', 'exhibición de fuerza'; en su acepción extrema, 'golpe de Estado'. No debe emplearse.

tour d'horizon. En el lenguaje diplomático, 'examen general de una situación, visión de conjunto'. No debe emplearse en un texto noticioso. Se escribe en cursiva.

tournedos. Se debe escribir **turnedó**.

tournée. Debe escribirse 'gira'.

tour operator. En inglés, empresa que canaliza el turismo de masas. Tradúzcase por 'operador turístico' o 'intermediario'.

trade mark. Tradúzcase por 'marca registrada'.

Trade Union Congress. Asociación de sindicatos británicos con gran influencia en el Partido Laborista.

trade unions. En inglés, 'sindicatos'.

tráiler. Admitida por la Real Academia con los significados de 'avance' de una película y 'remolque' de un vehículo. No debe confundirse tráiler con *thriller.*

training. En lugar de esta palabra inglesa, escríbase 'adiestramiento', 'entrenamiento' o 'perfeccionamiento'.

training ship. En inglés, 'buque escuela'.

tramontana. Viento característico de Cataluña y Baleares. Tiene su origen en el Norte, a veces en lugares tan lejanos como Siberia. En ocasiones lleva olas de frío muy dañinas para los olivos y naranjos.

transcurso, en el. Sustitúyase esta larga expresión por 'durante'.

tránsfuga. En sentido figurado, y

que puede utilizarse, 'persona que pasa de un partido a otro'. En sentido estricto, 'persona que pasa huyendo de una parte a otra'.

transgredir. Se conjuga como **'agredir'**.

transmisión. Véase **retransmitir**.

transparency. Tradúzcase esta palabra inglesa por 'diapositiva' o 'filmina'.

tras. Se abusa de esta preposición, como si en castellano no existieran estas otras: 'después', 'más adelante' o 'a continuación'.

trascendental. Una de las acepciones sirve para algo 'que es de mucha importancia o gravedad por sus probables consecuencias'. En este caso, no se debe utilizar 'trascendente'. Ejemplo: 'Es un partido trascendental para el título de Liga', pero no 'es un partido trascendente para el título de Liga'.

trascendente. Que trasciende. Ejemplo: 'Era la suya una fama trascendente del ámbito local. Se convirtió en un personaje conocido en todo el país'. Véase **trascendental**.

trastocar. Significa trastornar, revolver. No debe confundirse con trastrocar, que es 'mudar el ser o estado de una cosa, dándole otro diferente del que tenía'. Hay que tener en cuenta que se trata, en los dos casos, de verbos irregulares, y que sus presentes son 'trastueca' y 'trastrueca' (igual que el presente de 'trocar' es 'trueca'). Se conjugan igual que otros 104 verbos castellanos que tienen la misma irregularidad; entre ellos, soldar, tostar, forzar o renovar.

trastrocar. Véase **trastocar**.

tratamientos. Véase el **capítulo 7** del Manual.

traumado. Palabra incorrecta. Escríbase 'traumatizado'.

travelling, traveling. La Real Academia Española ha admitido 'travelín', con acentuación aguda (plural, 'travelines'), como equivalente de esta expresión inglesa esdrújula (la carga tónica va en la *a*). No obstante, puede utilizarse la palabra inglesa en cursiva (con *l* o con *ll,* pues las dos grafías son válidas). En cine, desplazamiento de la cámara para acercarla al objeto.

travestido, no travesti. La Academia ha incluido 'travesti' en su *Manual de uso* (que no es el diccionario oficial). No obstante, se optará por 'travestido', de formación más castellana y que sí figura en el Diccionario de la Real Academia Española.

Tréveris. Nombre castellano de una ciudad de Alemania llamada en alemán Trier y en francés Trèves.

Trèves. Véase **Tréveris.**

Trier. Véase **Tréveris.**

trilita. Nombre común del trinitrotolueno, sustancia explosiva. Se prefiere el uso de esta palabra antes que el de sus siglas (TNT) y, por supuesto, que el del nombre científico.

tripulación. En los aviones y buques de guerra no existe 'tripulación' sino 'dotación'.

Tristar, no TriStar. Nombre que recibe el *jumbo* L-1011, construido por la Lockheed Aircraft Corporation.

troika. Trineo arrastrado por tres caballos, popular en la antigua URSS. Por extensión, y referida al mundo ex soviético, comisión compuesta por tres miembros. En ambos casos se escribe en cursiva. Fuera de ese contexto, *troika* debe sustituirse por 'triunvirato'.

troop. En inglés, 'tropa', y en plural *(troops),* 'soldados'. En la terminología militar del Reino Unido, 'escuadrón de caballería'.

troopship. En inglés, buque para el transporte de tropa.

troupe. Escríbase 'compañía' de teatro o de circo.

Trud. Periódico ruso independiente.

trust. Unión de sociedades o empresas con el objeto de dominar el mercado para imponer precios y condiciones de venta. Se escribe en cursiva, y debe explicarse.

trustee. Tradúzcase por 'fiduciario'.

Tsahal. Nombre dado en Israel a su Ejército. Si se emplea en una información hay que explicar su significado.

Tübingen. El nombre castellano de esta ciudad de Alemania es Tubinga.

tug. En inglés, 'buque remolcador'.

tuner. En lugar de esta palabra inglesa, escríbase 'sintonizador' o 'ajustador'.

tungsteno (en sueco, 'piedra pesada'). Cuerpo simple, metálico, de color gris de acero, muy duro, muy denso y difícilmente fusible. Se prefiere el uso de **'volframio'**.

Tunicia. No debe emplearse. El nombre del país y de su capital es Túnez.

turf. Tradúzcase siempre por 'hipódromo' o 'las carreras de caballos'.

Turkmenistán. Antigua república soviética independiente desde el 27 de octubre de 1991. La capital es Ashjabad, y el gentilicio, turcomano. Fue admitida en la ONU en 1992. Esta república se llama también Turkmenia.

Turmix. Una marca registrada. Pero no una *turmix,* sino una 'batidora'.

turnedó, no *tournedos.* Véase el apartado **8.51** del Manual.

Turó Park, y no 'Turó Parc' ni 'parque del Turó'.

Turquestán. Extensa región geográfica del Asia central, donde se hablan lenguas de la familia turca. La región abarca varias de las antiguas repúblicas soviéticas (Uzbekistán, Tayikistán, Turkmenistán, Kirguizistán y parte de Kazajistán), o Turquestán occidental, y la región autónoma china de Xinkiang, antiguamente conocida por Sinkiang, o Turquestán oriental.

Tver. Nombre de una ciudad rusa anteriormente llamada Kalinin.

TV-3, no TV3. Canal de la televisión propiedad de la Generalitat de Cataluña. Por tratarse de una abreviatura, se escribe con un **guión**.

tweed. En inglés, 'mezcla' o, más bien, 'mezclilla'; cierto tipo de tejido. Puede emplearse, en cursiva, si se explica.

Tx. Abreviatura utilizada en **Estados Unidos** para Tejas.

txakoli. Escríbase **chacolí**.

txapela. Se prefiere el uso de la palabra castellana boina. Véase **chapela**.

txipirones. Se debe escribir 'chipirones'. Véase el apartado **8.48** del Manual.

txistu. No debe emplearse salvo que se trate de un texto en vascuence o que forme parte de un nombre propio que, por razones excepcionales, se escribe en esa lengua. En castellano es **chistu,** escrito en redonda y sin acento en la *u.*

txistulari. Se debe escribir 'chistulari'. Véase **chistu.**

txoko. En vascuence, 'rincón'. Se aplica por extensión a las sociedades recreativo-gastronómicas. Se escribe en cursiva.

U

Uarzazat. Grafía para transcribir en español el nombre de una ciudad marroquí que en francés se escribe Ouarzazat.

ucase, no *ukaze.* Mandato arbitrario y tajante. Es palabra castellanizada; por tanto, se escribe en redonda.

Ucrania. Antigua república soviética, independiente desde el 24 de agosto de 1991. La capital es Kiev, y el gentilicio, preferentemente, ucranio (por razones históricas) a ucraniano. Fue admitida en la ONU en 1992.

udárnik (plural, *udárniki).* En ruso, 'obrero de choque'. No debe emplearse.

Ued Dahab. Nombre actual de Río de Oro, la zona sur del Sáhara occidental. Tiris el Garbia, nombre que a veces se da a la zona, corresponde realmente a una parte de Ued Dahab, concedida a Mauritania en los Acuerdos de Madrid; se extiende desde poco más arriba de La Güera, en línea recta, hasta la altura de Zuerat, en territorio mauritano. Véanse **Polisario** y **Saguia el Hamra.**

UEFA. Siglas de la Unión de Asociaciones Europeas de Fútbol (en inglés, Union of European Football Associations). Por su uso generalizado, estas siglas se pueden emplear como única referencia, sin necesidad de hacerlas preceder del nombre completo.

ufología. Puede emplearse esta palabra en el sentido de estudio de los **ovnis.** Y, por lo mismo, 'ufólogo'.

Uganda. El adjetivo es 'ugandés'.

ujier. Véase **ordenanza.**

ukaze. Véase **ucase.**

Ulster. En sentido estricto no es sinónimo de Irlanda del Norte; de los nueve condados que históricamente componen esta provincia irlandesa, seis pertenecen al **Reino Unido** —con el nombre de Irlanda del Norte— y los otros tres a la República de **Irlanda**. No obstante, el término se emplea internacionalmente con ese significado y, por tanto, puede utilizarse. Pero siempre que, por el contexto, quede claro que nos referimos sólo a esos seis condados.

ultimátum (plural, ultimatos). Se escribe en redonda.

ultra. Grupo político, ideología o persona de extrema derecha. Se escribe en cursiva.

Um al Qaiwain. Véase **emiratos árabes.**

umlaut. Sobre el uso de este acento germano, de apariencia idéntica a la diéresis (dos puntos en horizontal sobre una vocal), véase el apartado **8.54** del Manual.

undécimo, no decimoprimero. Número ordinal que corresponde al 11.

underground. Tradúzcase, según el caso, por 'marginal', 'clandestino' o 'subterráneo'.

undersecretary. En inglés, 'subsecretario'.

Unesco. Siglas en inglés (United Nations Educational, Scientific and Cultural Organization) de la organización especializada de la ONU que se encarga de promover la colaboración internacional en los campos de la educación, la ciencia y la cultura. Su sede está en París. El uso ha convertido estas siglas en palabra común: la Unesco. Por tanto, y como excepción, se escriben sólo con mayúscula inicial; pero es preciso explicar su significado, siquiera sea resumido, en la primera referencia. Véase el apartado **9.18** del Manual.

Unicef. Siglas, en inglés, de United Nations International Children's Emergency Fund (Fondo Internacional de las Naciones Unidas para la Ayuda a la Infancia). El uso ha convertido estas siglas en palabra común: Unicef. Por tanto, se escribe sólo con mayúscula inicial. No es preciso explicar su significado en la primera referencia. Es '*el* Unicef', y no '*la* Unicef'. Véase el apartado **9.18** del Manual.

Unió de Botiguers. Organización

que agrupa a varios miles de tenderos catalanes. Se escribe siempre en catalán. Véase *botiguer*.

Unió Democràtica. Partido **coligado** con Convèrgencia Democràtica en **Convèrgencia i Unió.** Se escribe siempre en catalán.

Unió de Pagesos. El nombre de este sindicato agrario se escribe siempre en catalán.

Unión de Myanma. Véase **Birmania.**

Unión Europea. Nuevo nombre de la Comunidad Europea (véase **Unión Europea, Tratado de la),** adoptado el 1 de noviembre de 1993, con la entrada en vigor del Tratado de Maastricht.

Unión Europea, Tratado de la. El Tratado de la Unión Europea (TUE) —Tratado de Maastricht— es un conjunto de acuerdos entre los Estados miembros, para los que lo realmente importante será llegar a cumplir su efectividad. Aunque pudiera considerarse como una duplicación del Acta Única Europea, o acaso como una actualización de los Tratados de Roma, debería contemplarse mejor como el inicio de la creación de una integración europea en una perspectiva federal.

La construcción de la unidad europea, desde los tratados de los años cincuenta, es también la historia de los compromisos entre los Estados nacionales, la mayor parte de las veces con posturas divergentes, a lo que se debe que el texto del TUE esté tan cuidadosamente pactado que no aclare el resultado final.

Sin embargo, puede afirmarse que mediante el TUE se produce un cambio cualitativo muy importante en el proceso de la construcción europea; en efecto, en la Unión, los aspectos relativos —entre otras cosas— a la conceptualización de la ciudadanía europea ocupan un lugar preferente respecto a la idea de una Comunidad esencialmente dominada por la economía.

Las disposiciones del TUE se estructuran según el siguiente esquema:

Título I. Disposiciones comunes.

Título II. Disposiciones por

las que se modifica el tratado constitutivo de la Comunidad Económica Europea con el fin de constituir la Comunidad Europea.

Título III. Disposiciones por las que se modifica el tratado constitutivo de la Comunidad Europea del Carbón y del Acero.

Título IV. Disposiciones por las que se modifica el tratado constitutivo de la Comunidad Europea de la Energía Atómica.

Título V. Disposiciones relativas a la política exterior y de seguridad común.

Título VI. Disposiciones relativas a la cooperación en los ámbitos de justicia y de los asuntos de interior.

Título VII. Disposiciones finales.

Al tratado se incorporan además 17 protocolos y 33 declaraciones.

Desde el punto de vista del derecho internacional, la Unión Europea (sobre la que dice el primer párrafo del artículo A del Título I: "Por el presente tratado, las altas partes contratantes constituyen entre sí una Unión Europea, en lo sucesivo denominada 'Unión') no es una organización internacional, puesto que los Estados no la han dotado de personalidad internacional. Se podría considerar que, en la actualidad, la Unión es un ente muy especial que en un futuro más o menos próximo será efectivamente una organización internacional.

La Unión establece un marco institucional que contribuirá a resolver los problemas de coordinación institucional entre los sistemas comunitario y de cooperación —por ejemplo, relaciones Consejo Europeo-reuniones ministeriales—, siempre presentes a pesar de la obligación de coherencia que había impuesto el Acta Única Europea.

La relevancia del **TUE** no sólo es destacable desde un punto de vista político, sino que, desde una visión más técnica o jurídica del mismo, se puede apreciar que se ha establecido —por medio de las disposiciones comunes y finales— un "sistema jurídico particular de naturaleza comunitaria" que determinará las relaciones entre los ámbitos intergubernamentales y los comunitarios, siendo al respecto un principio implícito en el tratado la compatibilidad entre la Unión, la Comunidad y los Estados miembros.

Algunos aspectos particulares del **TUE** dignos de mención son los siguientes:

1. La ciudadanía de la Unión. Es ciudadano de la Unión toda persona que ostente la nacionalidad de un Estado miembro. Los derechos inherentes a esta ciudadanía se manifiestan en aspectos cívico-políticos (ser elector y elegible en las elecciones al Parlamento Europeo y a las corporaciones locales, circular y residir libremente en el territorio de los Estados miembros) y en aspectos de eficacia internacional (protección diplomática y consular). Otros derechos (fundamentales de las personas, petición y acceso al Defensor del Pueblo) pueden ser ejercidos por cualquier residente en los territorios de los Estados miembros, sean personas jurídicas o físicas, aunque no ostenten la ciudadanía de la Unión.

2. El ordenamiento jurídico. Se establece la decisión conjunta entre el Parlamento Europeo y el Consejo de Ministros, lo que significa una modificación sustancial en la forma de adopción de los actos normativos de la Comunidad. Sin embargo, no se logra plasmar un sistema de jerarquía de normas análogo al existente en los Estados miembros, por lo que el sistema de fuentes del derecho comunitario adolece de todas las insuficiencias y contradicciones que le aquejan desde los primeros tratados.

3. El Consejo Europeo. Es la instancia política esencial de la vida de la Unión. Sus actos escapan al control jurisdiccional del Tribunal de Justicia de Luxemburgo. Está desprovisto de cualquier responsabilidad frente a las otras instituciones y órganos de la Unión y también frente a sus Estados miembros y terceros Estados, aunque, como expresión de "cortesía política", deba informar al Parlamento Europeo. El Consejo podrá tomar decisiones que afecten a cualesquiera de los ámbitos de la Unión.

4. El Parlamento Europeo. Se le atribuyen funciones de carácter normativo en los procedimientos de codecisión y de cooperación; de carácter consultivo, al exigir dictamen del Parlamento en lo relativo a libre circulación, sistema electoral europeo, ingreso de un nuevo Estado y al establecer la obligación de consulta para todos los acuerdos internacionales a concluir por el Consejo, excepto para los comerciales; de control, respecto a la composición del Colegio de Comisarios y el presupuesto comunitario, y de investigación, por medio de comisiones temporales o, indirectamente, a través del ejercicio del derecho de petición y de las reclamaciones al Defensor del Pueblo.

5. El Consejo de Ministros. Los representantes de los Estados miembros en el Consejo habrán de tener rango ministerial y facultades para comprometer al Gobierno del Estado que representen. El Consejo mantiene intacto su poder decisorio, y cuando en los supuestos de codecisión no llegue a un acuerdo con el Parlamento, prevalece unilateralmente la decisión del Consejo. La presidencia del Consejo asume la representación de la Unión Europea, quedando la presidencia de la Comisión exclusivamente como representante de la Comunidad Europea. Para las votaciones en el Consejo se ha adoptado la regla de la "unanimidad" en algunas cuestiones claves para la integración europea (ciudadanía, cohesión, medio ambiente, política social, visados, política industrial, aspectos de la unión económica y monetaria), manteniéndose esta regla en los temas de armonización fiscal.

6. La Comisión. Para su designación se necesita el voto del Parlamento Europeo, al que se somete colegiadamente. El mandato de los comisarios será por cinco años, igual que los eurodiputados. La Comisión sólo podrá tener una o dos vicepresidencias. En general, el **TUE** recorta limitadamente las competencias de la Comisión, tanto en el ámbito material de las mismas como en relación con algunos aspectos formales de su autonomía.

7. El Tribunal de Justicia. Se ha facultado al tribunal para imponer sanciones pecuniarias a los Estados miembros, cuando éstos no cumplieran el contenido de las sentencias condenatorias, por el manifiesto perjuicio que estas actitudes producen en el ordenamiento comunitario. Se han limitado las sesiones plenarias del tribunal a los casos en que sea solicitado por un Estado miembro o una institución comunitaria que sea parte en el proceso, atribuyendo a las salas del tribunal todo tipo de asuntos. Por último, se establece que el Consejo podrá ampliar, por unanimidad, las competencias del tribunal de primera instancia a todos los recursos, excepto las cuestiones prejudiciales.

8. El Tribunal de Cuentas. El Tribunal de Cuentas aparece en el **TUE** consagrado como una nueva institución comunitaria, reforzando los principios de transparencia y control del gasto público y tratando de evitar que la mala administración aparezca como impune a los ojos de los ciudadanos europeos. El Tribunal de Cuentas debe presentar al Parlamento Europeo y al Consejo "una declaración sobre la fiabilidad de las cuentas y la regularidad y legalidad de las operaciones correspondientes".

9. El Comité de las Regiones. Es un nuevo órgano con funciones consultivas para apoyar las decisiones que tomen el Consejo y la Comisión, que deberán consultarlo en cuestiones que tengan repercusión directa en la vida de las regiones, aunque también podrá emitir dictámenes por propia iniciativa.

10. El Comité Económico y Social. Se consolida su independencia orgánica y se amplía el campo material en el que las consultas al Comité se hacen preceptivas, pudiendo también emitir dictámenes cuando lo considere oportuno.

11. El Banco Central Europeo. Es una institución de la Unión que será una realidad en la última fase de la unión económica y monetaria, con independencia expresamente garantizada y con competencias consultivas normativas, de control o supervisión, emisión de monedas y sancionadoras. Tendrá personalidad jurídica propia, pudiendo participar en instituciones monetarias internacionales, operar en los mercados financieros y de crédito y actuar como agente fiscal de los organismos de derecho público.

12. El Defensor del Pueblo. Es una figura de carácter residual, concebida en el **TUE** como un medio más al servicio del control político del Parlamento Europeo y alejado de la naturaleza del *ombudsman*.

13. La unión económica y monétaria. La unión económica y monetaria (UEM) es quizá la piedra angular del Tratado de Maastricht. Por medio de sus tres fases de desarrollo escalonado, pretende alcanzar la consecución de un espacio común regido por las mismas directrices de política económica y monetaria y con una moneda única. Se constituirá, el 1 de enero de 1994, el Instituto Monetario Europeo, para encargarse de los preparativos del sistema de la política monetaria única. La tercera fase supondrá la puesta en marcha de la unión económica y monetaria con un sistema de bancos centrales, cuya misión principal será la formulación y ejecución de la política monetaria de la Comunidad y el Banco Central Europeo y la creación de un Comité Económico y Financiero. Se procederá a la fijación irrevocable de los tipos de conversión de las monedas comunitarias y del valor del ecu y a la adopción de todas las medidas necesarias para la introducción de la moneda única —"un ecu fuerte y estable"—. En esta última fase, las políticas económicas nacionales pasarán a considerarse cuestión de interés general de los Estados miembros.

14. El fondo de cohesión. Concebido para contribuciones financieras a los sectores del medio ambiente y las redes transeuropeas, aparece como un nuevo instrumento financiero de la Comunidad, que actúa ya a través del Fondo Europeo de Orientación y Garantía Agrícola (FEOGA), el Fondo Social Europeo y el Fondo Europeo de Desarrollo Regional (Feder).

Unità, L'. **Periódico** del Partido Comunista Italiano.

United Press International. Agencia de prensa norteamericana. En la **firma** se utilizarán las siglas UPI; en el texto se puede escribir simplemente 'United Press'.

Universidad. Se escribe con mayúscula inicial cuando se hable de ella como institución o cuando forme parte de un nombre propio. Ejemplos: 'la Universidad', 'la Universidad de Salamanca', 'la Universidad Internacional Menéndez Pelayo'.

universo. Se escribe todo en minúsculas.

Uno de Mayo. Escríbase 'Primero de Mayo' para referirse a esta fiesta.

unteroffizier. Graduación de los Ejércitos de Tierra y del Aire de Alemania equivalente en los españoles a cabo segundo.

urbi et orbi, no *urbi et orbe.* Expresión **latina.** Literalmente, 'a la ciudad y al orbe'; en sentido amplio, 'a los cuatro vientos, a todas partes'. No debe emplearse en un texto noticioso, salvo que se refiera a la bendición papal.

URSS. Siglas de la Unión de Repúblicas Socialistas Soviéticas, o Unión Soviética (en ruso, Soyuz Soviétskij Sotsialistícheskij Respúblik). Ya no existe. Por su uso generalizado, estas siglas se pueden emplear como única referencia, sin necesidad de hacerlas preceder del nombre completo.

La forma de Estado federal fue adoptada por la Rusia de los Sóviets el 30 de diciembre de 1922. La Unión estaba, hasta finales del año 1991, constituida por 15 repúblicas federadas, hoy independientes y reconocidas por la ONU.

Su escaño en el Consejo de Seguridad de la ONU fue heredado por la Federación Rusa. (Véase **Rusia)**.

Para las referencias anteriores a diciembre de 1992 debe escribirse 'la Rusia de los Sóviets', 'soviética' o 'bolchevique', pero no Unión Soviética.

Las fechas más significativas en el proceso de disolución de la URSS son las siguientes:

– El 17 de septiembre de 1991. La ONU acepta como miembros de pleno derecho a las tres repúblicas bálticas: Letonia, Estonia y Lituania.

– El 8 de diciembre de 1991. Acuerdo de Minsk (capital de Bielorrusia), por el que se crea la Comunidad de Estados Independientes (CEI) por los jefes de Estado de Bielorrusia, Ucrania y Rusia.

– El 21 de diciembre de 1991. Declaración de Alma Ata (capital de Kazajistán), por la que 11 repúblicas soviéticas —todas, salvo Georgia y las tres bálticas— acuerdan integrarse en la Comunidad de Estados Independientes y piden a Mijaíl Gorbachov que dimita. Rusia se declara heredera del escaño de la Unión Soviética en el Consejo de Seguridad de la ONU.

– El 25 de diciembre de 1991. Mijaíl Gorbachov dimite como presidente y reconoce que la **URSS** ha dejado de existir. A partir del 2 de marzo de 1992, la ONU admite como miembros de pleno derecho a varias de las antiguas repúblicas soviéticas, hasta culminar el 31 de julio con la admisión de Georgia, última en solicitarlo. Las repúblicas, hoy independientes, que integraban la antigua **URSS** son: Armenia, Azerbaiyán, Bielorrusia, Estonia, Georgia, Kazajistán, Kirguizistán, Letonia, Lituania, Moldavia, Rusia, Tayikistán, Turkmenistán, Ucrania y Uzbekistán.

USA. Salvo que formen parte del nombre de una entidad, deben emplearse las siglas **EE UU**, sin puntos al final de cada pareja de letras, pero con un espacio de separación.

uskorenie. Esta palabra rusa, empleada en el lenguaje político y cuyo significado es 'aceleración', no debe utilizarse en un texto noticioso.

Ussuri. Véase **Damanski.**

usted. En las entrevistas se tratará siempre de usted al interlocutor. No se usará la abreviatura 'Vd.', ni siquiera cuando se trate de una cita textual. Véase el apartado **9.6** del Manual.

Ut. Abreviatura utilizada en **Estados Unidos** para Utah.

utillaje. Conjunto de útiles necesarios para una industria. Con todo, conviene no olvidar el uso de palabras como 'herramienta', 'maquinaria', 'instrumental', 'equipo' o 'material'.

ut supra. Expresión **latina,** 'como arriba'. No debe emplearse en un texto noticioso.

Uzbekistán. Antigua república soviética independiente desde el 31 de agosto de 1991. La capital es Tashkent, y el gentilicio, uzbeko.

V

Va. Abreviatura utilizada en **Estados Unidos** para Virginia (no Virginia Occidental).

vademécum. Se escribe en redonda.

vade retro. En **latín,** 'retrocede', 'apártate'. Se emplea en el sentido de rechazar una tentación (de la frase de Jesucristo, recogida en los Evangelios, 'Vade retro, Satana'; 'Apártate de mí, Satanás'). No debe emplearse en un texto noticioso.

valorar. Hoy todo se *valora,* positiva o negativamente, y nada se estima satisfactorio o se aprueba; nadie muestra su conformidad ni manifiesta su acuerdo; nada se rechaza, se considera reprobable o se estima insatisfactorio; nadie expresa su desacuerdo o su disconformidad. El vocablo *valorar* se está empleando, incorrectamente, como sinónimo de analizar y estudiar. Sin embargo, valorar implica siempre 'dar valor' a algo, en un concepto positivo ('yo valoro tu trabajo'). Por tanto, es absurdo 'valorar negativamente', y una redundancia 'valorar positivamente'. Cuando se emplea para 'valorar los daños' se está utilizando también mal: lo correcto es 'evaluar'.

váter. Preferible a *water.*

variante. Ramal de una autopista o carretera.

variété. Tradúzcase por 'variedades'.

Varna. Ciudad búlgara antes llamada Stalin.

Vaticano. Se prefiere esta palabra para todas aquellas referencias a la actividad temporal de la Iglesia católica. Ejemplos: 'el Vaticano quiere negociar con Israel' o 'un enviado vaticano', pero no 'la Santa Sede quiere negociar con Israel' o 'un enviado pontificio'. Véanse **Radio Vaticana** y **Santa Sede.**

vatio, no *watio.*

Vd. Nunca se usará esta abreviatura, ni siquiera cuando se trate de una cita textual. Véase el apartado **9.6** del Manual.

ve adar, no *we adar.* Véase **calendario judío.**

vedetismo. Actuar en plan de primera figura. Se prefiere 'protagonismo', pero puede utilizarse, en cursiva. Véase **'protagonizar'.**

vedette (plural, *vedettes*). Esta palabra, escrita en cursiva, sólo debe emplearse en el caso de las artistas de variedades.

vehicular. Es un barbarismo. En su lugar se debe escribir 'transportar' o 'transmitir'.

velis nolis. Expresión **latina,** 'quieras o no quieras'. No debe emplearse en un texto noticioso.

vendetta. Salvo como nota de color, debe emplearse la palabra 'venganza'.

Vent, Îles du. Véase **Antillas.**

vergonzante, vergonzosa. No es lo mismo que vergonzoso. 'Vergonzante' ha de aplicarse a la actitud de hacer algo ocultándose, sin manifestarse públicamente. El mendigo que se tapa la cara para que no le reconozcan, por ejemplo, mantiene una actitud 'vergonzante'. En síntesis, la actitud 'vergonzante' es la de quien tiene vergüenza; y 'vergonzosa', de quien la causa.

verdes. En cursiva, si se trata de los miembros o las posturas de un partido ecologista. En redonda, si forma parte de un nombre propio. Ejemplo: 'El Partido Verde ganó las elecciones'; pero 'los *verdes* ganaron las elecciones'.

Verja. Se escribe con mayúscula inicial cuando se refiera a la de **Gibraltar:** 'la Verja', pero 'la verja de Gibraltar'.

vermú (plural, vermús), no *vermouth.* Se recomienda 'vermú', pero también puede escribirse 'vermut' y 'vermuts'.

versal. Nombre en tipografía de las letras mayúsculas, o de caja alta. Se llaman así porque antiguamente la letral inicial de todos los versos de un poema era mayúscula.

versalita. Letra de igual tamaño que la minúscula pero con los rasgos de la mayúscula o **versal.**

versátil. Esta palabra tiene senti-do peyorativo al aplicarse a una persona 'de genio o carácter vo-luble e inconstante'. No es un elogio aplicar este adjetivo, que se aproxima más a 'voluble' que a 'polifacético'.

verso, textos en. Véase el aparta-do **11.61** del Manual.

versus. Expresión latina que en un contexto anglosajón toma el significado de 'contra' o 'frente a'. Así se emplea en el lenguaje jurídico y en el de los enfrenta-mientos deportivos. No debe uti-lizarse nunca con este sentido. En latín y en castellano, *versus* significa 'hacia' (*Cristo versus Arizona,* Camilo José Cela). No debe emplearse en un texto noti-cioso.

VHF. Siglas de 'frecuencia muy alta' (en inglés, *very high fre-quency).* Por su uso generaliza-do, como única referencia se uti-lizarán las siglas, pero no el nom-bre completo.

vice admiral. En las fuerzas na-vales de Estados Unidos y el Rei-no Unido, vicealmirante. Véase *vizeadmiral.*

vice marshal. Véase *air vice marshal.*

victorino. Toro de la ganadería de Victorino Martín. Se escribe en cursiva y tiene plural. 'Ruiz Miguel se encierra con seis *victo-rinos'.* Véase el apartado **8.19** del Manual.

vídeo, no video. En cambio, los compuestos se escriben sin acen-to. Ejemplo: 'el videoterminal'.

videoclip. Sustitúyase por 'vídeo musical' o 'videocorto'.

vieja, viejo. Véase el apartado **2.18** del Manual.

Viejo Continente. Expresión empleada al referirse a Europa, sus costumbres y su cultura. Sin embargo, en sentido estricto el Viejo Continente o Viejo Mun-do es el hemisferio oriental del planeta, Europa, Asia y África. Se escribe con mayúsculas ini-ciales.

viento, fuerza del. Véase estado del **tiempo.**

Villa Cisneros. El nombre actual de esta ciudad del Sáhara es Dajla.

Vilna, no Vilnius. La capital de Lituania.

Viminale, palacio del. Sede del Ministerio del Interior italiano.

violonchelo, no *violoncello*. Se puede emplear la forma apocopada 'chelo', pero no *cello*.

Virgin Islands. El nombre español de este archipiélago del Caribe, con posesiones norteamericanas y británicas, es islas Vírgenes. Véase **Antillas.**

Vis. Abreviatura inglesa para *viscount* o vizconde.

visa. Escríbase 'visado'.

vis-à-vis. Tradúzcase por 'frente a frente', 'cara a cara'.

visibilidad, grados de. Véase estado del **tiempo.**

visionar. Verbo admitido por la Academia con el significado de 'ver imágenes cinematográficas o televisivas, especialmente desde el punto de vista técnico o crítico'. Sin embargo, sustitúyase por 'ver', 'revisar' o 'presenciar', según el caso.

víspera. No significa necesariamente 'ayer'. Es el día o el lapso de tiempo que antecede a otro.

vista. Sesión pública de un proceso judicial. Aunque popularmente es equivalente el término 'juicio', debe tenerse en cuenta que jurídicamente juicio es todo el proceso o litigio y no sólo su momento culminante.

vizconde, vizcondesa. Se escribe todo en minúsculas salvo que la palabra forme parte de un nombre propio. Ejemplos: 'el vizconde de Benamejí', 'calle del Vizconde de Benamejí'.

vizeadmiral. Graduación de la Marina de Alemania equivalente a almirante. Véase *admiral.*

Vladikavkaz. Ciudad rusa, capital de la república de la federación rusa Osetia del Norte. Antes se llamaba Ordzhonikidze (véase **Ordzhonikidze).**

Vnúkovo. Aeropuerto de Moscú, reservado para los vuelos interiores. Véase **Sheremiétievo.**

vodevil (plural, vodeviles), no *vaudeville*.

vodka (la), no *wodka*.

volado. Letra, número o signo más pequeño que los restantes caracteres del mismo cuerpo, y que va colocado en la parte superior de la línea.

voleibol. Lamentablemente, 'voleibol' es el nombre oficial del deporte conocido también como 'balonvolea', expresión ésta más castellana. El redactor puede emplear 'balonvolea' siempre que lo desee.

volframio. Cuerpo simple, metálico, de color gris de acero, muy duro, muy denso y difícilmente fusible. Debe escribirse 'volframio', y no 'wolframio' ni **tungsteno.**

Volta. Nombre de la Vuelta Ciclista a Cataluña. Por tanto, es una redundancia escribir 'la Volta a Cataluña'.

Volvogrado. Ciudad soviética llamada Stalingrado de 1925 a 1961. Antes de 1925 se denominó Tsaritsin.

vox pópuli. Expresión **latina,** 'de dominio público'. No debe emplearse en un texto noticioso.

voyeur. Utilícese la palabra castellana 'mirón'.

vs. Abreviatura inglesa para *versus.* No debe utilizarse.

Vt. Abreviatura utilizada en **Estados Unidos** para Vermont.

W

Wa. Abreviatura utilizada en **Estados Unidos** para el Estado de Washington.

walkie-talkie (plural, *walkie-talkies*). Escríbase 'transmisor-receptor'.

walkman. No debe utilizarse. Escríbase 'minimagnetófono', 'magnetófono de bolsillo', 'el minicasete' o 'el casete de bolsillo'.

Wall Street. La calle de la Bolsa de Nueva York. Por extensión, el mundo financiero norteamericano.

Wall Street Journal, The. Periódico económico estadounidense con sede central en Nueva York. Véase **Dow Jones.**

warrant officer. Graduación de las Fuerzas Armadas de Estados Unidos y de la Marina del Reino Unido equivalente en los ejércitos españoles a subteniente.

Wash. Abreviatura utilizada en **Estados Unidos** para el Estado de Washington, no para la capital federal.

wasp. Palabra compuesta con las iniciales de *white anglo-saxon protestant,* que se emplea para designar a los adelantados de origen anglosajón, blancos y protestantes, que colonizaron Estados Unidos, o para sus descendientes. No debe emplearse.

water (de *water closet*). Escríbase **váter.** Preferible 'retrete', 'servicios' o 'lavabos'.

way of life. En inglés, 'estilo de vida'. No debe emplearse.

we adar. Debe escribirse *ve adar.* Véase **calendario judío.**

wedge (plural, *wedges*). Véase **golf.**

week end. Tradúzcase siempre por 'fin de semana'.

welfare state. Escríbase 'Estado de bienestar' o 'estado de bienestar', según el caso.

weltanschauung. Escríbase 'concepción del mundo' o 'ideología'.

Wenhui Bao. En **pinyin**, 'diario popular'. **Periódico** de Shanghai.

western (plural, *westerns*). En inglés, 'occidental'. Por extensión, 'película del Oeste'. No debe emplearse. Véase **Far West**.

Westminster. La zona histórica de Londres en la que se encuentran la abadía del mismo nombre y el Parlamento. Por extensión, éste.

West Virginia. El nombre español de este Estado norteamericano es Virginia Occidental. Véase **Estados Unidos**.

whisky (plural castellanizado, whiskys). Por su extendido uso, empléese este término (y no güisqui), pero escrito en redonda. En el caso de los derivados de la palabra, se opta por su completa castellanización. Ejemplo: güisquería.

white collar (plural, *white collars*). En inglés, 'personal administrativo'. No debe emplearse. Véase *blue collar*.

Whitehall. Nombre de la avenida londinense que une Trafalgar Square y Parliament Square. A lo largo de Whitehall y en sus inmediaciones se levantan diversos Ministerios. Entre los importantes, los de Defensa, Sanidad, Exteriores (véase **Foreign Office**) y Hacienda. Otros menores son los de Artes, Gales y Escocia. Hay también otras dependencias gubernamentales. Downing Street, cuyo número 10 es la residencia oficial del *premier,* es una bocacalle de Whitehall, palabra que en la jerga política y periodística es sinónima de Gobierno británico.

Wi. Abreviatura utilizada en **Estados Unidos** para Wisconsin.

windsurf. Por tratarse de un deporte, este nombre no castellano se escribe en redonda. Véase el apartado **7.44** del Manual.

Windward Islands. Véase **Antillas.**

wing commander. Graduación del Ejército de Tierra británico equivalente en el español a teniente coronel. Véanse *commander* y *lieutenant commander*.

winner. Véase **tenis**.

Wis. Abreviatura utilizada en **Estados Unidos** para Wisconsin.

wolframio. Véase **tungsteno.**

Women's Army Corps. El Cuerpo Femenino del Ejército norteamericano.

Wroclaw. Ciudad polaca llamada Breslau cuando formó parte de **Alemania,** hasta la II Guerra Mundial.

Wusuli. Véase **Damanski.**

WV, W Va. Abreviaciones utilizadas en **Estados Unidos** para Virginia Occidental (no confundir con Virginia).

Wy, Wyo. Abreviaturas utilizadas en **Estados Unidos** para Wyoming.

XYZ

Xauen, no Chauen. Ciudad marroquí.

Xianggang. Nombre en **pinyin** de Hong Kong. No debe emplearse.

Xinhua, no Hsin Hua. En chino, según la transcripción **pinyin,** Nueva China, nombre de la agencia de prensa de **China.** Debe escribirse Nueva China.

Xinjiang. Nombre en **pinyin** de una región autónoma china antes conocida como Sinchiang o Sinkiang. Corresponde al **Turquestán** chino.

Xizang. Nombre en **pinyin** del Tíbet, región autónoma de China. No debe emplearse.

Yakarta, no Djakarta. Capital de Indonesia, antes conocida como Batavia.

Yalu, no Yalú. El nombre de este río chino no ha cambiado con el **pinyin.**

Yamena, no Ndjamena ni Dyamena. La capital de Chad, anteriormente llamada Fort Lamy.

Yangon. La capital de Myanmar, la anterior **Birmania.**

Yangtsé, río. Debe emplearse la versión **pinyin:** 'río Changjiang'.

yanqui (plural, yanquis; no yanquies). No es sinónimo de **norteamericano.** Yanqui es el habitante de **Nueva Inglaterra,** zona del norte de Estados Unidos. No debe emplearse. Tiene matiz despectivo.

yarda. Medida empleada en el mundo anglosajón. En longitud equivale a 0,9144 metros; en superficie, la yarda cuadrada son 0,8361 metros cuadrados; en volumen, la yarda cúbica son 0,7646 metros cúbicos. Véanse tablas de conversión en las páginas del Apéndice 2.

Yedda, no Djeddah ni Yedah. Ciudad saudí.

Yemen. La República Árabe de Yemen o Yemen del Norte (capital, Saná) y Yemen Democrático o Yemen del Sur (capital, Adén), se unificaron el 21 de mayo de 1990. La República de Yemen, nueva denominación oficial, tiene su capital en Adén. El Estado sureño se llamó precisamente Adén hasta 1967, nombre que conservó su capital. Para referencias en plural, siempre anteriores a 1990, se hablará de 'los dos Yemen', pero no 'los dos Yémenes'.

yemení (plural, yemeníes), no yemenita.

yen (plural, yenes). Moneda japonesa.

yerba. Escríbase 'hierba'.

Yibuti, no Djibuti. Nombre adoptado en junio de 1977 por el que fue Territorio Francés de los Afars y los Isas, y, antes, Somalia francesa.

yídish. Dialecto hablado por los judíos **askenazíes.** Está compuesto de alemán medieval y hebreo, con agregados de ruso, polaco, lituano, letón, etcétera, según en qué zona se habla. Se escribe en redonda.

yihad. En árabe, '**guerra** santa'. No debe emplearse sin explicar su significado.

Yihad Islámica. Grupo terrorista iraní cuyo significado es 'Guerra Santa Islámica'. En la primera cita, debe explicarse su traducción.

yogur (plural, yogures), no *yoghourt, yogurt* o *yaourt.* Se escribe en redonda.

Yom Kipur. Véase **calendario judío.**

yonqui (plural, *yonquis*). En jerga, gran consumidor de **droga** dura; especialmente, heroína. No puede emplearse sin explicar su significado.

yóquey (plural, yóqueis), no *jockey.* Jinete profesional de carreras de caballos.

yudo, no judo.

Yugoslavia, República Federal de (véanse **Serbia** y **Montenegro).** Denominación adoptada por Serbia y Montenegro, que incluye las provincias autónomas de **Vojvodina** y **Kosovo,** en Serbia, después de la desmembración de Yugoslavia. Fue proclamada por estas dos antiguas repúblicas yugoslavas el 27 de abril de 1992, y su capital es **Belgrado.** No está reconocida internacionalmente. La República Federal de Yugoslavia no es considerada por la ONU como uno de sus miembros con plenos derechos, aunque puede participar en los trabajos de otros órganos de Naciones Unidas. Por su parte, la República Federal de Yugoslavia reclama ser miembro de pleno derecho de la ONU en cuanto heredera de la antigua Yugoslavia. La ONU ha invitado a la República a solicitar su ingreso, tal como lo han hecho las demás antiguas repúblicas de la anterior Yugoslavia.

yumada. Véase **calendario musulmán.**

Yúnost. Revista literaria rusa.

yuppy (plural, *yuppies).* Profesional en una situación económicamente acomodada, instalado en el sistema. Puede sustituirse por 'joven ejecutivo'. Es un acrónimo de *young* **up**wardly-mobile *people,* o gente joven en ascenso. No puede utilizarse sin explicar su significado. Se escribe en cursiva.

zafar. Se debe escribir *safar.* Véase **calendario musulmán.**

Zagorsk. Centro de la Iglesia ortodoxa rusa, situado cerca de Moscú.

Zaire. El ex Congo belga. Su nombre oficial es República del Congo, y su capital, Kinshasa (antes Léopoldville). Adjetivo, 'zaireño'.

Zakavkazie. El nombre castellano de esta región geográfica, formada por **Armenia, Azerbaiyán** y **Georgia,** es Transcaucasia.

Zambia. Adjetivo, 'zambiano'.

Zanzíbar. Véase **Tanzania.**

zapping. Onomatopeya que se usa en inglés para definir la acción de cambiar constantemente de canal de televisión con el mando a distancia. En EL PAÍS puede escribirse, también como onomatopeya, *zap-zap.*

Zarzuela, la. Residencia oficial del Rey de España.

zeta. Coche patrulla del **Cuerpo Nacional de Policía.** Véase *lechera.*

Zhdánov. Véase **Mariúpol.**

Zhongguo. Nombre en **pinyin** de **China.** No debe emplearse.

Zhongguo Qingnian Bao. En **pinyin,** 'diario de la juventud china'. **Periódico** de China.

zigzag (plural, zigzagues).

Zimbabue, no Zimbabwe. Adjetivo, 'zimbabuense'. Véase **Rodesia.**

zinc (plural, zines). Úsese esta palabra y no 'cinc', igualmente correcta, porque el plural de ésta ('cines') se presta a equívocos.

Znamia. Revista soviética mensual, literaria y sociopolítica.

zombi, zombis. Admitida por la Real Academia. Pero no hay que olvidar la expresión 'muerto viviente'.

zulo (plural castellanizado, *zulos*). Esta palabra del vascuence no debe utilizarse. Sustitúyase por 'agujero' o 'escondrijo'.

zulú (plural, zulúes).

Zúrich, no Zurich. Adjetivo, 'zuriqués'.

SIGLAS

A

AA EE. Siglas de Ministerio de Asuntos Exteriores. No deben utilizarse. En titulares y segundas referencias puede escribirse simplemente 'Exteriores'.

AAF. Siglas de Fuerza Aérea Norteamericana (en inglés, American Air Force).

AAM (no tiene plural). Siglas en inglés *(air-to-air missile)* para los misiles empleados por un avión contra otro avión. Es una redundancia escribir 'los misiles AAM'.

ABC. Siglas de las American Broadcasting Companies (en plural). Se dividen en ABC News, ABC Radio y ABC-TV. Estas siglas pueden escribirse sin necesidad de añadirle el nombre completo, pero explicándolas: 'la ABC, cadena de radiotelevisión norteamericana...'.

ABM. Siglas de *anti-ballistic missile*. La primera vez que se mencione ha de escribirse 'misil antibalístico', y a continuación, entre paréntesis, ABM. En las siguientes referencias debe evitarse la redundancia que supone escribir 'misil o misiles ABM'.

Con las siglas ABM se conoce también, por extensión, el sistema defensivo puesto en pie por Estados Unidos que combina el empleo del radar y de un proyectil tipo misil y antimisil.

AC. Siglas de Acción Comunista y de Acción Católica.

ACAN. Siglas de Agencia Centroamericana de Noticias.

Acchan. Véase **OTAN**.

ACE. Estas siglas sólo deben emplearse para el Mando Aliado en Europa (véase **OTAN).** Para el programa del Avión de Combate Europeo se deben utilizar las siglas **EFA.**

Aclant. Véase **OTAN**.

ACLI. Siglas de la Asociación Cristiana de Trabajadores Italianos (en italiano, Associazione Cristiana Lavoratori Italiani).

ACNP. Véase **ACP.**

ACNUR. Siglas en castellano del Alto Comisionado de las Naciones Unidas para los Refugiados (United Nations High Commissioner for Refugees), con sede en Ginebra. Han de emplearse estas siglas, y no las inglesas **UNHCR,** ni las francesas HCR.

ACP. Siglas de Asociación Católica de Propagandistas, la anterior Asociación Católica Nacional de Propagandistas.

ACR. Véase **UNHCR.**

ADA. Siglas de la Asociación de Ayuda al Automovilista.

Adelpha. Siglas de Asociación de Defensa Ecológica y del Patrimonio Histórico-artístico. Estas siglas las ha convertido el uso en palabra común: Adelpha. Se escribirán, pues, en minúsculas, salvo la mayúscula inicial, y en redonda.

Si no se cita el nombre completo de Adelpha en una información, al menos hay que explicar los fines de la asociación.

ADI. Véase **AID.**

ADN. Siglas de ácido desoxirribonucleico y del Servicio General Alemán de Noticias (en alemán, Allgemeine Deutscher Nachrichtendienst), agencia de noticias de la desaparecida República Democrática Alemana.

El ácido desoxirribonucleico, componente esencial de los genes, es una larga molécula que contiene la información hereditaria de un ser vivo. Adquiere la forma de doble hélice, formada por cuatro subunidades sencillas. Véase **ARN.**

AEB. Siglas de la Asociación Española de Banca Privada.

AEC. Siglas para Comisión de Energía Atómica (del inglés Atomic Energy Commission).

AEDE. Siglas correspondientes a la Asociación de Editores de Diarios Españoles.

AEE. Siglas de Administración Espacial Europea (y no Agencia Espacial Europea).

AEG. Siglas de la Allgemeine Elektrizitäts Gesellschaft, empresa de electrodomésticos de Alemania. Por su uso generalizado, como única referencia se utilizarán las siglas, pero no el nombre completo.

AELC. Estas siglas, que corresponderían al nombre en español de la Asociación Europea de Libre Comercio, no deben emplearse. Han de usarse las siglas inglesas **EFTA**.

Aenor. Acrónimo con el que se designa a la Asociación Española para la Normalización y Racionalización.

Aeorma. Acrónimo de Asociación Española para la Ordenación del Medio Ambiente.

AES. Siglas del Acuerdo Económico y Social, negociado por el Gobierno de Unión de Centro Democrático y los sindicatos UGT y CC OO en 1981.

Afanias. Siglas de la Asociación de Familias con Niños y Adultos Subnormales, convertidas por el uso en palabra común: Afanias.

Afcent. Véase **OTAN**.

AFE. Siglas de Asociación de Futbolistas Españoles.

AFL-CIO. Siglas inglesas de American Federation of Labor and Congress of Industrial Organizations, el gran sindicato norteamericano, con más de 14 millones de afiliados. La primera vez que se citen puede obviarse el escribir su nombre completo, pero se debe explicar a qué corresponden las siglas.

Afmed. Véase **OTAN**.

AFNE. Véase **OTAN**.

Afnorth. Véase **OTAN**.

AFP. Siglas de la Agence France Presse. Como firma de una información se utilizarán las siglas. La primera vez que se la cite en un texto hay que escribir 'la agencia France Presse' o 'la Agence France Presse', pero no, puesto que es una redundancia, 'la agencia AFP'.

Afsouth. Véase **OTAN**.

AGAAC. Véase **GATT**.

Agfa. Siglas de la fábrica de productos fotográficos Aktiengesellschaft für Anilinfabrikation, convertidas por el uso en una palabra común: Agfa.

AGIP. Siglas de la Empresa General Italiana de Petróleos (en italiano, Azienda Generale Italiana Petroli).

AGTC. Véase **GATT**.

AI. Siglas de Amnistía Internacional (no Amnesty International).

AICBM. Siglas en inglés *(anti-intercontinental ballistic missile)* de antimisil intercontinental.

AICF. Siglas de Acción Internacional contra el Hambre (en francés).

AID. Siglas españolas de la Asociación Internacional de Desarrollo, fundada en 1959, en Washington, por el Banco Mundial. En Latinoamérica, en vez de 'desarrollo' se utiliza la palabra 'fomento', lo que da las siglas AIF. Ni estas siglas ni las correspondientes en inglés (IDA, de International Development Association) deben emplearse.

Las siglas AID se usan también, en inglés, en el caso del Organismo para el Desarrollo Internacional (Agency for International Development), organización creada por Estados Unidos en 1961, con la que no hay que confundir, y para la que se utilizarán en español las siglas ODI.

AIDS. Siglas inglesas para 'síndrome de inmunodeficiencia adquirida' (en inglés, Acquired Immune Deficiency Syndrome). Se deben utilizar las españolas **sida.**

AIE. Véase **IEA.**

AIEA. Véase **IAEA.**

AIF. Véase **AID.**

AILLC. Siglas de Asociación Internacional de Lengua y Literatura Catalanas (en catalán, Associació Internacional de Llengua i Literatura Catalanes).

Aircent. Véase **OTAN.**

AISN. Siglas de Administración Institucional de Sanidad Nacional.

AISS. Siglas de Administración Institucional de Servicios Socio-profesionales y de Asociación Internacional de Seguridad Social.

ALALC. Siglas de la Asociación Latinoamericana de Libre Comercio. Utilícense estas siglas, y no las inglesas LAFTA (de Latin American Free Trade Association). ALALC se consideran siglas, y no acrónimo, merced a la separación arbitraria 'latino-americana'.

AME. Siglas de Acuerdo Monetario Europeo, que sucedió, a partir de 1965, a la Unión Europea de Pagos.

Amex. Acrónimo de American Express y del American Stock Exchange. Sobre este último, véase **Nueva York.**

AMM. Siglas en inglés de *antimissile missile* para misil antimisil.

AMPAS. Siglas de la Academia de Ciencias y Artes Cinematográficas, con sede en Hollywood, Estados Unidos (en inglés, Academy of Motion Pictures Arts and Sciences).

Anave. Acrónimo utilizado para designar a la Asociación de Navieros Españoles.

ANP. Siglas de la Agencia de Prensa Holandesa (Algemeen Nederlands Persbureau).

ANSA. Siglas de la Agencia Nacional de Prensa Asociada, de Italia (en italiano, Agenzia Nazionale Stampa Associata).

ANZUS. Siglas formadas con las letras iniciales, en inglés, de Australia, Nueva Zelanda y Estados Unidos, con las que se conoce el tratado de seguridad mutua firmado por los tres países en septiembre de 1951. Nueva Zelanda renunció el 11 de agosto de 1986.

AP. Siglas de la agencia de noticias norteamericana The **Associated Press.**

APA. Siglas de 'asociación de padres de alumnos'. No deben usarse expresiones como 'las apas' o 'las APAS', aunque sí sirve —como segunda referencia— 'las APA'. No obstante, es preferible no utilizarlas en los titulares, por ser siglas poco conocidas.

También son éstas las siglas de la Austria Presseagentur, agencia de prensa austriaca. No se deben traducir. No obstante, sería 'Agencia de Prensa Austria', y no 'de Austria'.

APD. Siglas de Asociación para el Progreso de la Dirección.

APE. Siglas de Asamblea Parlamentaria Europea.

APN. Siglas de la agencia de prensa rusa Nóvosti (en ruso, Aguéntstvo Pecháti Nóvosti).

APRA. Siglas de la Alianza Popular Revolucionaria Americana, partido político peruano.

Puede utilizarse 'los apristas' para designar a los seguidores de este partido, siempre que el contexto explique el significado.

Aramco. Acrónimo con el que se conoce a la Arabian American Oil Company. Es una redundancia escribir 'compañía Aramco'.

ARDE. Siglas de Acción Republicana Democrática Española.

Arena. Acrónimo de Alianza de Renovación Nacional, partido brasileño (en portugués, Aliança de Renovação Nacional). También, acrónimo de Alianza Republicana Nacionalista, partido salvadoreño.

Aresbank. Acrónimo utilizado por el Banco Árabe Español, Sociedad Anónima.

ARN. Siglas de ácido ribonucleico, molécula de ácido nucleico muy similar al **ADN.** La célula traduce el ADN mediante copias a base de ARN que, por viajar fuera del núcleo celular, se denomina mensajero (ARNm). El ARN tiene una estructura idéntica al ADN excepto el nucleótico uracilo, que ocupa el lugar de la timina.

ASEAN. Siglas de la Asociación de Naciones del Sureste Asiático (en inglés, Association of South East Asian Nations), creada en agosto de 1967 en Bangkok. Tiene su sede en Yakarta. Sus miembros son: Brunei, Filipinas, Indonesia, Malaisia, Singapur y Tailandia. Papúa Nueva Guinea asiste como observadora.

ASM. Siglas en inglés *(air-to-surface missile)* para los misiles empleados por la aviación contra objetivos terrestres. Es una redundancia escribir 'los misiles ASM'.

Associated Press, The. Agencia de noticias norteamericana, creada como cooperativa en 1848. Su sede está en Nueva York. El artículo *the* forma parte de su nombre oficial, de manera que, cuando se emplee, habrá que escribirlo con mayúscula inicial. Como **firma** de una noticia o de una fotografía han de utilizarse las dos palabras; en el texto, en cambio, la primera vez que se cite a esta agencia habrá que poner el nombre completo.

Astano. Acrónimo de Astilleros

y Talleres del Noroeste, Sociedad Anónima.

ASW. Siglas de *anti-submarine warfare* o guerra antisubmarina.

ATBM. Siglas para misil balístico antitáctico (en inglés, *anti-tactical ballistic missile*).

ATESA. Siglas de Autotransporte Turístico Español, Sociedad Anónima.

ATS. Siglas utilizadas para 'ayudante técnico sanitario'. Puede emplearse en los titulares, pero debe explicarse en el texto. No obstante, se prefiere 'enfermero' o 'enfermera', cuando no induzca a inexactitud. (Una enfermera voluntaria en el África negra no es un ATS, y no pueden equipararse, por tanto, ambos términos).

AT&T, no ATT. Siglas de la American Telephone and Telegraph, compañía norteamericana de teléfonos y telégrafos.

AUM. Siglas de misil aire-submarino (en inglés, *air-to-underwater missile*).

Aviaco. Acrónimo de Aviación y Comercio, Sociedad Anónima.

Avianca. Acrónimo de Aerovías Nacionales de Colombia, Sociedad Anónima.

Aviateca. Acrónimo de Aviación Guatemalteca, líneas aéreas de esta nacionalidad.

AWACS. Siglas de Sistema de Alerta y Control Aerotransportado (en inglés, Airborne Warning and Control System). La *s* final no debe suprimirse, puesto que no corresponde a un plural, sino a la palabra inglesa *system*.

B

BA. Siglas de British Airways. También de *bachelor of arts,* grado obtenido en el Reino Unido y Estados Unidos por una persona que haya completado una carrera de cuatro años de Humanidades o su equivalente. No deben emplearse estas siglas.

BAM. Siglas empleadas en Rusia para la línea ferroviaria principal Baikal-Amur (en ruso, Baikalo-Amúrskaya Maguiptral).

Bancobao. Acrónimo que se utilizó para el Banco de Bilbao. Véase BBV.

Bancreco. Acrónimo con el que se designa al Banco de Crédito a la Construcción.

Bandesco. Acrónimo de Banco de Desarrollo Económico Español.

Banesto. Acrónimo utilizado para el Banco Español de Crédito. Véase BCH.

Banibao. Acrónimo con el que se designa al Banco Industrial de Bilbao.

Bankiber. Acrónimo utilizado por el Banco Ibérico.

Bankunión. Acrónimo con el que se designa a la Unión Industrial Bancaria.

BBC. Siglas de la British Broadcasting Corporation, cadena de radiotelevisión británica. Por su uso generalizado, como única referencia se utilizarán las siglas pero no el nombre completo.

BBV. Siglas del Banco Bilbao Vizcaya, fusión del Banco Bilbao y el Banco Vizcaya.

BC. Siglas de las palabras inglesas *before Christ* (antes de Cristo), utilizadas para referirse a los años anteriores a la era cristiana.

BCH. Siglas del Banco Central Hispano, fusión del Banco Central y el Banco Hispano Americano).

BCI. Siglas de Banco de Crédito Industrial.

BEA. Véase **British Airways.**

BEI. Siglas de Banco Europeo de Inversiones.

Benelux. Acrónimo empleado para designar a la unión económica establecida en febrero de 1958, por el Tratado de La Haya, entre *Bél*gica, **Países Bajos** *(Nederlands)* y *Lux*emburgo. Puede utilizarse sin necesidad de explicar su significado.

BERD. Siglas del Banco Europeo para la Reconstrucción y el Desarrollo.

BID. Siglas de Banco Interamericano de Desarrollo, fundado en 1959 por 19 países americanos. No deben utilizarse las siglas inglesas IDB (de Inter-American Development Bank).

BIRD. Siglas de Banco Internacional para la Reconstrucción y el Desarrollo, también llamado Banco Mundial, organismo especializado de las Naciones Unidas con sede en Washington.

En Latinoamérica se le conoce como Banco Internacional para la Reconstrucción y el Fomento, o BIRF. Pero estas siglas no deben usarse, y menos las inglesas IBRD (de International Bank of Reconstruction and Development).

BIRF. Véase **BIRD.**

BIT. Siglas francesas (Bureau International du Travail) de Oficina Internacional del Trabajo. Deben emplearse las siglas españolas OIT.

BMW. Siglas de la Bayerische Motorenwerke (literalmente, 'fábrica bávara de motores'), empresa alemana. Por su uso generalizado, como única referencia se utilizarán las siglas, y no el nombre completo.

BNG. Bloque Nacionalista Galego. Antes, Bloque Nacional Popular Galego (BNPG).

BNPG. Desde 1982 es el BNG, 'Bloque Nacionalista Galego' (antes, Bloque Nacional Popular Galego).

BP. Siglas de la **British Petroleum Company.**

BRD. Siglas en alemán (Bundesrepublik Deutschland) de la República Federal de Alemania. Deben usarse las siglas españolas RFA. Véase **Alemania.**

Bros. En inglés, abreviatura de *brother* o *brothers* (hermano o hermanos) en los nombres de las compañías.

BUP. Siglas de 'bachillerato unificado polivalente'. Por su uso generalizado, estas siglas pueden emplearse como única referencia, sin hacerlas preceder del nombre completo.

C

Cadesbank. Acrónimo con el que se designa al Banco Catalán de Desarrollo.

CAME. Siglas en español del Consejo de Ayuda Mutua Económica (ésta es su traducción literal del ruso, equivalente en el antiguo bloque socialista al Mercado Común europeo. Dejó de existir el 28 de junio de 1992. Sus miembros eran Bulgaria, Checoslovaquia, Hungría, Polonia, Rumania, Unión Soviética, República Democrática Alemana (hasta su fusión con la República Federal Alemana), Vietnam, Cuba y Mongolia, los tres últimos como observadores.

No se deben emplear las siglas inglesas CMEA (de Council for Mutual Economic Assistance), ni el acrónimo Comecon, formado a raíz de la denominación inglesa, hoy en desuso.

Campsa. Siglas de la Compañía Arrendataria del Monopolio de Petróleos, Sociedad Anónima, convertidas por el uso en palabra común. Por tanto, se escriben en minúsculas, salvo la letra inicial, y no hay que explicar previamente su significado. Véase **INH.**

CASA. Siglas de Construcciones Aeronáuticas, Sociedad Anónima.

CBS Incorporated. Nombre completo de una cadena de radiotelevisión norteamericana hasta ahora conocida como Columbia Broadcasting System. Estas siglas pueden escribirse sin necesidad de añadirle el nombre completo, pero explicándolas: 'la CBS, cadena de radiotelevisión...'.

CC. Siglas usadas indistintamente para Comité Central, Cuerpo Consular o Código de Circulación.

CCA. Siglas de Consejo de Cooperación Aduanera y de Compañía Cubana de Aviación.

CCAN. Siglas del Consejo de Cooperación del Atlántio Norte. Integra a los países miembros de la OTAN y del extinto Pacto de Varsovia.

CC OO. Siglas de Comisiones Obreras. Por su extendido uso pueden utilizarse solas, sin necesidad de hacerlas preceder del nombre completo.

CC-RTV, no CC/RTV. Siglas de la Corporación Catalana de Radio y Televisión (en catalán, Corporació Catalana de Radiotelevisió), organismo autonómico de radiotelevisión.

CD. Siglas de Cuerpo Diplomático. No deben utilizarse.

CDC. Siglas de **Convergència Democràtica de Catalunya.**

CDS. Siglas de Centro Democrático y Social, nombre común a dos partidos políticos, uno español y otro portugués.

CDT. Siglas de *central daylight time,* empleadas en **Estados Unidos** para la hora o diferencia horaria de la zona central del país.

CDU. Siglas en alemán (Christlich Demokratische Union) para la Unión Cristiana Democrática,

partido democristiano de Alemania. Véase **CSU.**

CE. Siglas utilizadas preferentemente para **Comunidad Europea,** aunque también, y si se explica, para Consejo de Europa. En el primer caso, las siglas CE sólo deben utilizarse cuando se trate de la Comunidad Europea y no de una de sus partes, la Comunidad Económica Europea, a la que corresponden las siglas CEE. Las siglas CE pueden emplearse como referencia única.

CEA. Siglas de Confederación Europea de Agricultura y de Compañía Ecuatoriana de Aviación.

CECA. Siglas de la Confederación Española de Cajas de Ahorro, así como de la Comunidad Económica del Carbón y el Acero. Véase **Comunidad Europea.**

CECSA. Siglas de la Compañía de Electrónica y Comunicaciones, Sociedad Anónima.

CEE. Véase **CE.**

CEEA. Véase **Euratom.**

Celam. Acrónimo de Conferencia Episcopal Latinoamericana.

CEI. Siglas de la Comunidad de

Estados Independientes. Fue creada por los jefes de Estado de Bielorrusia, Ucrania y Rusia el 8 de diciembre de 1991 en una reunión que se llamó el Acuerdo de Minsk. Posteriormente, el 21 de diciembre del mismo año, se unieron el resto de las repúblicas soviéticas, a excepción de Georgia y las tres bálticas. No llegó a funcionar nunca como un auténtico Estado. En la actualidad no tiene prácticamente vigencia.

CEMT. Siglas de Conferencia Europea de Ministros de Transportes.

Cenerp. Acrónimo del Centro Español de Relaciones Públicas.

CENIDE. Siglas de Centro Nacional de Investigaciones para el Desarrollo de la Educación.

CENIM. Siglas de Centro Nacional de Investigaciones Metalúrgicas.

CEOE. Siglas de Confederación Española de Organizaciones Empresariales.

CEOTMA. Siglas del Centro de Estudios de Ordenación del Territorio y Medio Ambiente, organismo del Ministerio de Obras Públicas, Urbanismo, Transportes y Medio Ambiente..

CEPAL. Siglas de Comisión Económica para América Latina.

CEPSA. Siglas de Compañía Española de Petróleos, Sociedad Anónima.

CEPYME. Siglas de Confederación Española de la Pequeña y Mediana Empresa.

CERN. Siglas francesas (Conseil Européen pour la Recherche Nucléaire) con las que se conoce en España a la Organización Europea para la Investigación Nuclear. No deben utilizarse las siglas OEIN, que corresponderían a su transcripción española, ni las inglesas EONR (European Organization for Nuclear Research).

CES. Siglas de Confederación Europea de Sindicatos.

CESC. Véase CSCC.

Cesedén. Acrónimo de Centro Superior de Estudios de la Defensa Nacional. El uso la ha convertido en palabra común, Cesedén, razón por la cual se acentúa.

CESI. Siglas de Consejo Económico Sindical Interprovincial.

Cesid. Acrónimo de Centro Superior de Información de la Defensa, organismo de espionaje militar español.

CESL. Siglas de Confederación Europea de Sindicatos Libres.

CET. Siglas de *central european time;* en inglés, hora de la Europa central.

Cetme. Siglas del Centro de Estudios Técnicos de Materiales Especiales, Sociedad Anónima. Tanto la empresa como sus productos se consideran un nombre comercial. Por tanto, se escribe como una palabra común, como una marca. Ejemplo: 'armado con un fusil Cetme', 'la empresa Cetme obtuvo beneficios el pasado año'.

CFA. Siglas de la **Confederación Francófona Africana,** formada por Camerún, Guinea Ecuatorial y Gabón. Su moneda es el franco CFA.

CFDT. Siglas de Confederación Francesa Democrática del Trabajo, de inspiración socialista (en francés, Confédération Française Démocratique du Travail).

CFTC. Siglas de Confederación Francesa de Trabajadores Cristianos (en francés, Confédération Française des Travailleurs Chrétiens).

CGC. Siglas de la Confederación General de Cuadros francesa (en francés, Confédération Générale des Cadres).

CGIL. Siglas de la Confederación General Italiana del Trabajo, sindicato de inspiración comunista (en italiano, Confederazione Generale Italiana del Lavoro).

CGT-FO. Siglas de la Confederación General de Trabajadores-Fuerza Obrera (en francés, Confédération Générale du Travail-Force Ouvrière), sindicato francés, de tipo reformista, escindido de la CGT.

Cheka. Véase el mismo vocablo en el apartado **Palabras.**

CIA. Siglas de la Agencia Central de Inteligencia (en inglés, Central Intelligence Agency), organismo de espionaje y contraespionaje norteamericano. Dado su extendido uso, se admite como única excepción la citada traducción de Intelligence, que normalmente debe trasladarse como 'espionaje', y de Agency, cuya traducción más correcta sería 'Administración'.

CIAV. Siglas de la Comisión Internacional de Apoyo y Verificación de la Organización de Estados Americanos (OEA).

CIC. Siglas de Código de Derecho Canónico (en latín, Codex Iuris Canonici), de Consejo Interamericano Cultural, de Central de Inversión y Crédito, Sociedad Anónima, y de Counter-Intelligence Corps, o Cuerpo de Contraespionaje norteamericano. No deben emplearse nunca en un titular.

CICR. Siglas de Comité Internacional de la Cruz Roja.

CIE. Siglas de Centro Internacional de la Infancia.

CIES. Siglas de Consejo Interamericano Económico y Social, dependiente de la Organización de Estados Americanos.

CIM. Siglas de Centro de Instrucción de Marinería.

CIMA. Siglas de la Comisión Interministerial de Medio Ambiente.

CIME. Siglas del Comité Intergubernamental para las Migraciones Europeas. Utilícense estas siglas y no las inglesas ICEM (de Intergovernmental Committee for European Migration).

CINA. Siglas de Comisión Internacional de la Navegación Aérea.

Cincafmed. Véase **OTAN.**

Cincair North. Véase **OTAN.**

Cinceaslant. Véase **OTAN.**

Cincent. Véase **OTAN.**

Cinceur. Véase **OTAN.**

Cinchan. Véase **OTAN.**

Cinclant. Véase **OTAN.**

Cincmed. Véase **OTAN.**

Cincnelm. Véase **OTAN.**

Cincnorad. Véase **OTAN.**

Cincnorth. Véase **OTAN.**

Cincpac. Véase **OTAN.**

Cincsouth. Véase **OTAN.**

Cincus. Véase **OTAN.**

Cincwestlant. Véase **OTAN.**

CIOA. Siglas de la Comisión Interministerial para la Ordenación Alimentaria.

CIOSL. Siglas de Confederación Internacional de Organizaciones Sindicales Libres.

CIR. Siglas de Centro de Instrucción de Reclutas.

CISC. Véase **CMT.**

CISL. Siglas de la Confederación Internacional de Sindicatos Libres y, también, de la Confederación Italiana de Sindicatos de Trabajadores (en italiano, Confederazione Italiana dei Sindacati dei Lavoratori).

CISNAL. Siglas de la Confederación Italiana de Sindicatos Nacionales de Trabajadores, de extrema derecha (en italiano, Confederazione Italiana dei Sindacati Nazionali dei Lavoratori).

CiU, no CIU. Siglas de **Convergència i Unió.**

CLCC. Siglas de la Comisión para la Lucha contra el Crimen y la Corrupción en Rusia.

CMEA. Véase **CAME.**

CMT. Siglas de Confederación Mundial del Trabajo, conocida hasta 1968 como Confederación Internacional de Sindicatos Cristianos, o CISC (en inglés, International Federation of Christian Trade Unions, IFCTU).

CNAG. Siglas de la Confederación Nacional de Agricultores y Ganaderos.

CNMV. Siglas de Comisión Nacional del Mercado de Valores. No deben emplearse en titulares, para los que es posible utilizar la expresión 'la Comisión de Valores'.

CNRS. Siglas del Centre National de la Recherche Scientifique, el Centro Nacional de Investigación Científica francés.

CNT. Siglas de Confederación Nacional del Trabajo, sindicato anarquista. Sus afiliados pueden denominarse 'cenetistas', en redonda.

CNUCED, CNUCYD. Véase **UNCTAD.**

Cobol. Acrónimo de *common business oriented language,* sistema internacional para programar trabajos de gestión en ordenadores. Este acrónimo se ha convertido por el uso en palabra común. Por tanto, se escribe en redonda, aunque con mayúscula inicial. Puede emplearse sin explicar su significado en la primera referencia, siempre que quede claro de qué se habla.

COE. Siglas del Comité Olímpico Español, del Consejo Ecuménico de las Iglesias (del francés Conseil Oecuménique des Églises) y de Compañías de Operaciones Especiales, unidades del Ejército español.

COI. Siglas de Comité Olímpico Internacional. No deben utilizarse las inglesas IOC (de International Olympic Committee). Estas siglas corresponden igualmente al Consejo Oleícola Internacional.

Comaircent. Véase **OTAN**.

Comaircentlant. Véase **OTAN**.

Comaireastlant. Véase **OTAN**.

Comairnorlant. Véase **OTAN**.

Combislant. Véase **OTAN**.

Comcanlant. Véase **OTAN**.

Comcentlant. Véase **OTAN**.

Comecon. Véase **CAME**.

Comsat. Acrónimo con el que se designa a la Sociedad de Satélites de Comunicaciones norteamericana (en inglés, Communications Satellite Corporation).

Confer. Acrónimo utilizado para la Confederación Española de Religiosos.

COPE. Siglas de Cadena de Ondas Populares Españolas. Estas siglas pueden escribirse sin necesidad de añadirle el nombre completo, pero explicándolas: 'la COPE, red de emisoras...'. Pero es redundante 'la cadena COPE'.

COPEI. Siglas de Comité de Organización Política Electoral Independiente, partido político venezolano.

COU. Siglas empleadas para 'curso de orientación universitaria'. Por su uso generalizado, se pueden emplear como única referencia, sin necesidad de citar antes el nombre completo.

CRM. Siglas utilizadas para los 'certificados de regulación monetaria'.

CRS. Siglas de las Compañías Republicanas de Seguridad, fuerza policial francesa (en francés, Compagnies Républicaines de Sécurité).

CSB. Siglas de Consejo Superior Bancario.

CSC. Siglas de Convergencia Socialista de Cataluña (en catalán, Convergència Socialista de Catalunya) y de la Confederación de Sindicatos Cristianos belga (en francés, Confédération des Syndicats Chrétiens).

CSCE. Siglas de Conferencia sobre Seguridad y Cooperación en Europa.

CSIC. Siglas de Consejo Superior de Investigaciones Científicas.

CSR. Siglas de Cesko-Slovenská Republika, o República de Checoslovaquia. No deben emplearse.

CST. Siglas de *central standard time,* empleadas en **Estados Unidos** para la hora o diferencia horaria de la zona central del país. No deben emplearse.

CSU. Siglas de Unión Social Cristiana (en alemán, Christlich-Soziale Union), ala bávara de la Unión Democrática Cristiana **(CDU).**

CTK. Siglas de la Agencia de Noticias Checoslovaca (en checo, Ceskoslovenská Tisková Kancelár). Esta agencia se dividió en dos a raíz de la partición de la antigua Checoslovaquia en dos países. Las siglas siguen siendo válidas para la Agencia de Noticias Checa (Cesko Tisková Kancelár). La agencia eslovaca se denomina Agencia de Noticias Eslovaca (Slovensko Tisková Kancelár), cuyas siglas son STK.

CTNE. Siglas de Compañía Telefónica Nacional de España. Puede escribirse 'la Telefónica'.

D

DA. Siglas empleadas en Estados Unidos para *district attorney,* o fiscal de distrito. No deben emplearse.

DASM. Siglas de **misil** espacial de acción retardada (en inglés, *delayed action space missile).*

DBR. Siglas en alemán (Deutsche Bundesrepublik) de República Federal de **Alemania.** Deben utilizarse las siglas españolas RFA.

DC. Siglas de Democracia Cristiana. En **Estados Unidos** se emplean para el distrito de Columbia, donde se encuentra Washington, la capital federal.

DDR. Siglas en alemán (Deutsche Demokratische Republik) de la extinta República Democrática Alemana. Deben utilizarse las siglas españolas RDA. Véase **Alemania.**

DDT. Siglas del insecticida diclorodifeniltricloroetano. Por su uso generalizado, como única referencia se utilizarán las siglas, pero no el nombre completo.

DEA. Siglas de la Drug Enforcement Administration, el departamento estadounidense dedicado a la lucha antidroga. Debe explicarse siempre en la primera referencia. Para respetar las siglas, puede emplearse la traducción 'Departamento Estadounidense Antidroga', aunque en este caso con la concordancia en masculino.

DEG. Siglas empleadas para los 'derechos especiales de giro', unidad monetaria creada por el Fondo Monetario Internacional **(FMI).**

DGB. Siglas de la Confederación Alemana de Sindicatos, originaria de Alemania del Oeste (en alemán, Deutsche Gewerkschaftsbund).

DGS. Siglas de la anterior Dirección General de Seguridad (hasta junio de 1980), hoy Dirección de la Seguridad del Estado.

DIA. Siglas en inglés (Defense Intelligence Agency) del Organismo de **Inteligencia** de la Defensa norteamericano.

DKW. Siglas de Deutsche Kraftfahrt-Werke ('fábrica alemana de vehículos de motor'), empresa alemana. Por su uso generalizado, como única referencia se utilizarán las siglas, pero no el nombre completo.

DM. Siglas utilizadas para el marco alemán (en alemán, Deutsche Mark).

DMZ. Siglas en inglés *(demilitarized zone)* para 'zona desmilitarizada'.

DNI. Siglas empleadas para 'documento nacional de identidad'. Por su uso generalizado, se pueden utilizar en los titulares; pero en el texto es preferible 'carné de identidad', o bien las siglas con su correspondiente desarrollo.

DOG. Siglas del *Diari Oficial de la Generalitat.*

DOM. Siglas utilizadas en Francia para referirse a los departamentos de ultramar (en francés, *départements d'outremer).* Véase **TOM.**

DPA. Siglas de la Deutsche Presse-Agentur, agencia de prensa alemana originaria de Alemania Occidental.

DRISDE. Siglas de la Dirección de Relaciones Informativas y Sociales de la Defensa.

DST. Siglas francesas *(droits spéciaux de tirage)* para 'derechos especiales de giro'. Deben utilizarse las siglas españolas DEG.

DYA. Siglas de Detente y Ayuda, una asociación para la ayuda en carretera.

E

EA. Siglas del partido Eusko Alkartasuna (Solidaridad Vasca). Se emplea el nombre y las siglas en vascuence.

EAJ. Siglas en vascuence del Partido Nacionalista Vasco (en **euskera,** Euzko Alderdi Jeltzailea). Se deben emplear las castellanas PNV.

EAU. Siglas de Emiratos Árabes Unidos. Véase **emiratos árabes.**

EBB. Siglas del Consejo Ejecutivo de Euskadi, máximo organismo de dirección del Partido Nacionalista Vasco (en vascuence, **Euskadi Buru Batzar).** No deben utilizarse. Sirve como sinónimo 'comisión ejecutiva del PNV'.

EBU. Unión Europea de Boxeo. Véase **Eurovisión.**

EC. Siglas de Esquerra de Catalunya.

Ecosoc. Acrónimo utilizado para el **Consejo Económico y Social** de las Naciones Unidas (en inglés, Economic and Social Council).

ecu (plural, ecus). La unidad de cuenta europea. Por su uso generalizado, estas siglas, que corresponden a su enunciado en inglés *(european currency unit),* se han convertido en palabra común. Por tanto, se escribirán todo en minúsculas y en redonda. Véase **euro.**

EDC. Siglas en catalán (Esquerra Democràtica de Catalunya) de Izquierda Democrática de Cataluña.

Edica. Acrónimo empleado para La **Editorial Católica.**

EDT. Siglas de *eastern daylight time,* empleadas en **Estados Unidos** para la hora o diferencia horaria de la zona este del país.

EE. Siglas de **Euskadiko Ezkerra** (en castellano, Izquierda de Euskadi). Deben emplearse las siglas y el nombre en vascuence. Véase **PSE-EE.**

EEC. Siglas inglesas (European Economic Community) de la Comunidad Económica Europea. Empléese **CEE.** Véase **Comunidad Europea.**

EEE. Siglas del Espacio Económico Europeo, formado por los 12 países de la CE y seis de siete países de la EFTA. Suiza se autoexcluyó tras un referéndum en diciembre de 1992. El EEE se creó el 2 de mayo de 1992 en Oporto, y es un acuerdo para crear un mercado único que suprimirá barreras comerciales, técnicas y fiscales.

EE UU, no USA. Siglas de **Estados Unidos.** Por su extendido uso, pueden utilizarse como única referencia, sin necesidad de que vayan precedidas del nombre completo. Se escriben con un cuarto de **cuadratín** de separación entre cada pareja de letras y nunca precedidas del artículo *los.*

EFA. Siglas que han de utilizarse en el caso del programa del Avión de Combate Europeo (en inglés, Eurofighter Aircraft). Véase **ACE.**

EFTA. Siglas inglesas (European Free Trade Association) de la Asociación Europea de Libre Comercio. En la actualidad la integran Austria, Suecia, Finlandia, Islandia, Noruega, Liechtenstein y Suiza.

EGB. Siglas de 'educación general básica'. Por su uso generalizado, pueden emplearse sin necesidad de hacerlas preceder del nombre completo.

EIA. Siglas del Partido para la Revolución Vasca (en vascuence, Euskal Iraultzarako Alderdia).

El Al. Líneas aéreas israelíes.

ELA-STV. Siglas bilingües (Eusko Langille Alkartasuna) de Solidaridad de Trabajadores Vascos.

EMK-MCE. Siglas bilingües con las que se conoce al Movimiento Comunista de Euskadi (en vascuence, Euskal Mugimendu Komunista).

EMP. Véase **INH.**

ENA. Siglas de la Escuela Nacional de Aeronáutica, de la Empresa Nacional de Artesanía y de la Escuela Nacional de Administración francesa (en francés, École National d'Administration).

Enagas. Este acrónimo (Empresa Nacional del Gas) se escribe sin acento. Véase **INH**.

Enasa. Siglas de Empresa Nacional de Autocamiones, Sociedad Anónima. Se escriben con minúsculas, al considerarse nombre comercial.

Encaso. Acrónimo con el que se conoce a la Empresa Nacional Calvo Sotelo de Combustibles Líquidos y Lubricantes, Sociedad Anónima.

Encasur. Acrónimo con el que se conoce a la Empresa Nacional Carbonífera del Sur, Sociedad Anónima.

ENDASA. Siglas de Empresa Nacional del Aluminio, Sociedad Anónima.

ENDESA. Siglas de Empresa Nacional de Electricidad, Sociedad Anónima.

ENHER. Siglas de Empresa Nacional Hidroeléctrica del Ribagorzana, Sociedad Anónima.

ENI. Siglas del Organismo Nacional de Petróleos italiano (en italiano, Ente Nazionale Idrocarburi).

ENIEPSA. Siglas de la Empresa Nacional de Investigaciones, Exploraciones y Prospecciones, Sociedad Anónima, del grupo del Instituto Nacional de Hidrocarburos.

ENPENSA, no EMPENSA. Siglas de la Empresa Nacional de Petróleos de Navarra, Sociedad Anónima.

Ensidesa. Acrónimo con el que se conoce a la Empresa Nacional Siderúrgica, Sociedad Anónima.

Entel. Acrónimo con el que se conoce a la Empresa Nacional de Telecomunicaciones.

EOKA. Siglas de la Organización Nacional para la Liberación de Chipre, de inspiración griega (en griego, Eznike Organosis Kypriotikes Apeleutheróseos).

EONR. Véase **CERN**.

EP. Siglas de la agencia de noticias española Europa Press.

EPK-PCE. Siglas bilingües de Partido Comunista de Euskadi (en vascuence, Euskadiko Partidu Komunista).

ERC. Siglas correspondientes a **Esquerra Republicana de Catalunya.** Deben emplearse las siglas y la denominación en catalán.

ESA. Siglas de la Administración Europea del Espacio (en inglés, European Space Agency). No deben usarse las siglas españolas AEE.

Esquerra Republicana de Catalunya. El nombre de este partido político se escribirá siempre en catalán. Sus siglas son ERC.

EST. Siglas de *eastern standard time,* empleadas en **Estados Unidos** para la hora o diferencia horaria de la zona este del país.

ETA. Siglas en vascuence de la organización terrorista Euskadi ta Askatasuna (en castellano, País Vasco y Libertad). Nunca se debe emplear el artículo *la* delante de estas siglas. Por su extendido uso pueden utilizarse como primera referencia, sin necesidad de que vayan acompañadas del nombre completo.

Esta organización terrorista estuvo escindida en dos ramas: la partidaria de la revolución armada, ETA Militar (ETAm), que sigue existiendo, y la que combinó la lucha armada con las vías políticas, ETA Político-militar (ETApm), que se disolvió en 1982. Un grupo denominado ETA Político-militar VIII Asamblea (cuyos miembros eran conocidos como *los octavos)* prosiguió sus acciones terroristas, que concluyeron en 1987 con la reinserción de sus últimos presos.

Las siglas ETAm y ETApm no deben emplearse sin que se haya escrito previamente, con todas sus letras, el nombre de la correspondiente rama: 'ETA Militar' o 'ETA Político-militar'. Sin embargo, ETA Militar puede escribirse simplemente ETA, por ser ya el único grupo que permanece en la actividad terrorista.

Las siglas ETA se utilizan en inglés para indicar en los medios de transporte la hora estimada de llegada *(estimated time of arrival).*

etarra (plural, etarras). Miembro de **ETA.** Por su extendido uso, puede emplearse en redonda al estar construida la palabra con una terminación vascuence (que indica procedencia) introducida ya en el castellano (por ejemplo, donostiarra) y derivarse de unas siglas suficientemente extendidas (como ugetista o cenetista).

ETB. Siglas de Euskal Telebista, la televisión autonómica vasca.

ETD. Siglas inglesas *(estimated time of departure)* utilizadas en los medios de transporte para indicar la hora estimada de partida.

ETR. Siglas usadas en inglés *(estimated time of return)* para indicar la hora estimada de regreso en los medios de transporte.

ETS. Siglas de Escuela Técnica Superior.

Euratom. Acrónimo con el que se designa a la Comisión Europea para la Energía Atómica, organismo integrado en la **Comunidad Europea** cuya misión es el aprovechamiento pacífico de la energía **nuclear.** No deben utilizarse las siglas CEEA.

Exbank. Acrónimo con el que se conoce al Banco de Expansión Industrial.

Eximbank. Acrónimo con el que se designa al Banco de Exportación e Importación de Washington, Estados Unidos (en inglés, Export-Import Bank of Washington). No debe emplearse, salvo que en la primera referencia se cite su nombre completo.

Expotur. Acrónimo con el que se conoce la Exposición de Recursos Turísticos Españoles.

F

FAC. Siglas en catalán (Front d'Alliberament Català) de Frente de Liberación Catalán. También, siglas del Fichero de Altos Cargos de la Administración.

FACA. Siglas del programa para el Futuro Avión de Combate y Ataque, merced al cual el Gobierno español compró en 1983 a Estados Unidos (empresa McDonnell Douglas) 72 cazabombarderos F-18A por un valor de 300.000 millones de pesetas. A su vez, la empresa se comprometió a generar negocios en España por el mismo valor, lo que se denomina 'programa de compensaciones del FACA'.

FAI. Siglas de Federación Anarquista Ibérica.

Famet. Acrónimo de Fuerzas Aeromóviles del Ejército de Tierra. Véase **Fuerzas Armadas.**

FAO. Siglas de la Organización para la Agricultura y la Alimentación (en inglés, Food and Agriculture Organization), organismo especializado de las Naciones Unidas con sede en Roma. No se deben emplear las siglas OAA, que corresponderían en la traducción al español.

FAS. No se deben emplear estas siglas para **Fuerzas Armadas,** sino las correctas 'FF AA'.

fax. Sistema de transmisión de originales a distancia. Véase **facsímile.**

FBI. Siglas del Buró Federal de Investigación norteamericano (en inglés, Federal Bureau of Investigation). Nunca debe traducirse *bureau* por 'oficina'. Por su uso generalizado, estas siglas se pueden emplear como única referencia, sin que en la primera mención precedan al nombre completo.

FDC. Siglas de Federación Democristiana, de Frente Democrático Catalán (Front Democràtic Català) y, en filatelia, de 'cubierta del primer día'.

Fecsa. Siglas de Fuerzas Eléctricas de Cataluña, Sociedad Anónima. Por su uso generalizado, se consideran un nombre comercial y se escriben como si se tratase de un acrónimo: con minúsculas después de la letra inicial.

FED. Siglas de Fondo Europeo de Desarrollo.

FE de las JONS. Siglas de Falange Española de las Juntas de Ofensivas Nacional Sindicalistas.

Fenosa, no FENOSA. Siglas de Fuerzas Eléctricas del Noroeste, Sociedad Anónima, convertidas por el uso en palabra común. Existe un título nobiliario con este nombre.

FERE. Siglas de Federación Española de Religiosos de Enseñanza.

FEVE. Siglas de Ferrocarriles Españoles de Vía Estrecha.

FF NN, no FN. Utilícense estas siglas para Fuerzas Navales.

Fiat. Siglas de la empresa de automóviles italiana Fabbrica Italiana Automobili Torino, convertidas por el uso en palabra común: Fiat.

FIBA. Siglas de la Federación Internacional de Baloncesto. La *a* procede de su anterior denominación: Federación Internacional de Baloncesto Amateur.

FIEP. Siglas de la Federación Internacional de Editores de Periódicos.

FIFA. Siglas de la Federación Internacional de Fútbol Asociación (y no Asociación Internacional de Asociaciones de Fútbol, ni Federación Internacional de Fútbol Asociado). Por su uso generalizado, estas siglas se pueden emplear como única referencia, sin necesidad de hacerlas preceder del nombre completo.

FISL. Siglas de Federación Internacional de Sindicatos Libres.

FJCR. Siglas de Federación de Juventudes Comunistas Revolucionarias, sección juvenil de la Liga Comunista Revolucionaria.

FM. Siglas para 'frecuencia modulada'.

FMI. Siglas del Fondo Monetario Internacional, organismo especializado de las Naciones Unidas con sede en Washington, capital federal. No deben emplearse las siglas inglesas IMF (de International Monetary Fund).

FN. Siglas de Frente Nacional, organización ultraderechista española, pero no de Fuerzas Navales, a las que corresponden las siglas FF NN.

FNC. Siglas en catalán (Front Nacional de Catalunya) de Frente Nacional de Cataluña.

FNLA. Siglas de Frente Nacional para la Liberación de Angola.

FNLC. Siglas de Frente Nacional de Liberación Corso.

FNMT. Siglas de la Fábrica Nacional de Moneda y Timbre.

FO. Véase **CGT-FO.**

FOB. Siglas de la expresión inglesa *free on board.*

FOBS. Siglas en inglés (fractional orbital bombardment system) para 'sistema de bombardeo con órbita fraccional'; es decir, de una cabeza nuclear lanzada al espacio, pero que, antes de completar una órbita, desciende sobre su objetivo.

Foratom. Acrónimo con el que se conoce al Foro Atómico Europeo.

FORPPA. Siglas del Fondo de Ordenación y Regulación de Precios y Productos Agrarios.

FP. Siglas de Formación Profesional. Véase **Polisario.**

FPDLP. Siglas de Frente Popular Democrático para la Liberación de Palestina.

FPLP. Siglas de Frente Popular de Liberación de Palestina.

FRAP. Siglas de Frente Revolucionario Antifascista y Patriótico, ya desaparecido.

FRB. Siglas de la Dirección de la Reserva Federal norteamericana (en inglés, Federal Reserve Board). Véase **FRS.**

Frelimo. Acrónimo con el que se conoce al Frente de Liberación de Mozambique.

Frisco. En Estados Unidos suele emplearse como acrónimo de la ciudad de San Francisco, California. No debe emplearse.

Frolinat. Acrónimo con el que se conoce al Frente de Liberación Nacional del Chad (en francés, Front de Libération Nationale du Tchad).

FRS. Siglas del Sistema de la Reserva Federal norteamericana (en inglés, Federal Reserve System). Véase **FRB.**

FSM. Siglas de la Federación Socialista Madrileña y de la Federación Sindical Mundial, con sede en Praga.

FUNU. Siglas francesas de Force d'Urgence des Nations Unies. No deben emplearse. Véase **UNEF.**

G

GAL. Siglas de Grupos Antiterroristas de Liberación. Es siempre plural: 'los GAL cometieron cinco atentados'. En minúscula y redonda, cuando se refiera a un miembro de la organización: 'el gal Labade declara ante el juez'.

GAM. Siglas de **misil** aéreo dirigido (en inglés, *guided aircraft missile*).

GAR. Siglas de Grupo Antiterrorista Rural, unidad especial de la **Guardia Civil.**

GAT. Siglas empleadas para la hora aparente del observatorio de Greenwich, Reino Unido (en inglés, *Greenwich apparent time*).

GATT. Siglas del Acuerdo General sobre Aranceles Aduaneros y Comercio (en inglés, General Agreement on Tariffs and Trade), agencia especializada de las Naciones Unidas, con sede en Ginebra. Hay quien traduce, incorrectamente, *tariffs* por 'tarifas' en lugar de 'aranceles aduaneros'. No se deben emplear las siglas AGAAC o AGTC.

GAZ. Siglas empleadas en Rusia para la Planta Automovilística de Gorki (en ruso, Górkovski Avtomobilni Zavod).

GCT. Siglas empleadas para la hora de Greenwich, Reino Unido (en inglés, *Greenwich civil time*).

GDR. Siglas inglesas (German Democratic Republic) para la extinta República Democrática Alemana. Deben utilizarse las siglas españolas RDA. Véase **Alemania.**

GE. Siglas de General Electric Company.

GEO. Siglas del Grupo Especial de Operaciones del **Cuerpo Nacional de Policía.** Sus miembros son los 'geos', escrito todo en minúscula y en redonda.

Gestapo. Acrónimo empleado para la Policía Secreta del Estado nazi (en alemán, Geheime Staatspolizei).

GHQ. Siglas inglesas *(general headquarters)* para cuartel general.

GI. (plural, Gi's). Siglas empleadas en Estados Unidos para designar a los soldados rasos de Tierra y Aire, no a los de Marina o Infantería de Marina. No deben emplearse.

GM. Siglas de General Motors Corporation, empresa norteamericana con sede central en Detroit. En Estados Unidos estas dos letras, escritas en mayúsculas, se emplean igualmente como abreviatura de *general manager, grand marshal* y *grand master.*

GmbH. Estas siglas pertenecen a la expresión alemana *gesellschaft mit beschränkter haftung,* equivalente en Alemania y Suiza a 'sociedad limitada'. Omítase cuando se cite el nombre de una compañía.

GMT. Siglas inglesas *(Greenwich mean time)* para la hora promedio según el observatorio de Greenwich, Reino Unido.

GNP. Siglas en inglés *(gross national product)* para 'producto nacional bruto'. Deben emplearse las siglas españolas PNB.

GOE. Siglas de Grupo de Operaciones Especiales, unidad del Ejército de Tierra español. Véase **Fuerzas Armadas.**

GOP. Siglas de **Grand Old Party.**

Goskontsert. Acrónimo de Organismo del Ministerio de Cultura de la antigua URSS, equivalente a la Dirección General del Espectáculo, encargado de los contratos con artistas nacionales y extranjeros, así como del cumplimiento de los acuerdos culturales firmados con otros países. No puede emplearse sin explicar su significado. En la actualidad se denomina SA Goskó, Sociedad Anónima Estatal de Rusia.

Gosplán. Acrónimo de las palabras rusas Gosudárstvenni Plan (Plan del Estado), con el que se conocía al Comité Estatal de Planificación, adjunto al Consejo de Ministros de la antigua URSS. Puede usarse, pero explicando su significado. Se escribe con mayúscula inicial y en redonda.

GP. Siglas de Gran Premio. Sólo deben utilizarse en los titulares cuando sirvan para evitar una confusión. Normalmente, puede prescindirse de ellas: 'Sito Pons ganó en Holanda' (no es necesario, informativamente, añadir '… en el GP de Holanda'). En el texto no deben utilizarse nunca.

GRAPO. Siglas de Grupos de Resistencia Antifascista Primero de Octubre. Se trata de un plural; por tanto, debe escribirse 'un nuevo golpe de los GRAPO'. En el caso de sus miembros, debe escribirse 'han sido detenidos tres grapos', todo en minúsculas y en redonda.

Gulag. Acrónimo de las palabras rusas Glávnoie Upravlenie Lagueréi, o Administración Superior de los Campamentos (de concentración). En este sentido, Gulag se escribe con mayúscula inicial y en redonda. Pero todo en minúsculas y en cursiva cuando sea sinónimo de campamento de concentración. En tal caso, el plural es *gulagui.*

GUM. Siglas utilizadas para 'almacenes universales del Estado', red de tiendas rusas (en ruso, Gosudárstvenni Universalni Magazin).

H

HB. Siglas de **Herri Batasuna** (en vascuence, 'unidad popular'), coalición electoral independentista vasca que figura inscrita también como partido.

HCR. Véase **UNHCR.**

HF. Siglas utilizadas para 'alta frecuencia' (en inglés, *high frequency*).

HMG. Siglas del Gobierno británico (en inglés, Her Majesty's Government). No deben emplearse.

HMS. Siglas de 'Her Majesty's Ship' (buque de Su Majestad), que preceden al nombre de todos los navíos de guerra británicos. Deben omitirse.

HMY. Siglas de 'Her Majesty's Yacht', que preceden al nombre del *Britannia,* el yate de la reina de Inglaterra. Deben omitirse.

HOAC. Siglas de Hermandad Obrera de Acción Católica.

HQ. Siglas empleadas en inglés *(headquarters)* para 'cuartel general'. No deben emplearse.

HR. Siglas inglesas (House of Representatives) para la Cámara de Representantes de Estados Unidos. No deben emplearse.

HT. Siglas de la expresión inglesa *high tension,* que se debe traducir por 'alta tensión'. No han de emplearse.

Hunosa. Acrónimo de Hulleras del Norte, Sociedad Anónima.

I

IAEA. Siglas en inglés del Organismo Internacional para la Energía Atómica (International Atomic Energy Agency). Se trata de un organismo de las Naciones Unidas, con sede en Viena, Austria. Deben emplearse las siglas OIEA (y no AIEA), que corresponden en castellano a la correcta traducción de la palabra *agency* como 'organismo'.

IATA. Siglas de la Asociación Internacional del Transporte Aéreo (en inglés International Air Transport Association).

Iberlant. Véase **OTAN.**

IBM. Siglas de la International Business Machines Corporation, multinacional norteamericana; y también, del Instituto de Biología Molecular. En el primer caso, estas siglas, por su uso generalizado, se utilizarán como única referencia, sin necesidad de hacerlas preceder del nombre completo. En el segundo, en cambio, habrá que citar antes el nombre.

IBRD. Véase **BIRD.**

ICADE. Siglas de Instituto Católico de Alta Dirección de Empresas.

ICAI. Siglas de Instituto Católico de Artes e Industrias.

ICAO. Véase **OACI.**

ICBM (no tiene plural). Siglas en inglés *(intercontinental ballistic missile)* para **misil** balístico intercontinental; más de 9.000 kilómetros de alcance. Es una redundancia escribir 'los misiles ICBM'.

ICC. Siglas en inglés del Centro Internacional de la Infancia (International Children's Centre). Deben usarse las siglas castellanas CII.

ICE. Siglas del Instituto de Ciencias de la Educación.

ICEM. Véase **CIME.**

ICO. Siglas de Instituto de Crédito Oficial.

Icona. Acrónimo con el que se conoce al Instituto Nacional para la Conservación de la Naturaleza.

ICPO. Véase **Interpol.**

IDA. Véase **AID.**

IDB. Véase **BID.**

IEA. Siglas de Organismo Internacional de la Energía (en inglés, International Energy Agency).

IEE. Siglas de Instituto Español de Emigración.

IEM. Siglas de instituto de enseñanza media. No deben utilizarse.

IERE. Siglas de la Iglesia Española Reformada Episcopal.

IESE. Siglas del Instituto de Estudios Superiores de la Empresa.

IFCTU. Véase **CMT.**

IFOP. Siglas del Instituto Francés de la Opinión Pública (en francés, Institut Français de l'Opinion Publique).

ILO. Siglas en inglés (International Labour Organization) de la Organización Internacional del Trabajo. Deben emplearse las siglas españolas OIT.

IM. Siglas de **misil** interceptor (en inglés, *interceptor missile*).

IMEC. Siglas de Instrucción Militar de la Escala de Complemento, que ha sustituido a la anterior Instrucción Premilitar Superior (IPS).

IMF. Véase **FMI.**

Indubán. Acrónimo con el que se conoce al Banco de Financiación Industrial.

INEF. Siglas de Instituto Nacional de Educación Física.

Inem. Acrónimo del Instituto Nacional de Empleo.

INH. Siglas del Instituto Nacional de Hidrocarburos, constituido desde 1987 por las empresas del sector público **Enagas** y Repsol, con sus filiales Repsol Petróleos (anteriormente Empresa Nacional de Petróleos, EMP), Repsol Butano (antes Butano), Repsol Exploración (antes Hispanoil), Repsol Química (antes Alcudia) y **Campsa.**

INI. Siglas de Instituto Nacional de Industria.

INIT. Siglas de Instituto Nacional de Ingenieros Técnicos.

INLE. Siglas de Instituto Nacional del Libro Español.

INME. Siglas de Instituto Nacional de Moneda Extranjera.

Insalud, no INSALUD. Acrónimo del Instituto Nacional de la Salud.

Inserso, no INSERSO. Acrónimo de Instituto de Servicios Sociales.

INTA. Siglas de Instituto Nacional de Técnicas Aeroespaciales.

Intelsat. Acrónimo inglés (International Telecommunications Satellite Organization) para la Organización de Telecomunicación Internacional por Satélite.

Interpol. Acrónimo con el que se conoce a la Organización Internacional de Policía Criminal, con sede en Saint-Cloud, Francia. Puede emplearse sin citar su significado. Se escribe en redonda y con mayúscula inicial. No han de utilizarse las siglas OIPC, y menos las inglesas ICPO.

Inturíst, no Intourist. Acrónimo formado con las palabras rusas Inostranni Turist, la sociedad anónima de la antigua URSS para el turismo extranjero, cuya estructura y funciones ha sido heredada por Rusia.

IOC. Véase **COI.**

IOR. Siglas del Instituto para las Obras de la Religión, organismo de la Santa Sede que hace las veces de banco vaticano.

IORTV. Siglas del Instituto Oficial de Radiodifusión y Televisión, organismo dependiente de RTVE.

IPC. Siglas de índice de precios al consumo y de Irak Petroleum Company. En el caso del índice de precios, debe emplearse más la expresión 'coste de la vida'.

IPS. Siglas de Inter Press Service, agencia de prensa.

ips. Siglas utilizadas en inglés para *inches per second,* o **pulgadas** por segundo.

IQ. Siglas inglesas *(intelligence quotient)* para cociente de inteligencia.

IRA. Siglas del Irish Republican Army, o Ejército Republicano Irlandés. Está escindido en dos: el IRA Provisional (se puede escribir 'los *provisionales* del IRA'), nacionalista y terrorista, y el IRA Oficial ('los *oficiales* del IRA'), marxista y partidario de un acuerdo político.

IRBM. Siglas en inglés *(intermediate range ballistic missile)* para **misil** balístico de alcance intermedio, entre los 2.800 y los 7.500 kilómetros. Es una redundancia escribir 'los misiles IRBM'.

IRYDA. Siglas del Instituto para la Reforma y el Desarrollo Agrario.

ispolkom (plural, *ispolkomi*). Acrónimo formado con las palabras rusas *ispolnítelni komitet,* o 'comité ejecutivo'. No debe emplearse en un texto noticioso.

ITO. Siglas inglesas (International Trade Organization) de Organización Internacional de Comercio. Deben utilizarse las siglas españolas OIC.

ITT. Siglas de la multinacional norteamericana International Telephone and Telegraph Corporation. Por su uso generalizado, estas siglas se pueden emplear como única referencia, sin necesidad de hacerlas preceder del nombre completo.

ITV. Siglas de la Independent Television, cadena de televisión británica.

IVA. Siglas de 'impuesto sobre el valor añadido', tributo que grava el valor incorporado a cada fase del proceso de producción de bienes y servicios. Estas siglas (pero nunca las francesas TVA) pueden emplearse sin explicar previamente su significado.

J

JAL. Siglas de Japan Air Lines, líneas aéreas japonesas.

JAT. Siglas de la compañía Transporte Aéreo Yugoslavo (en esloveno, Jugoslovenski Aerotransport).

Jemad. Acrónimo de jefe del Estado Mayor de la Defensa. Véase **Fuerzas Armadas.**

JEN. Siglas de Junta de Energía Nuclear.

JOC. Siglas de Juventud Obrera Cristiana.

Jujem. Acrónimo de Junta de Jefes de Estado Mayor. Véase **Fuerzas Armadas.**

K

KAS. Siglas en vascuence de Koordinadora Abertzale Sozialista, en la que se integran diversos grupos independentistas vascos, entre ellos la organización terrorista **ETA**. Véase *alternativa KAS.*

KGB. Siglas del Komitet Gosudárstvennoy Bezopásnosti, el Comité de Seguridad del Estado, o policía política de la extinta URSS. Por su uso generalizado, estas siglas se pueden emplear como única referencia, sin necesidad de hacerlas preceder del nombre completo. Se trata de un nombre masculino, por lo que habra que escribir 'el KGB'.

KLM. Siglas de las líneas aéreas de los Países Bajos (en holandés, Koninklijke Luchtvaart-Maatschappij).

koljós (plural, koljoses). Acrónimo de las palabras rusas *kollektívnoye joziaistvo,* o hacienda colectiva. Por extensión, granja colectiva propiedad de la comunidad rural que trabaja en ella. Se trata de una palabra ya castellanizada y que, por tanto, se escribe en redonda. No obstante, hay que explicar su significado. Véase *jútor.*

Komintern. Acrónimo de las palabras rusas *Kom*munistícheski *Intern*atsional, o Internacional Comunista (la Tercera Internacional). Organismo disuelto por el Presídium de su Comité Ejecutivo el 15 de mayo de 1943. No puede utilizarse sin explicar su significado. Se escribe en redonda y con mayúscula inicial.

Komsomol. Acrónimo de las palabras rusas *Kom*munistícheski *Soyuz Mol*odiozhi, o Unión de las Juventudes Comunistas de la antigua URSS. Se escribe con mayúscula inicial y en redonda, y no puede utilizarse sin explicar su significado. Komsomol es palabra masculina.

Para los miembros del Komsomol (en ruso *komsomoltsi;* singular, *komsomólets)* pueden emplearse los adjetivos castellanizados 'komsomol' y 'komsomoles', escritos en redonda.

KPSS. Siglas de Kommunistícheskaya Partia Soviétskogo Souiza, o Partido Comunista de la Unión Soviética, hoy desaparecido como consecuencia de la desmembración de la URSS. Se deben emplear las siglas castellanas **PCUS.**

L

LAB. Siglas de Langille Abertzaleen Batzordea; en castellano, Comisiones Obreras Patriotas.

Ladar. Acrónimo utilizado para 'detección y localización por medio del rayo láser' (en inglés, la*ser detection and ranging*). Se escribe con minúsculas, salvo la inicial, pero en la primera mención hay que explicar su significado.

LAFTA. Véase **ALALC.**

láser (no tiene plural). Siglas utilizadas para 'luz amplificada por la emisión estimulada de radiación' (en inglés, *light amplification by stimulated emission of radiation*). Estas siglas se han convertido por el uso en palabra común admitida por la Academia y, por tanto, se escribirá en redonda, todo en minúsculas y con acento en la *a*. No es necesario explicar su significado la primera vez que se utilicen.

LC. Siglas de Liga Comunista y de Liga Catalana.

LCR. Siglas de Liga Comunista Revolucionaria.

LKI. Siglas en vascuence (Liga Komunista Iraultzailea) de la Liga Comunista Revolucionaria.

LMT. Siglas utilizadas en inglés *(local mean time)* para hora media local.

LOAPA. Siglas de Ley Orgánica para la Armonización del Proceso Autonómico. El Tribunal Constitucional anuló 14 de sus artículos en agosto de 1983, y le retiró las categorías de orgánica y armonizadora, por lo que pasó a denominarse Ley del Proceso Autonómico (LPA).

LODE. Siglas de Ley Orgánica del Derecho a la Educación.

Lot. Acrónimo con el que se conoce a las líneas aéreas estatales de Polonia (en polaco, Polskie Linie *Lot*nizce).

LSD. Dietilamida del ácido lisérgico (en inglés, l*ysergic acid diethylamide*). Por tanto, es una redundancia escribir 'el ácido LSD'. Por su uso generalizado, como única referencia se utilizarán las siglas o una explicación de su significado, pero no el nombre completo. Véase **ácido**.

M

Macan. Acrónimo de Mando Aéreo de Canarias. Véase **Fuerzas Armadas.**

MAP. Siglas de Prensa Árabe del Magreb, agencia de noticias marroquí (en francés, Magreb Arab Presse), fundada en 1959. Tiene su sede en Rabat.

Mapai. El Partido de los Trabajadores de Israel. La palabra se forma deletreando en hebreo las iniciales del nombre: Mifliget Poalei Eretz Israel.

Mapam. El Partido Único de los Trabajadores israelí. La palabra se forma deletreando en hebreo las iniciales del nombre: Mifliget Poalei Menuhedet.

MBFR. Siglas de 'reducción mutua y equilibrada de fuerzas' (en inglés, *mutual and balanced forces reduction),* negociaciones iniciadas en Viena, en la primavera de 1974, entre países miembros de la OTAN y del desaparecido Pacto de Varsovia.

MBRV. Siglas utilizadas para 'vehículo balístico de reentrada manejable' (en inglés, *maneuvrable ballistic reentry vehicle).*

MC. Siglas de Movimiento Comunista. No se deben emplear para el Mercado Común europeo, al que corresponden las siglas **CEE.**

MCE. Siglas de Movimiento Comunista de España. Las siglas MCE no deben emplearse ni para el Movimiento Comunista de Euskadi (al que corresponden las bilingües **EMK-MCE),** ni para Mercado Común europeo (al que corresponden las siglas **CEE).**

MDT. Siglas del grupo catalán Moviment de Defensa de la Terra.

También, siglas de *mountain daylight time,* empleadas en **Estados Unidos** para la hora o diferencia horaria de los llamados Estados montañosos. Es decir, de Arizona, Colorado, Idaho, Montana, Nevada, Nuevo México, Utah y Wyoming. Véase **MST.**

MEA. Siglas de las Líneas Aéreas del Oriente Próximo, compañía libanesa (en inglés, Middle East Airlines).

MEC. Siglas del Ministerio de Educación y Ciencia. No deben emplearse en un titular.

MENA. Siglas de la Agencia de Noticias del Oriente Próximo, de nacionalidad egipcia (en inglés, Middle East News Agency).

Mercasa. Acrónimo utilizado para Mercados Centrales de Abastecimientos, Sociedad Anónima.

MFA. Siglas del Movimiento de las Fuerzas Armadas portuguesas (en portugués, Movimento das Forças Armadas).

MG. Siglas de la empresa de automóviles británica Morris Garages.

MGM. Siglas de la **Metro-Goldwyn-Mayer Incorporated.**

mibor. Siglas del *Madrid interbanking offered rate,* el tipo de interés interbancario en el mercado bursátil madrileño. Por su uso generalizado se escribirá todo en minúsculas y en cursiva, si bien la primera vez que se utilice habrá que explicar su significado.

Mig. Sigla de una serie de aviones de combate de la antigua Unión Soviética, formada con las iniciales de los apellidos de sus proyectistas, los ingenieros Artiom Mikoyán y Mijaíl Guriévich. El uso la ha convertido en palabra común. Por tanto, sólo la letra inicial irá en mayúscula: Mig, y no MiG.

Milcomsat. Acrónimo utilizado para satélite militar de comunicaciones (en inglés, *military communications satellite*).

MIR. Siglas utilizadas para 'médico interno y residente'.

MIRV. Siglas en inglés *(multiple independently-targetted reentry vehicle)* para proyectil con cabeza múltiple independientemente dirigida. Véase **misil.**

MIT. Siglas del Instituto Tecnológico de Massachusetts, Estados Unidos (en inglés, Massachusetts Institute of Technology).

MMRBM. Siglas de **misil** balístico transportable de alcance medio (en inglés, *mobile medium range ballistic missile*).

MOBS. Siglas utilizadas para el sistema de bombardeo con órbitas múltiples (en inglés, *multi-orbit bombing system*).

modem. Acrónimo formado con las palabras inglesas *modulator-demodulator,* con el que se designa al aparato que permite hacer compatibles dos sistemas de transmisión distintos. No ha de emplearse sin explicar su significado. Se escribe en cursiva.

MOMA. Siglas del Museo de Arte Moderno de Nueva York (Museum of Modern Art). Nunca deben emplearse en un titular.

MOPTMA. Siglas de Ministerio de Obras Públicas, Transporte, Urbanismo y Medio Ambiente.

MOR. Siglas inglesas *(middle of the road)* para música de autopista. Tipo de música tranquila y agradable. No deben emplearse.

MPAIAC. Siglas de Movimiento para la Autodeterminación y la Independencia del Archipiélago Canario.

MPG. Siglas utilizadas en inglés para *miles per gallon,* o millas por galón.

MPH. Siglas utilizadas en inglés para *miles per hour,* o millas por hora.

MPLA. Siglas de Movimiento Popular de Liberación de Angola (en portugués, Movimento Popular de Liberação de Angola).

MRBM (no tiene plural). Siglas en inglés *(medium range ballistic missile)* para **misil** balístico de medio alcance; esto es, más de 900 kilómetros. Es una redundancia escribir 'los misiles MRBM'.

MSB. Siglas de Movimiento Socialista Balear. Se le conoce también por el acrónimo Mosoba.

MSI-DN. Siglas de Movimiento Social Italiano-Derecha Nacional, alianza ultraderechista consolidada en 1972 (en italiano, Movimento Sociale Italiano-Destra Nazionale). El MSI fue fundado en diciembre de 1946 por ex dirigentes del fascismo y de la República de Saló. Véase *misino*.

MST. Siglas de *mountain standard time,* empleadas en **Estados Unidos** para la hora o diferencia horaria de los llamados Estados montañosos. Es decir, de Arizona, Colorado, Idaho, Montana, Nevada, Nuevo México, Utah y Wyoming.

Muface. Acrónimo con el que se conoce a la Mutualidad General de Funcionarios Civiles del Estado. No se puede emplear sin explicar en la primera cita su significado.

N

NAFTA. Siglas inglesas (North Atlantic Free Trade Area) de Zona de Libre Comercio del Atlántico Norte.

napalm. Acrónimo formado con las palabras inglesas n*aphtenic* a*cid and* palm*etate,* sustancia incendiaria de altas temperaturas. Se escribirá en redonda, y no es necesario explicar su desarrollo la primera vez que se utilice.

NASA. Siglas de la Administración Nacional para la Aeronáutica y el Espacio, organismo oficial estadounidense (en inglés, National Aeronautics and Space Administration). Por su extendido uso pueden utilizarse como primera referencia, sin necesidad de que vayan precedidas del nombre completo. No debe escribirse 'la agencia espacial norteamericana', sino 'la administración espacial...'.

NATC. Siglas del Consejo del Tratado del Atlántico Norte (en inglés, North Atlantic Treaty Council).

NATO. Utilícense las siglas españolas **OTAN**.

NBA. Siglas de la Asociación Nacional de Baloncesto norteamericana (en inglés, National Basketball Association). Pueden utilizarse como única referencia.

NBC. Siglas de la National Broadcasting Company, cadena de radiotelevisión norteamericana subsidiaria de la **RCA Corporation.** Estas siglas pueden escribirse sin necesidad de añadirle el nombre completo, pero explicándolas: 'la NBC, cadena de radiotelevisión...'.

NC. Siglas utilizadas en **Estados Unidos** para Carolina del Norte.

NCO (plural en inglés, NOCs). Siglas de *non commissioned officers,* equivalente en español a suboficiales y clases de tropa.

ND. Siglas utilizadas en **Estados Unidos** para Dakota del Norte.

NE. Siglas de **Nacionalistes d'Esquerra,** partido catalán.

NEP. Siglas de Nóvaya Economícheskaya Política, la nueva política económica que Lenin introdujo en la Rusia soviética en 1921.

NH. Siglas utilizadas en **Estados Unidos** para New Hampshire.

NJ. Siglas utilizadas en **Estados Unidos** para New Jersey.

NM. Siglas utilizadas en **Estados Unidos** para Nuevo México.

NN UU. Empléense sólo las siglas ONU.

Norad. Acrónimo con el que se conoce al Mando de la Defensa Aérea de América del Norte, compartido por norteamericanos y canadienses (en inglés, North American Air Defense Command). Su centro de mando en combate está excavado en las montañas Cheyenne, cerca de Colorado Springs, Estados Unidos.

Nóvosti. Agencia de prensa rusa (en ruso, Aguentstvo Pechati Nóvosti), para la que se emplean las siglas APN.

NSC. Siglas del Consejo Nacional de Seguridad, de Estados Unidos (en inglés, National Security Council).

NSU. Siglas de la fábrica de automóviles Neckar-Sulm, originaria de Alemania Occidental. Como marca de coches se pueden utilizar solas.

NU. Siglas empleadas en francés (Nations Unies) para Naciones Unidas. Deben emplearse las españolas ONU.

NY. Siglas empleadas en **Estados Unidos** para **New York.**

NYSE. Siglas del New York Stock Exchange, uno de los mercados bursátiles de **Nueva York.** No se deben emplear, y menos su sobrenombre: 'Big Board'.

NYT. Siglas del diario neoyorquino *The New York Times.* Deben emplearse en la data para las informaciones procedentes del Servicio de Noticias de este **periódico.** Dentro de un texto se escribirá el nombre completo, pero nunca en la forma abreviada 'el *Times'* —así lo hacen los norteamericanos—, pues se prestaría a confusión con el matutino londinense.

O

OAA. Véase **FAO.**

OACI. Siglas de la Organización de la Aviación Civil Internacional, organismo especializado de las Naciones Unidas con sede en Montreal, Canadá. Deben emplearse las siglas OACI y no las inglesas ICAO (de International Civil Aviation Organization).

OAMCE. Véase **OCAMM.**

OAPEC. Siglas inglesas (Organization of Arab Petroleum Exporting Countries) para la Organización de Países Árabes Exportadores de Petróleo. Se deben utilizar las siglas españolas OPAEP.

OAS. Siglas inglesas (Organization of American States) de la Organización de Estados Americanos. Deben utilizarse las españolas OEA.

Estas siglas se emplearon también para la Organización del Ejército Secreto (en francés, Organisation de l'Armée Secrète), grupo clandestino creado por los *ultras* franceses en 1961, un año antes de la independencia de Argelia, y cuya acción terrorista se extendió a la metrópoli. Véase *pied-noir.*

OAU. Siglas inglesas (Organization of African Unity) de la Organización para la Unidad Africana. Deben emplearse las siglas españolas OUA.

OCAM. Véase **OCAMM.**

OCAMM. Siglas de la Organización Común Africana, Malgache y Mauriciana. Creada en marzo de 1961 con el nombre de Organización Africana y Malgache de Cooperación Económica (OAMCE), ha experimentado varias transformaciones: en septiembre de 1961 pasó a llamarse Unión Africana y Malgache (UAM); en marzo de 1964, Unión Africana y Malgache de Cooperación Económica (UAMCE); en febrero de 1965, Organización Común Africana y Malgache (OCAM), y en enero de 1970, con su actual nombre.

Los países africanos francófonos miembros de la OCAMM fueron conocidos a mediados de los años sesenta como Grupo de Brazzaville.

OCDE. Siglas de la Organización para la Cooperación y el Desarrollo Económico, con sede en París. Creada en 1960, forman parte de esta organización 25 países: Alemania, Australia, Austria, Bélgica, Canadá, Dinamarca, España, Estados Unidos, Finlandia, Francia, Grecia, Irlanda, Islandia, Italia, Japón, Luxemburgo, México, Noruega, Nueva Zelanda, los Países Bajos, Portugal, el Reino Unido, Suecia, Suiza y Turquía.

OCU. Siglas de Organización de Consumidores y Usuarios.

OEA. Siglas de la Organización de Estados Americanos. La forman estos 32 Estados: Antigua y Barbuda, Argentina, Bahamas, Barbados, Bolivia, Brasil, Chile, Colombia, Costa Rica, Cuba, Dominica, Ecuador, Estados Unidos, Granada, Guatemala, Haití, Honduras, Jamaica, México, Nicaragua, Panamá, Paraguay, Perú, República Dominicana, El Salvador, San Cristóbal-Nevis, San Vicente y las Granadinas, Santa Lucía, Surinam, Trinidad y Tobago, Uruguay y Venezuela.

OECD. Siglas inglesas (Organization for Economic Co-operation and Development) de la Organización para la Cooperación y el Desarrollo Económico. Deben utilizarse las siglas españolas OCDE.

OEIN. Véase **CERN.**

OEMA. Siglas de la Organización Europea de Medio Ambiente, creada en noviembre de 1989 mediante un acuerdo del Consejo de Ministros de Medio Ambiente de la CE. No deben emplearse las siglas AEMA, que corresponderían a la palabra **'Agencia'.**

OID. Siglas de Oficina de Información Diplomática, organismo del Ministerio de Asuntos Exteriores.

OIE. Siglas de Oficina de Información del Episcopado.

OIEA. Deben emplearse estas siglas del Organismo Internacional para la Energía Atómica (International Atomic Energy Agency). Se trata de un organismo de las Naciones Unidas, con sede en Viena, Austria. OIEA (y no AIEA) corresponde en castellano a la correcta traducción de la palabra *agency* como 'organismo'. Véase **IAEA**.

OIPC. Véase **Interpol**.

OIRT. Siglas de la Organización Internacional de Radiodifusión y Televisión.

OIT. Siglas de la Organización Internacional del Trabajo, organismo especializado de las Naciones Unidas, con sede en Ginebra (Suiza).

OJD. Siglas de la Oficina de Justificación de la Difusión, organismo de control de la venta de los periódicos constituido por agencias de publicidad, anunciantes y medios periodísticos.

OLP. Siglas de la Organización para la Liberación de Palestina.

OMM. Siglas de la Organización Meteorológica Mundial.

OMS. Siglas de la Organización Mundial de la Salud, organismo especializado de las Naciones Unidas con sede en Ginebra, Suiza.

OMT. Siglas de la Organización Mundial de Turismo.

ONCE. Siglas de Organización Nacional de Ciegos Españoles.

ONG. Siglas de organizaciones no gubernamentales.

ONU. Utilícense estas siglas, y no NN UU, para la Organización de las Naciones Unidas. Por su extendido uso pueden utilizarse como primera referencia, sin necesidad de que vayan precedidas del nombre completo.

Onusom. Acrónimo de Operación de Naciones Unidas en Somalia.

OPA. Siglas de 'oferta pública de adquisición' de acciones sobre una sociedad. Puede ser amistosa u hostil, dependiendo de que el comprador sea bienvenido o no deseado. No deben emplearse sin explicar su significado la primera vez que se escriban.

OPAEP. Siglas de la Organización de Países Árabes Exportadores de Petróleo.

OPEC. Siglas inglesas (Organization of Petroleum Exporting Countries) para la Organización de Países Exportadores del Petróleo. Se deben utilizar las siglas españolas OPEP.

OPEP. Siglas de la Organización de Países Exportadores de Petróleo.

ORT. Véase **PTE.**

OTAN. Siglas de la Organización del Tratado del Atlántico Norte. Por su extendido uso pueden utilizarse como primera referencia, sin necesidad de que vayan precedidas o seguidas del nombre completo. No así las siglas o acrónimos empleados para sus diversos organismos y mandos, cuya denominación habrá que escribir completa en la primera cita.

La OTAN es una alianza surgida del Tratado del Atlántico Norte, firmado el 4 de abril de 1949. Sus miembros son: Bélgica, Canadá, Dinamarca, los Estados Unidos, Francia, Islandia, Italia, Luxemburgo, Noruega, los Países Bajos, Portugal y el Reino Unido —sus fundadores—, más **Alemania,** Grecia, Turquía y España. En 1966 Francia abandonó la estructura militar de la organización.

Los grandes organismos de la OTAN son el Consejo del Atlántico Norte, el Comité de Planes de Defensa, el Comité Militar y los tres mandos principales: Europa, el Atlántico y el Canal (el canal de la Mancha y el sur del mar del Norte).

1. Al frente del Mando Aliado en Europa, al que corresponden las siglas ACE (del inglés Allied Command Europe), está el comandante supremo aliado en Europa, conocido por el acrónimo Saceur (Supreme Allied Commander Europe). Este cargo recae siempre en un general estadounidense. Su cuartel general, al que se conoce por las siglas SHAPE (Supreme Headquarters Allied Powers in Europe), se encuentra en la localidad belga de Casteau. El ACE cuenta con tres grandes mandos subordinados:

− El de las Fuerzas Aliadas del Norte de Europa, o Afnorth

(Allied Forces Northern Europe), con cuartel general en Kolsaas, Noruega.

— El de las Fuerzas Aliadas de Europa Central, o Afcent (Allied Forces Central Europe), con cuartel general en Brunssum, Holanda.

— El de las Fuerzas Aliadas del Sur de Europa, o Afsouth (Allied Forces Southern Europe), con cuartel general en Nápoles, Italia.

2. Al frente del Mando Aliado para el Atlántico, o Aclant (Allied Command Atlantic), figura el comandante supremo aliado para el Atlántico, o Saclant (Supreme Allied Commander Atlantic). Su cuartel general se encuentra en Norfolk, en el Estado norteamericano de Virginia.

3. Al frente del Mando Aliado para el Canal, o Acchan (Allied Command Channel), está el **comandante general** aliado para el Canal, o Cincchan (Commander in Chief Allied Channel). Tiene su cuartel general en Northwood, en el Reino Unido.

Otras siglas y acrónimos utilizados por la OTAN son los siguientes, citados por orden alfabético:

— Afmed (Allied Forces Mediterranean), Fuerzas Aliadas del Mediterráneo.

— AFNE (Allied Forces Northern Europe), Fuerzas Aliadas del Norte de Europa.

— Afnorth (Allied Forces of North Europe), Fuerzas Aliadas del Norte de Europa.

— Aircent (Allied Air Forces in Central Europe), Fuerzas Aéreas Aliadas en Europa Central.

— Baltap (Baltic Allied Power), Mando Aliado para el Báltico.

— Cincafmed (Commander in Chief Allied Forces Mediterranean), comandante general de las Fuerzas Aliadas del Mediterráneo.

— Cincair North (Commander in Chief Allied Air Forces in Northern Europe), comandante general de las Fuerzas Aéreas Aliadas del Norte de Europa.

— Cinceaslant (Commander in Chief Eastern Atlantic Area),

comandante general de la Región Oriental del Atlántico.

– Cincent (Commander in Chief Allied Forces Central Europe), comandante general de las Fuerzas Aliadas de Europa Central.

– Cinceur (Commander in Chief in Europe), comandante general en Europa.

– Cinclant (Commander in Chief Atlantic Fleet), comandante general de la Flota del Atlántico.

– Cincmed (Commander in Chief British Naval Forces in the Mediterranean), comandante general de las Fuerzas Navales Británicas en el Mediterráneo.

– Cincnelm (Commander in Chief United States Naval Forces in Europe, the East Atlantic and the Mediterranean), comandante general de las Fuerzas Navales de Estados Unidos en Europa, el Atlántico Oriental y el Mediterráneo.

– Cincnorad (Commander in Chief North American Air Defense), comandante general de la Defensa Aérea de América del Norte.

– Cincnorth (Commander in Chief Allied Forces in Northern Europe), comandante general de las Fuerzas Aliadas del Norte de Europa.

– Cincpac (Commander in Chief Pacific Fleet), comandante general de la Flota del Pacífico.

– Cincsouth (Commander in Chief Allied Forces Southern Europe), comandante general de las Fuerzas Aliadas del Sur de Europa.

– Cincus (Commander in Chief United States Armed Forces), comandante general de las Fuerzas Armadas de Estados Unidos.

– Cincwestlant (Commander in Chief Western Atlantic Area), comandante general de la Región Atlántica Occidental.

– Comaircent (Commander Allied Air Forces in Central Europe), Fuerzas Aéreas Aliadas en Europa Central.

– Comaircentlant (Air Commander Central Atlantic Subarea), Sector Aéreo de la Subregión del Atlántico Central.

— Comaireastlant (Air Commander Eastern Atlantic Area), Sector Aéreo de la Región del Atlántico Oriental.

— Comairnorlant (Air Commander Northern Atlantic Subarea), Sector Aéreo de la Subregión del Atlántico Norte.

— Combislant (Commander Bay of Biscay Atlantic Subarea), Subregión Atlántica del Golfo de Vizcaya.

— Comcanlant (Commander Canadian Atlantic Sub-area), Subregión Atlántica Canadiense.

— Comcentlant (Commander Central Atlantic Sub-area), Subregión Atlántica Central.

— Hafmed (Headquarters Allied Forces Mediterranean), Cuartel General Aliado de las Fuerzas Mediterráneas.

— Iberlant (Iberian Command Atlantic), Mando del Atlántico-Ibérico.

OTI. Siglas de Organización de Televisiones Iberoamericanas.

OUA. Siglas de la Organización para la Unidad Africana. Sus 50 Estados miembros son los siguientes: Angola, Argelia, Benin, Botsuana, Burkina Faso, Burundi, Cabo Verde, Camerún, Chad, Comoras, Congo, Costa de Marfil, Egipto, Etiopía, Gabón, Gambia, Ghana, Guinea-Bissau, Guinea-Conakry, Guinea Ecuatorial, Kenia, Lesoto, Liberia, Libia, Malaui, Mali, Mauricio, Mauritania, Mozambique, Níger, Nigeria, República Centroafricana, República Malgache, Ruanda, Santo Tomé y Príncipe, Senegal, Seychelles, Sierra Leona, Somalia, Suazilandia, Sudán, Suráfrica, Tanzania, Túnez, Tongo, Uganda, Yibuti, Zaire, Zambia y Zimbabue.

ovni (plural, ovnis). Palabra formada con las primeras letras de 'objeto volante no identificado'. Se escribe todo en minúscula y en redonda. No obstante, en informaciones no técnicas se puede utilizar también la expresión 'platillo volante'.

No deben emplearse las siglas inglesas UFO (de *unidentified flying object*). Sin embargo, se escribirá 'ufología' o 'ufólogo' para el estudio o estudioso de los ovnis.

P

PA. Siglas de Partido Andalucista. Debe escribirse el nombre completo en la primera cita.

PAA. Siglas de la compañía estadounidense de transporte aéreo Pan American World Airways. No deben usarse. Empléese el acrónimo Pan Am, pero no Panam.

PAIGC. Siglas del Partido Africano de la Independencia de Guinea y Cabo Verde, hoy Guinea-Bissau.

pal. Siglas de 'línea de fase alternante' (en inglés, *phase alternating line)* con las que se conoce al sistema alemán de televisión en color. El uso las ha convertido en palabra común: pal.

Pan Am, no Panam. Acrónimo utilizado para Pan American World Airways, compañía estadounidense de transporte aéreo.

PAP. Siglas de Agencia de Prensa Polaca (en polaco, Polska Agencja Prasowa).

Par. Acrónimo de Partido Aragonés, denominado hasta 1990 Partido Aragonés Regionalista (PAR). En ese año pasó a definirse como nacionalista, suprimió la tercera palabra de su nombre (regionalista) y mantuvo la tercera letra de su abreviamiento (la r). Al tratarse, pues, de un acrónimo, se escribe con minúsculas.

Pasoc. Acrónimo de Partido de Acción Socialista.

Pasok. Acrónimo del Partido Socialista Panhelénico, griego.

PCC. Siglas del Partido de los Comunistas de Cataluña (en catalán, Partit dels Comunistes de Catalunya), formado tras una escisión del **PSUC.**

PCE. Siglas del Partido Comunista de España (no 'español'). Por su uso generalizado, estas siglas se pueden emplear como única referencia, sin necesidad de hacerlas preceder del nombre completo.

PCEi. Siglas de Partido Comunista de España Internacional.

PCEml. Siglas de Partido Comunista de España Marxista-Leninista.

PCEr. Siglas de Partido Comunista de España Reconstituido.

PCEu. Siglas del Partido Comunista de España Unificado.

PCG. Siglas del Partido Comunista Gallego.

PCOE. Siglas de Partido Comunista Obrero Español.

PCPE. Siglas de Partido Comunista de los Pueblos de España.

PCUS. Siglas de Partido Comunista de la Unión Soviética. Dejó de existir a raíz de la desmembración de la URSS. El nombre fue adoptado oficialmente en 1952 (el término 'bolchevique' no se abandonó hasta el 19° Congreso del partido, celebrado en octubre de ese año). Las siglas PCUS no deben utilizarse para las referencias históricas anteriores a esta fecha. Escríbase en tales casos 'el partido comunista bolchevique' o el 'partido comunista soviético', pero no 'el Partido Comunista de la Unión Soviética'.

PDG. Siglas empleadas en francés para presidente director general.

PDL. Siglas del Partido Demócrata Liberal.

PDP. Siglas del Partido Demócrata Popular.

PDT. Siglas de *Pacific daylight time,* empleadas en **Estados Unidos** para la hora o diferencia horaria de la zona del Pacífico.

Pemex. Acrónimo con el que se conoce a Petróleos Mexicanos, organismo estatal.

PEN. Siglas de Plan Energético Nacional.

PG. Siglas usadas en italiano para *procuratore generale,* que equivale en el sistema judicial español a fiscal jefe.

PIB. Siglas de 'producto interior bruto'.

PIDE. Siglas de Policía Internacional y de Defensa del Estado (en portugués, Policía Internacional e de Defensa do Estado), la policía política del régimen salazarista. Fue disuelta el 25 de abril de 1974. La sustituyó el Copcon, o Comando Operacional del Continente.

PKK. Siglas del Partido de los Trabajadores del Kurdistán.

PLO. Siglas inglesas (Palestine Liberation Organization) para la Organización de Liberación Palestina. Deben usarse las siglas españolas OLP.

PM. Siglas utilizadas para Policía Militar, y en italiano para Pubblico Ministero, o ministerio fiscal.

PNB. Siglas empleadas para 'producto nacional bruto'.

PNN. Siglas utilizadas para 'profesor no numerario'. Puede escribirse también *penene* (plural, *penenes),* pero en cursiva.

PNUD. Siglas del Programa de Naciones Unidas para el Desarrollo.

PNV. Siglas de Partido Nacionalista Vasco. Empléense éstas y no las eusquéricas **EAJ.**

Polisario. Acrónimo del Frente Popular para la Liberación de Saguia el Hamra y Río de Oro, convertidas por el uso en palabra común: Polisario. Puede escribirse, indistintamente, 'el Polisario' o 'el Frente Polisario', pero no hacer unas siglas de otras siglas: FP. Los miembros de esta organización son 'polisarios', en redonda y singular o plural según el caso.

Véanse **Saguia el Hamra** y **Ued Dahab.**

POUM. Siglas de Partido Obrero de Unificación Marxista (Partit Obrer d'Unificació Marxista).

POW. Siglas inglesas *(prisoner of war)* para prisionero de guerra. No deben utilizarse.

PP. Siglas de Partido Popular, refundado en 1989 a partir de Alianza Popular. Estas siglas pueden utilizarse sin explicar previamente su significado.

PPC. Siglas en catalán (Partit Popular de Catalunya) de Partido Popular de Cataluña. También de Propaganda Popular Católica, empresa editora de la revista *Vida Nueva.*

PR. Siglas utilizadas en **Estados Unidos** para Puerto Rico.

PS. Siglas del Partido Socialista francés. No se deben confundir con las siglas PSF.

PSC. Siglas del Partit dels Socialistes de Catalunya, vinculado al Partido Socialista Obrero Español. Este nombre se escribirá siempre en catalán, aunque se prefiere obviar su utilización con frases como 'los socialistas del PSC', 'los socialistas catalanes' u otras parecidas. Las siglas PSC-PSOE sólo se deben utilizar en citas textuales.

PSD. Siglas de Partido Social Demócrata portugués. Sus miembros son socialdemócratas, escrito en una sola palabra y sin guión.

PSE-EE. Siglas de la fusión del Partido Socialista de Euskadi y Euskadiko Ezkerra.

PSF. Siglas del Partido Social Francés, de ideología fascista. No se deben confundir con las siglas PS, del Partido Socialista francés.

PSG-EG. Siglas del Partido Socialista Galego-Esquerda Galega.

PSOE. Siglas del Partido Socialista Obrero Español. Por su uso generalizado, estas siglas se pueden emplear como única referencia, sin necesidad de hacerlas preceder del nombre completo.

PST. Siglas de Partido Socialista de los Trabajadores y de *Pacific standard time,* estas últimas empleadas en **Estados Unidos** para la hora o diferencia horaria de la zona del Pacífico.

PSUC. Siglas del Partit Socialista Unificat de Catalunya. Este nombre se escribirá siempre en catalán, aunque se prefiere obviar su utilización con frases como 'los comunistas del PSUC', 'los comunistas catalanes' u otras parecidas.

PTB. Siglas de *patrol torpedo boat,* o 'lancha torpedera'.

PTC. Siglas del Partido del Trabajo de Cataluña (en catalán, Partit del Treball de Catalunya).

PTE. Partido de los Trabajadores de España, formado por Santiago Carrillo tras su salida del PCE. Anteriormente, estas siglas correspondieron al también denominado Partido de los Trabajadores de España, resultado de la fusión entre el Partido del Trabajo de España (PTE) y la Organización Revolucionaria de Trabajadores (ORT).

PTT. Siglas utilizadas en Francia y otros países francófonos para Correos, Telégrafos y Teléfonos (de Poste, Télégraphes, Téléphones).

R

RACE. Siglas de Real Automóvil Club de España.

RAE. Siglas de Real Academia Española (no 'Real Academia de la Lengua'); y también de República Árabe de Egipto.

RAF. Siglas utilizadas para la Royal Air Force, las Fuerzas Aéreas británicas.

RAI. Siglas de Radio Audizioni Italia, organismo de radiotelevisión italiano.

RASD. Siglas de República Árabe Saharaui Democrática.

RCA Corporation. Aunque se trate de unas siglas, RCA es el nombre oficial de una empresa norteamericana. Por tanto, no se deben emplear las palabras que dieron origen a las siglas: Radio Corporation of America.

RDA. Siglas de la extinta República Democrática Alemana (no 'de **Alemania**').

RDF. Siglas de la Fuerza de Intervención Rápida norteamericana (en inglés, Rapid Deployment Force).

Redia. Acrónimo con el que se conoce la Red de Itinerarios Asfálticos.

REM. Siglas de Roentgen Equivalent Man, o cantidad de ionización de los tejidos humanos creada por una dosis de radiación equivalente a un **roentgen.**

Renamo. Acrónimo de Resistencia Nacional Mozambiqueña. Es femenino, por lo que debe escribirse 'la Renamo': 'El Gobierno de Mozambique negocia con la Renamo'.

Renfe. Acrónimo de la Red Nacional de los Ferrocarriles Españoles. Se escribirá con mayúscula inicial y en redonda. Por su uso extendido, no es necesario desarrollar este acrónimo con el nombre completo.

Repesa. Acrónimo de Refinería de Petróleos de Escombreras, Sociedad Anónima.

Retevisión. Acrónimo del Ente Público de la Red Técnica Española de Televisión. Se trata de la red pública de transporte y difusión de señales televisivas. Proporciona sistemas de transmisión y difusión a TVE, a las televisiones autonómicas y a las televisiones privadas.

RFA. Siglas de República Federal de **Alemania** (no 'República Federal Alemana').

RI. Siglas utilizadas en **Estados Unidos** para Rhode Island.

RNE. Siglas de Radio Nacional de España. Por su uso generalizado, estas siglas se pueden emplear como única referencia, sin necesidad de hacerlas preceder del nombre completo. Véase **Radiotelevisión Española.**

RPR. Siglas del partido francés Ressemblement pour la Republique. Traducir por 'Unión por la República', y no 'Asamblea por la República'.

RTVE. Siglas de Radio Televisión Española. Por su uso generalizado, estas siglas se pueden emplear como única referencia, sin necesidad de hacerlas preceder del nombre completo. Véase **Radiotelevisión Española.**

S

SA. Siglas de 'sociedad anónima'. No deben usarse si no es imprescindible. Si se utilizan, deben ir entre comas. Ejemplo: 'Construcciones y Contratas, SA, presenta sus cuentas'.

Sabena. Siglas de las líneas aéreas belgas (en francés, Société Anonyme Belge d'Exploitation de la Navigation Aérienne). Estas siglas se han convertido con el uso en nombre comercial y palabra común: Sabena. Por tanto, se escriben en redonda y con mayúscula inicial.

SAC. Siglas del Mando Aéreo Estratégico, de Estados Unidos (en inglés, Strategic Air Command).

Saceur. Véase **OTAN**.

SAF. Siglas de la Fuerza Aérea Estratégica, de Estados Unidos (en inglés, Strategic Air Force).

SAH. Siglas utilizadas para Cuartel General Supremo Aliado (en inglés, Supreme Allied Headquarters).

SALT. Siglas de conversaciones para la limitación de armas estratégicas (en inglés, Strategic Arms Limitation Talks). Fueron iniciadas por soviéticos y norteamericanos, en Helsinki, en noviembre de 1969. Si no se cita su nombre completo, la primera vez que se mencione en un texto noticioso debe explicarse el significado de las siglas. Conviene evitar la redundancia que supone escribir 'conversaciones SALT'. Las distintas fases de estas conversaciones se escribirán en números romanos y sin guión de separación. Ejemplo: 'SALT II'. Cuando se mencionen unas conversaciones en curso se escribirá '*las* SALT', y '*los* SALT' cuando se haga referencia a los acuerdos derivados de ellas.

SAM (no tiene plural). Siglas en inglés *(surface-to-air missile)* para los **misiles** antiaéreos. Es una redundancia escribir 'los misiles SAM'.

SANA. Siglas de la Agencia Nacional Árabe Siria, agencia de prensa de esta nacionalidad (en inglés, Syrian Arab National Agency).

SAR. Siglas inglesas *(search and rescue)*, empleadas internacionalmente para expresar una labor de búsqueda y salvamento. Hay, pues, 'unidades SAR' (las que participan en una tarea de estas características, sean civiles o militares, y tanto de tierra, como de mar o aire), 'misiones SAR' y 'normas SAR'. Pero no un Servicio Aéreo de Rescate. En España existe el Servicio de Búsqueda y Rescate, dependiente del Ejército del Aire, cuyos aparatos llevan las siglas SAR.

SAS. Siglas de Scandinavian Airlines System, compañía aérea sueca.

SAVAK. Siglas de la Organización Nacional para la Información y Seguridad del Sha, la policía política del anterior régimen iraní (en **persa,** Sazemane Attalat Va Amniyate Keshvar).

SBM. Siglas para **'misil** balístico estratégico' (en inglés, *strategic ballistic missile).*

SC. Siglas utilizadas en **Estados Unidos** para Carolina del Sur.

SCAF. Siglas en inglés (Supreme Commander of Allied Forces) para comandante supremo de las fuerzas aliadas.

SD. Siglas utilizadas en **Estados Unidos** para Dakota del Sur.

SDCE. Siglas del Servicio de Documentación y Contraespionaje, de Francia. Véase **SDECE.**

SDECE. Siglas del Servicio de Documentación Exterior y de Contraespionaje, de Francia (en francés, Service de Documentation Extérieure et de Contre-espionnage). Véase **SDECE.**

SDR. Siglas inglesas *(special drawing right)* para 'derechos especiales de giro'. Deben utilizarse las siglas castellanas DEG.

Seat. Siglas de la Sociedad Española de Automóviles de Turismo, convertidas por el uso en palabra común: Seat.

secam. Siglas en francés *(séquenciel couleur à mémoire)* de 'color secuencial de memoria', con las que se conoce el sistema francés de televisión en color. El uso las ha convertido en palabra común: secam.

SEM. Siglas de Servicio Español de Magisterio.

SENPA. Siglas del Servicio Nacional de Productos Agrarios.

SEOPAN. Siglas empleadas para la Asociación de Empresas de Obras Públicas de Ámbito Nacional. La *s* inicial, que conserva, procede de su anterior nombre: 'Servicio de Empresas de Obras Públicas de Ámbito Nacional'.

SER. Siglas de la Sociedad Española de Radiodifusión. Por su uso generalizado, estas siglas se pueden emplear como única referencia, sin necesidad de hacerlas preceder del nombre completo. Se escribirá 'la cadena SER', pero no 'la Cadena SER'.

Sercobe. Acrónimo con el que se conoce al Servicio Técnico Comercial de Construcciones de Bienes de Equipo.

SGAE. Siglas de Sociedad General de Autores de España.

SHAOB. Siglas utilizadas para 'bombardero orbital estratégico de gran altitud' (en inglés, *strategic high-altitude orbital bomber*).

SHAPE. Véase **OTAN**.

SICBM. Siglas para 'pequeño **misil** balístico intercontinental' (en inglés, *small intercontinental ballistic missile*).

SID. Siglas del Servicio de Informaciones de la Defensa, servicio de espionaje de Italia (en italiano, Servizio Informazioni della Difesa).

sida. Siglas de 'síndrome de inmunodeficiencia adquirida'. El uso las ha convertido en palabra común. Por tanto, se escribirá todo en minúsculas y en redonda: 'sida'. Pueden utilizarse igualmente 'sídico', como adjetivo relativo al sida, y 'sidoso' como afectado por esta enfermedad.

Simca. Siglas de la Sociedad Industrial de Mecánica y Carrocería Automóvil, empresa automovilística francesa (en francés, Société Industrielle de Mécanique et de Carrosserie Automobile). Estas siglas se han convertido por el uso en palabra común: Simca. Por tanto, se escribirán en redonda y sólo con mayúscula inicial.

SIMO. Siglas de Feria de Muestras Monográfica Internacional del Equipo de Oficina y de la Informática. Estas siglas se mantienen aun cuando se deban a su anterior denominación: Salón Informativo de Material de Oficina.

SIPRI. Siglas de Instituto de Investigación de la Paz Internacional, con sede en Estocolmo, Suecia (en inglés, Stockholm International Peace Research Institute).

SJ. Siglas de Societatis Jesus, nombre en latín de la Compañía de Jesús (los jesuitas). Sus miembros usan estas iniciales en la firma, después de sus nombres. En los textos noticiosos se sustituirán estas iniciales por frases como 'el jesuita José María de Llanos' (sin tratamiento de 'padre').

SKF. Siglas de la Fábrica Sueca de Rodamientos (en sueco, Svenska Kullager Fabriken).

SLBM. Siglas para 'satélite lanzador de **misiles** balísticos' (en inglés, *satellite-launched ballistic missile*).

SLMM. Siglas de Sindicato Libre de la Marina Mercante.

SM. Siglas de '**misil** estratégico' (en inglés, *strategic missile*). Nunca han de emplearse como abreviaturas de 'su majestad'.

SME. Siglas del Sistema Monetario Europeo, acuerdo establecido entre los países miembros de la **CE**.

SMI. Siglas de Sistema Monetario Internacional.

SMIG. Siglas utilizadas en Francia para 'salario mínimo interprofesional garantizado' (en francés, *salaire minimum interprofessionnel garanti*).

SNCF. Siglas de la Sociedad Nacional de Ferrocarriles Franceses (en francés, Société Nationale des Chemins de Fer Français).

SOC. Siglas del Sindicato de Obreros del Campo, de Sindicato Obrero Canario y de Solidaridad de Obreros de Cataluña (en catalán, Solidaritat d'Obrers de Catalunya).

Socal. Acrónimo con el que se conoce la compañía petrolera Standard Oil Company of California. Véanse *siete hermanas* y **Standard Oil.**

Sohio. Acrónimo con el que se conoce a la compañía petrolera Standard Oil Company of Ohio. Véanse *siete hermanas* y **Standard Oil.**

Soho. Nombre que reciben dos barrios, uno en Londres y el otro en Manhattan, Nueva York. En este último caso se trata de un acrónimo *(So*uth of *Ho*uston Street).

sonar (no tiene plural). Siglas para 'exploración náutica del sonido' (en inglés, s*o*und n*a*vigation *a*nd r*a*nging). Estas siglas se han convertido con el uso en palabra común admitida por la Academia: sonar. Se escriben, por tanto, en redonda y todo en minúscula.

Sonimag. Acrónimo de las palabras sonido e imagen, con el que se conoce una exposición monográfica sobre estas cuestiones.

sovjós. Véase el mismo vocablo en el apartado PALABRAS.

SPD. Siglas del Partido Socialdemócrata Alemán (en alemán, Sozialdemokratische Partei Deutschland).

SRBM (no tiene plural). Siglas en inglés *(short range ballistic missile)* para **misil** balístico de corto alcance; hasta los 900 kilómetros. Es una redundancia escribir 'los misiles SRBM'.

SS. Siglas de Schutzstaeffel (en alemán, 'escalón de protección o apoyo'). La policía política del régimen nazi. Si se usa, debe explicarse.

SSM. Siglas de **misil** tierra-tierra (en inglés, *surface-to-surface missile*).

SST. Siglas empleadas para los 'aviones de transporte supersónicos' (en inglés, *super sonic transport*).

SUM. Siglas de **misil** superficie-submarino (en inglés, *surface-to-underwater missile*).

SWAPO. Siglas de la Organización Popular del África del Suroeste (en inglés, South West African People' Organization). Véase **Namibia.**

Syncom. Acrónimo empleado para 'satélite de comunicaciones de órbita sincrónica' (en inglés, *synchronous orbit communications satellite*).

T

Talgo. Siglas de Tren Articulado Ligero Goicoechea-Oriol. Estas siglas las ha convertido el uso en palabra común: Talgo. Se escribe, por tanto, sólo con mayúscula inicial y en redonda.

TAP. Siglas de Transportes Aéreos Portugueses, compañía área de esa nacionalidad.

Tass. Véase **Itar-Tass,** en el apartado PALABRAS.

TBC. Siglas empleadas para 'tren de bandas en caliente'. No debe emplearse sin explicar previamente su significado.

Telam. Acrónimo con el que se conoce a Telenoticias Americanas, agencia de prensa argentina.

TIJ. Siglas del Tribunal Internacional de Justicia, o Tribunal de La Haya, ciudad holandesa donde tiene su sede. El TIJ es el principal órgano judicial de las Naciones Unidas.

TIR. Siglas internacionales (*transport international routier*) para 'transporte internacional por carretera'.

TLC. Siglas del Tratado de Libre Comercio. Establece una zona de libre comercio entre Canadá, Estados Unidos y México. Fue firmado el 12 de agosto de 1992 y ratificado el 17 de diciembre del mismo año.

TNT. Siglas de trinitrotolueno, sustancia explosiva. Se prefiere el uso del nombre común, trilita, antes que el de estas siglas y, por supuesto, que el del nombre científico.

TOM. Siglas empleadas en Francia para denominar sus territorios de ultramar (en francés, *territoires d'outremer*).

TRBM. Siglas de **misil** balístico de recorrido táctico (en inglés, *tactical-range ballistic missile*).

Tseká. Acrónimo empleado en la antigua Unión Soviética para designar al Comité Central. No debe utilizarse.

TUC. Siglas del **Trade Union Congress.**

TUE. Tratado de la Unión Europea. Véase **UE.**

Tv. Es una abreviatura, y no unas siglas. Nunca ha de emplearse.

TVA. En vez de estas siglas, empleadas por los franceses para el 'impuesto sobre el valor añadido', utilícense las castellanas **IVA.**

TVE. Siglas de Televisión Española. Por su uso generalizado, se pueden emplear como única referencia, sin necesidad de hacerlas preceder del nombre completo. Véase **Radiotelevisión Española.**

TWA. Siglas de Trans World Airlines, líneas aéreas norteamericanas. Pueden emplearse sin citar el nombre completo.

U

UAE. Siglas inglesas (United Arab Emirates) de Emiratos Árabes Unidos. Empléense las españolas EAU.

UAM. Siglas de **misil** submarino-aire (en inglés, *underwater-to-air missile*).

UCLA. Siglas de Universidad de California, Los Ángeles. Es una redundancia escribir 'la universidad UCLA'. Debe explicarse siempre su significado.

UE. Siglas de Unión Europea. Véase **Unión Europea, Tratado de la.**

UEDC. Siglas de Unión Europea Democristiana (en francés, Union Européenne Démocrate-chrétienne).

UEFA. Siglas de la Unión de Asociaciones Europeas de Fútbol (en inglés, Union of European Football Associations). Por su uso generalizado, estas siglas se pueden emplear como única referencia, sin necesidad de hacerlas preceder del nombre completo.

UEO. Siglas de la Unión Europea Occidental, formada por nueve miembros: todos los países de la **CE** excepto Grecia, Dinamarca e Irlanda.

UER. Véase **Eurovisión.**

UFO. Siglas utilizadas en inglés para *unidentified flying object,* u objeto volador no identificado. Se debe utilizar la palabra española **ovni.**

UGT. Siglas de Unión General de Trabajadores, sindicato obrero de inspiración socialista. Por su uso generalizado, estas siglas se pueden emplear como única referencia, sin necesidad de hacerlas preceder del nombre completo.

UHF. Siglas de frecuencia ultra alta (en inglés, *ultra high frequency*). Por su uso generalizado, como única referencia se utilizarán las siglas, pero no el nombre completo.

UIMP. Siglas de la Universidad

Internacional Menéndez Pelayo (no 'Menéndez y Pelayo'), con sede en Santander. Estas siglas no deben utilizarse en un titular.

UIT. Siglas de Unión Internacional para las Telecomunicaciones, organismo especializado de las Naciones Unidas con sede en Ginebra, Suiza. No deben emplearse las siglas inglesas ITU (de International Telecommunication Union).

UK. Siglas en inglés (United Kingdom) de **Reino Unido.** No deben utilizarse.

ULMS (no tiene plural). Siglas en inglés (*undersea long range missile system)* para sistema de **misiles** submarinos de largo alcance. Es una redundancia escribir 'el sistema de misiles ULMS'.

UN. Siglas inglesas (United Nations) para Naciones Unidas. Deben emplearse las españolas ONU, y no NN UU.

Unaco. Acrónimo de Unión Nacional de Cooperativas del Campo.

UNCTAD. Siglas de Conferencia de las Naciones Unidas sobre Comercio y Desarrollo (en inglés, United Nations Conference on Trade and Development). No se deben utilizar las siglas CNUCYD, que corresponderían al nombre en castellano, y menos las francesas CNUCED (de Conférence des Nations Unies sur le Commerce et le Développement).

UNDC. Siglas de la Comisión de las Naciones Unidas para el Desarme (en inglés, United Nations Disarmament Commision).

UNED. Siglas de Universidad Nacional de Educación a Distancia. Pueden emplearse en un titular.

UNEF. Siglas de Fuerzas de Urgencia (no de **emergencia)** de las Naciones Unidas (en inglés, United Nations Emergency Forces). A sus miembros se les conoce con el nombre de *cascos azules.*

UNESA. Siglas de Unidad Eléctrica, Sociedad Anónima.

Unesco. Siglas en inglés (United Nations Educational, Scientific and Cultural Organization) de la organización especializada de la ONU que se encarga de promover la colaboración internacional en los campos de la educación, la ciencia y la cultura. Su sede está en París. El uso ha convertido estas siglas en palabra común: la Unesco. Por tanto, y como excepción, se escriben sólo con mayúscula inicial; pero es preciso explicar su significado, siquiera sea resumido, en la primera referencia. Véase el apartado **9.18** del Manual.

UNHCR. Siglas en inglés de Alta Comisaría de las Naciones Unidas para los Refugiados (United Nations High Commissioner for Refugees), con sede en Ginebra. No deben utilizarse estas siglas ni las francesas HCR. Han de emplearse las españolas ACNUR.

Unicef. Siglas, en inglés, de United Nations International Children's Emergency Fund (Fondo Internacional de las Naciones Unidas para la Ayuda a la Infancia). El uso ha convertido estas siglas en palabra común: Unicef. Por tanto, se escribe sólo con mayúscula inicial. No es preciso explicar su significado en la primera referencia. Es *'el* Unicef', y no *'la* Unicef'. Véase el apartado **9.18** del Manual.

Uninsa. Acrónimo con el que se conoce la Unión de Siderúrgicas Asturianas, Sociedad Anónima.

UNITA. Siglas de Unión Nacional para la Independencia Total de Angola. Por tanto, 'la UNITA', y no 'el UNITA'.

UNO. Siglas inglesas (United Nations Organization) de Organización de las Naciones Unidas. Deben utilizarse las siglas españolas ONU.

UNREF. Siglas de Fondo de Urgencia de las Naciones Unidas para los Refugiados (en inglés, United Nations Refugees Emergency Fund).

UNRPR. Siglas de Socorro de las Naciones Unidas para los Refugiados Palestinos (en inglés, United Nations Relief for Palestine Refugees).

UPE. Siglas de Unión Parlamentaria Europea.

UPG. Siglas de Unión del Pueblo Gallego (en gallego, Union do Pobo Galego).

UPI. Siglas de la agencia de noticias **United Press International.**

UPN. Siglas de Unión del Pueblo Navarro.

UPU. Siglas de Unión Postal

Universal, organismo especializado de las Naciones Unidas con sede en Berna, Suiza.

URSS. Siglas de la Unión de Repúblicas Socialistas Soviéticas, hoy desaparecida. Véase **URSS,** en el apartado PALABRAS.

USA. Salvo que formen parte del nombre de una entidad, deben emplearse las siglas **EE UU**, sin puntos al final de cada pareja de letras, pero con un espacio de separación.

USAAF. Siglas de Fuerza Aérea del Ejército de Estados Unidos (en inglés, United States Army Air Force). No debe confundirse con la **USAF.**

USAF. Siglas de Fuerza Aérea de Estados Unidos (en inglés, United States Air Force). No debe confundirse con la **USAAF.**

USIA. Siglas del Organismo de Información de los Estados Unidos (en inglés, United States Information Agency).

USIS. Siglas de Servicio de Información de los Estados Unidos (en inglés, United States Information Service), organismo para el exterior paralelo al **USIA.**

USMC. Siglas de Cuerpo de Infantería de Marina de Estados Unidos (en inglés, United States Marine Corps).

USN. Siglas de la Marina de Estados Unidos (en inglés, United States Navy).

USO. Siglas de Unión Sindical Obrera.

USP. Siglas de la Unión Sindical de Policía.

USS. Siglas de United States Ship (también *steamer* o *steamship)* que preceden a los nombres de los buques de guerra norteamericanos. Se omiten cuando se mencione un buque.

USSAF. Siglas de Fuerza Aérea Estratégica de Estados Unidos (en inglés, United States Strategic Air Force).

Uteco. Acrónimo de la Unión Territorial de Cooperativas.

UVA. Siglas de 'unidad vecinal de absorción'.

UVI. Siglas empleadas para 'unidad de vigilancia intensiva', sección de algunos centros sanitarios en la que se cuida a los enfermos más graves.

V

VARIG. Siglas de las Líneas Aéreas de Río Grande (en portugués, Viação Aérea Rio Grandense), compañía nacional brasileña de aviación.

VAT. Siglas en inglés *(value added tax)* para 'impuesto sobre el valor añadido'. Deben utilizarse las castellanas IVA.

VHF. Siglas de 'frecuencia muy alta' (en inglés, *very high frequency).* Por su uso generalizado, como única referencia se utilizarán las siglas, pero no el nombre completo.

VI. Siglas utilizadas en Estados Unidos para sus posesiones en las islas Vírgenes, archipiélago del Caribe. Véase **Antillas.**

VIASA. Siglas de Venezolana Internacional de Aviación, Sociedad Anónima, líneas aéreas de esta nacionalidad.

VIP. Siglas utilizadas en inglés para señalar a una *very important person,* una persona muy importante. No deben utilizarse.

VTR. Siglas para 'grabación en cinta de vídeo' (en inglés, *videotape recording).* No deben utilizarse si no se explica su significado.

VTSSPS. Siglas del Consejo Central de los Sindicatos de la antigua URSS (en ruso, Vsesoyuzni Tsentralni Soviet Professionálnij Soyúzov). No deben utilizarse.

W

WAC. Siglas de Cuerpo Femenino del Ejército norteamericano (en inglés, Women's Army Corps).

WET. Siglas empleadas para 'hora de la Europa occidental' (en inglés, *western european time*). No deben emplearse.

WHO. Siglas inglesas (World Health Organization) para la Organización Mundial de la Salud, con sede en Ginebra. Se deben utilizar las siglas españolas OMS.

WMO. Siglas en inglés (World Meteorological Organization) de Organización Meteorológica Mundial, con sede en Ginebra. Se deben utilizar las siglas españolas OMM.

XYZ

ZANU. Siglas de la Unión Nacional de Africanos de **Zimbabue** (en inglés, Zimbabwe African National Union).

ZAP. Siglas de la Agencia de Prensa de Polonia (en polaco, Zachodnia Agencja Prasowa).

ZAPU. Sigla de la Unión de Pueblos Africanos de **Zimbabue** (en inglés, Zimbabwe African People's Union).

ZIL. Siglas de Zavod Imeni Lijachova, planta automovilística rusa. Por extensión, el modelo de coche fabricado en ella.

APÉNDICES

1
PESOS Y MEDIDAS

Acres en hectáreas

1	0,40	26	10,52	51	20,63	76	30,75
2	0,80	27	10,92	52	21,04	77	31,16
3	1,21	28	11,33	53	21,44	78	31,56
4	1,61	29	11,73	54	21,85	79	31,97
5	2,02	30	12,14	55	22,25	80	32,37
6	2,42	31	12,54	56	22,66	81	32,78
7	2,83	32	12,95	57	23,06	82	33,18
8	3,23	33	13,35	58	23,47	83	33,59
9	3,64	34	13,75	59	23,87	84	33,99
10	4,04	35	14,16	60	24,28	85	34,39
11	4,45	36	14,56	61	24,68	86	34,80
12	4,85	37	14,97	62	25,09	87	35,20
13	5,26	38	15,37	63	25,49	88	35,61
14	5,66	39	15,78	64	25,90	89	36,01
15	6,07	40	16,18	65	26,30	90	36,42
16	6,47	41	16,59	66	26,71	91	36,82
17	6,87	42	16,99	67	27,11	92	37,23
18	7,28	43	17,40	68	27,51	93	37,63
19	7,68	44	17,80	69	27,92	94	38,04
20	8,09	45	18,21	70	28,32	95	38,44
21	8,49	46	18,61	71	28,73	96	38,85
22	8,90	47	19,02	72	29,13	97	39,25
23	9,30	48	19,42	73	29,54	98	39,66
24	9,71	49	19,83	74	29,94	99	40,06
25	10,11	50	20,23	75	30,35	100	40,47

Barriles de petróleo a litros

1	158,98	26	4.133,53	51	8.108,08	76	12.082,63
2	317,96	27	4.292,51	52	8.267,06	77	12.241,61
3	476,94	28	4.451,49	53	8.426,04	78	12.400,59
4	635,92	29	4.610,47	54	8.585,02	79	12.559,57
5	794,91	30	4.769,46	55	8.744,01	80	12.718,56
6	953,89	31	4.928,44	56	8.902,99	81	12.877,54
7	1.112,87	32	5.087,42	57	9.061,97	82	13.036,52
8	1.271.85	33	5.246,40	58	9.220,95	83	13.195,50
9	1.430,83	34	5.405,38	59	9.379,93	84	13.354,48
10	1.589,82	35	5.564,37	60	9.538,92	85	13.513,47
11	1.748,80	36	5.723,35	61	9.697,90	86	13.672,45
12	1.907,78	37	5.882,33	62	9.856,88	87	13.831,43
13	2.066,76	38	6.041,31	63	10.015,86	88	13.990,41
14	2.225,74	39	6.200,29	64	10.174,84	89	14.149,39
15	2.384,73	40	6.359,28	65	10.333,83	90	14.308,38
16	2.543,71	41	6.518,26	66	10.492,81	91	14.467,36
17	2.702,69	42	6.667,24	67	10.651,79	92	14.626,34
18	2.861,67	43	6.836,22	68	10.810,77	93	14.785,32
19	3.020,65	44	6.995,20	69	10.969,75	94	14.944,30
20	3.179,64	45	7.154,19	70	11.128,74	95	15.103,29
21	3.338,62	46	7.313,17	71	11.287,72	96	15.262,27
22	3.497,60	47	7.472,15	72	11.446,70	97	15.421,25
23	3,656,58	48	7.631,13	73	11.605,68	98	15.580,23
24	3.815,56	49	7.790,11	74	11.764,66	99	15.739,21
25	3.974,55	50	7.949,10	75	11.923,65	100	15.898,20

Bushels a litros

1	35,24	26	916,24	51	1.797,24	76	2.678,24
2	70,48	27	951,48	52	1.832,48	77	2.713,48
3	105,72	28	986,72	53	1.867,72	78	2.748,72
4	140,96	29	1.021,96	54	1.902,96	79	2.783,96
5	176,20	30	1.057,20	55	1.938,20	80	2.819,20
6	211,44	31	1.092,44	56	1.973,44	81	2.854,44
7	246,68	32	1.127,68	57	2.008,68	82	2.889,68
8	281,92	33	1.162,92	58	2.043,92	83	2.934,92
9	317,16	34	1.198,16	59	2.079,16	84	2.960,16
10	352,40	35	1.233,40	60	2.114,40	85	2.995,40
11	387,64	36	1.268,64	61	2.149,64	86	3.030,64
12	422,88	37	1.303,88	62	2.184,88	87	3.065,88
13	458,12	38	1.339,12	63	2.220,12	88	3.101,12
14	493,36	39	1.374,36	64	2.255,36	89	3.136,36
15	528,60	40	1.409,60	65	2.290,60	90	3.171,60
16	563,84	41	1.444,84	66	2.325,84	91	3.206,84
17	599,08	42	1.480,08	67	2.361,08	92	3.242,08
18	634,32	43	1.515,32	68	2.396,32	93	3.277,32
19	669,56	44	1.550,56	69	2.431,56	94	3.312,56
20	704,80	45	1.585,80	70	2.466,80	95	3.347,80
21	740,04	46	1.621,04	71	2.502,04	96	3.383,04
22	775,28	47	1.656,28	72	2.537,28	97	3.418,28
23	810,52	48	1.691,52	73	2.572,52	98	3.453,52
24	845,76	49	1.726,76	74	2.607,76	99	3.488,76
25	881,00	50	1.762,00	75	2.643,00	100	3.524,00

Galones a litros

1	3,78	26	98,41	51	193,05	76	287,68
2	7,57	27	102,20	52	196,83	77	291,46
3	11,35	28	105,98	53	200,62	78	295,25
4	15,14	29	109,77	54	204,40	79	299,03
5	18,92	30	113,55	55	208,19	80	302,82
6	22,71	31	117,34	56	211,97	81	306,60
7	26,49	32	121,12	57	215,76	82	310,39
8	30,28	33	124,91	58	219,54	83	314,17
9	34,06	34	128,70	59	223,33	84	317,96
10	37,85	35	132,48	60	227,11	85	321,75
11	41,63	36	136,27	61	230,90	86	325,53
12	45,42	37	140,05	62	234,68	87	329,32
13	49,20	38	143,84	63	238,47	88	333,10
14	52,99	39	147,62	64	242,25	89	336,89
15	56,77	40	151,41	65	246,04	90	340,67
16	60,56	41	155,19	66	249,82	91	344,46
17	64,35	42	158,98	67	253,61	92	348,24
18	68,13	43	162,76	68	257,40	93	352,03
19	71,92	44	166,55	69	261,18	94	355,81
20	75,70	45	170,33	70	264,97	95	359,60
21	79,49	46	174,12	71	268,75	96	363,38
22	83,27	47	177,90	72	272,54	97	367,17
23	87,06	48	181,69	73	276,32	98	370,95
24	90,84	49	185,47	74	280,11	99	374,74
25	94,63	50	189,26	75	283,89	100	378,53

Libras a kilos

1	0,45	26	11,79	51	23,13	76	34,47
2	0,90	27	12,24	52	23,58	77	34,92
3	1,36	28	12,70	53	24,04	78	35,38
4	1,81	29	13,15	54	24,49	79	35,83
5	2,26	30	13,60	55	24,94	80	36,28
6	2,72	31	14,06	56	25,40	81	36,74
7	3,17	32	14,51	57	25,85	82	37,19
8	3,62	33	14,96	58	26,30	83	37,64
9	4,08	34	15,42	59	26,76	84	38,10
10	4,53	35	15,87	60	27,21	85	38,55
11	4,98	36	16,32	61	27,66	86	39,00
12	5,44	37	16,78	62	28,12	87	39,46
13	5,89	38	17,23	63	28,57	88	39,91
14	6,35	39	17,69	64	29,03	89	40,37
15	6,80	40	18,14	65	29,48	90	40,82
16	7,25	41	18,59	66	29,93	91	41,27
17	7,71	42	19,05	67	30,39	92	41,73
18	8,16	43	19,50	68	30,84	93	42,18
19	8,61	44	19,95	69	31,29	94	42,63
20	9,07	45	20,41	70	31,75	95	43,09
21	9,52	46	20,86	71	32,20	96	43,54
22	9,97	47	21,31	72	32,65	97	43,99
23	10,43	48	21,77	73	33,11	98	44,45
24	10,88	49	22,22	74	33,56	99	44,90
25	11,34	50	22,68	75	34,02	100	45,36

Millas cuadradas a kilómetros cuadrados

1	2,58	26	67,33	51	132,07	76	196,82
2	5,17	27	69,92	52	134,66	77	199,41
3	7,76	28	72,51	53	137,25	78	202,00
4	10,35	29	75,10	54	139,84	79	204,59
5	12,94	30	77,69	55	142,43	80	207,18
6	15,53	31	80,28	56	145,02	81	209,77
7	18,12	32	82,87	57	147,61	82	212,36
8	20,71	33	85,46	58	150,20	83	214,95
9	23,30	34	88,05	59	152,79	84	217,54
10	25,89	35	90,64	60	155,38	85	220,13
11	28,48	36	93,23	61	157,97	86	222,72
12	31,07	37	95,82	62	160,56	87	225,31
13	33,66	38	98,41	63	163,15	88	227,90
14	36,25	39	101,00	64	165,74	89	230,49
15	38,84	40	103,59	65	168,33	90	233,08
16	41,43	41	106,18	66	170,92	91	235,67
17	44,02	42	108,77	67	173,51	92	238,26
18	46,61	43	111,36	68	176,10	93	240,85
19	49,20	44	113,95	69	178,69	94	243,44
20	51,79	45	116,54	70	181,28	95	246,03
21	54,38	46	119,13	71	183,87	96	248,62
22	56,97	47	121,72	72	186,46	97	251,21
23	59,56	48	124,31	73	189,05	98	253,80
24	62,15	49	126,90	74	191,64	99	256,39
25	64,74	50	129,49	75	194,23	100	258,98

Millas marinas a kilómetros

1	1,85	26	48,15	51	94,45	76	140,75
2	3,70	27	50,00	52	96,30	77	142,60
3	5,55	28	51,85	53	98,15	78	144,45
4	7,40	29	53,70	54	100,00	79	146,30
5	9,26	30	55,56	55	101,86	80	148,16
6	11,11	31	57,41	56	103,71	81	150,01
7	12,96	32	59,26	57	105,56	82	151,86
8	14,81	33	61,11	58	107,41	83	153,71
9	16,66	34	62,96	59	109,26	84	155,56
10	18,52	35	64,82	60	111,12	85	157,42
11	20,37	36	66,67	61	112,97	86	159,27
12	22,22	37	68,52	62	114,82	87	161,12
13	24,07	38	70,37	63	116,67	88	162,97
14	25,92	39	72,22	64	118,52	89	164,82
15	27,78	40	74,08	65	120,38	90	166,68
16	29,63	41	75,93	66	122,23	91	168,53
17	31,48	42	77,78	67	124,08	92	170,38
18	33,33	43	79,63	68	125,93	93	172,23
19	35,18	44	81,48	69	127,78	94	174,08
20	37,04	45	83,34	70	129,64	95	175,94
21	38,89	46	85,19	71	131,49	96	177,79
22	40,74	47	87,04	72	133,34	97	179,64
23	42,59	48	88,89	73	135,19	98	181,49
24	44,44	49	90,74	74	137,04	99	183,34
25	46,30	50	92,60	75	138,90	100	185,20

Millas terrestres a kilómetros

1	1,60	26	41,84	51	82,07	76	122,30
2	3,21	27	43,45	52	83,68	77	123,91
3	4,82	28	45,06	53	85,29	78	125,52
4	6,43	29	46,66	54	86,90	79	127,13
5	8,04	30	48,27	55	88,51	80	128,74
6	9,65	31	49,88	56	90,12	81	130,35
7	11,26	32	51,49	57	91,73	82	131,96
8	12,87	33	53,10	58	93,33	83	133,57
9	14,48	34	54,71	59	94,94	84	135,18
10	16,09	35	56,32	60	96,55	85	136,79
11	17,70	36	57,93	61	98,16	86	138,39
12	19,31	37	59,54	62	99,77	87	140,00
13	20,92	38	61,15	63	101,38	88	141,61
14	22,53	39	62,76	64	102,99	89	143,22
15	24,13	40	64,37	65	104,60	90	144,83
16	25,74	41	65,98	66	106,21	91	146,44
17	27,35	42	67,59	67	107,82	92	148,05
18	28,96	43	69,19	68	109,43	93	149,66
19	30,57	44	70,80	69	111,04	94	151,27
20	32,18	45	72,41	70	112,65	95	152,88
21	33,79	46	74,02	71	114,26	96	154,49
22	35,40	47	75,63	72	115,86	97	156,10
23	37,01	48	77,24	73	117,47	98	157,71
24	38,62	49	78,85	74	119,08	99	159,32
25	40,23	50	80,46	75	120,69	100	160,93

Onzas a gramos

1	28,34	26	737,08	51	1.445,82	76	2.154,56
2	56,69	27	765,43	52	1.474,17	77	2.182,91
3	85,04	28	793,78	53	1.502,52	78	2.211,26
4	113,39	29	822,13	54	1.530,87	79	2.239,61
5	141,74	30	850,48	55	1.559,22	80	2.267,96
6	170,09	31	878,83	56	1.587,57	81	2.296,30
7	198,44	32	907,18	57	1.615,92	82	2.324,65
8	226,79	33	935,53	58	1.644,27	83	2.353,00
9	255,14	34	963,88	59	1.672,62	84	2.381,35
10	283,49	35	992,23	60	1.700,97	85	2.409,70
11	311,84	36	1.020,58	61	1.729,31	86	2.438,05
12	340,19	37	1.048,93	62	1.757,66	87	2.466,40
13	368,54	38	1.077,28	63	1.786,01	88	2.494,75
14	396,89	39	1.105,63	64	1.814,36	89	2.523,10
15	425,24	40	1.133,98	65	1.842,71	90	2.551,45
16	453,59	41	1.162,32	66	1.871,06	91	2.579,80
17	481,94	42	1.190,67	67	1.899,41	92	2.608,15
18	510,29	43	1,219,02	68	1.927,76	93	2.636,50
19	538,64	44	1.247,37	69	1.956,11	94	2.664,85
20	566,99	45	1.275,72	70	1.984,46	95	2.693,20
21	595,33	46	1.304,07	71	2.012,81	96	2.721,55
22	623,68	47	1.332,42	72	2.041,16	97	2.749,90
23	652,03	48	1.360,77	73	2.069,51	98	2.778,25
24	680,38	49	1.389,12	74	2.097,86	99	2.806,60
25	708,73	50	1.417,47	75	2.126,21	100	2.834,95

Pies a metros

1	0,30	26	7,92	51	15,54	76	23,16
2	0,60	27	8,22	52	15,84	77	23,46
3	0,91	28	8,53	53	16,15	78	23,77
4	1,21	29	8,83	54	16,45	79	24,07
5	1,52	30	9,14	55	16,76	80	24,38
6	1,82	31	9,44	56	17,06	81	24,68
7	2,13	32	9,75	57	17,37	82	24,99
8	2,43	33	10,05	58	17,67	83	25,29
9	2,74	34	10,36	59	17,98	84	25,60
10	3,04	35	10,66	60	18,28	85	25,90
11	3,35	36	10,97	61	18,59	86	26,21
12	3,65	37	11,27	62	18,89	87	26,51
13	3,96	38	11,58	63	19,20	88	26,82
14	4,26	39	11,88	64	19,50	89	27,12
15	4,57	40	12,19	65	19,81	90	27,43
16	4,87	41	12,49	66	20,11	91	27,73
17	5,18	42	12,80	67	20,42	92	28,04
18	5,48	43	13,10	68	20,72	93	28,34
19	5,79	44	13,41	69	21,03	94	28,65
20	6,09	45	13,71	70	21,33	95	28,95
21	6,40	46	14,02	71	21,64	96	29,26
22	6,70	47	14,32	72	21,94	97	29,56
23	7,01	48	14,63	73	22,25	98	29,87
24	7,31	49	14,93	74	22,55	99	30,17
25	7,62	50	15,24	75	22,86	100	30,48

Pies cuadrados a metros cuadrados

1	0,09	26	2,41	51	4,73	76	7,06
2	0,18	27	2,50	52	4,83	77	7,15
3	0,27	28	2,60	53	4,92	78	7,24
4	0,37	29	2,69	54	5,01	79	7,33
5	0,46	30	2,78	55	5,10	80	7,43
6	0,55	31	2,87	56	5,20	81	7,52
7	0,65	32	2,97	57	5,29	82	7,61
8	0,74	33	3,06	58	5,38	83	7,71
9	0,83	34	3,15	59	5,48	84	7,80
10	0,92	35	3,25	60	5,57	85	7,89
11	1,02	36	3,34	61	5,66	86	7,98
12	1,11	37	3,43	62	5,75	87	8,08
13	1,20	38	3,53	63	5,85	88	8,17
14	1,30	39	3,62	64	5,94	89	8,26
15	1,39	40	3,71	65	6,03	90	8,36
16	1,48	41	3,80	66	6,13	91	8,45
17	1,57	42	3,90	67	6,22	92	8,54
18	1,67	43	3,99	68	6,31	93	8,63
19	1,76	44	4,08	69	6,41	94	8,73
20	1,85	45	4,18	70	6,50	95	8,82
21	1,95	46	4,27	71	6,59	96	8,91
22	2,04	47	4,36	72	6,68	97	9,01
23	2,13	48	4,45	73	6,78	98	9,10
24	2,22	49	4,55	74	6,87	99	9,19
25	2,32	50	4,64	75	6,96	100	9,29

Pies cúbicos a litros

1	28,32	26	736,33	51	1.444,34	76	2.152,35
2	56,64	27	764,65	52	1.472,66	77	2.180,67
3	84,96	28	792,97	53	1.500,98	78	2.208,99
4	113,28	29	821,29	54	1.529,30	79	2.237,31
5	141,60	30	849,61	55	1.557,62	80	2.265,64
6	169,92	31	877,93	56	1.585,94	81	2.293,96
7	198,24	32	906,25	57	1.614,26	82	2.322,28
8	226,56	33	934,57	58	1.642,58	83	2.350,60
9	254,88	34	962,89	59	1.670,90	84	2.378,92
10	283,20	35	991,21	60	1.699,23	85	2.407,24
11	311,52	36	1.019,53	61	1.727,55	86	2.435,56
12	339,84	37	1.047,85	62	1.755,87	87	2.463,88
13	368,16	38	1.076,17	63	1.784,19	88	2.492,20
14	396,48	39	1.104,49	64	1.812,51	89	2.520,52
15	424,80	40	1.132,82	65	1.840,83	90	2.548,84
16	453,12	41	1.161,14	66	1.869,15	91	2.577,16
17	481,44	42	1.189,46	67	1.897,47	92	2.605,48
18	509,76	43	1.217,78	68	1.925,79	93	2.633,80
19	538,08	44	1.246,10	69	1.954,11	94	2.662,12
20	566,41	45	1.274,42	70	1.982,43	95	2.690,44
21	594,73	46	1.302,74	71	2.010,75	96	2.718,76
22	623,05	47	1.331,06	72	2.039,07	97	2.747,08
23	651,37	48	1.359,38	73	2.067,39	98	2.775,40
24	679,69	49	1.387,70	74	2.095,71	99	2.803,72
25	708,01	50	1.416,02	75	2.124,03	100	2.832,05

Pies cúbicos a metros cúbicos

1	0,02	26	0,73	51	1,44	76	2,15
2	0,05	27	0,76	52	1,47	77	2,17
3	0,08	28	0,79	53	1,49	78	2,20
4	0,11	29	0,82	54	1,52	79	2,23
5	0,14	30	0,84	55	1,55	80	2,26
6	0,16	31	0,87	56	1,58	81	2,29
7	0,19	32	0,90	57	1,61	82	2,32
8	0,22	33	0,93	58	1,64	83	2,34
9	0,25	34	0,96	59	1,66	84	2,37
10	0,28	35	0,99	60	1,69	85	2,40
11	0,31	36	1,01	61	1,72	86	2,43
12	0,33	37	1,04	62	1,75	87	2,46
13	0,36	38	1,07	63	1,78	88	2,49
14	0,39	39	1,10	64	1,81	89	2,51
15	0,42	40	1,13	65	1,83	90	2,54
16	0,45	41	1,16	66	1,86	91	2,57
17	0,48	42	1,18	67	1,89	92	2,60
18	0,50	43	1,21	68	1,92	93	2,63
19	0,53	44	1,24	69	1,95	94	2,66
20	0,56	45	1,27	70	1,98	95	2,68
21	0,59	46	1,30	71	2,00	96	2,71
22	0,62	47	1,33	72	2,03	97	2,74
23	0,65	48	1,35	73	2,06	98	2,77
24	0,67	49	1,38	74	2,09	99	2,80
25	0,70	50	1,41	75	2,12	100	2,83

Pintas (áridas) a litros

1	0,55	26	14,31	51	28,08	76	41,84
2	1,10	27	14,86	52	28,63	77	42,39
3	1,65	28	15,41	53	29,18	78	42,94
4	2,20	29	15,96	54	29,73	79	43,49
5	2,75	30	16,51	55	30,28	80	44,04
6	3,30	31	17,06	56	30,83	81	44,59
7	3,85	32	17,61	57	31,38	82	45,14
8	4,40	33	18,16	58	31,93	83	45,69
9	4,95	34	18,72	59	32,48	84	46,25
10	5,50	35	19,27	60	33,03	85	46,80
11	6,05	36	19,82	61	33,58	86	47,35
12	6,60	37	20,37	62	34,13	87	47,90
13	7,15	38	20,92	63	34,68	88	48,45
14	7,70	39	21,47	64	35,23	89	49,00
15	8,25	40	22,02	65	35,78	90	49,55
16	8,80	41	22,57	66	36,33	91	50,10
17	9,36	42	23,12	67	36,89	92	50,65
18	9,91	43	23,67	68	37,44	93	51,20
19	10,46	44	24,22	69	37,99	94	51,75
20	11,01	45	24,77	70	38,54	95	52,30
21	11,56	46	25,32	71	39,09	96	52,85
22	12,11	47	25,87	72	39,64	97	53,40
23	12,66	48	26,42	73	40,19	98	53,95
24	13,21	49	26,97	74	40,74	99	54,50
25	13,76	50	27,53	75	41,29	100	55,06

Pintas (líquidas) a litros

1	0,47	26	12,30	51	24,13	76	35,96
2	0,94	27	12,77	52	24,60	77	36,43
3	1,41	28	13,24	53	25,07	78	36,90
4	1,89	29	13,72	54	25,55	79	37,38
5	2,36	30	14,19	55	26,02	80	37,85
6	2,83	31	14,66	56	26,49	81	38,32
7	3,31	32	15,14	57	26,97	82	38,80
8	3,78	33	15,61	58	27,44	83	39,27
9	4,25	34	16,08	59	27,91	84	39,74
10	4,73	35	16,56	60	28,39	85	40,22
11	5,20	36	17,03	61	28,86	86	40,69
12	5,67	37	17,50	62	29,33	87	41,16
13	6,15	38	17,98	63	29,81	88	41,64
14	6,62	39	18,45	64	30,28	89	42,11
15	7,09	40	18,92	65	30,75	90	42,58
16	7,57	41	19,40	66	31,23	91	43,06
17	8,04	42	19,87	67	31,70	92	43,53
18	8,51	43	20,34	68	32,17	93	44,00
19	8,99	44	20,82	69	32,65	94	44,48
20	9,46	45	21,29	70	33,12	95	44,95
21	9,93	46	21,76	71	33,59	96	45,42
22	10,41	47	22,24	72	34,07	97	45,90
23	10,88	48	22,71	73	34,54	98	46,37
24	11,35	49	23,18	74	35,01	99	46,84
25	11,83	50	23,66	75	35,49	100	47,32

Pulgadas a centímetros

1	2,54	26	66,04	51	129,54	76	193,04
2	5,08	27	68,58	52	132,08	77	195,58
3	7,62	28	71,12	53	134,62	78	198,12
4	10,16	29	73,66	54	137,16	79	200,66
5	12,70	30	76,20	55	139,70	80	203,20
6	15,24	31	78,74	56	142,24	81	205,74
7	17,78	32	81,28	57	144,78	82	208,28
8	20,32	33	83,82	58	147,32	83	210,82
9	22,86	34	86,36	59	149,86	84	213,36
10	25,40	35	88,90	60	152,40	85	215,90
11	27,94	36	91,44	61	154,94	86	218,44
12	30,48	37	93,98	62	157,48	87	220,98
13	33,02	38	96,52	63	160,02	88	223,52
14	35,56	39	99,06	64	162,56	89	226,06
15	38,10	40	101,60	65	165,10	90	228,60
16	40,64	41	104,14	66	167,64	91	231,14
17	43,18	42	106,68	67	170,18	92	233,68
18	45,72	43	109,22	68	172,72	93	236,22
19	48,26	44	111,76	69	175,26	94	238,76
20	50,80	45	114,30	70	177,80	95	241,30
21	53,34	46	116,84	71	180,34	96	243,84
22	55,88	47	119,38	72	182,88	97	246,38
23	58,42	48	121,92	73	185,42	98	248,92
24	60,96	49	124,46	74	187,96	99	251,46
25	63,50	50	127,00	75	190,50	100	254,00

Pulgadas cuadradas a centímetros cuadrados

1	6,45	26	167,74	51	329,03	76	490,32
2	12,90	27	174,19	52	335,48	77	496,77
3	19,35	28	180,64	53	341,93	78	503,22
4	25,80	29	187,09	54	348,38	79	509,67
5	32,25	30	193,54	55	354,83	80	516,12
6	38,70	31	199,99	56	361,28	81	522,57
7	45,16	32	206,45	57	367,74	82	529,03
8	51,61	33	212,90	58	374,19	83	535,48
9	58,06	34	219,35	59	380,64	84	541,93
10	64,51	35	225,80	60	387,09	85	548,38
11	70,96	36	232,25	61	393,54	86	554,83
12	77,41	37	238,70	62	399,99	87	561,28
13	83,87	38	245,16	63	406,45	88	567,74
14	90,32	39	251,61	64	412,90	89	574,19
15	96,77	40	258,06	65	419,35	90	580,64
16	103,22	41	264,51	66	425,80	91	587,09
17	109,67	42	270,96	67	432,25	92	593,54
18	116,12	43	277,41	68	438,70	93	599,99
19	122,58	44	283,87	69	445,16	94	606,45
20	129,03	45	290,32	70	451,61	95	612,90
21	135,48	46	296,77	71	458,06	96	619,35
22	141,93	47	303,22	72	464,51	97	625,80
23	148,38	48	309,67	73	470,96	98	632,25
24	154,83	49	316,12	74	477,41	99	638,70
25	161,29	50	322,58	75	483,87	100	645,16

Pulgadas cúbicas a centímetros cúbicos

1	16,38	26	426,06	51	835,74	76	1.245,42
2	32,77	27	442,45	52	852,13	77	1.261,81
3	49,16	28	458,84	53	868,52	78	1.278,20
4	65,54	29	475,22	54	884,90	79	1.294,58
5	81,93	30	491,61	55	901,29	80	1.310,97
6	98,32	31	508,00	56	917,68	81	1.327,36
7	114,71	32	524,39	57	934,07	82	1.343,75
8	131,09	33	540,77	58	950,45	83	1.360,13
9	147,48	34	557,16	59	966,84	84	1.376,52
10	163,87	35	573,55	60	983,23	85	1.392,91
11	180,25	36	589,93	61	999,61	86	1.409,29
12	196,64	37	606,32	62	1.016,00	87	1.425,68
13	213,03	38	622,71	63	1.032,39	88	1.442,07
14	229,42	39	639,10	64	1.048,78	89	1.458,46
15	245,80	40	655,48	65	1.065,16	90	1.474,84
16	262,19	41	671,87	66	1.081,55	91	1.491,23
17	278,58	42	688,26	67	1.097,94	92	1.507,62
18	294,96	43	704,64	68	1.114,32	93	1.524,00
19	311,35	44	721,03	69	1.130,71	94	1.540,39
20	327,74	45	737,42	70	1.147,10	95	1.556,78
21	344,13	46	753,81	71	1.163,49	96	1.573,17
22	360,51	47	770,19	72	1.179,87	97	1.589,55
23	376,90	48	786,58	73	1.196,26	98	1.605,94
24	393,29	49	802,97	74	1.212,65	99	1.622,33
25	409,68	50	819,36	75	1.229,04	100	1.638,72

Toneladas americanas a toneladas métricas

1	0,90	26	23,58	51	46,26	76	68,94
2	1,81	27	24,49	52	47,17	77	69,85
3	2,72	28	25,40	53	48,08	78	70,76
4	3,62	29	26,30	54	48,98	79	71,66
5	4,53	30	27,21	55	49,89	80	72,57
6	5,44	31	28,12	56	50,80	81	73,48
7	6,35	32	29,03	57	51,71	82	74,39
8	7,25	33	29,93	58	52,61	83	75,29
9	8,16	34	30,84	59	53,52	84	76,20
10	9,07	35	31,75	60	54,43	85	77,11
11	9,97	36	32,65	61	55,33	86	78,01
12	10,88	37	33,56	62	56,24	87	78,92
13	11,79	38	34,47	63	57,15	88	79,83
14	12,70	39	35,38	64	58,06	89	80,74
15	13,60	40	36,28	65	58,96	90	81,64
16	14,51	41	37,19	66	59,87	91	82,55
17	15,42	42	38,10	67	60,78	92	83,46
18	16,32	43	39,00	68	61,68	93	84,36
19	17,23	44	39,91	69	62,59	94	85,27
20	18,14	45	40,82	70	63,50	95	86,18
21	19,05	46	41,73	71	64,41	96	87,09
22	19,95	47	42,63	72	65,31	97	87,99
23	20,86	48	43,54	73	66,22	98	88,90
24	21,77	49	44,45	74	67,13	99	89,81
25	22,68	50	45,36	75	68,04	100	90,72

Yardas a metros

1	0,91	26	23,77	51	46,63	76	69,49
2	1,82	27	24,68	52	47,54	77	70,40
3	2,74	28	25,60	53	48,46	78	71,32
4	3,65	29	26,51	54	49,37	79	72,23
5	4,57	30	27,43	55	50,29	80	73,15
6	5,48	31	28,34	56	51,20	81	74,06
7	6,40	32	29,26	57	52,12	82	74,98
8	7,31	33	30,17	58	53,03	83	75,89
9	8,22	34	31,08	59	53,94	84	76,80
10	9,14	35	32,00	60	54,86	85	77,72
11	10,05	36	32,91	61	55,77	86	78,63
12	10,97	37	33,83	62	56,69	87	79,55
13	11,88	38	34,74	63	57,60	88	80,46
14	12,80	39	35,66	64	58,52	89	81,38
15	13,71	40	36,57	65	59,43	90	82,29
16	14,63	41	37,49	66	60,35	91	83,21
17	15,54	42	38,40	67	61,26	92	84,12
18	16,45	43	39,31	68	62,17	93	85,03
19	17,37	44	40,23	69	63,09	94	85,95
20	18,28	45	41,14	70	64,00	95	86,86
21	19,20	46	42,06	71	64,92	96	87,78
22	20,11	47	42,97	72	65,83	97	88,69
23	21,03	48	43,89	73	66,75	98	89,61
24	21,94	49	44,80	74	67,66	99	90,52
25	22,86	50	45,72	75	68,58	100	91,44

Yardas cuadradas a metros cuadrados

1	0,83	26	21,73	51	42,64	76	63,54
2	1,67	27	22,57	52	43,47	77	64,37
3	2,50	28	23,41	53	44,31	78	65,21
4	3,34	29	24,24	54	45,14	79	66,05
5	4,18	30	25,08	55	45,98	80	66,88
6	5,01	31	25,91	56	46,82	81	67,72
7	5,85	32	26,75	57	47,65	82	68,56
8	6,68	33	27,59	58	48,49	83	69,39
9	7,52	34	28,42	59	49,32	84	70,23
10	8,36	35	29,26	60	50,16	85	71,06
11	9,19	36	30,09	61	51,00	86	71,90
12	10,03	37	30,93	62	51,83	87	72,74
13	10,86	38	31,77	63	52,67	88	73,57
14	11,70	39	32,60	64	53,51	89	74,41
15	12,54	40	33,44	65	54,34	90	75,24
16	13,37	41	34,28	66	55,18	91	76,08
17	14,21	42	35,11	67	56,01	92	76,92
18	15,04	43	35,95	68	56,85	93	77,75
19	15,88	44	36,78	69	57,69	94	78,59
20	16,72	45	37,62	70	58,52	95	79,42
21	17,55	46	38,46	71	59,36	96	80,26
22	18,39	47	39,29	72	60,19	97	81,10
23	19,23	48	40,13	73	61,03	98	81,93
24	20,06	49	40,96	74	61,87	99	82,77
25	20,90	50	41,80	75	62,70	100	83,61

Yardas cúbicas a metros cúbicos

1	0,76	26	19,87	51	38,99	76	58,10
2	1,52	27	20,64	52	39,75	77	58,87
3	2,29	28	21,40	53	40,52	78	59,63
4	3,05	29	22,17	54	41,28	79	60,40
5	3,82	30	22,93	55	42,05	80	61,16
6	4,58	31	23,70	56	42,81	81	61,93
7	5,35	32	24,46	57	43,58	82	62,69
8	6,11	33	25,23	58	44,34	83	63,46
9	6,88	34	25,99	59	45,11	84	64,22
10	7,64	35	26,76	60	45,87	85	64,99
11	8,41	36	27,52	61	46,64	86	65,75
12	9,17	37	28,29	62	47,40	87	66,52
13	9,93	38	29,05	63	48,16	88	67,28
14	10,70	39	29,81	64	48,93	89	68,04
15	11,46	40	30,58	65	49,69	90	68,81
16	12,23	41	31,34	66	50,46	91	69,57
17	12,99	42	32,11	67	51,22	92	70,34
18	13,76	43	32,87	68	51,99	93	71,10
19	14,52	44	33,64	69	52,75	94	71,87
20	15,29	45	34,40	70	53,52	95	72,63
21	16,05	46	35,17	71	54,28	96	73,40
22	16,82	47	35,93	72	55,05	97	74,16
23	17,58	48	36,70	73	55,81	98	74,93
24	18,35	49	37,46	74	56,58	99	75,69
25	19,11	50	38,23	75	57,34	100	76,46

Distancias desde Madrid (en línea recta)

Ciudad	km	Ciudad	km	Ciudad	km
Lisboa	514	Moscú	3.423	Río de Janeiro	8.150
Ginebra	1.009	Beirut	3.510	Calcuta	8.562
París	1.032	Lagos	3.832	Ciudad del Cabo	8.596
Londres	1.246	Bagdad	4.283	Colombo	8.966
Roma	1.359	Ottawa	5.701	Pekín	9.224
Colonia	1.422	Nueva York	5.764	San Francisco	9.338
Hamburgo	1.752	Nairobi	6.195	Buenos Aires	10.088
Viena	1.806	Chicago	6.749	Hong Kong	10.529
Atenas	2.360	Nueva Delhi	7.259	Tokio	10.785
Oslo	2.373	Bombay	7.520	Singapur	11.379
Estambul	2.714	Brasilia	7.760	Canberra	17.573
El Cairo	3.349	Johanesburgo	8.105	Sidney	17.678

Distancias desde Madrid (por carretera)

Ciudad	km	Ciudad	km	Ciudad	km
Guadalajara	56	León	327	Lleida	465
Toledo	70	Logroño	332	San Sebastián	465
Segovia	88	Jaén	336	Lugo	511
Ávila	112	Vitoria	351	Orense	528
Cuenca	165	Valencia	356	Málaga	541
Valladolid	191	Murcia	391	Sevilla	541
Ciudad Real	199	Huesca	392	Tarragona	559
Salamanca	210	Bilbao	394	Huelva	604
Soria	226	Santander	395	La Coruña	606
Palencia	235	Córdoba	401	Almería	612
Burgos	240	Badajoz	404	Barcelona	620
Albacete	245	Alicante	410	Vigo	620
Zamora	247	Pamplona	411	Pontevedra	629
Cáceres	299	Castellón	423	Cádiz	656
Teruel	314	Granada	433	Gibraltar	672
Zaragoza	322	Oviedo	446	Girona	724

Grados Fahrenheit a centígrados

−50	−45,5		−15	−26,1	20	−6,6	55	12,7	90	32,2
−49	−45,0		−14	−25,5	21	−6,1	56	13,3	91	32,8
−48	−44,4		−13	−25,0	22	−5,5	57	13,9	92	33,3
−47	−43,9		−12	−24,4	23	−5,0	58	14,4	93	33,9
−46	−43,3		−11	−23,9	24	−4,4	59	15,0	94	34,4
−45	−42,8		−10	−23,3	25	−3,8	60	15,5	95	35,0
−44	−42,2		− 9	−22,7	26	−3,3	61	16,1	96	35,5
−43	−41,7		− 8	−22,2	27	−2,7	62	16,6	97	36,1
−42	−41,1		− 7	−21,6	28	−2,2	63	17,2	98	36,6
−41	−40,5		− 6	−21,2	29	−1,6	64	17,7	99	37,2
−40	−40,0		− 5	−20,5	30	−1,1	65	18,3	100	37,8
−39	−39,4		− 4	−20,0	31	−0,5	66	18,9	101	38,3
−38	−38,9		− 3	−19,4	32	0	67	19,4	102	38,9
−37	−38,3		− 2	−18,9	33	0,5	68	20,0	103	39,4
−36	−37,8		− 1	−18,3	34	1,1	69	20,5	104	40,0
−35	−37,2		0	−17,7	35	1,6	70	21,1	105	40,5
−34	−36,6		1	−17,2	36	2,2	71	21,6	106	41,1
−33	−36,1		2	−16,6	37	2,7	72	22,2	107	41,7
−32	−35,5		3	−16,1	38	3,3	73	22,7	108	42,2
−31	−35,0		4	−15,5	39	3,8	74	23,3	109	42,8
−30	−34,4		5	−15,0	40	4,4	75	23,9	110	43,3
−29	−33,9		6	−14,4	41	5,0	76	24,4	111	43,9
−28	−33,3		7	−13,9	42	5,5	77	25,0	112	44,4
−27	−32,8		8	−13,3	43	6,1	78	25,5	113	45,0
−26	−32,2		9	−12,7	44	6,6	79	26,1	114	45,5
−25	−31,6		10	−12,2	45	7,2	80	26,6	115	46,1
−24	−31,1		11	−11,6	46	7,7	81	27,2	116	46,7
−23	−30,5		12	−11,1	47	8,3	82	27,8	117	47,2
−22	−30,0		13	−10,5	48	8,8	83	28,3	118	47,8
−21	−29,4		14	−10,0	49	9,4	84	28,9	119	48,3
−20	−28,9		15	− 9,4	50	10,0	85	29,4	120	48,9
−19	−28,3		16	− 8,8	51	10,5	86	30,0	121	49,4
−18	−27,8		17	− 8,3	52	11,1	87	30,5	122	50,0
−17	−27,2		18	− 7,7	53	11,6	88	31,1	123	50,5
−16	−26,6		19	− 7,2	54	12,2	89	31,6	124	51,1

2
ESTATUTO DE LA REDACCIÓN

Estatuto de la Redacción de EL PAÍS aprobado por el Consejo de Administración de Promotora de Informaciones, Sociedad Anónima (PRISA), el 29 de abril de 1980; por el Censo de la Redacción, el 11 de junio de 1980; por la Junta de Fundadores, el 18 de junio de 1980; por la Junta General de Accionistas, el 20 de junio de 1980.

I. DE LA NATURALEZA DEL ESTATUTO

Artículo 1. Dentro del marco de las disposiciones legales imperativas, el presente Estatuto ordena las relaciones profesionales de la Redacción de la publicación EL PAÍS con la Dirección de la misma y la sociedad editora, PRISA, con independencia de las sindicales y laborales.

Artículo 2. A los efectos de este Estatuto, se consideran miembros de la Redacción todos los periodistas, al margen de la titulación que posean, que realicen tareas de redacción, adscritos a su plantilla al menos con seis meses de antigüedad. Los colaboradores contratados podrán acogerse a lo establecido en los artículos 6, 8, 9, 10 y 11 de este Estatuto.

II. DE LOS PRINCIPIOS DE LA PUBLICACIÓN Y SU OBSERVANCIA

Artículo 3. Dentro de las orientaciones o línea ideológica fundacional, los principios de la publicación EL PAÍS se condensan en los siguientes términos:

3.1. EL PAÍS es un periódico independiente, nacional, de información general, con una clara vocación europea, defensor de la democracia pluralista según los principios liberales y sociales, y que se compromete a guardar el orden democrático y legal establecido en la Constitución.

En este marco, acoge a todas las tendencias, excepto las que propugnan la violencia para el cumplimiento de sus fines.

3.2. EL PAÍS se esfuerza por presentar diariamente una información veraz, lo más completa posible, interesante, actual y de alta calidad, de manera que ayude al lector a entender la realidad y a formarse su propio criterio.

3.3. EL PAÍS rechazará cualquier presión de personas, partidos políticos, grupos económicos, religiosos o ideológicos que traten de poner la información al servicio de sus intereses. Esta independencia y la no manipulación de las noticias son una garantía para los derechos de los lectores, cuya salvaguarda constituye la razón última del trabajo redaccional. La información y la opinión estarán claramente diferenciadas entre sí.

Artículo 4. El desarrollo de los principios enunciados se contiene en la declaración hecha por el presidente del Consejo de Administración de la sociedad editora en la Junta General de Accionistas de 5 de marzo de 1977, que se incluye como anexo a este Estatuto. En cuestiones que afecten a dichos principios o a los derechos profesionales de los redactores, la sociedad editora, la Dirección y la Redacción obrarán de común acuerdo o negociarán las soluciones.

III. DEL CAMBIO DE LA LÍNEA DE LA PUBLICACIÓN Y DE LA CLÁUSULA DE CONCIENCIA

Artículo 5. La Redacción de EL PAÍS se atiene a los principios enumerados en este Estatuto.

El cambio sustancial de la línea ideológica de EL PAÍS, puesto de manifiesto por actos reiterados, será motivo para que el miembro de la Redacción que se considere afectado en su libertad, honor o independencia profesional pueda, sin preaviso, invocar cláusula de conciencia y, en su caso, dar por resuelta o extinguida su relación laboral.

El Comité de Redacción, a petición del interesado o de la sociedad editora, mediará en el conflicto, que se tratará de resolver en el ámbito de la empresa. Si se produjera acuerdo entre el interesado y la sociedad editora, ésta le indemnizará en cuantía en ningún caso inferior a la máxima que, según la ley o práctica judicial, corresponda en el derecho laboral al despido improcedente en el incidente de readmisión.

Cuando el afectado invoque la cláusula de conciencia ante los tribunales de justicia, si éstos estimasen procedente la resolución del contrato, en virtud de dicha cláusula, el interesado tendrá derecho, como mínimo, a la indemnización ya citada.

Igualmente podrá alegarse la cláusula de conciencia, con los efectos jurídicos de ella derivados regulados en los párrafos anteriores, cuando a algún miembro de la Redacción se le imponga la realización de algún trabajo que él mismo considere que vulnera los principios ideológicos y violenta su conciencia profesional.

En todo caso, la resolución del contrato por correcta aplicación de la cláusula de conciencia tendrá la consideración de despido improcedente.

La resolución judicial que en uno u otro caso estimare la pretensión del miembro de la Redacción se publicará en EL PAÍS, una vez firme, de forma destacada, a la mayor brevedad.

La invocación de la cláusula de conciencia nunca será motivo de traslado o sanción del redactor que la invoque.

Artículo 6. Ningún miembro de la Redacción estará obligado a firmar aquellos trabajos que, habiéndole sido encomendados o que, realizados por propia iniciativa, hayan sufrido alteraciones de fondo que no sean resultado de un acuerdo previo. Las normas de estilo no podrán ser fundamento para invocar la cláusula de conciencia. Ni dichas normas de estilo ni las modificaciones en los sistemas de trabajo podrán alterar el contenido de este Estatuto.

Artículo 7. Cuando dos tercios de la Redacción consideren que una posición editorial de EL PAÍS vulnera su dignidad o su imagen profesional, podrán exponer a través del periódico, en el plazo más breve posible, su opinión discrepante.

IV. DEL SECRETO PROFESIONAL

Artículo 8. La Redacción de EL PAÍS considera el secreto profesional como un derecho y un deber ético de los periodistas. La protección de las fuentes informativas constituye una garantía del derecho de los lectores a recibir una información libre, y una salvaguarda del trabajo profesional.

Ningún redactor ni colaborador podrá ser obligado a revelar sus fuentes.

Artículo 9. Los miembros de la Redacción de EL PAÍS mantendrán ante terceros el secreto sobre la identidad del autor de un trabajo publicado en el periódico y no firmado.

Artículo 10. La sociedad editora amparará con todos los medios a su alcance el ejercicio del secreto profesional ante los tribunales de justicia o cualesquiera organismos o autoridades.

Artículo 11. En el caso de que un trabajo no firmado publicado en EL PAÍS origine diligencias judiciales contra el director del periódico o su sustituto, éste podrá revelar la identidad del autor del mismo ante la autoridad judicial competente. Previamente informará al afectado.

V. DE LA DIRECCIÓN DE LA PUBLICACIÓN

Artículo 12. El director es el responsable de la línea editorial de EL PAÍS ante los lectores y los tribunales, en el marco de los principios enunciados en este Estatuto. A tales fines, mantiene el derecho de veto sobre todos los originales, incluidos los de publicidad. Igualmente, el director organiza y coordina los trabajos en la Redacción, con los límites establecidos en los Estatutos de PRISA, en este Estatuto y los que posteriormente se pacten.

Artículo 13. Antes de que el Consejo de Administración de la sociedad editora proceda al nombramiento de director de EL PAÍS, el presidente o el consejero delegado harán llegar al Comité de Redacción la propuesta de nombramiento de director que les fuera conocida. Si dos tercios del censo total de la Redacción se opusieran a dicha propuesta, mediante escrito razonado por el Comité de Redacción, el Consejo de Administración tendrá en cuenta esta opinión, que no tiene carácter vinculante.

Los nombramientos de subdirectores, redactores jefes y asimilados serán comunicados previamente por el director al Comité de Redacción. Si dos tercios de la Redacción se opusieran a la medida, se tendrá en cuenta esta opinión, que no es vinculante. La oposición será razonada por escrito por el Comité de Redacción.

VI. DEL COMITÉ DE REDACCIÓN
Y DE LAS REUNIONES DE ÉSTA

Artículo 14. El Comité de Redacción es el órgano de representación profesional de la Redacción, ejerciendo funciones de mediación entre ésta y la sociedad editora. El Comité de Redacción será la primera instancia a la que deberán acudir los afectados en los supuestos previstos.

Artículo 15. El director de EL PAÍS convocará al menos mensualmente una reunión con el Comité de Redacción, que le trasladará cuantas consultas, iniciativas y conflictos hayan surgido en la Redacción sobre cuestiones profesionales. El Comité, en caso de urgencia, podrá solicitar reunión extraordinaria con la Dirección.

Artículo 16. Es competencia del Comité de Redacción convocar y presidir, delegando la presidencia en uno de sus miembros, las asambleas de la Redacción, salvo las de carácter sindical, y previo acuerdo con la Dirección. Es asimismo competencia del Comité de Redacción convocar, al término de su mandato, la elección del Comité que ha de sustituirle. La Redacción tendrá derecho al menos a una asamblea semestral. El Comité y la Dirección acordarán las medidas oportunas para evitar que las asambleas entorpezcan la normal marcha de los trabajos redaccionales.

Artículo 17. La Redacción elegirá anualmente entre los miembros de la misma con residencia habitual en Madrid y con una antigüedad no inferior a un año en la plantilla el Comité de Redacción, integrado por cinco miembros, no siendo elegibles el director de la publicación, los subdirectores, los adjuntos a la Dirección y asimilados. Serán electores los definidos en el artículo 2 de este Estatuto. El censo será actualizado treinta días antes de cada elección. Los ausentes de Madrid podrán votar por correo, y los corresponsales residentes en el extranjero, delegar su voto en otro elector. El Comité de Redacción designará de su seno un secretario.

Artículo 18. Para la validez de la elección se requiere que vote la mitad más uno del censo de la Redacción. De no llegar a esa participación, serán precisas nuevas convocatorias hasta que se alcance.

Para ser elegido, el candidato deberá obtener dos tercios de los votos emitidos y, de no alcanzarlos en primera votación, deberá realizarse una segunda, en la que bastará obtener para ser elegido la mayoría simple.

Artículo 19. Cualquiera de los vocales del Comité de Redacción podrá ser revocado por acuerdo de la mayoría de votos de la asamblea de Redacción, constituida con, al menos, la mitad más uno del censo de la misma y convocada a petición de, al menos, el 10% de dicho censo.

Artículo 20. Las candidaturas para la elección del Comité de Redacción serán individuales, y para ser válidas las papeletas de votación deberán incluir tantos nombres como puestos a cubrir.

Artículo 21. La sociedad editora y la Dirección proporcionarán al Comité de Redacción y a la asamblea las facilidades necesarias para el desempeño de su misión.

Los miembros del Comité no podrán ser sancionados o despedidos por sus actividades como representantes profesionales.

Disposición transitoria. El presente Estatuto, acordado de principio por al menos dos tercios de la Redacción, por la Dirección y por el Consejo de Administración de la sociedad editora, será sometido a la aprobación de la Junta General de Accionistas de esta última, sin perjuicio de lo establecido en los Estatutos de la sociedad en cuanto a la Junta de Fundadores.

Disposición adicional. El presente Estatuto tendrá un plazo de validez de un año, y se entenderá tácitamente prorrogado por nuevos periodos anuales si dentro de cada periodo no solicita su revisión la sociedad editora o la Redacción.

Si en la revisión no se llegara a acuerdo, se entenderá tácitamente prorrogado el presente Estatuto en los términos anteriormente establecidos.

ANEXO. DECLARACIONES DEL PRESIDENTE DE P.R.I.S.A. EN LA JUNTA GENERAL DE MARZO DE 1977

"EL PAÍS debe ser un periódico liberal, independiente, socialmente solidario, nacional, europeo y atento a la mutación que hoy se opera en la sociedad de Occidente".

"Liberal, a mi entender, quiere decir dos cosas fundamentales: el estar dispuesto a comprender y escuchar al prójimo, aunque piense de otro modo, y a no admitir que el fin justifica los medios. Liberal implica también en nuestro tiempo el reconocimiento de que la soberanía reside en el pueblo, es decir, en el conjunto de todos y cada uno de los ciudadanos, titulares de iguales derechos".

"Debemos, pues, defender la democracia pluralista, ejercida mediante el sufragio universal, como el procedimiento menos malo inventado hasta ahora para el ejercicio de esa soberanía. La aceptación de los derechos fundamentales de la persona humana y la denuncia de cualquier clase de totalitarismos es la consecuencia ineludible de esta postura".

"EL PAÍS debe ser también un periódico independiente, que no pertenezca ni sea portavoz de ningún partido, asociación o grupo político, financiero o cultural, y aunque deba defender la necesidad de la libre empresa, y aunque su economía dependa del mercado publicitario, el periódico rechazará todo condicionamiento procedente de grupos económicos de presión".

"EL PAÍS debe ser también un periódico socialmente solidario, ya que en el mundo actual, al menos en los países occidentales, toda la sociedad interviene en el quehacer común. Por ello, deberá defender el desarrollo, perfeccionamiento y buena administración de la Seguridad Social y el reparto justo de la riqueza a través del juego acertado de los impuestos, sin que desaparezcan los incentivos de promoción individual. En este capítulo deberá también defender la seguridad ecológica, nacional y mundial, por ser un patrimonio vital para toda la humanidad; defenderá asimismo las virtudes cívicas, combatiendo todo cohecho, fraude, abuso o mal uso y luchará contra los monopolios privados o estatales. La solidaridad de todos los españoles frente a una ley es también tarea suya, para lo cual considera fundamental la independencia máxima del poder judicial".

"EL PAÍS debe ser también un periódico nacional, y ello en tres sentidos: en primer lugar, en el sentido de que aspira a ser leído en toda España por la atención y calidad que preste a los temas que interesen a todos los españoles; en segundo lugar, en el sentido de que es preciso que todos los pueblos de España participen, desde su propia autonomía, en el quehacer nacional y, por último, nacional en el sentido de defender las virtudes del español y evitar la necesidad de una emigración forzosa de brazos y de cerebros".

"EL PAÍS será así un periódico europeo, porque razones geográficas, culturales, históricas y económicas excluyen todo debate sobre una cuestión de hecho: la condición europea de España".

3
SIGNOS DE CORRECCIÓN

SIGNOS DE CORRECCIÓN

En la corrección de pruebas se utilizan dos clases de marcas: el *signo* y la *llamada.* El signo indica el tipo de corrección que debe hacerse; la llamada señala la letra, palabra o espacio objeto de corrección.

El signo, precedido siempre por la llamada, se hace sólo al margen. Salvo en determinados casos, entre ellos los de transposición de palabras o líneas, en los que el signo hace también las veces de llamada. Los signos más usuales son los siguientes:

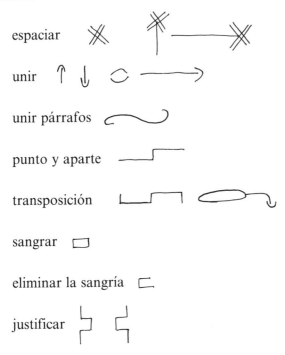

espaciar

unir

unir párrafos

punto y aparte

transposición

sangrar

eliminar la sangría

justificar

versales ⹀

versalitas ⹀

cursiva ⎯

negra 〰〰

negra cursiva 〰

alineación defectuosa ⹀

suprimir ↄ

La llamada hecha sobre la letra, palabra o espacio que hay que corregir se repite al margen (a la izquierda o a la derecha, es igual, aunque conviene que sea en el lado más próximo a la corrección). La utilización de un tipo u otro de llamada depende de los gustos personales. No obstante, en el caso de existir distintas correcciones en una misma línea o en varias correlativas, conviene diversificar las clases de llamada; así no se crearán dudas a la hora de corregir. Las más usadas son las siguientes:

| ↓ ↑ ⌐ ⌐ Γ ⊦ ⊣⊢ N ⊔ ⋁ ⊓ ⊔

Omisiones. Cuando en la composición⌡un ↵ de texto falte una palabra, o varias, el lugar donde se ha producido la omisión se marcará con un signo de corrección. Si lo omitido es una let*a* o un signo de puntuación (por ejemplo, un paréntesis, se tachará la letra pre*c*dente o la *s*iguiente, que se repetirá al margen junto a la que faltaba. En el caso de omisiones importantes, cuya introducción dificultaría la lectura de las galeradas, lo mejor es hacer una llamada y remitir al original.

Supresiones. Las palabras ~~palabras~~ repetidas o que se quieran suprimir se tacharán ~~con una llamada~~ y al margen se señalará esta supresión con el signo correspondiente.

Confusiones. Una palabra equivocada se tachará ~~con~~ entero y se pondrá al margen la correcta. Tratándose de palabras sólo en parte mal compuestas, basta con tachar las letras o sílabas contenidas, que se su*b*stituirán al margen por las que corresponda.

Transposiciones. Las letras o palabras mal colocadas se señalarán con el signo de transposición, que indica el sitio que deben ocupar en la palabra o en la frase. Las palabras deben numerarse cuando se trate de transposiciones importantes. Estas mismas normas son válidas en los casos de líneas cuyo orden se haya alterado en el montaje.

Divisiones. El espacio omitido o demasia-

do⌊estrecho entre palabras se marca con
una llamada, que se repite al margen seguida del signo correspondiente. Lo mismo hay que hacer en los excesivamente
anchos. En cambio, para suprimir una se-
pá ración, el signo de corrección se utiliza
también como llamada. Estos mismos
signos, trazados horizontalmente entre
las líneas afectadas, indican que el interli-
neado no es correcto, sea por exceso (en
este caso, signo de unir) o por defecto
(signo de espaciar). Los puntos y aparte
se marcan exactamente como se ha hecho
en este caso concreto.

Y la supresión de párrafos, también
como se hace en este ejemplo.

Alineaciones. La línea o líneas de una
composición que estén torcidas, bien por
un fallo mecánico de la fotocomponedora o por un montaje apresurado, se indicarán con rayas paralelas.

Justificaciones. En una columna de composición con algunas líneas mal justificadas, lo mismo da que sea por exceso que por
defecto, estas líneas se marcarán con el
correspondiente signo, que hace también
las veces de llamada.

Sangrías. El espacio de respeto que se
deja en los comienzos de párrafo (nunca
en el primero de un texto, que no se sangra, pero sí en los párrafos sucesivos) se

marca con un cuadrado. Esta marca corresponde al cuadratín, la pieza tipográfica que no imprime por tener menos altura que las demás. Si lo que se desea, en cambio, es suprimir la sangría, como se ha hecho concretamente al principio de este párrafo, el signo que se emplea es una especie de corchete.

Tipos de letra. Un mismo diseño de letra (en EL PAÍS se utiliza la Times New Roman, creada en 1932, especialmente para su periódico, por el director tipográfico del *Times* de Londres, Stanley Morison) tiene generalmente tipos en cursiva (*cursiva*), en negra (**negra**) o negra cursiva (***negra cursiva***); las marcas que se han hecho en cada caso corresponden a las señales que hay que hacer. Tiene también mayúsculas en versales (VERSALES) o versalitas (VERSALITAS).